U0958955

中国科学院大学研究生教材系列

资源环境与过程工程

李建强　徐　哲　向军辉　编著

科学出版社
北　京

内 容 简 介

过程工业起源于化学工业，是涵盖所有物质的物理和化学加工工艺的工业总称，涉及资源开发、能源转换和环境保护等诸多方面。本书全面分析了我国过程工业发展中资源、能源、环境的现状及问题，并结合过程工业实践，通过过程工业在资源利用、节能减排、污染治理等方面的典型案例阐述其重要地位及价值。本书共7章，内容丰富，理论与实践并重，系统介绍过程工业所面临的资源、环境等共性问题及其产生的原因和解决办法。

本书是中国科学院大学化学工程专业研究生的教材，主要读者对象为具备化工、冶金、能源、环境等专业背景的学生，也可供相关专业的科研工作者阅读与参考。

图书在版编目(CIP)数据

资源环境与过程工程／李建强，徐哲，向军辉编著．—北京：科学出版社，2014

中国科学院大学研究生教材系列

ISBN 978-7-03-040002-4

Ⅰ.资… Ⅱ.①李… ②徐… ③向… Ⅲ.过程工业-研究生-教材 Ⅳ.T

中国版本图书馆 CIP 数据核字（2014）第 045103 号

责任编辑：张淑晓 孙静惠／责任校对：蒋 萍

责任印制：赵德静／封面设计：耕者工作室

科学出版社出版

北京东黄城根北街 16 号

邮政编码：100717

http://www.sciencep.com

骏杰印刷厂印刷

科学出版社发行 各地新华书店经销

*

2014 年 3 月第 一 版 开本：720×1000 1/16

2014 年 3 月第一次印刷 印张：22 3/4

字数：446 000

定价：88.00 元

（如有印装质量问题，我社负责调换）

序

过程工程是在化学工程的基础上形成的新学科，研究物质、能源在化学、物理和生物转化过程中的流动、传递和反应及其相互关系，以及过程的绿色化和集约化。过程工程的服务对象已不限于传统的化学工业，而是扩展到冶金、材料、能源、环境、生物等诸多进行物质和能量转化的过程工业。在我国，过程工业产值占制造业总产值的一半，占国内生产总值（GDP）的1/6，具有重要的战略地位。而我国过程工业的现状是资源综合利用率低、能耗高、环境污染严重。我国经济和社会的可持续发展，要求过程工业尽早实现资源的循环使用或全利用，要求能量的节约与优化利用，要求零排放、不污染、不破坏环境的清洁生产。

对此，我国过程科学与工程领域的科技工作者责无旁贷。事实上，过程工程的实践已经为资源环境等问题提供了一些有效的解决途径，过程工业各部门现已采用的诸多新理念、新方案、新技术和新工艺在资源高效综合利用、能源回收和节能减排、污染物控制与治理方面均具有指导意义和实质性贡献。凝练存在于资源、能源、环境等领域中过程工程的共性问题，总结过程工业在资源利用、节能减排、污染治理方面的理论创新和实践经验，是一项长期、艰巨而又具有重要意义的任务。

本书全面分析了我国过程工业发展中资源、能源、环境的现状及问题，并结合过程工业在资源利用、节能减排、污染治理等方面的典型案例，阐述过程工程的新理论、新技术，具有重要学术意义和应用价值。本书内容丰富，数据翔实，理论与实践并重，是一部供过程工程相关专业研究生学习的优秀教材，同时也值得从事过程工程研究的科技工作者参考和阅读。

中国科学院院士

李洪钟

2014年3月

前　言

过程工业是指在生产过程中运用过程工程技术，对生产对象进行化学和物理转换、生产新的物质产品，或者进行物质传递的所有工业行业的总称。无论从经济的角度还是从统计的角度来看，过程工业都是一种新的工业分类，是按照工业行业的生产技术特点对众多工业行业进行分类、归纳、合并后，出现的一种新的工业行业集合。过程工业（化工、冶金等）占我国制造业总产值的46.9%，占GDP的16%以上，是我国国民经济的主导，也是我国最主要的资源能源消耗和污染排放行业。目前，我国过程工业的概念尚未普及，更没有相关书籍系统地介绍过程工业所面临的资源、环境等共性问题，以及产生的原因和解决措施。本书选择与过程工业可持续发展密切相关的资源、能源、环境问题为切入点，通过过程工业在资源利用、节能减排、污染治理等方面的典型案例，阐述其在国民经济和工业发展中的重要地位及价值，既可加深读者对我国资源、能源、环境现状的认识，同时也可强化读者对过程工业内涵与外延的认知。

与同类书籍相比，本书全面、系统地介绍过程工业所面临的资源、环境等共性问题，同时通过案例重点介绍我国典型过程工业的问题、根源和相应处理方案，较完整地体现出我国现阶段相关研究领域的重大需求，并最终归结到统一途径——过程工业实践来解决，这种结构设计是本书的独到之处。

全书共7章，第1章总体介绍过程工程、过程科学的概念和涵义，以及我国资源、能源、环境的总体现状与问题。第2章从资源角度详细介绍我国矿产资源面临的严峻形势以及过程工业对矿产资源综合利用方面的重要贡献。第3、4章从能源角度详细介绍我国能源现状和节能减排政策，以及在过程工业的节能减排方面采取的重要举措。第5~7章从环境角度关注过程工业与环境污染治理的紧密联系，分别从水体污染、大气污染、固体废物污染三方面予以介绍。

本书由中国科学院过程工程研究所、中国科学院大学的三位教师在长期从事资源环境与化学工程等相关课程教学与研究的基础上共同编写而成。成书过程中，作者课题组的张国才博士、马炳倩博士、宋英翠硕士、向恒硕士、马晓光硕士、巴国庆硕士等提供了大量的素材并撰写了部分章节，中国科学院过程工程研究所的张军玲副研究员、赵宏欣副研究员参与了部分章节的文字输入和校对，在此表示衷心感谢；北京大学袁章福研究员，中国科学院电工研究所王志峰研究员、白凤武研究员，中国科学院青海盐湖研究所周园研究员以及中国科学院过程工程研究所的王志研究员、李松庚研究员、王体壮博士为本书更新了大量矿产资源统计数据并提供了部分工业案例，在此表示感谢。

衷心感谢李洪钟先生于百忙之中抽出宝贵时间亲自审阅书稿并欣然作序。同时，感谢中国科学院大学教材中心为本书的出版提供资助。

感谢在本书出版过程中给予帮助的所有人员！

由于作者水平有限，不妥之处在所难免，恳请读者批评指正。

作　者

2013 年 7 月

目 录

第1章 绪 论

1.1 过程科学与过程工程

对于很多人而言，过程工程还比较陌生。其实，过程工程概念的应用早已相当广泛。本书面向的主要是化学工程专业的读者，而我国对“化学工程”学科的统一定义，即为“研究以化学工业为代表的过程工业中有关的化学过程和物理过程的一般原理和共性规律，解决过程及装置的开发、设计、操作及优化的理论和方法问题”。过程工程起源于化学工程，后者的理论体系是过程工程的基础，但过程工程的内涵绝不限于化学工程。过程工业是覆盖所有物质的物理和化学加工工艺的工业的总称。据统计，我国过程工业占制造业总产值的46.9%，占GDP的16.6%，其涉及能源转换、资源利用和环境保护等诸多方面，不仅包括一些国民经济的支柱产业，如石油、化工、冶金、能源、材料、食品等，还包括一些高新技术产业，如生物、医药、微电子、纳米材料等。因此，过程工业的发展水平体现了一个国家的综合国力，在某种程度上是一个国家工业发展水平的标志。

从生产方式以及生产时物质所经受的主要变化来分类，工业可以分为过程工业（process industry）与产品工业（product industry）两大类。过程工业是以自然资源作为主要原料连续生产产品工业所需原料的工业，其原料中的物质在生产过程中经过了多次化学变化和物理变化，生产过程主要是连续生产，产量的增加主要靠扩大工业生产规模来达到，一般污染比较严重。过程工业是一个国家发展生产和增强国防力量的产业基础，包括化学工业、石油炼制工业、石化工业、煤炭工业、钢铁工业、有色金属工业、建材工业、造纸工业、核工业等。产品工业是以过程工业生产的产品为原料，不连续地生产被人类直接使用的产品的工业，在生产过程中主要对原料进行物理加工或机械加工，原料主要发生物理变化，生产过程基本上是不连续的，是用逐件装配的方试生产的，产品的增加主要靠增建或改进“生产线”来达到，相对过程工业污染比较轻。产品工业对于提高人民生活水平和增强国家国防力量具有重要意义，主要包括机械工业、电子工业、汽车工业、航空工业、航天工业、船舶工业、兵器工业等。

有学者将工厂分为物流型工厂（flow shop）与工件型工厂（job shop）两大类，将工业分为流程工业和离散工业，其实也就是过程工业和产品工业。近期随着物流型工厂的间歇化及工件型工厂的连续化，二者之间的界限已变得模糊起来。

这些对工业部门重新分类的标准，必将带来作为其理论基础的工程科学的重新分类和变革，因此有必要对过程工业的理论基础——过程科学与过程工程进行系统阐述。

1.1.1 过程科学

1. 过程科学的产生

过程科学（process science）是科学发展到一定阶段的产物。各个学科所研究的对象都是客观实际的，不同学科之间的差别不在于研究对象，而在于它们研究的角度不同，研究的方面各有侧重。按照研究的对象来进行分类，反映人类探索自然秘密、进行科学研究的最初阶段总是直接面对事物本身，只有在经过一段时间以后，才会发现此事物与其他事物之间的联系，才会从研究方法上得到启发并推广到对其他事物的研究上去。然而，一旦建立起不同事物之间的联系及它们在研究方法上的相似关系，从学科分类来讲就需要重新分析讨论。科学发展到今天，学科之间的交叉与综合已经使按研究对象来区别学科的办法不适用了。按研究角度、研究侧面进行学科分类，有助于更深刻地了解和认识学科之间的区别与共性。

过程科学来源于工业实践。每一种科学理论都有其实践基础与背景，只有不断地理论联系实际，在实践中检验理论，才能逐渐发展出比较成熟的科学理论。随着工业日趋分为过程工业和产品工业两大类，过程工业迫切需要有自己的技术理论基础，从原理上研究如何提高生产率，降低投资费用和操作成本等，需要从原理上改进设备，开发新的工艺流程，并尽力消除污染，使其符合可持续发展的基本原则，这是过程科学产生的社会要求。

过程科学脱胎于“三传一反”的化工原理。化学工业是过程工业中的一个重要分支，在诸多过程工业中最早建立其理论体系。化工原理将众多化学工艺中的共性操作进行总结和归纳，得到众多工艺操作的学识基础即单元操作。20 世纪初，英美的化工界先驱就提出了化学工程学的概念，从原理上研究各种化学工业生产中的物理变化过程，使化学工业不断得到飞跃发展。到 20 世纪 50 年代，在单元操作的基础上，开始从动量、热量、质量的传递（三传）角度研究化学工业中的物理变化过程。同一时期“化学反应工程学”（一反）开始出现，用以研究化工过程中带有化学反应时的变化过程，使得化学工程学成为一门更全面的工程科学，简称为“三传一反”。相应地，冶金、能源、建材等工艺也组成了单元过程，共用着相类似的理论基础。比如，冶金学的“冶金传输原理”和“冶金反应工程学”实际上是就是化学工程的“三传一反”在高温冶金状态的应用。近年来，随着生物化工的兴起，有人主张考虑过程中信息的传递对过程的影响，将“三传一反”扩展为“四传一反”。因此，随着工业实践的不断深入和扩展，化学工程的学识基础可以广义地归纳成“三传一反+X”，X 包括不一定如三传一反那样重要的或预计将来会出现的科学内涵。“三传一反+X”是现代化学工程的学识基础，同时也是其他过程工业部门的理论基础，直接标志了过程科学的兴起。

过程科学的产生，将对过程工业的有效支撑起到积极的作用，有助于从众多工程科学中寻找到相似的过程共性，然后更加全面系统地指导其在过程工业中的应用。

2. 过程科学的内涵

要理解过程科学，首先要看“过程”的概念。《辞海》对“过程”的解释为：“同‘状态’相对。过程指事物状态的变化在时间上的持续和空间上的延伸；状态指事物特性的量度和描述。”可以看出，“过程”的本质特征是与时间相关联的，任何一个时间的函数 $f(t)$ 都具有过程的含义，可被看作广义的过程。ISO900X：2008 版的质量控制体系对产品、过程、过程方法等进行了阐释：产品的概念已不仅指有形的商品，还包括很多服务性、管理性的内容，如科研、咨询等软性服务领域的最终结果，过程被定义为将一组输入转化为输出的活动，而产品则是过程的结果。

因此，广义的过程科学应该是以过程为研究对象的科学，是与时间有关的科学，是考察体系输入与输出之间本质因果关系的科学，它是相对于只关心体系输入与输出结果的产品科学的科学。

考虑作为过程工业的理论基础，狭义的过程科学可以被认为是以不同规模物质和能量转化与传递过程的共性规律作为其主要研究内容，将物质、能量、信息转化与传递过程的实验室研究成果转化为现实生产力的科学，其实质还是一门技术（工程）科学。

一门技术科学体系内的各种知识之间存在着层次上的区别，可以分为基础理论、技术基础、实际应用三个层次。过程科学的内部结构也是如此。

物理化学中的热力学和动力学可以看作是过程科学的基础理论。热力学的研究对象已经从可逆过程（平衡态）向不可逆过程（非平衡态）发展，为过程科学的基础理论提供了新的思路。

“三传一反+X”是过程科学的技术基础，研究对象包括流动、传递、反应、分离等基本内容。

过程科学的应用层次包括过程模拟、过程实施、辅助内容等。过程模拟又包括分子模拟、单元模拟、过程系统模拟等三个层次。随着计算机技术和计算技术的发展，基于信息技术的系统集成成为过程科学的重要内容和方法，未来过程科学将着眼于发展虚拟工厂的技术，即利用过程原理和信息数据，借助于先进高效的计算技术，在模拟平台上复现新开发的整个工艺流程的实况。过程实施是将多个单元过程集成在一起进行优化，即系统集成，并放大到实际生产的过程，侧重于实践的方面。辅助内容包括科研知识库，有物性数据和经济数据，如物质的物理化学性质等。

3. 过程科学的特征

1）非线性特征

以下几个方面说明，过程科学具有非线性特征，而未来的过程科学也很可能会在这些方面取得突破，获得创新性的发展。

（1）随时间的演化而变化是过程的实质，作为学科基础的热力学发展到了不可逆过程热力学，预示着过程科学向非线性科学发展的必然性。

（2）“三传一反+X”是过程工程的理论基础，也是过程科学最核心的内容。随着信息传递的引入，所考察的系统就具有了复杂系统的特性，所以过程科学的发展要吸收系统科学发展的前沿——“复杂系统”的知识，这也决定了过程科学的技术基础包括非线性科学。

（3）过程科学与产品科学之间一个比较大的区别就是“放大”效应：控制化学实验室内反应体系的作用机制，当将尺度扩大很多倍时，整个体系的物理与化学过程的主要矛盾就发生了变化，不同尺度的体系的特征参量并不随着几何尺寸的变化相应增加或保持不变，所以过程科学要考察不同尺度下控制体系的作用机制，这说明过程科学以非线性科学为基础的必要性。

（4）多尺度效应、复杂系统都是系统科学中“结构—单元—环境”基本模式的交互和嵌套作用，过程科学与系统科学将互相渗透和汲取养分，从方法论上来说是可能达到非线性的。

2）与系统科学的相似及交叉

在“横断性”（即横贯多个领域的特性）方面，过程科学与系统科学有相似性，在没有单一的研究对象这一点上，二者是共同的。但总的来说，过程科学的抽象性没有系统科学那么强，哲学与方法论的指导意义也没有系统科学那么深远，系统科学的研究对象更为抽象、“横断性”更为典型。过程科学在研究对象与内容上较系统科学更“具体入微”，作为过程科学中重要内容之一的系统集成就是系统科学的知识与方法的自觉运用。

控制论中过程控制的思想深刻地渗透到管理科学的理念当中，但对于复杂系统而言，“控制”不仅没有意义，而且也很难做到，而“协调”机制才能使过程系统保持稳定。所以，过程科学、系统科学在工程应用领域的实践中趋于交叉融合，对管理科学的理论与实践也会产生深刻的影响。

1.1.2　过程工程

1. 过程工程的内涵及作用

与过程科学对应，通过一系列物理化学分离和化学反应（包括催化、电化与生化反应）改变原料的状态、微观结构或化学组成的过程技术及其配套的工程应用，统称为过程工程（process engineering）。过程工程作为物质的物理与化学等加工技术的总称，涉及领域广泛，包括传统的酸碱、金属、燃油、药物的制造、核燃料的处理、材料器件的加工、环境保护、太空中生活用元素的循环和宇宙资源的利用等。在大科学时代的今天，过程科学与过程工程的关系，有时候就如材料科学与材料工程一样，很难有严格的界限。

从某种意义上说，过程工程可以理解为“泛化学工程”，但又有科学意义上的提升。过程工程的内容包括过程原理的研究，数据信息的测定及组织（数据库），以及过程的系统集成等，如图 1-1 所示。过程工程是以研究物质的物理、化学和生物转化过程（包括物质的运动、传递、反应及其相互关系）的过程科学为基础的，任务是解决实验室成果向产业化转化的瓶颈问题，创建清洁高效的工艺、流程和设备，其要点是解决不同领域过程中的共性问题。过程工程实现物质转化“过程”的定量、设计、放大和优化等操作，而过程科学侧重于理论上的研究与创新。

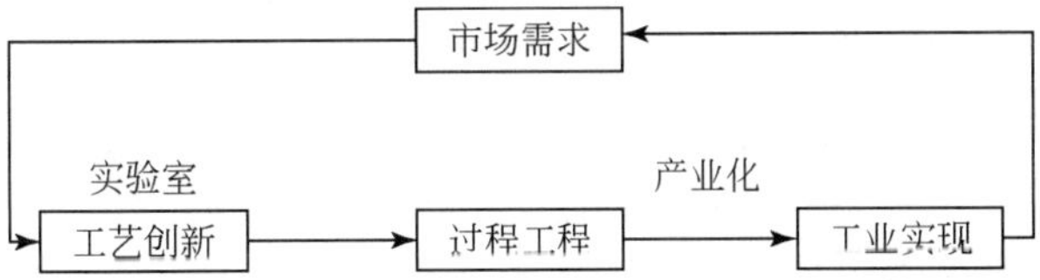

图 1-1　过程工程内涵及作用示意图

过程工程研究与化学实验研究的本质区别在于，后者的化学反应体系是在实验室规模中进行的，往往是在理想条件下完成的，把这样的反应移到工业生产的规模中，整个体系的物理、化学、生物变化过程可能会与实验室条件下有很大的不同。这就需要对实验室体系进行“放大”。传统的依靠经验的“逐级放大”，虽然最后有可能摸索出工业条件下整个体系的变化规律，但耗时很长，而且消耗大量的人力、物力、财力，所以过程工程研究的一个重要基础内容就是研究省时、高效、低消耗的放大方法，这反映了过程工程在认识论上的地位。

过程工程与工业设计的作用也不相同。设计工作是依据现有的成熟技术进行的，而过程工程是开发新工艺、新流程、新设备的创新研究，无论是过程原理的创新，还是系统集成的创新，所得到的都是新的工业技术，是在为设计工作提供可靠的依据。过程工程的项目，一般需要工程科研机构、设计部门、经济管理部门等的密切合作才能完成。

实施过程工程的研究，要形成一个应对价值链的宏观结构：要有根据市场需求并针对关键问题开展工艺创新的队伍，要具备针对实验室成果向产业化过渡中的共性问题，开展数据信息、过程原理和系统集成方面研究的优势，也要具备与企业合作实施工程项目的能力。在整个价值链上，任一环节打不通，瓶颈问题就不能得到解决。

过程工程的综合有利于集中众多工艺的特点，从中凝练共性问题，联结临近科学技术，研究和寻找出普适性的过程科学规律，并将此普适性的过程科学规律返回、引入不同工艺，更好地解决实际问题，同时不断积累经验，达到工艺和工程、应用和科学的更好结合。我国可以通过过程工程，在传统的工业实践中解决过程科学前沿的问题，促进我国过程工业跨越式发展，与此同时，推动前沿学科的进步。

2. 过程工程概念的认知过程

虽然目前过程科学的名称还没有被广泛地使用，但是过程工程的名称已经屡见于书刊等媒体了。1955 年美国人 H. E. 施魏尔的《过程工程经济学》一书比较早地提到过程工程的概念。位于苏黎世的瑞士联邦高等技术学院设有机械与过程工程系，还设有过程工程研究所。法国国家科研中心化工科学研究所明确指出，从事过程工程研究的目的是研究物质和能量转换的过程以及发展并实现此过程的设计、优化、控制和工业规模化（放大/缩小）所必需的概念、理论和方法。

我国也是在最近才逐渐接受过程工程的概念。《化工冶金》杂志于 2001 年更名为《过程工程学报》，中国科学院化工冶金研究所（简称化冶所）在 2001 年 4 月正式更名为中国科学院过程工程研究所（简称过程工程所）。化冶所的名称变迁很好地说明了过程工程的缘起与发展。20 世纪 50 年代建所初期，化冶所的学科方向是化工冶金，致力于应用化工原理强化冶金过程；七八十年代，学科方向逐步演变为化学反应工程和冶金物理化学，应用领域由冶金扩展到资源、环境、材料和生物技术，并开拓了计算机技术在化学工程中的应用；到 90 年代，学科方向又进一步扩展为工程化学，形成以多相反应和分离工程为核心的应用基础研究和以生化、资源/环境、能源和材料为应用领域的应用研究框架，初步具备了基础研究—应用开发—产业化的布局和工艺创新—过程开发—工程实施的综合集成能力，具备了以“过程工程”为学科方向的条件。因此，21 世纪初化冶所的改名也顺理成章。

1.1.3　过程科学、过程工程的发展趋势

科学的进一步发展使得过程科学与其他科学之间的界限变得模糊，比如过程科学从传统的宏观尺度向微观尺度的深入，使得过程科学与化学（特别是工业化学）之间的互补与融合成为趋势。另外，过程科学所关注的对象向更大的巨系统扩展，更加显现出横断科学的特点。有科学家指出，软固体、多尺度方法、离散化方法、纳微尺度的理化过程、微反应器及过程强化、虚拟工厂、外场强化分离等前沿课题将成为过程科学关注的重点。

尽管过程工业是国民经济的支柱产业，但目前我国过程工业的现状令人担忧。新过程开发非常困难，一方面缺少工艺创新；另一方面有工艺无产业的状况非常普遍，主要原因是实验室成果很难产业化。已有过程能耗高、污染重、产品质量差并造成资源浪费，这些问题是我国经济发展的瓶颈问题，为解决这些难题，必然涉及过程科学的前沿。

过程工业是操作物质-能量流特别巨大的国民经济物质生产的基础。用高新技术改造传统过程工业和针对过程工业的高新技术产业化，是国民经济发展的核心问题和国家的重大战略需求。我国的过程工程就是要致力于开拓建立资源高效-洁净-合理利用资源的新过程，从研究物质转化中的多相反应-分离规律、数据信息与工程学基础，到开发普适性的先进工艺过程与设备，直至产业化放大，以解决过程工业中高技术产业化的瓶颈问题。

资源与环境问题是可持续发展战略中两个密切相关的问题。绿色过程工程正是研究与自然环境相容的资源高效-洁净-合理利用的物质转化过程，其内涵包括：①建立资源-环境保护新体系的思想方法论与实施策略，源头污染控制与资源-环境同一论的清洁生产策略和生态工业系统；②原子经济性化学反应处于绿色过程的核心地位，理想的绿色化学反应，即原料中的原子 100% 地转化为产物，不产生副产物或废弃物，实现废弃物的零排放；③运用环境-经济综合评价体系，建立过程工业的物质流程-能量流程-信息流程综合。

1.2　资源、环境与绿色过程工程

1.2.1　资源及其现状

1. 资源的概念

广义上的资源主要指自然界中人类能够开发利用的物质和条件，如光、热、

水、土地、森林、矿产等，是人类社会赖以生存与发展的物质基础和保障。它在很大程度上决定着一个地区或一个国家经济发展的效率和效果，甚至资源开发利用的方向。社会经济资源本身也存在一个开发利用的问题。所以，在一定意义上讲，一部人类社会发展史，就是人类社会开发资源、利用资源和保护资源的历史。

狭义上的资源就是指自然资源，是可以被人类利用的自然状态的物质和能量。必须强调的是，人类有能力利用的物质才可以被称为资源。联合国环境规划署（UNEP，1972）对自然资源的解释是："在一定时间条件下，能够产生经济价值以提高人类当代和未来福利的自然环境因素的总和"。《辞海》中对资源的定义为"资财的来源，一般指天然的财源，一国或一定地区内拥有的物力、财力、人力等物质要素的总称"，也就是说，凡可带来财富的东西都可以作为资源。《英国大百科全书》中把资源说成是人类可以利用的自然生成物以及生产这些成分的环境功能。我国学者中较流行的资源定义是：自然资源是人类可以利用的、天然形成的物质和能量，它是人类生存的物质基础、生存资料和劳动对象。归纳起来，自然资源是指在一定的技术经济条件下，在现实中或在可预见的将来能产生生态价值或经济效益，以提高人类生产水平和生活质量的一切自然物质和自然能量的总和。从这一概念可看出，资源是动态的，它随人类认识水平的提高和科技成就的涌现而不断扩展，与人类需要和利用能力紧密联系。也就是说，资源是一个历史范畴的概念，随社会生产力水平和科学技术水平的进步，其内涵与外延不断深化和扩大。随着人类的变迁和认识水平的提高，人类赖以生存、生活和生产的自然环境组成部分，都可以成为自然资源。所以也有人认为人类生活所依赖的环境也是一种自然资源。

认识资源，必须重视对它的综合研究，因为其本身就是一个庞大的复杂系统。资源种类繁多，包括光、热、水、土、气、生、矿、能等，其中每一种资源又包含了许多不同形态或性质的成分。比如，土地可以分为耕地、草地、林地等，能源可以分为光能、水能、煤炭、石油、天然气、核能等。特别是每一种可更新自然资源（如水、土、气、生资源）的存在，都是以其他可更新自然资源的存在为条件的，它们彼此相互依存、相互制约。而且，由于地理、地质等复杂因素，资源的分布往往具有地域分异特性。因此，一种资源的开发会影响另一种资源的开发；一个地区资源的开发会影响另一个地区资源的开发；上游资源的开发必然会波及中下游地区的资源环境安全，甚至社会经济安全，这些问题在实践中随处可见。因而资源的开发利用既能促进社会经济的发展，又必然会对原生的生态环境带来不同程度的影响。合理的——既遵循资源规律又尊重社会经济规律——资源开发和利用，既可以最大限度地促进社会经济的发展，同时又能最大限度地减少对生态环境的不利影响，最终达到可持续发展的目标。在人口、资源、环境、社会、经济这样一个复杂的系统中，资源是核心。因此，合理开发利用资源是保障社会经济可持续发展的重要途径。

2. 我国资源现状

我国既是发展中国家，又是资源生产与消费大国。从资源供给看，资源具有双重性。一方面，中国整体资源总量大，种类齐全，存量丰富；另一方面，中国是人口大国，人均占有各类资源量少，资源相对短缺，生存空间狭小。从资源需求看，中国资源安全不是资源总量的短缺，而是优质资源欠缺、空间匹配错位以及资源消耗的严重浪费。

在工业化和城市化发展不断加速的现阶段，中国需要消耗大量的各种资源。未来中国战略目标的实现必须以战略资源的安全为根本保障。但中国一些战略性资源的安全形势不容乐观，这在同过程工业关联紧密的能矿资源方面表现尤其突出。

我国能矿资源供需面临“峰极相逼”的威胁。主要体现在以下几个方面。

（1）资源型风险造成资源供需的经济成本上升和紧缺风险。人口数量、经济高速发展与资源需求相联系，构成资源数量短缺的风险。中国处于工业化成长期，国民经济高速增长，近20年GDP以近10%的速度递增，人口膨胀，经济高速增长，使得对矿产品的需求迅速上升。

（2）分布型风险加大了资源供给的运输成本和压力。资源分布不均衡，形成空间组合上的错位。中国资源分布的区域性特点造成了资源空间组合上的劣势。东部沿海地区国土面积只占全国的14%，各种资源均占全国1/3以下，GDP却占全国的60%，资源产地与经济中心在空间上错位，导致资源型产品的长距离运输，对资源开发利用和经济发展均带来不利的影响和风险，加大了资源供给的运输成本与压力。

（3）质量型风险造成资源开发利用技术成本高和资源供给困难。资源类型多、利用难度大与科学技术水平低、财力投入不足相联系，构成质量上的风险。中国不同地区与不同种类的资源，由于区域赋存条件差异，资源质量相差悬殊。就矿产资源而言，除煤、钨、稀土矿及某些非金属矿质量较好外，多数矿种贫矿多、富矿少；综合矿多、单一矿少；中小型矿多、大型及超大型矿少；零星矿多、整装矿少。许多矿采选难度大，特别是在国民经济中占重要地位的关键矿种，如铁、铝、铜、磷、钾、石油及天然气等质量不高，开发利用难度大，科技要求高，资金投入大。

（4）环境型风险使资源短缺问题更加严重。生态环境恶化造成资源破坏或再生能力下降，使资源短缺问题更加严重。中国处于工业化与城市化高速发展时期，虽然政府对环境问题日益重视，在环境保护方面取得了明显成效，部分地区环境质量得到改善，但由于大多数污染物的排放总量仍在增加，而治理能力有限，环境质量总体上依然在恶化。生态环境恶化造成的土地质量下降、水质变坏、大气污染、酸雨面积增大等各类问题，使本就短缺的资源形势雪上加霜。

1.2.2　环境与环境问题

1. 环境的概念

广义的环境是与被研究的对象（通常称为体系）有关的周围客观事物的总和。环境总是相对于体系而言的，因体系的不同而不同，随体系的变化而变化。体系与环境既相互对立，又相互依存、相互制约、相互作用、相互转化，是对立统一的关系。在环境学领域，体系即人类，环境是以人类为主体，与人类密切相关的外部世界，是人类生存、繁衍所必需的、相适应的环境。人类的生存环境是庞大而复杂的系统，可分为自然环境和社会环境两部分。

自然环境是直接或间接影响到人类的、一切自然形成的物质、能量和自然现象的总体，即人类赖以生存、生活和生产所必需的自然条件和自然资源的总称。自然环境也可看成地球环境和外围空间环境两部分。地球环境对于人类具有特殊的重要意义，是人类赖以生存的物质基础，是人类生活、生产的主要活动场所。因此，人类的生活、生产行为同其所在环境有着密不可分的联系。环境给人类活动提供场所和条件，但同时也受到人类活动的作用和影响，因此人类社会要想长期稳定地生存和发展，就必须营造并维持清洁友好的自然环境。

生存与发展是人类永恒的主题，科学技术和社会经济的迅猛发展在将人类推进到一个历史上最为丰饶发达的社会的同时，也给人类的生存环境带来了种种负面影响和困惑，如环境恶化、生态失衡、资源匮乏、能源枯竭等，即通常所说的环境问题——以环境污染、生态环境破坏、自然灾害及资源枯竭为基本特征的人类与自然界的关系失调现象。环境问题能够直接威胁到人类生存与发展，因此持续利用自然资源，维持良好生态环境，实施同环境承载能力相协调的可持续发展道路逐渐成为当前人类生产生活所必须重视和考虑的课题。

2. 我国环境问题

我国人口众多，人均资源相对缺乏，环境压力非常大。尤其是改革开放后，我国经济保持长期快速增长，粗放式的经济增长模式对环境造成了巨大破坏。可以说，我国的环境问题，是同资源开发利用和人口迅猛增长紧密相关的。矿产资源不足，能源紧缺，后备资源基础薄弱，资源总需求迅速扩大，各类资源供应长期紧缺，人口持续增长，耕地不断减少，以上是我国人口和资源、经济增长与资源供给矛盾的基本格局，也将是我国经济进一步发展的瓶颈。

我国经济的快速发展主要建立在对资源的高度消耗和对环境的持续破坏的基础上。国际能源署在《世界能源展望 2007》中指出，我国的煤炭消耗为全球总量的 38%。我国也是世界最大的原木和热带木材进口国，然而，同时也是世界的“加工厂”，这些资源经加工后出口到世界各个角落，却将温室气体排放和污染留在了我国。归结起来，我国当前的主要环境危机有以下几方面。

1）水资源危机

水利部的数据显示：我国是全球最缺水的 20 个国家之一，人均水资源量不足世界平均水平的 1/3。据国家环境保护部门 2005 年的统计：全国约半数城市地下水污染严重；七大水系约有三成的淡水资源已经失去使用功能，甚至无法用来灌溉农田；85% 的湖泊已出现富营养化现象，一半的污染事故为水污染事故，而水污染的来源有一半都是工业污染。环境保护部和卫生部的数据更令人震惊：因为污染，全国有 9000 多万人的饮用水得不到保障，超过 40% 的农村饮用水尚未达到基本卫生安全标准。另外，由于气候变化的严峻威胁，我国淡水资源的未来更令人担忧。被称为“亚洲水塔”的青藏高原冰川，是我国乃至亚洲许多主要大江河的源头，长江、黄河、雅鲁藏布江、恒河、印度河和湄公河等都发源于此。绿色和平组织在经过三次对青藏高原冰川的考察后发现，喜马拉雅山的冰川面积在过去的 40 年里已经大幅缩减。联合国政府间气候变化专门委员会（IPCC）的报告指出，根据目前的消融速度，喜马拉雅冰川的 80% 将在未来 30 年消失，中国和其他亚洲数亿人的饮水来源将无处可寻。

2）农业与粮食危机

全球的粮食危机已经导致了许多国家和地区的动荡。许多科学家和经济学家都指出：粮食危机由一系列的因素引发，其中包括气候变化、油价上涨、生物能源作物与粮食争地、不公平贸易、工业化的化学农业等。我国作为世界上人口最多的国家，虽然目前的粮食库存并未出现亏空，但是多年来对化学农业的持续过度依赖已经严重地影响到耕地资源和水资源。目前，受化肥和农药污染程度严重的耕地面积已经达到 133 万公顷（1 公顷 = 10^4 平方米），而大量的淡水甚至无法被用来灌溉。长此以往，随着农业人口的缩减和城市人口的膨胀，以及农业环境的恶化，我国将不得不面临严峻的粮食危机。我国化肥施用量是全世界最高的，但其中真正能被农作物吸收的仅三成，即近七成的化肥随地表径流进入水体，成为蓝藻生长所需的养分，而这正是湖泊污染的隐形杀手。截至 2007 年，超过 85% 的湖泊面临严重的富营养化问题，形成大量蓝藻。因此我国需要立即扭转高度依赖化肥投入的农业生产方式，根治农业的化学污染，并积极倡导生态农业，才能从根本上治理蓝藻痼疾。

3）空气污染

我国是世界最大的煤炭生产和消费国。每年将有一半的煤炭用于发电，这些煤炭为中国提供了70%的能源。燃煤是大气污染的最主要原因之一。国家统计局报告表明：2004年全国由于大气污染共造成近35.8万人死亡。同时，随着城市的扩大和个人收入的增加，更多的人开始购买私人汽车。公安部交管局的数字显示：截至2011年8月底，全国机动车保有量达到2.19亿辆，其中汽车保有量首次突破1亿辆大关，占机动车占有量的45.88%。化石燃料的燃烧和汽车的飞速增多已经导致近40%的城市空气遭受污染，在对居民的健康形成巨大威胁的同时加剧了气候变暖的趋势。

4）森林和生物多样性危机

目前，地球上大面积的原始森林不到陆地面积的10%，而我国未受侵扰的森林仅占国内森林总面积的2%。国务院的数据进一步表明：四分之一的国土已经呈现严重的荒漠化。野生动物的最重要的栖息地之一是原始森林。虽然我国是世界上生物多样性最为丰富的国家之一，但在近一百年来，已经陆续灭绝了十多个物种，其中包括野马、新疆虎等。白鳍豚存在与否仍然是个谜。国家林业局认为：栖息地的破坏，包括开垦森林、草原过度放牧以及气候变化是造成生物多样性危机加剧的主要原因。同时，我国对于森林资源的需求对世界也带来了巨大的压力。世界银行的数据表明：每10棵贸易中的热带树木，就有5棵被进口到中国。与此同时，我国对欧盟的木制品出口在过去的十年间增长了5倍以上，而对美国的出口更是增长了8倍之多。

5）气候变化危机

2008年，暴雪、干旱和洪涝等极端天气对我国的侵袭几乎没有中断过。我国不仅是世界最大的温室气体排放国之一，更是遭受气候变化影响最大的国家之一。绿色和平组织在过去的两年中分三次对“世界第三极”青藏高原的考察证明：高原上的冰川对气候变化的反应更为敏感。从20世纪60年代到80年代，珠穆朗玛峰地区气温升高了0.6℃，从80年代到2003年升高了1℃，平均每十年升温接近0.4℃，且升温幅度增大（过去50年，我国平均气温升高幅度达到1.1℃，每十年升温0.2℃左右）。可以说，30多年来，珠穆朗玛峰高海拔地区是我国同期升温最显著的区域。另外，气候变化也加剧了荒漠化。国家林业局官员称：我国荒漠化土地总面积达263.6万km^2，占国土面积的1/3，近四亿人受到荒漠化沙化的威胁，同时因土地沙化造成的直接经济损失经评估每年高达500多亿元人民币。气候变化不仅带来了环境问题，也造成了严重的经济损失。2008

年年初的南方雪灾造成的经济损失为1516.5亿元人民币，而据国家防汛抗旱总指挥部统计，截至同年6月18日，当时洪灾带来的直接经济损失已近400亿元人民币。但是同时，我国有巨大的潜能发展可再生能源以减缓气候变化，同时降低极端天气的发生频率，减少经济损失。

上述环境问题警示我们，产销领域结构的调整、清洁资源能源的利用、绿色工艺技术的研发、自然生态环境的保护，将成为我国实施可持续发展的必由之路。

1.2.3 绿色过程工程——解决资源环境问题的利器

1. 我国应对资源环境问题的基本政策

中国共产党十八大报告明确指出：在我国，建设生态文明，是关系人民福祉、关乎民族未来的长远大计。面对资源约束趋紧、环境污染严重、生态系统退化的严峻形势，必须树立尊重自然、顺应自然、保护自然的生态文明理念，把生态文明建设放在突出地位，融入经济建设、政治建设、文化建设、社会建设各方面和全过程，努力建设美丽中国，实现中华民族持续发展。

坚持节约资源和保护环境的基本国策，坚持节约优先、保护优先、自然恢复为主的方针，着力推进绿色发展、循环发展、低碳发展，形成节约资源和保护环境的空间格局、产业结构、生产方式、生活方式，从源头上扭转生态环境恶化趋势，为人民创造良好的生产生活环境，为全球生态安全作出贡献。

（1）优化国土空间开发格局。国土是生态文明建设的空间载体，必须珍惜每一寸国土。要按照人口资源环境相均衡、经济社会生态效益相统一的原则，控制开发强度，调整空间结构，促进生产空间集约高效、生活空间宜居适度、生态空间山清水秀，给自然留下更多修复空间，给农业留下更多良田，给子孙后代留下天蓝、地绿、水净的美好家园。加快实施主体功能区战略，推动各地区严格按照主体功能定位发展，构建科学合理的城市化格局、农业发展格局、生态安全格局。提高海洋资源开发能力，发展海洋经济，保护海洋生态环境，坚决维护国家海洋权益，建设海洋强国。

（2）全面促进资源节约。节约资源是保护生态环境的根本之策。要节约集约利用资源，推动资源利用方式根本转变，加强全过程节约管理，大幅降低能源、水、土地消耗强度，提高利用效率和效益。推动能源生产和消费革命，控制能源消费总量，加强节能降耗，支持节能低碳产业和新能源、可再生能源发展，确保国家能源安全。加强水源地保护和用水总量管理，推进水循环利用，建设节水型社会。严守耕地保护红线，严格土地用途管制。加强矿产资源勘查、保护、合理开发。发展循环经济，促进生产、流通、消费过程的减量化、再利用、资源化。

(3) 加大自然生态系统和环境保护力度。良好的生态环境是人和社会持续发展的根本基础。要实施重大生态修复工程，增强生态产品生产能力，推进荒漠化、石漠化、水土流失综合治理，扩大森林、湖泊、湿地面积，保护生物多样性。加快水利建设，增强城乡防洪抗旱排涝能力。加强防灾减灾体系建设，提高气象、地质、地震灾害防御能力。坚持预防为主、综合治理，以解决损害群众健康的突出环境问题为重点，强化水、大气、土壤等污染防治。坚持共同但有区别的责任原则、公平原则、各自能力原则，同国际社会一道积极应对全球气候变化。

(4) 加强生态文明制度建设。保护生态环境必须依靠制度。要把资源消耗、环境损害、生态效益纳入经济社会发展评价体系，建立体现生态文明要求的目标体系、考核办法、奖惩机制。建立国土空间开发保护制度，完善最严格的耕地保护制度、水资源管理制度、环境保护制度。深化资源性产品价格和税费改革，建立反映市场供求和资源稀缺程度、体现生态价值和代际补偿的资源有偿使用制度和生态补偿制度。积极开展节能量、碳排放权、排污权、水权交易试点。加强环境监管，健全生态环境保护责任追究制度和环境损害赔偿制度。加强生态文明宣传教育，增强全民节约意识、环保意识、生态意识，形成合理消费的社会风尚，营造爱护生态环境的良好风气。

严峻的现实要求我们一定要更加自觉地珍爱自然，更加积极地保护生态，努力走向社会主义生态文明新时代。可以看出，国家高度意识到解决资源环境问题的必要性和重要性，这给绿色过程工业的发展带来契机，这就要求我们大力推广和研发与自然环境相容的资源高效-洁净-合理利用的物质转化过程，实现资源合理开发、能源高效利用，同时还要保持环境的清洁友好。

2. 绿色过程工程

资源与环境问题为密切相关的可持续发展的两大基本问题。面对资源环境的严峻形势，近年来已初步形成并逐步成熟了一套全球环境发展战略，即把环境问题的解决与资源开发利用-经济生产模式的优化关联统一起来，提出建立与环境相容的清洁生产-生态经济新模式。绿色过程工程正是研究与自然环境相容的资源高效-洁净-合理利用的物质转化过程与工程的科学，它涵盖了进行大规模资源加工、伴有化学和物理变化的过程工业的重新审视、提升和绿色化更新。以绿色过程工程先进理念为指导和实施基础的整体产业，即可理解为“绿色过程工业”。

其实，“绿色化学”早已成为国际公认的化学学科前沿。人类可持续发展对化学的需求促使化学中心学科正在形成向“绿色–清洁化学”发展的新阶段。化学因素对全球性资源–环境问题的影响在于：①全球性环境污染影响因子的80%是化学性污染；②工业污染与资源枯竭主要源自以不可再生矿物资源为原料、加工过程涉及化学与物理变化的过程工业，而化学反应处于这些传统工艺的核心地位。

1997年美国成立了绿色化学院、绿色化学研究所等国家级研究机构，日本、欧洲和我国等许多国家及地区都开始将绿色化学与技术列入国家科技发展重要议程。与纯基础研究不同，“绿色化学”的产生不是科学家自由思维的产物，而是在全球环境污染加剧和资源危机的震撼下，人类反思与重新选择的结果。企业需求用环境友好的绿色技术实现工业生产的源头污染控制与生产可持续发展。绿色化学一出现就带有强烈的应用性与工程性，工程放大优化研究与系统集成、多学科交叉融合是过程工业绿色化过程中极其重要的瓶颈问题。

从资源环境问题可以认识到，推进我国的过程工业绿色化具有特别重要的意义和急迫性。从化工、冶金、能源、石化、轻工等典型过程工业来看，我国资源加工利用技术仍多是几十年前就形成的传统工艺，生产消耗指数高，资源利用率低。在技术条件限制下，大量未被充分利用的资源变成废弃物排放到环境中，造成效益低下和严重的环境污染。操作物质–能量流特别巨大的一些过程工业，资源利用率不足10%，如我国特有的矿产资源钒钛磁铁矿的钛利用率仅为4.9%。有色冶金矿业为回收矿石中百分之几、千分之几的主金属所排放的冶炼废渣、尾矿、废石每年以亿吨计，综合利用效率低，废弃物潜在资源利用价值常高于目标产品；化工行业生产1t铬盐要产生近3t毒性废渣；石油化工和大宗基本有机原料的生产，年产量也可达百万吨以上，目标产物合成效率低、催化选择性差，导致资源浪费和毒性有机物污染。我国有些过程工业的能耗是美国、日本的2～4倍，而我国煤开采和燃烧造成的污染和能源浪费更是量大面广。据统计，我国2010年工业固体废物产生量为24.09亿t，同比增加18.10%，其中危险废物产生量为1586.8万t，这不仅流失了大量可用资源，也严重污染了水体、土壤和大气。

工业废弃物的污染取决于生产工艺技术对资源的综合利用程度与过程优化集成水平。开发过程工业物质转化的高效–洁净–合理利用资源的绿色新过程与工程化实施是急切的社会需求。生产企业再难以承受投入巨大、收效甚微的末端治理重负，急需立足于发展增效、同时实现减污的清洁生产高新技术。绿色过程清洁生产技术的工程化将极大地提高我国工业的总体水平。

绿色过程工程是涵盖绿色化学化工，综合运用环境与资源、材料、能源、生化工程与计算信息学等多学科知识，研究物质转化过程绿色化的综合性科学与工程。绿色过程的开发为过程工程学研究开辟了新的内涵，层面关系如图 1-2 所示。

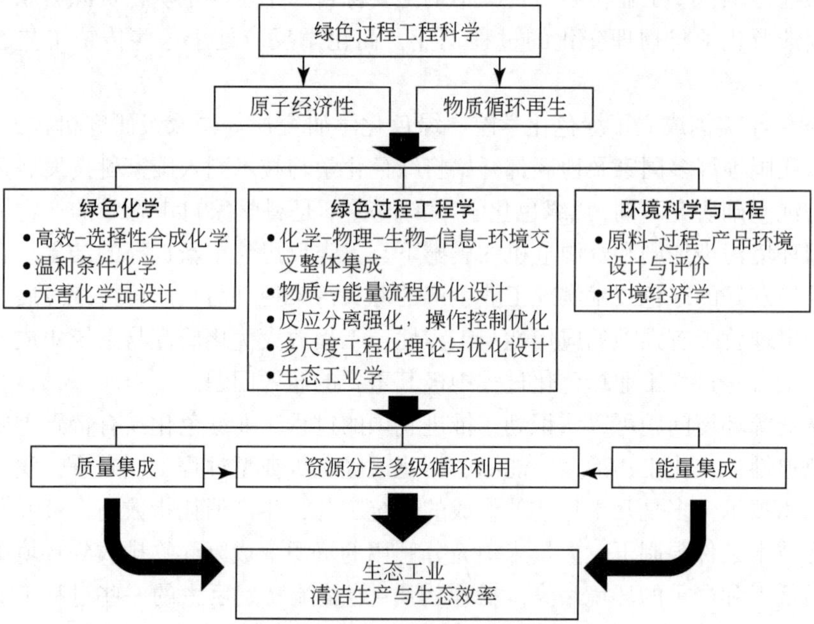

图 1-2　绿色过程工程科学内涵层面图

（1）建立资源-环境保护新体系的思想方法论与实施策略，源头污染控制与资源-环境同一论的清洁生产策略及生态工业系统。

（2）原子经济性化学反应处于绿色过程的核心地位，理想的绿色化学反应，即原料中的原子 100% 地转变为产物，不产生副产物或废弃物，实现废弃物的零排放。

（3）运用环境-经济综合评价体系，建立过程工业的物质流-能量流-信息流综合优化与过程集成。

（4）发展生物转化技术，洁净能源和可再生资源替代技术。

（5）模拟自然界物种共生、互生及其能量与元素传递的循环网络，建立物质分层多级循环优化、利用的生态化产业体系。

（6）应指出的是“绿色”的提法是动态的概念，当一个相对于传统过程的绿色过程已被广泛接受，纳入正常生产的成熟阶段之后，就成为常规技术，然后要去追求更理想的绿色新过程。

依据环境-经济两种尺度对过程进行综合优化，包括反应-分离等多序列的综合，物质集成与能量集成，通过质量、热量交换网络等多种综合优化方法，废物最小化的模拟设计来实现。绿色过程更注重追求废物最小化的物质流优化。国外已发展了多种优化方法，国内的系统工程研究也开始进入该领域，但由于没有具体的工程依托，尚限于定性分析阶段。过程工业千差万别，还没有形成清洁生产的通用设计方法。近期重点应放在开发工艺过程闭路循环系统的实现方法上，在企业内部最大限度利用原料，减少废物排放。过程工业的绿色化提升为多学科综合交叉和工程学的新发展开辟了广阔的空间。绿色过程的整体运行框架可用图 1-3 表示。

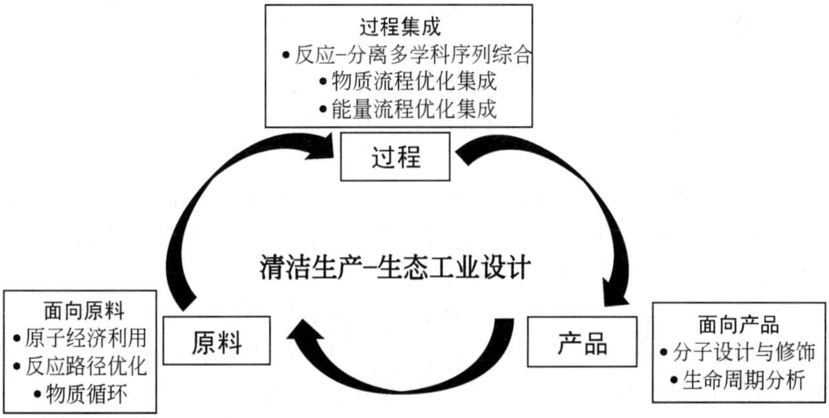

图 1-3　源头污染控制–绿色过程整体运行框架图

绿色过程工程的理念自提出以来迅猛发展，为解决资源环境问题提供了有效途径和方略，因此吸引了国内外研究工作者的广泛关注。2012 年 10 月 21 ~ 23 日，由中国科学院主办，中国科学院过程工程研究所承办的“2012 年世界资源论坛（WRF2012）”在北京成功召开。论坛吸引了来自 50 多个国家的 700 余名学者参加。针对绿色循环经济、地区发展战略、煤炭清洁利用、油气资源、清洁煤炭资源、新能源和可再生能源、食品、生物资源的综合利用、绿色过程及工程技术、水、材料能源回收和循环利用、替代性的商业模型及社会经济问题、政策和教育、纳米绿色能源等问题设立了 12 个学术分会及 13 个专题讨论会。明确提出了资源的高效利用是绿色经济的核心，对促进中国资源的高效清洁利用和发展绿色经济都具有深远的影响，而这也正是发展绿色过程工程所要阐述的价值内涵。

因此绿色过程工程科学的研究是重大前瞻性、战略性的多学科交叉与综合集成，将为过程工业的改造提升和经济可持续发展提供科学依据和工程技术支撑，促进 21 世纪的全球性绿色产业革命。

参 考 文 献

陈家镛 . 2011. 过程工业与过程工程学 . 过程工程学报，1（1）：8-9.
成升魁，谷树忠，吕国平，等 . 2003. 2002 中国资源报告 . 北京：商务印书馆：1-14，114-166.
郭慕孙 . 2001. 过程工程 . 过程工程学报，1（1）：2-7.
胡锦涛 . 2012-11-17. 坚定不移沿着中国特色社会主义道路前进 为全面建成小康社会而奋斗——在中国共产党第十八次全国代表大会上的报告 . 新华社 .
《矿产资源综合利用手册》编辑委员会 . 2000. 矿产资源综合利用手册 . 北京：科学出版社：1-6.
李洪钟 . 2010. 过程工程——物质 · 能源 · 智慧 . 北京：科学出版社：367-396.
李静海 . 2001. 从"化工冶金"到"过程工程". 过程工程学报，1（1）：1.
莫祥银 . 2009. 环境科学概论 . 北京：化学工业出版社：1-20.
牛强，潜伟 . 2002. 过程工程：技术与管理的集成创新 . 包头钢铁学院学报，21（4）：297-301.
牛强，潜伟 . 2002. 过程科学与过程工程 . 科学学研究，20（2）：143-147.
夏征农，等 . 2009. 辞海 . 1999 年版彩图缩印本 . 上海：上海辞书出版社：765，2835，2844.
张懿 . 2001. 绿色过程工程 . 过程工程学报，1（1）：10-15.
中国科学技术协会 . 2007. 资源科学学科发展报告 . 北京：科学技术出版社：3-34.
International Energy Agency. 2007. World Energy Outlook 2007：China and Indian Insights. The IEA Online Bookshop：241-281.

第 2 章　矿产资源综合利用

2.1　矿产资源及其综合利用概况

2.1.1　矿产资源概述

1. 矿产资源的概念

矿产资源是指由地质作用形成的，赋存于地壳内部或地表的具有利用价值的，呈固态、液态或气态的自然资源。它既包括在当前技术经济条件下可以开发利用的物质，又包括在未来条件下具有潜在利用价值的物质。矿产资源的范畴主要包括以下三大类。

（1）蕴含某种形式的能，可以作为燃料的能源矿产，又称燃料矿产或矿物能源，如煤、石油、天然气等。

（2）可以从中提取金属元素或化合物的金属矿产，如铁、锰、铜矿等。

（3）可以从中提取非金属原料或直接加以利用的非金属矿产，后者又称工业岩石和矿物，如金刚石、石灰岩、黏土等。

此外，地下水、含矿热水、惰性气体、二氧化碳以及海底矿物资源等，也在矿产资源范畴内，称为水气矿产。

矿产资源的最大特点是再生速度极为缓慢或不能再生，属于非可再生资源，其储量是有限的。

2. 矿产资源的地位

矿产资源是人类生产资料和生活资料的基本源泉之一，是发展国民经济的重要物质基础，其开发利用程度是标志一个国家经济实力和发展潜力的重要指标。矿产资源开发利用是人类社会发展的前提和动力。从石器时代到铜器、铁器时代，从木柴的燃烧到煤、石油、天然气、原子能的利用，人类社会生产的每一次巨大进步，都伴随着矿产资源利用水平的巨大飞跃。

矿产资源开发与国民经济各部门有着广泛的关联效应。矿产资源开发作为基础产业支撑着其他行业对原料的需求，我国约95%的能源、80%以上的工业原材料和70%以上的农业生产资料都需依赖矿产资源的开发供给，如冶金、化工、航天、建材、机电、电力、轻工、核工业、农业、医药等企业的主要原材料和燃料均来源于此。更重要的是，矿产资源开发业对其下游产品有着明显的增值效应，这种效应一般呈倍数增长，其增长率少则几倍，多则数十倍，甚至上百倍。以1995年为例，我国矿产资源开发业总产值为3 386.39亿元，以矿产品为原料的全部轻工业和重工业产值为39 077.56亿元，后者是前者的11.5倍。如果共生伴生矿产资源都能综合开发利用，那么它的辐射增值效应也必将在下游产业中充分体现出来，产生显著的经济效益和社会效益。由此可见，矿产资源开发及其综合利用在国民经济中占有举足轻重的地位。

3. *矿产资源开发在国民经济中的作用*

矿产资源开发在国民经济中具有基础和先行作用。矿产资源开发业是国民经济的基础产业。尽管矿产资源开发业和农业在经济发达国家的国民生产总值（GNP）中只占4.5%，但并不能因此而低估其重要作用，因为基础产业支持了占国民生产总值95.5%的其他产业，即在其他产业体现出各类原料加工的巨幅增值。在我国，矿产资源开发业和农业每年不仅产出占国民生产总值32%左右的产值，而且还支持着其余占国民生产总值68%左右的后续产业的发展，由此充分显示出矿产资源开发业在国民经济中的基础作用。

一个大型矿山的建设，从勘探到开发，一般需要10～15年时间。因此矿产资源开发业作为基础产业必须超前动作，才能满足其他工业产业对矿物原材料的需要，可见矿产资源开发还具有不可替代的先行作用。

2.1.2 矿产资源综合利用概述

1. *矿产资源综合利用的涵义及作用*

矿产资源综合利用主要是指在矿产资源开发过程中对共生、伴生矿产进行综合勘探、开采和利用；对以矿产资源为原料、燃料的工业企业排放的废渣、废液、废气及生产过程中的水、气进行综合利用。

矿产资源综合利用既是矿产资源开发的一项重要政策，也是合理开发资源、保护人类环境的一种有效手段。因此，它在国民经济发展中具有相当重要的作用。

（1）提高资源利用率，增加产值。综合利用共生伴生矿产资源中的有用组分，可使一矿为多矿（利用组分的数量就是矿山的数量），小矿成大矿（多组分综合利用的产品总量），这样就提高了资源利用率，并增加了产值。

（2）整合矿山企业，节约多项投资。在一个矿山开发建设中，综合利用共生伴生矿产资源中的有用组分，相对于若干个单一矿产开发建设工程来讲，可减少土建、设备、供电、供水、交通及其他公共设施的重复建设，因而能节约矿山、能源、交通建设及征地等方面的多项投资。

(3) 增加产品品种，降低生产成本。在矿山企业生产中，综合利用共生伴生矿产资源中的有用组分，可增加多种生产产品，相对于生产一种产品，能降低生产成本。

(4) 减少“三废”(废渣、废水、废气) 污染，保护环境。综合利用共生伴生矿产资源中的有用组分，既可变废为宝，开发新产品，又可同时消除有害物质，减少环境污染。

2. 矿产资源综合利用的主要矿类

1) 天然共生伴生矿产资源的综合利用

(1) 黑色金属矿产。

我国的一些铁矿床多为多金属矿床，共生、伴生钒、钛、铜、铬、镍、钪、镓、铌等多种金属元素，以及一些非金属有用组分，是综合利用的重要领域之一。例如，攀枝花钒钛磁铁矿床的五氧化二钒总保有储量为 2596 万 t，占全国储量的 69%，居世界第三位；二氧化钛储量占全国储量的 94%，占世界储量的 15%；此外，还有钴、镍、铬、钪、镓等几十种贵重金属。包头白云鄂博铁矿是世界上罕见的以铁、稀土、铌为主的多元素共生矿，有 70 多种元素和 100 多种矿物，其中稀土储量占全国总储量的 90% 以上，居世界第一位，有“世界稀土宝库”之称，铌储量居世界第二位。

(2) 有色金属矿产。

有色金属矿产多为共生伴生矿。我国已探明的铜矿中多共生或伴生有钼、铅、锌、金、银、镍、硫、钴和铂族元素；钨矿中伴生的有用组分达 30 多种。我国有色金属工业可以综合回收的金属和非金属元素已有 50 多种，其中价值较高的有铜、铅、锌、镍、钴、钼、镉、镓、硫、铁、锑、钨、锡、铋、锗、金、银、铂族元素、萤石以及稀有分散元素。

(3) 化工原料矿产。

在我国的主要化工原料矿产中，可以综合回收的元素有近 40 种。例如，硫铁矿常伴生金、钴、镍、铂以及稀有金属元素；磷矿常伴生有氟、碘、稀土和放射性元素；钾盐矿中常伴生有硼、锂、碘、溴、铯、铷等元素。

(4) 建材原料矿产。

在我国的建材原料矿产中，能够综合利用的有用组分已达 30 多种，例如，石棉矿中的蛇纹岩是制钙、镁、磷肥的重要原料，又可作耐火材料，而有些蛇纹岩中常伴生有镍、铬、钴、铂等元素；作为陶瓷原料的高岭土矿常伴生有黄铁矿、明矾石、钾长石、铝土矿、膨润土、稀土元素等可综合回收对象。

(5) 煤炭矿产。

在我国煤炭工业原料矿产中，综合利用的主要对象是黄铁矿、高岭土、高铝黏土、煤矸石、石煤及其含有的钒元素、瓦斯等有用组分。

2）二次矿产资源的综合利用

以矿产资源为原材料、燃料的工业企业排出的具有再利用价值的固体、液体、气体废弃物，即为二次矿产资源，也称为再生矿产资源。截至1996年，我国工业固体废弃物历年堆存量就已将近6.6×10^9 t。1996年全国环境统计公报显示，工业固体废弃物产生量为6.5×10^8 t，工业废水排放总量为2.1×10^{10} t，工业废气排放总量为1.1×10^{13} m^3。由此可见，开发利用上述二次资源将大有作为。

(1) 钢铁工业。

我国钢铁工业在采矿、选矿、冶炼及加工生产过程中，每年产生尾矿$7.0\times10^7\sim1.0\times10^8$ t，冶炼渣$4.0\times10^7\sim5.0\times10^7$ t，含铁尘泥$7.0\times10^6\sim8.0\times10^6$ t，废酸液$9.0\times10^5\sim1.1\times10^6$ t，工业废水1.0×10^{10} t，这些都是可供开发的二次矿产资源。

(2) 有色金属工业。

我国有色金属工业在采矿、选矿、冶炼及加工生产过程中，每年产生尾矿$5.0\times10^7\sim6.0\times10^7$ t；工业废水6.0×10^8 t，其中含汞3t，镉78t，砷257t，铅352t，铜558t，锌3945t，镍18t；产生废气2.8×10^{11} m^3，其中含二氧化硫5.4×10^5 t，氟化物（按氟计）7089t，铅1626t，汞6t。这些废弃物富含多种有用组分，实为二次开发的重要资源。

(3) 传统化学工业。

我国传统化学工业生产中，每年排放废渣3.3×10^7 t，废气6.9×10^{11} m^3，废水5.9×10^9 t，其中氰、酚、汞、砷、氨、氮等有毒有害物质排放量居各企业之首。做好传统化学工业中的二次资源开发利用是解决资源短缺和环境污染的重要组成部分。

(4) 石油化学工业。

我国石油化学工业生产中，每年产生的废渣、废液达6.9×10^5 t，这也是占有相当比重的二次矿产资源。

3. 矿产资源综合利用的意义

冶金、化工、石油化工、建材、煤炭、电力、轻工、核工业等过程工业部门排放的废渣、废液、废气，给人类环境带来不同程度的污染，对地球环境、生态平衡、人类健康造成极大的危害和潜在的毁灭性威胁。主要体现在：①工业废渣。采矿、选矿、冶金、化工等工业企业排放的废渣，如果大量堆积，不仅毁坏农田和森林，而且其中的有害成分又会随雨水渗入土壤，致使植物中有害物质含量超标；如果直接倾倒于江河湖海之中，就会造成生物死区；如遇干旱和大风天气，又会造成严重扬尘，同时易产生有害气体，造成大气污染。②工业废水。选矿、冶炼、化工等工业过程的废水中，常含有汞、镉、铬、铅、砷等有生物毒性的重金属元素，对人体毒性较强，具有生物放大和聚集作用；选矿、冶炼提金、高炉煤气洗涤和化工排放的含氰废水，因含有氰化物等剧毒物质，对人和生物危害较大，0.3～0.5g/L 氰化钾或氰化钠的水经口服能致命；开采与加工放射性矿产所排放的废水，会造成水体放射性污染，因而可导致人体白细胞增高、癌变和其他病变；化工、选矿排出的强酸和强碱性废水，排入水体后会使 pH 发生变化，影响生产和生活用水质量，甚至危及水生动植物的生命。③工业废气。采矿、选矿、冶炼等工业生产过程中排放的 SO_2、CO、NO_x、NH_3、$C1_2$、HF、HCl 等气体，以及粉尘、烟尘，会对大气环境造成严重污染。

矿产资源综合利用，既可有效提取“三废”污染物中的有用组分，变废为宝，开发新产品，又可消除有害物质，减轻环境污染。因而矿产资源综合利用是实现环境保护的一项有效手段，其具体实施方法主要有以下两大类。

1）采用现代技术综合利用“三废”

（1）废渣的综合利用。

采用选矿、冶炼、化工和生物等方法，将废渣中的有用组分充分回收，将有毒物质转化为无毒物质。经过处理后的废渣，即使尚存少量废物，对环境的危害也会大大减小。

（2）废水的综合利用。

采用物理、化学、物理化学和生物等多种方法，从废水中回收有用组分，重复利用原材料，使之成为洁净水，可实现循环使用，从而消除了破坏环境的废水污染源。

（3）废气的综合利用。

采用吸收、吸附、冷凝和脱膜等方法，利用其中有用组分，治理其中有害气，减少或消除对大气环境的直接污染。

2）应用生产链解决和利用“三废”

对工业“三废”的高效处理与综合利用，也可应用生产链来解决。例如，将甲工厂或部门的废物作为乙工厂或部门的原料，乙工厂或部门的废物作为丙工厂或部门的原料，如此循环往复，最终只有极少量的废物经无害处理排入环境。

2.1.3　矿产资源综合利用现状及发展方向

1. 国外矿产资源综合利用现状

1）基本情况

为了保护矿产资源，维持生态平衡，实现资源利用的良性循环，世界工业发达国家把矿产资源综合利用摆到了工业改革的高度，进而使矿产资源的综合利用取得了很大进展。

（1）固体矿产资源和工业固体废物的利用。

一些国家的固体矿产综合利用成效斐然。美国、日本的铜、铅、锌、镍等金属矿综合利用率为76%～90%。美国杜拉尔等7座铜选矿厂除回收铜之外，综合回收了金、银、铅、钼等元素，综合利用率为88%～91%。日本小坂内之多金属矿选矿厂综合回收了铅、铜、锌、硫、碲、硒等8种组分，综合利用率为87%以上。美国宾夕法尼亚州格雷斯铁矿综合回收了铁、金、银、铜、钴等多种金属。加拿大从马尼托巴伟晶岩矿石中综合回收了钽、锂、铯、铍和镓。日本的神子烟脉锡矿选矿厂综合回收了锡、铜、铅、锌等4种精矿。这些矿山的综合利用程度都达到了较高的水准。

美国、德国、法国、英国、日本等国的工业固体废物利用成就为世界所瞩目：德国、法国、英国的粉煤灰利用率分别为80%、60%和55%，丹麦和日本为100%；日本、德国、澳大利亚、加拿大、波兰的煤矸石利用率为85%以上；瑞典、英国、美国、德国、法国、加拿大、比利时的高炉渣利用率为100%；美国、德国、英国的钢渣利用率分别为100%、90%和80%。

（2）工业废水的利用。

在工业发达国家，循环和串联利用工业废水已比较普遍。同时，工业废水的处理再利用也取得较大成就。一些国家的工业废水处理，除部分在厂内进行外，多数送往废水处理厂与城市污水一同进行处理和再生利用。美国曾耗资314亿美元，新建、扩建和改建大批废水处理厂。截至20世纪末，美国已有城市废水处理厂23 000多座，英国有近8 000座，法国有8 000多座，德国有7 700多座，日本有600多座。这些废水处理厂为废水的再生利用和环境的有效保护起到了重要作用。

据统计，美国、日本、德国的工业废水利用率均为75%以上。其中，日本在钢铁工业中的废水利用率为90%以上，在石油、煤炭工业中为85%以上，在化学工业中为80%以上，在有色金属工业中为74%以上。除废水处理外，一些国家还从工业废水中提取有用组分，如从有色金属工业排放的废水中回收铜、镉、铅、锡等，利用高浓度有机废水生产甲烷等。

（3）工业废气的利用。

发达国家从 20 世纪 60 年代起便开始了工业废气的利用。日本、法国、德国采用未燃法（湿法冶金）净化回收冶金转炉产生的煤气。据测算，每炼 1t 钢可回收含一氧化碳 70% ~ 80% 的干净气体 60 ~ 70m^3，回收后的气体主要用作燃料或化工原料。一些国家回收利用煤矿开采过程中产生的煤矿瓦斯，供工业和居民使用，利用率为 80% ~ 90%。部分发达国家利用有色金属冶炼排放的二氧化硫烟气制取硫酸，如每生产 1t 铜和铅，可分别生产 3 ~ 5t 和 2 ~ 2.5t 硫酸，经济效益和社会效益可观。

2）主要经验

矿产资源综合利用是一项涉及社会、经济与环境的系统工程。发达国家在矿产资源综合利用方面的成效显著，概括起来主要有以下经验。

（1）严格的法律措施。

为保证矿产资源合理利用和有效保护环境，许多国家制定了相应的法律，如美国制定了《资源保护与回收法》，法国制定了《废物处理和资源回收法》，德国制定了《废弃物处置法》等。

（2）有力的经济政策。

为促进资源的回收利用，许多国家实施了带有刺激性的经济政策，如美国设立补助金拨款制、减免税收制、经济惩罚制等，从而激励了企业对资源充分利用的积极性。

（3）专业的经营模式。

美国、法国、日本等国建立专门的工业废弃物处理企业和行业，既从事加工又进行销售，如美国的钢铁废渣企业建有 32 个矿渣碎石加工厂，分别由 14 个公司经营，年生产能力达 10^7t。一些国家还实行废物交换制，即通过工商会等有关部门或废物交易市场，匹配和调控市场供需。

（4）专门的科学研究。

为使二次资源得到开发利用，美国、日本、俄罗斯等国家对固体废料进行了专门的科学研究。特别是美国和俄罗斯对黑色和有色金属矿山、选矿厂、冶炼厂的废渣与尾矿处理都安排了发展计划。俄罗斯专门召开了以“黑色金属和有色金属地下开采完善化”为宗旨的科学大会，明确规定“研究和寻找开采黑色和有色金属新方法，综合利用所有的废矿渣，将其加工成工业、建筑业、农业部门所需要的产品，慎重合理利用矿产资源”。

2. 我国矿产资源综合利用现状

近 20 年来，我国加强了对矿产资源综合利用工作的宏观管理，明确了指导方针，制定了有关政策法规，因而在矿产综合利用方面取得了一定成效。

1）基本情况

（1）固体矿产资源和固体废弃物的利用。

有色金属矿产资源综合利用水平逐年提高，70%以上的共生伴生有价元素都能得到不同程度的利用，综合回收的共生伴生元素有近40种，综合利用率平均为35%左右。有色金属工业综合回收的金属量占同期金属产量的15%以上，所创造的经济价值已占全行业净产值的10%，在有色金属行业中，大冶有色金属公司综合利用产值已占其总产值的40%。金川镍矿除回收镍外，还综合回收了铜、铂、钯、金、铑、铱、锇、钌等多种元素，综合利用取得显著成效。

黑色金属矿产资源综合利用率为30%~40%，其中铁矿利用率为7%左右。工业废渣主要用作建筑材料，高炉渣利用率为85%，转炉和平炉粉尘利用率为90%，选矿尾矿利用率为2%。攀枝花钒钛磁铁矿综合回收了铁、钒、钛等主要组分，包头多金属矿综合利用了铁、稀土、铌等多种组分，并获得了较好的技术经济指标。

在固体废弃物利用方面，煤矸石是夹在煤层中的脉石，经采掘和洗选分离后，主要用于发电、制水泥和砖，利用率为17%。粉煤灰是燃煤电厂的排放物，主要用作建筑、筑路、充填等材料，利用率为30%以上，现有20多个电厂的粉煤灰利用率达到100%。化学工业生产过程中产生的硫铁矿烧渣、电石废渣等10种主要废渣的利用率达到了62%以上。

（2）工业废水的利用。

我国工业废水利用率为65%左右，其中钢铁工业废水利用率为75%，有色金属工业为66%，其他工业废水利用率较低。利用废水中的某些有用组分加工成其他工业产品，或从废水中提取有用组分也取得一些进展。如从含醛废水中提取工业甲醛，从含酚废水中回收酚，利用化肥厂的废水加工成橡胶工业的炭黑等。

（3）工业废气的利用。

我国钢铁工业的高炉煤气利用率为97%，焦炉煤气利用率为97%，转炉煤气利用率为43%，石油化学工业可燃气利用率为91%，化学工业的电石炉气、合成氨等8种废气利用率为74%，煤炭工业的煤矿瓦斯利用率为72%以上。利用工业废气可制取一些工业产品，如用甘油吸收氯化氢废气制取二氯丙醇，并可在催化剂作用下制取环氧氯丙烷、二氯丙醇等；用氨水吸收二氧化碳废气制化肥；用纯碱吸收二氧化碳废气制取碳酸氢钠；用烧碱废液吸收二氧化碳废气制取纯碱；用氯化苯吸收氯化氢废气可制取盐酸等。

2）方针政策

（1）指导方针。

我国开展资源综合利用的方针是：充分调动地区、部门和企业的积极性，把资源开发、资源消费与资源综合利用结合起来，把资源综合利用与企业技术改造和治理污染结合起来，变废为宝，化害为利，走出一条自我积累、自我发展，国家予以扶持的资源综合利用的新路子。

贯彻上述方针的主要原则是：在生产建设上，要坚持"综合开发、综合利用"的原则，逐步改变粗放排泄的做法，新建和扩建项目必须坚持资源综合利用工程与主体工程同时设计、施工和投产。在资金筹措上，要逐步实现"以废养废"的原则，坚持自力更生为主，同时国家给予适当扶持。在利益分配上，要实行"谁投资谁受益"的原则，适当兼顾国家、企业和个人利益。在管理体制上，要打破企业、行业、地区界限，在自愿互利的原则下，建立各种形式的资源综合利用联合体。在科技开发上，要坚持科研和生产相结合的原则，积极支持科研单位开展资源综合利用方面的科研工作。

（2）政策法规。

为有效地贯彻执行资源综合利用方针，自 1985 年，国家制定了一系列有关资源综合利用的政策法规，如《关于开展资源综合利用若干问题的暂行规定》、《关于资源综合利用项目与新建和扩建工程实行"三同时"的若干规定的通知》等文件。这些政策法规，有效地调动了生产、设计、科研部门开展资源综合利用的积极性，推动了资源综合利用工作的健康发展。

3）同国外的主要差距

同发达国家相比，我国在矿产资源综合利用方面还存在一定的差距，主要表现在以下三个方面。

（1）总体综合利用率不高。

从总体上看，矿产综合利用率低于 30%，工业固体废物综合利用率也只有 25% 左右。据对 1845 个重要矿山调查统计，综合利用有用组分 70% 以上的矿山仅占 2%，综合利用有用组分 50% 的矿山不到 15%，综合利用有用组分低于 25% 的矿山占 75%。在 246 个大中型矿山中，有 32% 的矿山未综合利用有用组分。

（2）综合利用技术尚未完全过关。

由于矿产综合利用工艺技术还存在一些尚未解决的问题，因此不少矿产资源未能利用，或者即使实施综合利用回收率也很低。例如，从攀枝花钒钛磁铁矿中回收了铁、钛、钒，而钴、镍、铬、钪、镓等贵重金属还没有成熟的回收利用技术，有色金属矿产综合回收的总回收率只有 30% ~40%，选矿过程中共生伴生组分的回收率多数在 50% 以下，铜、铅、锌冶炼原料中有价元素的平均回收率仅为 50% 左右。

（3）综合利用产品的科技含量和附加值较低。

有相当数量的企业的矿产综合利用项目尚属低层次的原料生产及粗加工，其产品档次较低，市场销路有限，经济效益不理想。

3. 矿产资源综合利用的发展方向

1）发展无废生产工艺

世界各国对无废生产工艺给予了极大重视。1984 年，联合国欧洲经济委员会在塔什干召开了无废工艺国际会议，专门研究了有关无废工艺方面的一系列问题。此次会议讨论通过了关于无废工艺的定义：“无废工艺是一种生产产品的方法（流程、企业、区域生产联合体）。用这种方法，在原料资源—生产—消费—二次原料资源的循环中，原料和能源能得到最合理的综合利用，从而对环境的任何作用都不致破坏环境的正常功能。”

上述对无废工艺的定义，一是阐明了物质流的闭合性，即无废生产工艺体系中，生产过程所排出的废物，以及产品消费后所形成的废物，可以而且一定要返回工业生产中作为二次原料资源加以利用，就像生态系统中食物链的结构一样；二是强调了原料中的所有组分；三是认证了无废生产工艺对环境的无害性，即生产过程中不产生任何污染环境的废物。

综合利用资源是无废生产的首要目标，也是组织生产最重要的途径之一，又是当前全世界解决资源短缺和环境污染问题的基本对策。因此，通过综合利用矿产资源中的所有组分，即实现无废生产工艺，是当今以矿产资源为原料、燃料的工业必然的发展方向。

2）采用再资源化新技术

在现阶段，以矿产资源为原料、燃料的工业生产中还不能避免废物的产生，过去生产积聚的废物和产品消费后变成的废物也大量存在，因而如何使这些废物再资源化，并采用新技术提高其利用率就显得更为重要。例如，日本采用焙烧法从废物中回收汞，干式法回收镍和镉，立式炉法回收铅，合金还原法回收铬，蒸发干固热解法回收氧化物等技术，均极大地提高了废物的利用率。

由于应用了再资源化新技术，世界工业发达国家再生金属产量的比例有所提高，在有色金属生产中，法国再生金属总量占总产量的 30% 以上，美国占 25% ~ 30%，俄罗斯占 20%。再资源化技术的研发也将成为资源综合利用领域长期坚持的发展方向。

3）优化产品应用途径

作为综合利用的对象——矿产资源中的伴生有用组分和二次矿产资源中的有用组分，不能将它们仅仅当作低档次产品回收，而应尽可能使之成为具有更高价值的产品给予利用。事实上，如果能在矿产综合利用中合理选择产品应用途径，往往会使副产品不“副”，甚至有时会使所谓的副产品的价值高于主产品的价值。

矿产资源综合利用实践证明，在综合回收利用伴生资源和二次资源的过程中，首先应提取最具应用价值的各种资源或能源，然后才是选择用作建材或其他途径的消耗品。也就是说，资源的综合利用产品必须由当前的低级应用途径逐步向高级应用途径转变。例如，美国、日本等国家从粉煤灰中提取钼、钒、钛、锌、钴、铁等金属，就获得了比粉煤灰直接用作水泥等建筑材料更高的经济效益。所以，优化产品应用途径是从矿产资源综合利用中提炼更高利用价值、获取更大经济效益的一个重要发展方向。

2.2　我国主要矿产资源介绍

2.2.1　我国矿产资源的基本特点

我国幅员辽阔，地质构造条件复杂多样化，地壳活动频繁，从而形成了较为优越的成矿地质条件。我国是世界上少有的几个矿产品种较齐全、矿产资源较丰富的国家之一。截至 2005 年年底，我国已发现了 172 种矿产，查明有资源储量的矿产 160 种，其中能源矿产 11 种，金属矿产 54 种，非金属矿产 92 种，水气矿产 3 种（表 2-1）。已发现矿床、矿点 20 多万处，其中有查明资源储量的矿产地 1.8 万余处。煤、稀土、钨、锡、钽、钒、锑、菱镁矿、钛、萤石、重晶石、石墨、膨润土、滑石、芒硝、石膏等 20 多种矿产，无论在数量上或质量上都具有明显的优势，有较强的国际竞争能力。但是中国人均矿产资源拥有量少，仅为世界人均的 58%，列世界第 53 位。

表 2-1　我国矿产资源基本情况

矿类名称	已探明储量的矿种		发现的其他矿种	
	矿种数	名称	矿种数	名称
能源矿产	11	煤、石煤、油页岩、铀、钍、油砂、天然沥青、石油、天然气、煤层气、地热		
金属矿产	54	铁、锰、铬、钒、铜、铅、锌、铝、镍、钴、钨、锡、铋、镁、钼、汞、锑、金、银、铂、钯、铱、铑、锇、钌、铌、钽、铍、锂、锆、锶、铷、铯、钇、钆、铽、镝、铈、镧、镨、钕、钐、铕、锗、镓、铟、铊、铪、铼、镉、钪、硒、碲	5	钬、铒、铥、镱、镥

续表

矿类名称	已探明储量的矿种		发现的其他矿种	
	矿种数	名称	矿种数	名称
非金属矿产	92	金刚石、石墨、自然硫、硫铁矿、水晶、刚玉、蓝晶石、夕线石、红柱石、硅灰石、钠硝石、滑石、石棉、蓝石棉、云母、长石、石榴子石、叶蜡石、透辉石、透闪石、蛭石、沸石、明矾石、芒硝、石膏、重晶石、毒重石、天然碱、方解石、冰洲石、菱镁矿、萤石、宝石、玉石、玛瑙、颜料矿物、石灰岩、泥灰岩、白垩、白云岩、石英岩、砂岩、天然石英砂、脉石英、粉石英、天然油石、含钾砂页岩、硅藻土、页岩、高岭土、陶瓷土、耐火黏土、凹凸棒石黏土、海泡石黏土、伊利石黏土、累托石黏土、膨润土、铁矾土、其他黏土、橄榄岩、蛇纹岩、辉石岩、玄武岩、角闪岩、辉长岩、辉绿岩、安山岩、闪长岩、正长岩、花岗岩、珍珠岩、浮石、霞石正长岩、粗面岩、凝灰岩、火山灰、火山渣、大理岩、板岩、片麻岩、泥炭、盐矿、钾盐、镁盐、碘、溴、砷、硼矿、磷矿	2	电气石、黄玉
水气矿产	3	地下水、矿泉水、二氧化碳	5	硫化氢气、氦气、氡气
合计	160		12	

在已发现的全部矿种中，现阶段在国民经济中扮演重要角色的有 45 种，其中包括以下三类。

能源矿产：煤、石油、天然气。

金属矿产：铁、锰、铬、钒、铝、铜、铅、锌、镍、钨、锡、钼、锑、汞、钛、金、银、铂、稀土、钽、铌、铍、锂、铀。

非金属矿产：磷、硫、钾盐、硼、芒硝、菱镁矿、萤石、石棉、滑石、重晶石、膨润土、高岭土、耐火黏土、石膏、珍珠岩、天然碱、金刚石、石墨。

根据对这 45 种主要矿产的资源形势分析和与世界资源的对比，我国矿产资源的基本特点如下。

1）矿产种类齐全，总量大，但人均矿量严重不足

目前，世界上已知的矿产在我国均有发现。而在已探明储量的 160 种矿产中，有 20 多种矿产储量居世界前列，其中近 10 种可排为世界第一。按目前保有储量计，我国稀土矿储量占世界总量的 23%，锑占 52%，钨占 80%，煤占 13%，菱镁矿占 23%，重晶石占 23%，钒占 20%，萤石占 12%。按 45 种主要矿产探明储量的可比价值分析，我国约为世界总价值的 10%，列世界第三位。但由于我国人口基数大，矿产储量的人均占有值很低，仅为世界人均值的 27%，退居世界 80 位以后。

通过对 45 种主要矿产的探明储量及其人均拥有量在世界上的地位的综合分析，可将我国矿产资源分成以下五类。

（1）具有绝对优势的矿产，是指探明储量居世界第 1、2 位，人均拥有量大于世界平均值的矿种，包括稀土、钛、钽、钨、锡、钼、锑、钒、锂、石膏、膨润土、芒硝、重晶石、菱镁矿、石墨，共 15 种。

（2）具有相对优势的矿产，即探明储量居世界第 2、3 位，但人均拥有量接近或低于世界平均值的矿产，包括煤、铌、铍、汞、硫、萤石、滑石、磷、石棉，共 9 种。

（3）具有潜在优势的矿产，即虽然探明储量居世界前列，而人均拥有量偏低，但地质勘查工作表明资源量大，储量可以得到提高的矿种，包括锌、铝土矿、珍珠岩、高岭土、耐火黏土，共 5 种。

（4）相对短缺的矿产，探明储量居世界第 5 ~ 10 位，而人均拥有量低于世界平均值的 1/8 ~ 1/2 的矿产，包括铁、锰、镍、铅、铜、金、银、石油、铀、硼，共 10 种。

（5）紧缺矿产，是指我国探明储量在世界上的位次偏后，而人均拥有量低于世界平均值的 1/20 的矿产，包括金刚石、铂、铬、钾盐、天然气和天然碱，共 6 种。

2）贫矿多，富矿少；中小型矿多，大型矿少；综合矿多，单一矿少

我国大宗矿产的品位普遍较低。就已探明的储量看，86% 的铁矿属贫铁矿，70% 的铜、磷、铝土矿和 50% 的锰矿也为贫矿。此外，铬铁矿、钛矿、铅矿、钼矿、砷矿、硫铁矿、银矿、铂族矿、铍矿、钽矿、锆矿、硼矿等 10 多种矿产的平均品位均低于国外同类矿种的平均品位。

我国虽有一批在世界上堪称第一的特大型矿床，如内蒙古白云鄂博稀土矿、新疆阿舍勒铜矿、湖南柿竹园钨锡多金属矿、广西大厂锡矿、湖南锡矿山锑矿、辽宁海城菱镁矿和范家堡子滑石矿、内蒙古达拉特旗芒硝矿、贵州天柱县大河边重晶石矿等，但总体上仍以中小型矿偏多。在全国已探明有储量的矿产地中，70% 以上为小型矿床。

我国有一大批多组分综合性矿产，如攀枝花共（伴）生铁、钒、钛、铬矿，甘肃金川共（伴）生镍、铜、钴、铂族矿，湖南柿竹园共（伴）生锡、锑、铋、铅、锌矿，内蒙古白云鄂博共（伴）生铁、稀土、铌矿。这些综合性矿产，虽然增加了选冶难度，但如重视综合利用，则会大大提高矿产资源开发的经济效益。

3）资源分布广泛，但储量的地理分布极不均衡

我国已知的20多万个矿床（矿点）散布于全国各地，但大部分矿产的探明储量具有区域性集中的特点，如铁矿50%的探明储量集中于鞍本、冀东和攀西地区；煤矿储量的64%集中在山西、内蒙古和陕西；铝矿近90%的储量集中在山西、贵州、河南、广西；磷矿储量的77%分布在云南、贵州、四川、湖北、湖南。这种地理分布的不均衡性，对我国矿业布局和经济发达地区与不发达地区资源的合理配给有很大的影响：在相当长的时间内我国将维持“北煤南运”、“南磷北送”及“西矿东流”的局面。我国部分省区主要矿产资源统计见表2-2。

表2-2　我国部分省区主要矿产资源统计数据

省区	矿种
北京	石英岩、叶蜡石、透辉石、玉石、石灰岩、石英砂、咏石英、角为岩、壤绿岩、闪长岩、花岗岩、页岩、天然油、石、金、钼、铁
河北	铁、钛、蓝晶石、夕线石、白云岩、橄榄岩、砂页岩、石灰岩、百英砂、天然油石、角闪岩、凝灰岩、大理岩、金、银、钼、铜、菱镁矿
山西	煤、铝、镓、耐火黏土、铁矾土、砂页岩、镁盐、蛭石、沸石、石灰岩、白云岩、珍珠岩、铜、铁
内蒙古	煤、铬、铅、锌、铌、钽、铍、锆、稀土、萤石、砂岩、石英砂、脉石英、耐火黏土、铁矾土、硫铁矿、芒硝、天然碱、伴生磷、云母、沸石、冰洲石、石灰岩、膨润土、黏土、橄榄岩、辉绿岩、板岩、金、银
辽宁	油页岩、铁、红柱石、菱镁矿、石灰岩、石英岩、硼、铅、锌、金刚石、滑石、玉石、辉长岩、珍珠岩、大理岩、金、银、铜
吉林	油页岩、钼、伴生硫、伴生磷、石墨、硅灰石、冰洲石、硅藻土、玄武岩、安山岩、浮石、火山渣、大理岩、金、银、铜、铅、锌
黑龙江	石油、金、银、铼、硒、夕线石、泥炭、石墨、水晶、沸石、颜料黄土、脉石英、黏土、玄武岩、辉长岩、火山灰、大理岩、铜、铅、锌
江苏	蓝晶石、蛇纹岩、石灰岩、砂页岩、方解石、泥灰岩、石英砂、陶瓷土、凹凸棒石黏土、保温黏土、玄武岩、辉绿岩、闪长玢岩、凝灰岩、大理岩、铜、铅、锌、金
浙江	石煤、钪、萤石、明矾石、叶蜡石、脉石英、硅藻土、伊利石黏土、辉绿岩、凝灰岩、铁、铜、铅、锌、金、银、钼、
安徽	蛇纹岩、硫铁矿、明矾石、伴生磷、石灰岩、凹凸棒石黏土、花岗岩、铜、铅、锌、金、银
福建	铸型用砂、明矾石、水晶、叶蜡石、宝石、建筑用砂、粉石英、陶粒页岩、高岭土、砖瓦黏土、玄武岩、安山玢岩、花岗岩、铜、铅、锌、银
山西	铜、钨、锡、铋、金、银、钼、钽、铷、铯、钪、碲、白云岩、伴生硫、石灰岩、硅灰石、滑石、透闪石、石英砂、粉石英、页岩、高岭土、海泡石黏土、大理岩、板岩、稀土

续表

省区	矿种
山东	石油、钴、金、银、铪、红柱石、菱镁矿、石英砂、自然硫、铁、铜、石灰岩、钾盐、溴、金刚石、石墨、滑石、透辉石、石膏、宝石、砂岩、陶瓷土、黏土、辉长岩、花岗岩
河南	铝、钨、钼、镓、铼、蓝晶石、砂岩、耐火黏土、铁矾土、天然碱、石墨、蓝石棉、天然油石、黏土、珍珠岩、凝灰岩、铜、铅、锌、金
湖北	铌、锂、铯、稀土、白云岩、砂岩、橄榄岩、碘、溴、硼、磷、石榴子石、泥灰岩、铜、铁、钴、伴生硫、金、银
湖南	石煤、锰、钒、钨、锡、铋、锑、铷、铯、铪、萤石、砂岩、重晶石、砷、金刚石、石墨、石榴子石、白云岩、陶粒页岩、海泡石、泥岩、铜、铅、锌、钼、金、银
广东	油页岩、铅、锌、锡、钨、铋、银、铌、钽、锆、锗、铊、硒、硫、碲、夕线石、脉石英、泥炭、石墨、冰洲石、玉石、石英砂、页岩、高岭土、辉绿岩、粗面岩、大理岩、铜、金
广西	石煤、锰、钒、钨、锡、锑、铜、铟、铪、镉、钪、重晶石、石灰岩、砂岩、泥炭、砷、水晶、玛瑙、石灰岩、白云岩、页岩、膨润土、砖瓦黏土、泥岩、安山玢岩、金、银、铅、锌
海南	天然气、钛、铁、铜、锆、石灰岩、宝石、玻璃用砂、金、铅、锌
四川	天然气、铁、钛、钒、铅、锌、铜、汞、铂族、金、银、铍、锂、锶、锗、镉、石灰岩、硫铁矿、芒硝、毒重石、盐矿、碘、水晶、石棉、云母、萤石、白垩、砂岩、脉石英、黏土、泥岩、霞石、正长岩
贵州	锰、铝、镁、汞、锑、稀土、镓、铟、铊、镉、砂岩、重晶石、白云岩、碘、磷、水晶、方解石、石灰岩、页岩、辉绿岩、金、铅、锌
云南	铜、铅、锌、镍、钴、锡、铂族、银、金、锶、锗、铟、镉、石灰岩、蛇纹岩、盐矿、钾盐、砷、磷、蓝石棉、砂岩、硅藻土
西藏	铬、铜、菱镁矿、金、铅、锌、水晶、刚玉、火山灰
陕西	煤、天然气、钼、汞、锶、铼、红柱石、伴生硫、金、银、毒重石、石灰岩、镁盐、石棉、长石、石榴子石、透辉石、蛭石、透闪石、石英岩、海泡石、黄土、大理岩
甘肃	镁、镍
青海	锂、铷、铟、石英岩、自然硫、芒硝、天然碱、石灰岩、蛇纹石、盐矿、镁盐、钾盐、溴、硼、水晶、硅灰石、石棉、长石、石膏、玄武岩、铅、锌、金
宁夏	镁、板岩、煤
新疆	天然气、铬、镍、铍、脉石英、自然硫、钠硝石、毒重石、蛇纹石、云母、长石、蛭石、陶瓷土、膨润土、辉绿岩、大理岩、铜、铅、锌、金
台湾	铜、金、锆、铁

2.2.2　能源矿产

中国国民经济生活中92%的一次能源取自能源矿产。石油、天然气和煤等能源矿产资源，又是工业的重要原料。传统的能源矿产主要包括煤、石油、天然气三种，随着技术的进步，石煤、油页岩、煤层气、油砂、天然沥青、铀、钍、地热等新能源矿产相继发现。尽管目前非矿产新能源的开发利用逐步受到重视，但在今后的相当长一段时间内世界主要能源仍将是能源矿产。据统计，世界一次能源的消费中（折合成标准煤），石油、煤和天然气占80%以上，我国是世界上能源生产和消耗大国之一。2008年我国一次能源的消耗构成为：煤68.7%、石油18.6%、天然气3.8%、水电8.9%。

1. 煤

煤是我国储量最丰富、分布最广泛的矿产。全国除上海市以外，其他省区均有探明储量，但分布极不均衡，95%的储量集中在山西、内蒙古、陕西等12个省区，地理分布上具有“北多南少”、“西多东少”的特点。以昆仑—秦岭为界，北方省区占有储量的90%，而南方省区仅占10%；东西方向上，中部和西部省区共占有储量的94%，而东部省区仅占6%。截至2008年年底，已探明全国煤炭保有储量约1.250×10^{12}t，其中内蒙古、山西、新疆、陕西、贵州保有储量为1.015×10^{12}t，占全国的81%以上。

在我国北方的大兴安岭—太行山、贺兰山之间的地区，地理范围包括煤炭资源量大于1000亿t以上的内蒙古、山西、陕西、宁夏、甘肃、河南6省区的全部或大部，是我国煤炭资源集中分布的地区，其资源量占全国煤炭资源量的50%左右，占我国北方地区煤炭资源量的55%以上。在我国南方，煤炭资源量主要集中于贵州、云南、四川3省区，这3省区煤炭资源量之和为3525.74亿t，占我国南方煤炭资源量的91.47%；探明保有资源量也占我国南方探明保有资源量的90%以上。2007年我国能源矿产新增探明资源储量有较大增加，17种主要矿产新增大型矿产地62处，其中煤炭新探明41处大型矿产地，其中资源储量超过10亿t的特大型矿产地有14处，净增查明资源储量448亿t。

我国主要煤炭省区的资源情况见表2-3。我国煤种齐全，质量优良。以优质动力煤为主，炼焦煤和无烟煤相对较少。在1995年的保有储量中，无烟煤约占11.6%，炼焦煤占25.6%，其他烟煤占49.8%，褐煤占13%。

表 2-3　我国主要煤炭省区资源情况

省区	位次	保有储量/10^8t	占全国总量比例/%
内蒙古	1	3287	27.9
山西	2	2675	22.7
新疆	3	1987	16.8
陕西	4	1688	14.3
贵州	5	550	4.7
宁夏	6	309	2.6
安徽	7	245	2.1
云南	8	240	2.0
山东	9	226	1.9
河南	10	223	1.9
黑龙江	11	219	1.9
河北	12	148	1.3

2009 年全国煤炭产量约 30.5 亿 t。年产量在 10^8t 以上的特大型企业有 35 个，亿吨级企业 2 个，即神华和中煤。年产量在 $5×10^8$ ~ 10^9t 的企业共 7 个，主要有山西焦煤、大同煤矿、陕西煤化工、淮南矿业、河南煤化工、潞安矿业、龙煤矿业。煤炭是我国一次能源消耗的主要来源，在一次能源消费结构中占绝对优势。随着石油、天然气、核能在一次能源结构中的比重逐渐加大，煤在能源消费结构中的比重有所降低。

2. 石油

世界石油资源极为丰富，目前已证实的石油储量为 1.8 万亿桶，但分布很不均匀，主要集中在沙特阿拉伯、伊拉克、科威特和委内瑞拉等石油输出国组织成员国。至 2012 年年底我国已探明油田储量 60 亿 t，约居世界第 9 位。

我国石油资源集中分布在“八大盆地”——渤海湾、松辽、塔里木、鄂尔多斯、准噶尔、珠江口、柴达木和东海陆架，其可采资源量为 172 亿 t，占全国的 81.13%。从资源深度分布看，我国的石油可采资源有 80% 集中分布在浅层（<2000m）和中深层（2000 ~ 3500m），而深层（3500 ~ 4500m）和超深层（>4500m）的分布较少。在地理环境分布上，我国石油资源有 76% 分布在平原、浅海、戈壁和沙漠，而从资源品位看，我国优质石油资源占63%，低渗透资源占28%，重油占9%。

世界已发现的石油以海相地层油藏为主，而我国已探明的油藏以陆相地层含油为主，具有高蜡（10%～25%）、低硫（0.1%～0.2%）、轻质（0.81～0.88g/cm^3）的特点。我国石油储量的分布也极为不均，陆上石油主要分布在渤海湾和大庆两地区，合计占有全国总储量的70%，陆上产油区主要为大庆、辽河、新疆、中原、大港、华北、胜利等。海域油藏见于渤海湾油区和南海东部及西部，东海只发现工业油流。据有关部门预测，我国石油总量为6.6×10^9～7.3×10^9t，主要分布在新疆、渤海湾盆地、松辽盆地和近海大陆架四个地区。其中松辽盆地和渤海湾盆地拥有的石油资源量分别占全国总量的14%和25%，仍将是我国主要产油区；新疆和近海大陆架分别占24%和20%，这两个地区开发建设较晚，将是重要的战略接替区。

我国石油资源的另一个特点是探明储量的地质工作程度非常低，全国平均为19.04%～25.01%，松辽盆地石油储量勘查程度相对较高，也只达52.60%，塔里木盆地最低，为0.78%，海域石油的探明储量仅为资源总量的2%左右。而在保有原油储量中，约40%的储量因赋存于小断块、低渗透的岩性和稠油中，难以开发利用。我国迄今已在12个盆地发现了70多个稠油油田，累计探明储量近2.0×10^9t，年产量约1.3×10^7t，我国第二次资源评价稠油远景储量为1.6×10^{10}t，约占石油资源总量的20%。此外，我国以陆相油藏为主，具有埋藏深、地质构造复杂的特点，这也增加了勘探和开发难度，提高了开发成本。

目前，全世界常规石油每年开采量为3.0×10^9t以上，我国产量居世界第6位。国内原油的消费量约为1.5×10^8t，增长率约为4%，比产量的增长率1%高出3%。我国现阶段汽油、柴油、润滑油生产的增长率分别为11%、9%和4%，均高于同期原油生产增长率，因此原油生产供不应求的发展态势非常明显。2008年我国石油产量达1.897×10^8t，而从资源方面看，石油探明储量不足，后备控制储量少，储采比连年下降，而在剩余可采储量中，有相当一部分是稠油和低渗透油，扣除这一部分储采比则更低。我国石油资源对进口的依赖程度比较大，据统计，2010年我国石油对外依存度突破50%。

3. 天然气

天然气是世界上需求增长最快的能源。目前天然气在世界能源消耗构成中占20%，在我国只占2%。我国天然气资源丰富，据有关部门预测，天然气资源总量在数十万亿立方米。探明储量仅为资源总量的2%，这说明我国天然气勘查程度非常低，同时也表明资源潜力大，勘探前景广阔。

我国天然气资源集中分布在“九大盆地”——塔里木、四川、鄂尔多斯、东海陆架、柴达木、松辽、莺歌海、琼东南和渤海湾，可采资源量达 $1.84\times10^{13}m^3$，占全国的 83.64%，天然气可采资源中优质资源占 76%，低渗透资源占 24%。这些天然气资源在浅层（<2000m）、中深层（2000 ~ 3500m）、深层（3500 ~ 4500m）和超深层（>4500m）中分布相对比较均匀。我国 74% 天然气资源分布在浅海、沙漠、山地、平原和戈壁，然而以湖泊沉积形式为主，储集层厚度小，层位多，圈闭类型复杂，含气层以低渗透层为主，不利于开发利用。

目前，我国已探明天然气可采储量 $2.76\times10^{12}m^3$，待探明可采资源量 $1.92\times10^{13}m^3$，天然气可采资源探明程度仅为 12.55%，处在勘探初期阶段，近中期储量发现有望快速增长。四川是全国最大的气田气产区，胜利和辽河是主要的油气产区，大庆、渤海湾等是伴生气的主要产区。截至 1995 年年底，全国已建成产气区 25 处，当时年产天然气能力为 1.7×10^{10} ~ $1.8\times10^{10}m^3$；随着天然气资源开发的深入，到 2009 年我国天然气年产量达 $8.52\times10^{10}m^3$。我国 2010 年天然气净进口约 10%，随着能源需求的逐步加强，天然气资源供应紧张的局面将会越来越明显。

4. 其他

在能源矿产中人类通常使用且历史较为长久的是煤、石油和天然气，随后新开发的有石煤、油页岩、煤层气、油砂、天然沥青等一次能源。20 世纪以来，随着科技进步和资源开发利用水平的提高，人类又开发出了核能和地热矿产资源作为能源，这些矿产资源包括铀、钍、地热。我国利用核能是从 20 世纪 80 年代开始，地热的利用是从 20 世纪 60 年代开始。我国铀矿资源较少，探明储量居世界第 10 位之后；地热资源分布较广，在距地表 2000m 以上的范围内，约有相当于 $1.37\times10^{12}t$ 标准煤的能量；油页岩资源有 64 处，总保有储量为 $3.15\times10^{10}t$；石煤资源有 93 处，总保有储量为 4.26×10^9t。

2.2.3　黑色金属矿产

黑色金属是工业上对铁、铬和锰及其合金的统称，与黑色金属相对的是有色金属。黑色金属矿产包括铁、锰、铬三种。

1. 铁

我国铁矿资源分布非常广泛，遍及全国 31 个省区的 700 多个县、旗。截至 2006 年年底，全国铁矿石查明资源储量为 $6.0726\times10^{10}t$，其中基础储量为 $2.2092\times10^{10}t$，占 36.4%，资源量为 $3.8634\times10^{10}t$。辽宁、四川、河北、山西、云南合计查明资源储量为3.7252×10^{10}t，占总查明资源储量的61.3%。铁矿资源的基本格局和特点如下。

1）分布广泛，但储量相对集中

铁矿广泛分布于我国内地除天津市以外的其他省区，但储量相对集中在辽宁、四川、河北、山西、安徽、湖北、云南、山东、内蒙古和河南等10个省区，共占全国总储量的80%，这种分布特点有利于大中小矿山并举的开发方针和集中建设大型钢铁骨干企业。

2）贫矿多，富矿少，且以易选贫矿为主

我国铁矿资源多而不富，以中低品位矿为主，富铁矿仅占全国总储量的1.8%，而富矿中炼钢用矿石更少，不到0.4%，大部分为炼铁用矿石；而贫矿储量占到47.6%。全国铁矿石的平均品位仅35%，贫铁矿石类型繁多，以磁铁矿、钒钛磁铁矿和赤铁矿为主，此外还有菱铁矿、褐铁矿及混合矿等类型。占全国总储量50%以上的鞍山式磁铁贫矿成分单一、易选。钒钛磁铁矿成分则较复杂，选冶难度较大，这类矿产约占总储量的15%。赤铁矿及其他红矿类工艺复杂，其利用问题尚未完全解决。

3）矿石类型复杂，难选矿和共（伴）生矿多

我国难选赤铁矿和多组分共生铁矿石储量各占全国总储量的1/3，大型铁矿几乎都含有丰富的共（伴）生元素，共伴生组分主要包括V、Ti、Cu、Pb、Zn、Co、Nb、Se、Sb、W、Sn、Mo、Au、Ag、S、稀土等30余种，其中最主要的有Ti、V、Nb、Cu、Co、S和稀土等，有的共（伴）生组分的经济价值甚至超过铁矿价值，如白云鄂博铁矿中含有丰富的稀土元素和Ta、Nb；攀枝花钒钛铁矿中的V和Ti储量居世界前位。然而，随着分离和应用技术的提高，这些共（伴）生组分将得到充分的综合回收利用。有些红矿有用组分嵌布粒度细，或者与有害组分嵌布紧密，难以选别回收，造成铁矿物选矿回收率低，大量有用组分流失到尾矿中，有些以中低品位为主但易采易选的磁铁矿矿床，其中夹有大量边际效益的低品位矿石，如有适当的经济刺激政策，也可得到充分开发利用。

4）有部分暂难利用矿区

截至2007年年底，全国有962处暂难利用铁矿区，查明资源储量1.4329×10^{10}t，占全部铁矿查明资源储量的23.4%。因此实际可利用铁矿区仅2128处（其中正在开发利用的有822处，储量为1.8897×10^{10}t，占全部铁矿查明资源储量的30.8%），可利用储量共4.7006×10^{10}t，占查明资源量的76.6%。

我国铁矿主要生产基地及其矿床特征、所拥有的储量比例等见表2-4。

表 2-4　我国主要铁矿生产基地及其矿产特征

生产基地	矿床类型	矿床特征	占储量比例/%	企业/[生产能力/(×10^4 t/a)]
鞍山—本溪	鞍山式（沉积变质型）	矿体呈层状、似层状，围岩为角闪岩相或绿片岩相变质岩，规模大，多出露地表；矿石主要为磁铁矿，次为赤铁矿，品位25%～40%，个别达50%	24	鞍钢集团/4000
密云—迁安	鞍山式（沉积变质型）	同鞍山—本溪	12	首都钢铁公司/2000、唐钢集团/2000
西昌—攀枝花	攀枝花式（晚期岩浆型）	含矿围岩及富铁质基性-超基性岩，矿体多呈层状，产于岩体的下部或底部；矿床规模大，含铁量低；矿石为钒钛磁铁矿，品位21%～34%，伴生钒、钛、钴、镍、铜、铬、铂等	13	攀钢集团/1000
包头—白云鄂博	白云鄂博式（热液型）	矿体呈脉状、似层状，矿石矿物多为磁铁矿，部分为菱铁矿。品位25.6%～58%，有富矿产出，多为中小型，伴生铜、硫、铌、稀土	3	包钢集团/800
五台—岚县	鞍山式（沉积变质型）	同鞍山—本溪	7	太钢集团/400
大冶	大冶式（夕卡岩型）	矿体产于中-酸性侵入体与碳酸盐岩接触带附近，多成群产出；矿体形态复杂，多为透镜状、囊状、不规则状；矿石矿物多为磁铁矿：品位30%～50%，伴生有钢、锡、钼、钴、金、铅、锌等，多为中小型	5	武汉钢铁集团/500
南京—马鞍山—庐江	梅山式（火山岩型）	矿床受火山或次火山活动控制，成群或成带分布；矿体呈层状、似层状、透镜状，矿石矿物为磁铁矿和赤铁矿，品位18%～61%，多为大型矿床	5	上海钢铁公司/1000、马鞍山钢铁公司/1000
石碌	石碌式（火山岩型）	同南京—马鞍山—庐江	<1	石碌钢铁公司/450
邯邢地区	邯邢式（夕卡岩型）	同南京—马鞍山—庐江	1	邯郸钢铁公司/300

1995 年我国铁矿石原矿总产量达 2.6×10^8 t，铁矿石成品矿约 1.3×10^8 t，生铁 1.1×10^8 t，钢产量 9.5×10^7 t，钢材产量 9.879×10^4 t，年进口铁矿石约 4.0×10^7 t。随着我国国民经济迅速发展，国内钢铁市场需求日益强劲，近 20 年来，钢产量翻了几番，对铁矿石的需求量呈不断增长的趋势，对铁矿山建设也提出了更高的要求。目前，我国已形成具有年产铁矿石 5 亿 t 能力的生产体系，并建成鞍山—本溪、西昌—攀枝花、冀东—密云、五台—岚县、包头—白云鄂博、鄂东、宁芜、酒泉、海南石碌、邯郸—邢台等重要铁矿原料基地，铁矿石采掘规模居世界第一，但仍不能满足日益增长的国内需求。铁矿石生产集中程度也不高，据 2006 年统计，全国共有铁矿山 3 933 处，其中大中型矿山 224 处，占矿山总数的 5.7%。大部分铁矿石采用的是露天开采，特别是大型矿山，更是以露天开采为主。全国有齐大山（1 700 万 t）、水厂（850 万 t）、南芬（1 200 万 t）、南山（600 万 t）、白云鄂博（1 200 万 t）、兰尖（600 万 t）等年产矿石量超过 300 万 t 的露天铁矿山 16 座；而年产量超过 100 万 t 的地下矿山仅 10 座，如镜铁山（330 万 t）、梅山（340 万 t）、西石门（200 万 t）、程潮（150 万 t）等。全国有重点选矿厂 35 座。2006 年全国铁矿石产量为 58 817.14 万 t，其中 42 家重点企业产量达 14 193.90 万 t，占全国产量的 24.13%；24 家地方骨干企业产量达 2 487.20 万 t，占全国产量的 4.23%；小矿产量达 42 136.04 万 t，占全国产量的 71.64%。

国有重点矿山和地方骨干企业以露采为主，在 16 681.1 万 t 的产量中，露采产量为 13 491.67 万 t，占 80.88%，平均采出品位为 30.53%，平均回采率为 96.35%；坑采产量为 3 189.43 万 t，占 19.12%，平均采出品位为 38.29%，平均回采率为 78.67%。国有重点矿山产量为 14 193.90 万 t，平均出矿品位为 30.5%，采矿回收率为 96.5%；露采 11 909.01 万 t，占 83.9%，出矿品位为 30.5%，采矿回收率为 96.5%；坑采 2 284.89 万 t，占 16.1%，出矿品位为 39.16%，采矿回收率为 78.64%。地方骨干企业产量为 2 487.20 万 t；露采 1 582.66万 t，占 63.63%；坑采 904.54 万 t，占 53.31%。2006 年全国重点矿山和地方骨干企业选厂的平均入选品位为 31.23%，平均精矿品位为 64.88%，平均尾矿品位为 10.5%，平均选矿回收率为 90.1%。其中重点矿山企业选厂的平均入选品位为 31.15%，平均精矿品位为 64.82%，平均尾矿品位为 10.74%，平均选矿回收率为 79.69%。按矿石类型分，全国重点矿山的磁铁矿选厂的平均入选品位为 30.23%，铁精矿品位为 67.11%，选矿回收率为 82.67%，尾矿品位为 8.59%；红矿选厂的平均入选品位为 30.98%，铁精矿品位为 68.49%，选矿回收率为 82.3%，尾矿品位为 8.29%；多金属矿选厂的平均入选品位为 34.34%，铁精矿品位为 61.77%，选矿回收率为 71.7%，尾矿品位为 15.86%。

据专家分析，铁矿石以露天开采为主的情况很可能在近期出现逆转。初步统计表明，到 2015 年后我国将约有一半的露天矿出现资源危机，同时浅地表易处理的铁矿石保有储量也呈大幅减少的趋势。因此可以认为，地下开采将是今后我国开采铁矿石的主要发展趋势。然而，令人担忧的是，我国地下铁矿企业由于历史原因，普遍采用崩落采矿法等落后采矿方法，矿石贫化损失达 35% ~40%，矿山资源综合回收率仅在 50% 左右，大量资源被丢弃而无法回收。

尽管我国铁矿资源储量位居世界前列，但因人口众多，人均占有量仅 36t（世界人均占有量为 51.19t），仅为世界人均占有量的 70%。特别是由于铁矿资源品位低，平均品位为 33%，尚不到世界上富矿资源国平均品位的一半，因此国产铁矿石长期不能满足钢铁工业发展的需求，进口逐年扩大，目前我国铁矿石的进口依存度已超过 50%。

2. 锰

锰是重要的过程工业配套原料，在现代工业中，锰及其化合物应用于国民经济的各个领域。其中钢铁工业是最重要的领域，用锰量占 90% ~95%。锰主要作为炼铁和炼钢过程中的脱氧剂和脱硫剂，以及用来制造合金。其余 5% ~10% 的锰用于其他工业领域，如化学工业（制造各种含锰盐类）、轻工业（用于电池、火柴、印漆、制皂等）、建材工业（玻璃和陶瓷的着色剂和褪色剂）、国防工业、电子工业以及环境保护和农牧业，等等。

我国陆地已查明锰矿区 213 处，保有锰矿石储量 5.66 亿 t，其中 A+B+C 级占 40%，为 2.27 亿 t；如按矿石平均含锰 21% 计算，保有锰金属储量 1.19 亿 t，其中 A+B+C 级为 0.48 亿 t。我国锰矿资源分布于全国 21 个省区，其中以广西和湖南最为重要，保有储量分别为 2.15 亿 t 和 1.03 亿 t，占全国总保有储量的 38% 和 18%；其次是贵州（0.74 亿 t）、云南（0.48 亿 t）、辽宁（0.39 亿 t）、四川（0.27 亿 t）、湖北（0.14 亿 t）和陕西（0.13 亿 t），这 6 个省区储量合计 2.15 亿 t，占全国总保有储量的 38%。

纵观我国锰矿类型、资源分布、地质特征以及技术经济条件，有如下特点。

1）分布不平衡

虽然我国有 21 个省区查明有锰矿，但大多分布在南方地区，尤以广西和湖南为最多，占全国锰矿储量的 56%，因而在锰矿资源开采方面形成了以广西和湖南为主的格局。现有储量中，可利用储量约占 77.3%，正在开发利用的约占 49.6%。

2）矿床规模多为中、小型

我国 213 处锰矿区中，2.0×10^7t 以上的大型锰矿床仅有 7 处，至今尚未发现特大型锰矿床，其余均为中、小型矿床，这就难以充分利用现代化工业技术进行开采。历年来，80%以上锰矿产量来自地方中、小矿山及民采矿山。

3）矿石质量较差，且以贫矿为主

我国锰矿储量中，富锰矿（氧化锰矿含锰大于30%、碳酸锰矿含锰大于25%）储量只占6.4%，而且有部分富锰矿石在利用时仍需要工业加工。贫锰矿储量占全国总储量的93.6%，全国锰矿平均品位仅为22%，而国外多为40%～50%。由于锰矿石品位低、含杂质高、粒度细，技术加工性能不理想。

4）矿石物质组分复杂

高磷、高铁锰矿石，以及含有伴（共）生金属和其他杂质的锰矿石，在我国锰矿储量中占有很大的比例，如南方震旦纪“湘潭式”锰矿约有1亿t以上的储量属于高磷难用锰矿。

5）矿石结构复杂、粒度细

对我国锰矿主要产区湖南、广西、贵州、福建、云南的一些锰矿进行工艺矿物学研究，结果表明，绝大多数锰矿床属于细粒或微细粒嵌布，从而增加了选别难度。从工业类型上看，我国碳酸锰矿床占锰矿储量的65%左右，矿石品位低（平均为21.14%），粒度细，结构复杂，并常含磷、硫等杂质；另一些含铁过高，选矿难度很大，并且储量过于集中，矿床规模偏小，不利于开发利用。

6）矿床多属沉积或沉积变质型，开采条件复杂

我国近80%的锰矿属于沉积或沉积变质型，这类矿床分布面广，矿体呈多层薄层状、缓倾斜、埋藏深，需要进行地下开采，开采技术条件差。适合露天开采的储量只占全国总储量的6%。

由于我国的贫锰矿较多，锰资源品位低，成分复杂难选，开采成本高等都将影响锰矿石的供应。目前，我国锰矿石产量已满足不了钢铁工业迅速发展的需要，一些合金企业只能从国外进口一些高品位矿与国内锰矿搭配使用。我国对锰矿的需求量逐渐上升，2009年统计显示，到12月我国对锰矿的采购放量已达到同期最高点。

3. 铬

在冶金工业上，铬铁矿主要用来生产铬铁合金和金属铬。铬铁合金作为钢的添加料可生产多种高强度、抗腐蚀、耐磨、耐高温、耐氧化的特种钢，如不锈钢、耐酸钢、耐热钢、滚珠轴承钢、弹簧钢、工具钢等。金属铬主要用于与钴、镍、钨等元素冶炼特种合金，这些特种钢和特种合金是航空、宇航、汽车、造船以及国防工业生产枪炮、导弹、火箭、舰艇等不可缺少的材料。在耐火材料上，铬铁矿可用来制造铬砖、铬镁砖和其他特殊耐火材料。在化学工业上铬铁矿主要用来生产重铬酸钠，进而制取其他铬化合物，用于颜料、纺织、电镀、制革等工业，还可制作催化剂和触媒剂等。

我国铬矿资源比较贫乏，按可满足需求的程度看，属短缺资源。总保有储量矿石 1078 万 t，其中富矿占 53.6%。铬矿产地有 56 处，分布于西藏、新疆、内蒙古、甘肃等 13 个省区，其中西藏最为主要，保有储量约占全国的一半，其次为内蒙古、新疆、甘肃、北京、青海等省区。我国铬矿形成时代以中生代、新生代为主，属于典型的与超基性岩有关的岩浆型矿床，绝大多数属蛇绿岩型，矿床赋存于蛇绿岩带中，西藏罗布莎铬矿和新疆萨尔托海铬矿等皆属此类。在我国，规模大、质量好的铬铁矿有两处，其一是西藏曲松罗布莎地区，矿石品位高（Cr_2O_3含量为 53%），可直接入炉冶炼；另一处为新疆萨尔托海矿，矿石达到优质耐火级铬矿。以上两处也是目前我国铬铁矿的主要生产基地，除此以外，多数铬铁矿矿床矿石品位低，规模小，难以进行工业化开发利用。

我国铬矿资源主要特点如下。

1）矿床规模小，分布零散

我国目前尚未发现有储量大于 500 万 t 的大型铬铁矿床，就是储量超过 100 万 t 的中型矿床也只有 4 个，它们是西藏的罗布莎、甘肃的大道尔吉、新疆的萨尔托海、内蒙古的贺根山（3756 矿）。其余均为储量在 100 万 t 以下的小型矿床。就是储量最大的罗布莎矿床，396 万 t 储量分布在 7 个矿群的 100 多个矿体中，最大矿体的长只有 325m。

2）分布区域不均衡，开发利用条件差

我国铬铁矿矿床保有储量的 84.8% 分布在西藏、新疆、甘肃、内蒙古等边远省区，运输线长，交通不便。

3）贫矿与富矿储量大体各占一半

现保有储量中，贫矿储量占 46.3%（499.3 万 t）、富矿占 53.7%（578.6 万 t）。富矿主要分布在西藏和新疆，分别占富矿总量的 73.5% 和 13.8%。从用途来看，冶金级储量占总储量的 37.4%，化工级储量占 38.4%，耐火级储量占 24.2%。

4）露采矿少，小而易采的富铬铁矿都已采完

我国铬铁矿储量中适合单独露采的只有 6% 左右，绝大部分需要坑采。一些小而富且开采容易的铬铁矿都已采完，像新疆的鲸鱼和西藏的东巧铬铁矿，分别在 1983 年和 1982 年闭坑，前者采出铬铁矿 31 万 t，后者采出了 17.63 万 t。

5）矿床成因类型单一

我国目前已知的铬铁矿矿床主要为岩浆晚期矿床，而世界上一些著名的具有层状特征的大型、特大型岩浆早期分凝矿床在我国尚未发现。

铬铁矿是我国的短缺矿种，储量少、产量低，每年消费量的 80% 以上都要依靠进口。

2.2.4 有色金属矿产

1. 铜

铜是国民经济发展中不可替代的重要原料，已经广泛应用于军事工业、电子电气、通信、建筑、轻工、机械制造和交通运输的各个领域，在当前世界金属消费量中，仅次于铁和铝，居第三位。

据国土资源部全国矿产储量数据库2008年的统计数据，新中国成立至2007年年底，全国累计查明铜资源储量8972万t，1985～2000年查明资源储量增长缓慢，15年间增加了约1000万t，2000年后恢复快速增长趋势。截至2007年年底，全国查明铜矿区1426处（其中有共伴生矿区187处），查明资源储量7157万t，其中基础储量2932万t，资源量4225万t。

我国铜矿分布非常广泛，除天津以外的其他省区均有所见，但80%的探明储量集中分布在五大地区，即长江中下游和赣东北地区，约占总储量的35%，西藏昌都地区占15%，川南—滇中地区占14%，甘肃金川—白银地区占8%，中条山地区占6%。除西藏昌都以外，其他四个地区都已经成为我国重要的铜工业基地。我国铜资源储量最多的三个省区及其储量为：江西1282万t（基础储量733万t），云南省1052万t（基础储量253万t），西藏1148万t（基础储量220万t）。三省区查明资源储量合计占全国的48.6%，基础储量合计占全国的41.1%。我国铜矿工业类型齐全，表2-5列出了我国主要铜矿工业类型及其特征，这5种类型的铜矿占有储量约为全国总量的90%以上。

表2-5 我国主要铜矿工业类型及其特征

类型	主要特征	著名矿床	分布地区	占有储量/%
斑岩型	矿床分属于中亚—蒙古、阿尔卑斯—喜马拉雅、环太平洋三个成矿带。矿物为典型的铜钼组合，有黄铜矿、斑铜矿、黝铜矿、辉铜矿等，伴生有益组分为钼、金、银、钴、铼、硒、碲等。矿石品位低，一般< 0.8%，但规模巨大，埋藏浅，多为露采，是我国也是世界铜金属的主要来源	德兴、富家坞、铜矿峪、多宝山、江达玉龙、马拉松多、乌奴格吐山	江西、山西、黑龙江、西藏、内蒙古	41

续表

类型	主要特征	著名矿床	分布地区	占有储量/%
夕卡岩型	矿体赋存于燕山期中酸性岩浆岩与不同时代碳酸盐岩的接触带上。矿石矿物为黄铜矿、斑铜矿、黄铁矿、黝铜矿、磁黄铁矿，铜品位1%～8%，伴生有铁、钼、铅、锌、钴和金	城门山、铜绿山、武山、天排山	长江中下游地区	27
层状型	包括变质岩层状型和含铜砂页岩型两种，前者赋存在元古宙和古生代的变质岩中，后者主要在中生代和新生代的砂页岩中。矿物以辉铜矿、斑铜矿、黄铜矿为主，含铜量一般为2%～3%，最高可达7%，多为大型矿床	东川、易门、大姚、牟定、车江、麻阳、篦子沟、霍各气	云南、湖南、内蒙古、山西	11
火山沉积型	矿床多为地槽发育早期海底火山活动的产物，含矿火山岩以细碧角斑岩建造为主。矿体呈层状、透镜状，多成群出现。主要矿物有黄铁矿、黄铜矿，伴生闪锌矿、方铅矿，金、银、硒的含量也较高。铜品位一般为0.72%，规模小型到大型皆可见	白银厂	甘肃、青海、河南	6
铜-镍硫化物型	矿床多见于辉长岩、苏长岩和橄榄辉石岩中。矿体呈脉状、不规则透镜状。主要矿物有磁黄铁矿、镍黄铁矿、黄铁矿、黄铜矿。铜品位1%~2.5%。规模以中小窄为主，常伴生镍、铂族、钴、金、银及稀有分散元素	金川白家嘴	甘肃、四川、山东、宁夏、吉林	6

铜矿中共伴生有用组分多，综合利用价值很大。与铜矿共伴生的有钼、铅、锌、锡、铁、金、银、钨、钴、镍、硫、铂族及稀有和分散金属约20多种，许多铜矿山已成为综合性的矿产原料基地。我国铜矿资源以斑岩型矿床为主，占查明资源储量的42.2%。余下依次为：矽卡岩型矿床占22.4%，海相火山岩型矿床占14.6%，砂页岩型矿床占11.7%，铜镍硫化物型矿床占6.2%，其他类型矿床占2.9%。

近年来，在铜价坚挺、利润丰厚的刺激下，中国铜矿开发步伐加快，一大批矿山建成投产。据国家有关单位统计，2012年全国矿产铜产量达到160万t。但是，通过对全国各地区和企业的实际运行情况分析，估计2012年全国矿产铜产量为120万～130万t。据国家统计局统计，2012年，全国规模以上铜矿采选企业有293家，再加上共伴生铜资源的回收企业，估计全国正在生产的铜矿山有

300座左右，我国的矿产铜产量保持持续上升势头。然而国内铜资源的开发生产并不能满足工业发展的需要。自1990年以来，中国铜消费量始终保持高增长状态，矿山铜自给率不断下降，从1990年的40.6%下降到2007年的14%。目前中国经济仍处在高速发展阶段，未来仍需建设许多电厂，铜的需求仍将呈增长态势。尽管西部地区勘查成果频传，但是从初步勘查到矿山开发有较长时间周期，因此每年仍需大量进口铜矿产品以满足我国经济发展的需求。

2. 铝

铝是世界上第二大金属，铝的主要矿物原料是铝土矿。世界铝土矿资源十分丰富，1995年总储量为2.3×10^{10}t，主要铝资源国有几内亚（5.6×10^{9}t）、澳大利亚（5.6×10^{9}t）、巴西（2.8×10^{9}t）和牙买加（2.0×10^{9}t）。2002年我国铝土矿探明储量为5.39亿t，基础储量为7.16亿t，资源量为117.8亿t，居世界第9位。

我国铝土矿资源是相当丰富的，迄今为止全国已探明铝土矿资源储量28亿t，远景资源储量可达50亿t以上，其中工业储量占总储量的32%，而已利用储量仅为总储量的17.16%，其余72.85%可供规划利用，9.99%则为暂难利用矿。

我国铝土矿分布广，有310处产地，分布于全国20个省区，高度集中在山西、贵州、河南和广西，约占总储量的90%。山西省铝土矿资源丰富，1998年就已探明资源储量9.4亿t，占全国已探明铝土矿总资源储量的40%以上，居全国第一位。山西省铝土矿分布于克俄、石公、相王、西河底、太湖石等地。富矿约占40%，中等矿约占40%，暂不能利用的贫矿约占20%。贵州铝土矿探明资源储量仅次于山西，居全国第二位，保有储量4.14亿t，其中铝硅比>8的占67.4%，并且80%的铝土矿集中在交通方便的贵阳和遵义一带。贵阳清镇的猫场矿是一个特大型沉积矿床，已探明铝土矿1.79亿t。遵义黔北铝土矿已探明工业储量5594万t，品位较富，大部分可露天开采，但也有相当一部分需要地下开采。地下开采存在一定不便，但也有利于资源保护。河南铝土矿保有资源储量4.5亿t，分布于曹窑、夹沟、支沟等地。广西平果铝土矿由那豆、太平、教美、新安和果化矿区组成，面积为1750km^2，那豆、太平和教美矿区资源储量达2亿t，矿石类型为低硅中铝高铁-水硬铝石型铝土矿。此外在田东、田阳、德保等地发现铝碳比大于8的堆积型铝土矿，与云南文山一带发现的堆积型铝土矿相似，适于拜耳法生产氧化铝。已查明铝土矿资源储量为6.84亿t，远景超过16亿t。

国外铝土矿以现代红土风化型矿床为主，矿石矿物为三水铝石，具有埋藏浅、易开采、矿石质量好、铝硅比值高、易选冶的特点。我国已探明的铝土矿储量的98%以上为古风化壳型，埋藏较深，仅34%的储量适于露天采掘，矿石矿物以一水硬铝石为主，占总储量的99%以上，具有高铝、高硅、低铁、铝硅比值低、选冶难、能耗大的特点。我国铝土矿资源主要集中在煤和水电等能源丰富的地区，这对兴建和开发高能耗的炼铝业十分有利。

铝土矿矿山企业分布在贵州、广西、河南、山西、山东等省区。全国已建成铝土矿生产能力为5.0×10^5t/a的矿山有山西克俄十家峪岭上铝矿、河南新安贾沟铝矿、广西平果铝土矿。据有关部门分析，现有铝土矿可利用储量开发潜力很大，可以保证建设生产能力达1.2×10^7t/a。以1995年统计数据为例，我国铝土矿产量达6.4×10^6t，氧化铝产量达2.2×10^6t，铝金属1.87×10^6t，铝消费量1.7×10^6t。目前，我国铝矿资源自给有余，但我国铝土矿工业具有加工难度大、污染重、耗电高的特点，因此从节约资源、能源和保护环境的角度出发，我国也鼓励进口铝土矿。近年来，随着我国氧化铝产能高速增长，进口铝土矿也同比大幅增加。

3. 铅和锌

铅、锌是两种常用有色金属。在自然界中，铅、锌为一对共生元素。1995年，世界铅储量为6.8×10^7t，锌金属储量为1.4×10^8t，主要分布在澳大利亚、美国、加拿大和俄罗斯等国家。到1995年年底，我国已查明有储量的铅矿产地700余处，保有铅金属储量多达3.4×10^7t，其中工业储量占34%，可利用储量占89%；锌矿产地700处，保有锌金属储量多达9.0×10^7t，其中工业储量占40%左右，可利用储量占90%左右。铅锌矿是富含金属元素铅和锌的矿产，铅、锌用途广泛，可用于电气工业、机械工业、军事工业、冶金工业、化学工业、轻工业和医药业等领域。此外，铅金属在核工业、石油工业等部门也有较多的用途。

我国的铅、锌资源有以下特点。

1）分布广泛，形成明显的资源集中区

我国有28个省区发现铅、锌矿，但储量主要集中在云南、广东、内蒙古、甘肃、青海、湖南、江西、四川。

2）矿床规模以大中型为主，矿石品位中等，伴生组分多

我国铅锌矿床中中小型众多，大型、超大型矿床稀少。在全部的760处铅矿床中，大型矿产仅占1.5%，在全部806处锌矿床中，大型矿产仅占4.5%。而在已发现的矿产地中，大中型矿床占有的铅和锌储量分别达72%和88%，矿石中铅锌比为1∶2.4（国外为1∶1.2）。90%的储量为原生硫化矿，易选，但矿石铅锌品位多在5%～10%，大于10%品位的矿石仅占总储量的15%。铅锌矿共伴生的有用元素高达50余种，主要有金、银、铜、锡、镉、硫、萤石及分散元素。

3）矿床类型多样

主要有层控型、热液型、火山岩型、夕卡岩型等四种，其主要特征见表2-6。

除现有探明储量外，在以下几个成矿带中，铅锌资源远景十分可观：①华南褶皱带，累计探明储量 2.8×10^7t，远景量为 8.3×10^6t；②华北地台北缘，累计探明储量 1.5×10^7t，远景量为 3.2×10^6t；③川滇黔成矿带，资源远景量为 5.4×10^6t；④秦岭祁县—柞水地区，资源远景量为 5.4×10^6t；⑤长江中下游地区，远景量为 10^6t。

表 2-6　我国主要铅锌矿工业类型及特征

类型	主要特征	典型矿床	主要分布地区	占有储量/%
碳酸盐岩层控型	矿体主要赋存在各个时代的碳酸盐建造中。矿床规模多为中到大型，个别特大型。矿体呈层状、似层状、透镜状。矿石以硫化矿石为主，也有氧化矿石及混合矿石，铅锌品位较高，伴生银、硫、铜及大量分散元素	金顶、厂坝、东升庙、凡口、获各琦	云南、广东、甘肃、内蒙古等	52
热液型	矿床产于燕山期花岗岩与元古宇、古生界变质岩接触带上。矿体呈脉状，矿石矿物有方铅矿、闪锌矿、黄铜矿、萤石、黄铁矿，矿石品位一般较低，锌高铅少，伴生有益组分为萤石、铜、银、镓等。矿床规模以中小型为主，个别大型	桃林	湖南	25
火山岩型	矿床产于古生代海相火山岩和新生代陆相火山岩中。矿体呈似层状、透镜状或巢状。主要矿石矿物有方铅矿、闪锌矿、黄铁矿、石英、石膏、方解石，伴生有金、银、锡、镉、铟。矿石品位中到高，矿石呈块状构造	锡铁山、五部	甘肃、浙江	10
夕卡岩型	矿床产于中酸性侵入岩与碳酸盐岩的接触带附近。矿体形态复杂，一般呈不规则状、柱状、脉状、透镜状。矿石矿物有方铅矿、闪锌矿、黄铜矿、黄铁矿和磁黄铁矿，伴生银、铟、锗、镓、铊、硒等。铅锌品位中等，规模小到大型均可见	拉么、都龙、天堂	全国各地	8

截至 1995 年年底，铅、锌采选冶综合生产能力分别达 6.79×10^6t/a 和 1.02×10^6t/a，能够保证生产建设的需要。

近十几年来，我国铅锌矿储量开发利用程度高，已利用的储量比例很大，但与世界铅锌资源大国相比具有相当大的差距。2009 年以来，铅锌行业不断加大节能减排及行业兼并重组，加快产业结构调整，规模以上企业数量不断减少。截至 2011 年，中国铅锌冶炼行业企业共 509 家，较 2010 年大幅减少 132 家，但铅锌企业占全部工业比重变化不大，为 0.16%，同时行业资产总额占全部工业比重为 0.26%。从整体看，2011 年以后我国铅锌行业规模有所扩大，行业集中度进一步提高。然而“十二五”期间矿山产量难以实现大幅度提高，资源保障程度低，将成为制约未来几年我国铅锌行业发展的瓶颈。

4. 钒

钒是一种钢铁添加剂，又可作为硫酸制造过程中的催化剂。据美国地质勘探局不完全统计，截至 2010 年全球钒金属储量超过 1360 万 t，主要分布在中国（510 万 t）、俄罗斯（500 万 t）、南非（350 万 t），此外还有澳大利亚、美国、加拿大、新西兰等国家。

我国是全球钒资源大国，钒矿资源非常丰富。目前，我国发现钒矿产地 110 处，已探明 V_2O_5储量约 2.8×10^7 t。

我国钒矿资源主要有两种形式，即钒钛磁铁矿和含钒石煤。钒钛磁铁矿是我国钒矿的主要类型，储量占全国总量的 56%，这类钒矿石品位稳定，含 V_2O_5 0.2% ~0.3%，选冶性能好，开采方便；我国钒钛磁铁矿资源主要分布在四川、湖南、广西、甘肃、湖北、河北等省区；攀枝花钒钛磁铁矿是我国最主要的钒渣生产基地，各类钒产品自给有余，资源优势十分明显。含钒石煤占有储量约占全国总量的 34%，V_2O_5含量为 0.5% ~0.1%，常伴生有镍、钼、铀等组分，个别含银较高，主要分布在湖南、广西、浙江和湖北等省区。此外，还有一种含钒磁（赤）铁矿类型，约占有总储量的 10%，主要分布在安徽、江苏两省，这种矿床以中小型规模为主，V_2O_5含量为 0.1% ~0.2%。

我国钒矿企业主要有攀钢集团和承德钒钛，这两家企业以钒钛磁铁矿为原料提钒，钒产品高、中、低系列齐全，钒产品占据了国内大部分市场；此外还有一些以含钒石煤为原料的小企业，其产品多为中级产品 V_2O_5。2010 年我国钒产品年产能估计约 9 万 t（以 V_2O_5计），占世界总产能的 61%。其中以钒钛磁铁矿为资源的提钒企业产能（以攀钢、承钢、云南华云、四川川威为代表）总计约 5.5 万 t，石煤提钒企业产能总计约 2.6 万 t，以其他含钒原料为资源的提钒企业产能约 0.9 万 t。2010 年我国钒产品产量总计约 6.2 万 t（以 V_2O_5计），同比增加 13%，约占世界总产量的 51.6%。其中攀钢集团和承德钒钛两家企业钒产量合计约 3.45 万 t，占全国总产量的 55.6%。石煤提钒企业主要集中在湖南、陕西、湖北、河南、甘肃等地，2011 年钒产量合计估计在 1.2 万 t 左右。目前，中国、俄罗斯和南非是国际市场上的主要钒供应国。

5. 镍

世界镍资源主要分布在古巴、加拿大、独联体和印度尼西亚等地，储量共计约达4.7×10^7t，资源总量约为1.5×10^8t。我国已发现镍矿产地近百处，探明镍金属储量数百万吨，正在开发和可供规划利用的储量占80%左右。

我国镍资源主要集中在甘肃省，占全国已探明储量的64%，可利用储量的92%分布在甘肃金川地区长约5km的地段内。其次见于云南、新疆、吉林、四川、湖北、陕西、青海等省区。

镍矿的工业类型较简单，主要为铜镍硫化物型和红土氧化物型两种，这两种类型的镍矿储量分别占我国总储量的88%和12%。在我国具有工业意义的是铜镍硫化物矿床，这类矿床的矿石主要由有用矿物磁黄铁矿、镍黄铁矿、黄铜矿和黄铁矿组成，镍品位一般大于1%，易选冶，伴生有钴、铜、铂族、金、银、硫等多种组分，综合利用价值很高。

与国外资源相比，我国镍矿资源具有两个显著特点：一是矿石品位较高，平均镍大于1%的硫化镍富矿约占全国的40%；二是我国镍资源分布高度集中，甘肃、陕西、吉林及新疆四省区的镍矿储量约占全国总量的97.7%，其中特别是甘肃，其镍储量约占全国总量的84%。

我国主要镍矿床有甘肃金川白家嘴子、吉林通化赤柏松和盘石红旗岭、四川会理杨柳坪、云南金坪白马寨、新疆喀拉通克。我国镍矿石产量的73%来自金川，其次是吉林红旗岭。全国镍精矿产量（含镍量）达4×10^4t/a。采选冶实际生产能力为：采矿矿石量，2.36×10^6t；选矿矿石量，4.3×10^6t；冶炼电解镍金属，4.37×10^4t。

6. 钴

钴主要用于制造超耐热合金和磁性合金。

到1995年年底全世界已查明的钴资源量约为1.28×10^7t，均为伴生矿。绝大部分赋存在含镍红土型矿床中，少量见于以基性岩和超基性岩为母岩的铜镍硫化矿中和含铜砂岩型矿床中。海底锰结核中含有丰富的钴，预计可成为未来钴提取的主要原料之一。

我国具有工业意义的钴资源全部为伴生矿。到1995年年底，全国发现含钴矿床150处，探明钴储量数十万吨，其中工业储量约占16%，已利用63处，占总储量的53.4%，可规划利用的53处占总储量的28.9%，暂难利用的34处占储量的17.7%。

钴资源主要伴生在铜矿、镍矿和铁矿中，矿床钴品位非常低，平均为

0.019%，根据主矿特征伴生钴矿床可分以下几类。

1）含钴硫化铜镍矿

矿石以镍铜为主，钴呈类质同象于镍黄铁矿、黄铁矿等矿物中，钴品位为0.07%~0.2%。矿石可选性良好，在铜镍等主矿选矿过程中回收钴。这类矿床含钴量约占全国总储量的39%。代表矿床为甘肃金川自家嘴子铜镍矿。

2）含钴夕卡岩型铁铜矿床

钴呈混合物存在于磁铁矿、黄铁矿、黄铜矿等矿物中，钴含量为0.01%~0.03%。矿石可选性良好，钴可以回收。这类矿床所占钴储量为全国总量的29%，代表矿床有湖北大冶铁山、河北寿王坟铜矿、安徽铜官山。

3）含钴火山岩铁铜矿床

矿石矿物为黄铜矿、黄铁矿、白铁矿、磁黄铁矿、方铅矿和闪锌矿。钴赋存于黄铁矿和磁黄铁矿中，品位为0.016%~0.6%，钴可以回收。这种矿床类型约占总储量的15%，代表矿床为四川会理拉拉厂铜矿。

4）含钴斑岩铜矿床

钴呈混合物赋存于黄铁矿和黄铜矿中，钴品位为0.0008%。这类矿床占总储量的8%，代表矿床为山西垣曲铜矿峪矿床。

5）红土硅酸钴镍矿床

矿石由含钴的氢氧化物、锰土及其他铁质物组成，风化壳中含钴0.1%~0.2%，矿体形状不定，分布面广，钴可在开采镍时综合回收。这类矿床约占储量的4%，代表矿床有云南元江—墨江钴镍矿，另外在江西、浙江、福建等省也有分布。

我国伴生钴矿产地已开采的虽有60多处，但回收钴的矿山仅有金川、红旗岭、赤柏松、大冶铁山、铜绿山、金岭铁矿、篦子沟铜矿和拉拉厂铜矿等十多家。全国金属钴产量在200~300t，钴硫精矿产量为201t，其中90%来自金川。

7. 锡

锡广泛用于冶金、化工、机械、食品、国防等领域。我国是锡资源大国和生产大国，早在2000多年以前就有了青铜器（铜锡合金）产品，锡都个旧的开发历史也已经延续了1000多年。

1995年世界锡储量约为7.0×10^6t，主要锡资源国有马来西亚（1.2×10^6t）、泰国（9.4×10^6t）、印度尼西亚（7.5×10^5t）、巴西（1.2×10^6t）、扎伊尔（5.1×10^5t）和俄罗斯（3×10^5t）。我国截至1995年年底共探明锡矿产地近300处，锡储量数百万吨，其中工业储量占1/2以上，已利用和可规划利用储量占89.5%。此外，在华南和东南沿海及西北地区尚有上百万吨的远景资源。

锡探明储量见于全国15个省区，其中广西、云南、湖南和广东的储量占全国储量的80%，而仅广西和云南的储量就占全国的60%。这两个省区的储量又高度集中在广西大厂和云南个旧（共占全国储量的40%），这两地是我国锡矿主要生产基地，锡产量分别占全国总产量的25%和60%。

锡矿床工业类型按矿物成分可划分成单一锡石型和锡石-硫化物型两大类。

锡是我国的优势矿产之一。我国锡产量一直居世界前列，消费量仅 2×10^4 ~ 3×10^4 t，因此每年锡金属产量的1/3和锡精矿年产量的1/2用于出口。

8. 钨

我国钨矿资源丰富，不仅储量居世界第一，而且产量和出口量长期以来也居世界第一。截至1995年，我国发现钨矿产地259处，探明储量数百万吨，其中已利用矿区171处，其保有储量占全国总保有储量的62. 5%，可规划利用储量占28. 2%。

我国钨矿资源特点如下。

（1）分布广泛，储量十分集中。全国有22个省区发现钨资源，但探明储量的64%集中在江西、湖南和河南三省。湖南柿竹园、江西西华山和大吉山、福建行洛坑、广东锯板坑和广西大明山等属超大型和大型钨矿床。

（2）钨矿共（伴）生组分多。钨矿共（伴）生组分可达30多种，单一钨矿床仅占8%。与钨矿共（伴）生的组分主要有锡、钼、铋、铜、铅、锌、金、银、铁、硫、铌、钽、锂、铍、稀土，分散元素镓、铟、铊、铼以及非金属矿砷、萤石等。从矿石类型上看，白钨矿主要与有色金属和贵金属共（伴）生，黑钨矿则与重稀土、稀有和分散元素共（伴）生。

目前我国具有工业意义的钨矿床可分为以下几类。

（1）石英大脉型钨矿床。矿体产于花岗岩类岩体与浅变质岩的内外接触带上，呈独立的含矿石英大脉。矿石矿物有黑钨矿、锡石、辉钼矿、绿柱石、黄铜矿、方铅矿、闪锌矿、菱铁矿、毒砂、白钨矿。钨品位中等到富，矿床规模大到小型。典型矿床有西华山、大吉山、锯板坑等。这类矿床是当前开发的主要工业类型，在全国探明储量中约占25%。

（2）石英细脉型。产于花岗岩或变质岩中，矿体呈较密集的含钨石英细脉。矿床规模多为大中型，矿物组合与石英大脉型钨矿床相同。典型矿床有漂塘、上坪、行洛坑等。该类矿床占约10%的储量。

（3）夕卡岩型。矿体呈透镜状、似层状，形态复杂。矿石矿物有白钨矿、黑钨矿、辉钼矿、锡石、黄铜矿、闪锌矿、方铅矿、磁黄铁矿、磁铁矿、毒砂和萤石等。矿石品位变化较大，规模小到巨大均可见。典型矿床如柿竹园、瑶岗仙、新田岭。这类矿床储量约占 40%。

（4）细脉浸染型。矿体呈微细密集含钨石英细脉产出，矿石呈浸染状构造。主要共生矿物组合为黑钨矿-铌钽铁矿。矿体规模、矿石品位变化均较大。典型矿床有莲花山、阳储岭、三道庄等。这类矿床占有储量的 8% 左右。

此外，我国尚有伟晶岩型、云英岩型、次火山岩-角砾岩筒型和残坡积、冲积砂型钨矿床。

钨矿的开发资源格局集中在江西、湖南、广西、广东和福建五省区。中国江西大余县，是“世界钨都”，那里有四百多处星罗棋布的钨矿点。鸦片战争后，德国人在那里首先发现了钨，当时只花 500 元就秘密地收买了矿权。爱国民众发现后，纷纷起来保矿、护矿。经多方交涉，终于在 1908 年以 1000 元收回矿权，并集资开采，这便是赣南最早的钨矿开发业。

目前，全国钨精矿产量突破 5×10^4t/a。而国内年消费量则长期在 $2\times10^4\sim3\times10^4$t 徘徊。

9. 钼

我国是钼资源大国，生产也居世界前列。

截至 1995 年年底，全国探明钼矿产地 226 处，钼保有储量 8.42×10^6t，其中已利用和可规划利用储量占 90.8%。

钼矿探明储量主要分布在河南、吉林、陕西三省，共占全国总储量的 56.6%。陕西金堆城和黄家铺钼矿、河南栾川钼矿、辽宁杨家杖子钼矿和杨家沟、吉林大黑山钼矿和山东邢家山钼矿等属特大型钼矿。我国钼矿品位普遍偏低，钼品位大于 0.1% 的储量占总量的 42%，其中大于 0.2% 的仅有 3%。大型矿床均以露采为主，易采选，且伴生组分多，经济价值高，如金堆城钼矿伴生有铜、硫、铼、硒、碲，肖家营子钼矿伴生铜，杨家杖子钼矿伴生铼、硒、碲等。

探明的矿床类型包括斑岩型、夕卡岩型、脉型、斑岩-夕卡岩型。上述矿床所占储量分别为 71%、24%、2% 和 2%。主要矿石类型有单钼型、钼钨型、钼铜型、钼铁型、钼铀型、钼汞型、钼多金属型、钼铜钨型和钼钒铀型 9 大类。其中单钼型约占 50%，其次为钼钨型和钼铜型。

到 1995 年年底，我国钼矿已利用矿区 97 处，地下开采出矿品位平均为 0.31%，露采出矿品位平均为 0.14%，选矿原矿品位为 0.15%，精矿品位为 48.5%。钼精矿（折合纯钼 45%）产量为 7.33×10^4t，其中 80% 以上产自金堆城、栾川和杨家杖子钼矿山。国内需求量约为 10^4t，大部分产品用于出口。

10. 铋

铋资源主要见于中国、秘鲁、美国、澳大利亚、墨西哥和日本。我国铋资源在世界上占有绝对优势。中国有铋矿产地70多处，探明储量近 5.0×10^5 t，其中工业储量占50%，可利用储量占94%。

铋资源主要为伴生矿产。我国70%的铋储量伴生于钨矿中，主要分布于江西、福建、广东、广西、湖南等省区。湖南柿竹园钨锡多金属矿床中伴生的铋储量占全国总量的50%以上，与铜、铅锌伴生的铋储量占全国总量的17%，见于湖南、甘肃、福建等地的铜、铅锌矿床中。此外，还有少量铋与铁、锡伴生。

铋是主矿产选冶过程中的副产品，目前回收铋的有江西盘古山钨矿、湖南柿竹园多金属矿、广东棉土窝钨矿、江西大吉山和铁山垅、湖南汝城和新田岭等。我国铋的年产量居世界第一，约占世界总产量的30%，即1000～1300t，国内铋消费量略低于生产量。

11. 锑

我国锑矿储量居世界之首。截至1995年年底，全国已探明锑矿区100多处，金属锑储量几百万吨，其中工业储量占50%，可利用储量约占95%。

我国锑储量的分布非常集中。全国18个大中型锑矿床集中了90%的探明储量和98%的工业储量。锑资源主要分布在湖南、广西、贵州、云南、甘肃，较著名的大型锑矿山有湖南锡矿山和渣滓溪、贵州晴隆和半坡、云南木利和甘肃崖湾。

锑矿床的工业类型主要有四种：①碳酸盐岩层控型。这是我国最重要的锑矿类型，占探明储量的47%，这类矿床规模大，品位中等或富，矿石为单锑型或汞锑型。②石英脉型。此类锑矿床占有总储量的24%，矿床规模以中小型为主，品位较富，矿石有钨金锑型、汞锑型和单锑型。③多金属型。矿床规模多偏小，品位较低，锑为锡、铅锌的伴生矿，这种类型占有20%的储量。④火山岩型。占探明储量的9%，矿石以单锑型为主，中等规模，品位偏低。

我国锑产量达 6.0×10^4 t/a左右，占世界总产量的一半以上，国内消费量仅为 10^4 t/a左右，因此锑矿产主要用于出口。

12. 汞

汞矿是我国开发历史悠久的矿产之一，主要用于制造水银和选取朱砂。由于汞是一种剧毒物质，容易造成环境污染，近年来世界范围内汞矿的产量和消费量均趋于下降，在很大程度上限制了汞资源的开发利用。

我国已探明的汞矿产地有103处，到1995年年底保有储量约为 8×10^4 t，主要集中在贵州、陕西和四川，三省合计储量占全国总储量的76%；其次为湖南、广东、青海等省。

发现的汞矿床可分为层控型、断裂型和综合型，其储量分别占探明储量的 65%、13%和 22%。汞矿石以单汞碳酸型为主，约占储量的 81%，这类矿石成分简单，矿石矿物为辰砂，选冶容易。

我国主要汞矿山有贵州万山、务川、丹寨、铜仁和湖南新晃。目前主要从事生产作业的矿山为万山、铜仁和新晃。全国汞产量达 1000t/a 左右，约一半供国内消费，其余对外出口。

2.2.5　稀有贵金属矿产

贵金属一般指金、银、铂族。稀土金属是化学周期表上镧系 15 个元素和与之密切关联的钪、钇两元素的合称。稀有金属包括锂、铍、铌、钽、锆、铪、钛。分散金属有镓、铟、锗、铼、钪、铊、硒、碲、镉等。

1. 贵金属

1）金

据统计，中国黄金资源量为 1.5 万～2 万 t，探明储量排名世界第七，但由于我国金矿地质勘查工作程度相对低，工业储量仅占总量的 30%左右，因而我国黄金资源储量的国际地位实际并不高。

目前我国黄金保有储量达 4634t，金矿按其赋存状态可分为岩金、砂金和伴生金三种类型，我国岩金保有储量为 2786t，砂金 593t，伴生金 1255t。全国除上海市以外，各省区均发现有金矿床。岩金储量集中在山东、河南、吉林、河北、黑龙江、陕西等省，约占岩金总量的 70%；砂金集中于黑龙江、陕西、四川和内蒙古，占有砂金总量的 75%；伴生金主要集中在江西、湖北、甘肃、黑龙江、安徽和青海，占有伴生金总量的 76%。

我国黄金资源并不十分适宜开采，主要表现为：①岩金为主，伴生金、难选冶金矿比重大。我国单一成分的金矿很少，绝大多数岩金矿床都伴生有银和硫，其他常见的伴生元素有铜、铅、锌、钼、钨、锑、镍等；砂金矿的共（伴）生矿物主要有锆石、独居石、石榴子石、金红石等，而伴生金则多见于铜、铅锌、镍等矿床中以及铁矿床和硫铁矿矿床中。②小型矿床多，大型、超大型矿床少。我国已发现金矿床（点）共计近 6000 个，真正形成规模的金矿床约占 1/6，从总体上看，大中小型矿床的比例为 6∶12∶82。金矿矿石品位以中等为主，中小型矿床品位变化较大，大型矿床多为中低品位。③开采技术复杂，可供露天开采矿床少。

目前，我国已形成胶东、小秦岭、黑龙江、鄂西—海南、河北、陕甘川交界三角区等六大黄金生产基地。2006 年中国在滇黔桂、陕甘川等地区探明黄金储量超过 650t。2007 年至今，又陆续发现包括冈底斯雄村铜金矿、青海大场金矿、甘肃甘南地区阳山金矿、山东省莱州市寺庄金矿、海南抱仑金矿等五座大型、特大型金矿。我国已拥有从勘探、开采、加工到冶炼为一体的完整专业化的黄金产业链，技术能力较强，有的已达国际先进水平。近 30 年来，中国已建成规模以上重点黄金矿山 330 家，日采选规模可达 11 万 t。

2）银

我国银矿探明储量不多，其中工业储量仅占 20%，已利用和可规划利用储量约占探明储量的 92%。我国已探明的银矿按其银品位及开发的经济技术条件分为独立银矿、共生银矿及伴生银矿三种。

我国银矿资源主要分布在东部地区，探明储量的 70% 集中在中南和华东两大地区，主要银资源省区有江西、湖北、广东、广西、河南、湖南、云南、甘肃和内蒙古等。我国银矿地质成矿条件良好，资源远景可观。在现有银矿集中区，正在进行勘查工作的有 30 处，新发现产地 12 处，远景储量达 10^4t 以上。

目前，我国银产销大致持平并略有剩余。大部分银产量来自铅锌、铜等矿山企业综合回收的伴生银，独立银矿山建设仍处于兴起阶段。

3）铂族金属

铂族金属包括铂、钯、锇、铱、钌、铑。我国已探明的铂族金属储量以铂、钯为主，各元素所占储量比例为铂 54.4%、钯 39.5%、铑 1%、铱 1.9%、钌 1.5%、锇 1.7%。

我国铂族金属资源集中分布在甘肃（59%）、云南（25%）、四川（9%）三省，又相对集中于甘肃金川、云南金宝山和四川杨柳坪三个大型矿区。

我国铂族金属储量以共（伴）生矿为主，主要与铜镍硫化物矿伴生，次为铜铁矿伴生铂矿、钒钛磁铁矿伴生铂矿，铬铁矿伴生铂矿等。探明的铂矿品位非常低，平均仅为 0.769g/t，其中铂为 0.341g/t，钯 0.386g/t，锇+铱 0.041g/t，钌+铑 0.028g/t。

目前开发利用的主要是铜镍矿伴生铂，国内自产铂族金属加上废料回收只能满足年需求量的一半左右。

2. 稀土金属

我国稀土资源具有数量大、品种全、质量好的特点，1990 年我国已探明的稀土储量占全世界的 80%。已发现稀土矿数百处，储量居世界第一。既有像白云鄂博这样的世界超大型稀土矿床，又有类型独特、富含重稀土的风化型稀土矿床。

我国稀土资源遍布六大经济区，但储量相对集中在内蒙古（96%）、贵州（1.5%）、湖北（1.3%）、江西（0.6%）、广东（0.4%）和湖南等省区。北方以白云鄂博为代表的稀土矿主要以氟碳铈矿、独居石为主，富含轻稀土，而南方江西、广东、湖南、福建、云南等以中重稀土的富集而闻名。

99%的稀土矿为共（伴）生矿，不同类型的稀土矿床共（伴）生矿物组合不同。主要类型有沉积变质-热液交代铌-稀土-铁矿床、含稀土氟碳酸盐热液脉状矿床、含铌-稀土正长岩-碳酸盐岩矿床、沉积变质铌-稀土-磷矿床、风化壳离子吸附型稀土矿床以及独居石、磷钇矿、冲积砂矿和海滨砂矿。

我国主要稀土矿山有白云鄂博稀土矿、山东微山和四川冕宁氟碳铈矿、广东阳江和海南琼海的独居石、磷钇矿以及南岭地区的风化壳稀土矿，76%的稀土精矿、90%的轻稀土来自白云鄂博。

目前我国稀土总产量居世界第二位，约60%用于出口。需要特别指出的是，我国并非世界上唯一拥有稀土的国家，却在过去几十年承担了世界稀土供应的角色。由于管理不规范，付出了破坏自身天然环境与消耗自身资源的沉重代价，稀土资源大量流失。在1996～2009年的短短十几年间我国稀土储量大跌37%，目前只剩余2700万t；按现有生产速度计算，我国的稀土储备量仅能维持15～20年，在2040～2050年前后必须从国外进口才能满足国内需求。2011年全球范围内稀土统计数据显示，美国稀土储量已成为世界第一，占全球稀土储藏量的40%，俄罗斯居第二，占30%，中国滑落至第三位，占23%，印度居第四占7%。因而，高效利用与合理开发稀土资源是我们亟须面对的挑战。

3. 稀有金属

1）锂、铍、铌、钽

锂、铍、铌、钽经常以共生形式出现。

我国拥有丰富的锂、铍、铌、钽资源，探明储量均居世界前列。

我国锂矿资源锂分布在四川（占矿石锂总储量的50%）、青海、湖北、新疆、江西、湖南、福建和江西，代表性矿床为新疆可可托海锂矿、江西宜春铌钽矿、四川金川和马尔康稀有金属矿。锂矿资源按赋存形态分矿石锂和卤水锂两种，其成分分别为氧化锂和氯化锂。

我国的铍矿资源见于15个省区，储量集中在新疆、内蒙古、四川和云南，占总储量的88%。铍矿石以绿柱石为主，品位低，多属难选矿石。

我国铌钽矿资源见于江西、广东、湖南、广西、福建等省区。铌矿除与钽矿共生外，在内蒙古、湖北等地的大型稀土矿床中也含有丰富的铌资源。

我国主要的稀有金属矿工业类型有如下几种。

（1）花岗岩型。矿体由全风化矿、半风化矿和原生矿三种类型组成，以原生矿为主，矿石矿物为锰铌钽矿、细晶石、含钽锡石、锂云母。钽形成主要矿产，伴生锂、铌、铷、铯、铍等。含矿品位：Ta_2O_5 0.0086%～0.0142%，Nb_2O_5 0.0081%～0.009%，Li_2O 0.260%～0.589%，Rb_2O 0.205%～0.284%，Cs_2O 0.0152%～0.0690%，BeO 0.019%～0.038%。该类型矿床规模巨大，钽储量占全国总量的7.7%，铌储量占总量的8%。典型矿床为江西宜春钽铌矿。

（2）伟晶岩型。矿床由成群成带的伟晶岩脉组成，形成区域广大的矿区和成矿带。以锂、铍为主矿床，伴（共）生铌、钽、铷、铯、锆、铪等。锂矿物多为锂辉石，也有锂云母和铁锂云母，品位较高。含铍的矿物为绿柱石，品位在0.03%～0.3%。铍储量占总量的49%，钽储量占总量的20%，铌占2%。典型矿床有新疆可可托海、四川金川和马尔康等。

（3）盐湖卤水型。分液态矿体和固态矿体两种。液态矿体包括地表和地下各种卤水，富含锂、硼、钾、镁等元素。孔隙卤水中LiCl品位一般为4000mg/t，晶间卤水为2000mg/t；地表卤水中LiCl品位湿季为470～900mg/t，旱季为800～1000 mg/t。矿床主要为中型以上规模，常见为特大型，分布在青藏高原上，代表性矿床有青海台吉乃尔盐湖。

（4）石英脉型铍矿床。矿石矿物以黑钨矿、锡石、白钨矿、辉钼矿为主，铍为伴生矿产，铍矿物为绿柱石、羟铍硅石和日光榴石。矿床规模中等，品位高，矿化好，结晶颗粒粗大。多形成绿柱石-黑钨矿、绿柱石-锡石和绿柱石-多金属脉等综合性矿床。

（5）铌-稀土-铁矿床。矿床以铁为主，铌和稀土广泛分布在铁矿体及其围岩白云岩和板岩中，呈厚大的层状、似层状产出。铁矿体中铌品位为Nb_2O_5 0.126%～0.141%，白云岩中铌品位为Nb_2O_5 0.11%～0.168%。含铌矿物有铌铁矿、烧绿石、铌易解石、铌金红石和铌钙矿。矿床规模巨大，典型代表是白云鄂博矿。这类矿床中铌储量为总储量的60%。

锂、铍、铌、钽均为我国资源优势较明显的矿产。由于这些矿产过去一直用于军工产品原料，民用市场尚未完全打开。国内消费量较低，资源开发利用程度不高。目前，从事其生产的主要矿山有江西宜春钽铌矿、新疆可可托海、四川金川和马尔康等。

2）锆和铪

我国发现锆矿产地近百处，1995年年底，ZrO_2保有储量为3.728×10^6t，锆英石保有储量为2.0592×10^6t，其中98%集中在内蒙古、海南、广东、云南和广西。全国已发现的锆矿床分岩矿和砂矿两种，分别占总储量的70%和30%。岩矿储量几乎全部集中在扎鲁特801矿，该矿床为碱性花岗岩型矿床，含锆矿物为锆石，共生有铌、铍、重稀土等多种有用组分。由于选冶困难，该矿床目前暂不具有工业意义。具有工业意义的锆矿床为广布在东南沿海的砂矿，包括滨海沉积砂矿、河流冲积砂矿、残积砂矿和风化壳砂矿四种。锆石多作为钛铁矿、金红石、铌铁矿、独居石、磷钇矿的共（伴）生矿物。目前开发利用的含锆矿床主要有广东南山海独居石矿、甲子锆矿、海南沙笼钛矿、乌场钛矿、清澜钛矿和南港钛矿等，锆石在主矿产的开采过程中回收。

铪赋存于锆石中，按含铪量 1% 计算，我国现有锆石储量中伴生铪总计达 $5\times10^4\sim8\times10^4$t。探明储量的铪产地有 4 处，共有铪 1800t，为资源总量的 2.2%，均属于锆石砂矿床，主要集中在广西北流 520 锆石风化壳型砂矿和山东荣成石岛锆石海滨砂矿两处。

3）钛

钛是地壳中分布最广和丰度较高（6.320×10^{-3}）的元素之一，占地壳质量的 0.61%，居第 9 位。钛资源是制取钛渣、人造金红石、钛白、海绵钛、钛金属及钛材、焊条、涂料的重要工业原料，从工业意义角度看仅次于铁、铝、镁，位居第 4 位。钛矿种类繁多，地壳中含钛 1% 以上的矿物有 80 多种。

我国钛资源总量为 9.65 亿 t，居世界之首，占世界探明储量的 38.85%，广泛分布在我国 20 多个省区，主要集中在四川、云南、广东、广西及海南等地，其中攀西（攀枝花—西昌）地区是中国最大的钛资源基地，钛资源量为 8.7 亿 t。

我国探明的钛资源按矿石类型和赋存状态分为钛铁矿岩矿、钛铁矿砂矿、金红石岩矿、金红石砂矿四种。我国钛矿从工业矿物类型看以钛铁矿为主，储量分布相对集中，有许多大型和特大型矿床。在钛铁矿岩矿中，TiO_2 储量大于 5.0×10^6t 的有 20 多处，包括著名的攀枝花、太和、白马、红格等特大型钒钛磁铁矿。我国钛铁矿砂矿含大型矿床 8 处，主要包括海南文昌铺前、琼海沙老和南港、万宁长安和保安、陵水铜岭、三亚马岭等。金红石岩矿的大型矿床有湖北大阜山和山西辗子沟，金红石砂矿有河南柏树岗和湖南三郎堰。

我国至今尚未发现单一的钛矿矿床，均为多金属共生矿。钒钛磁铁矿是我国主要的钛工业类型，占全国钛资源的 90% 以上。我国钒钛磁铁矿除含有巨大储量的铁、钛、钒以外，尚含有钴、镍、铜、铬、镓、锰、铌、钽、钪、硒、碲、硫等极其丰富的伴生有益元素；原生金红石矿也常伴生有钛铁矿、透闪石、锆英石、磷灰石、石榴子石以及铌、钽等稀有元素。这些矿床虽然有极大的综合利用价值，但是由于分选难度大，回收率低，生产成本高，实际资源综合利用率还是太低（我国攀西地区钛矿，其资源利用率仅为 6%～8%）。

我国钛资源的主要特点可总结为：①资源丰富、储量大、分布广。②原生矿多，砂矿少。在已探明的钛资源中，钛铁矿原生矿占 97%，金红石矿中的低品位原生矿占86%。③钛铁矿多，金红石矿少。钛铁矿型资源储量占98%，金红石资源则严重不足，仅占2%。④贫矿多，富矿少。钛铁矿平均品位为5%~10%，金红石平均品位为1%~5%，低于国外水平。⑤无单一矿，均为多金属共生矿，伴生有多种可供综合利用的矿物组分。⑥各矿种岩质类型差异大。钛铁矿主要为与基性岩、超基性岩有关的岩浆矿床，原生金红石矿床多产于前寒武纪古老变质岩系中，砂矿床则以残坡积风化壳类型为主。

目前，我国海南东部的滨海砂矿，矿床规模大，易于采选，是我国钛铁矿砂的主要生产基地。此外，攀枝花铁矿也能够从磁选尾矿中实现钛铁矿的回收。金红石生产则集中在湖北大阜山和广西、海南等地。由于金红石的储量严重不足，生产高档钛白、电焊条的原料需依赖进口。

4. 分散金属

分散金属的特点是地壳中含量少，多不形成独立的矿物和可供工业利用的独立矿床，几乎全部为伴生矿产且开发利用的时期较晚，用量也不大，多用于电子、光学等高科技领域。人们把分散金属视为未来时代的新材料。世界分散金属的资源量匮乏，而我国却拥有相对丰富的分散金属资源。

分散金属不能被单独开采，只能从主矿产冶炼过程中回收。钪来自广西和广东等地的钛矿，可从钛白生产废水和氯化钛排放的氯化烟尘中回收氧化钪。锗矿的回收渠道是炼锌烟尘、燃煤和浮渣以及单晶锗加工过程中的废料。镓主要从低品位铝土矿烧结法生产氧化铝的循环母液和氧化铝拜耳液中提取。铟由锌浸出渣中回收。铊从铅锌冶炼过程中回收。铼产自辉钼矿的冶炼过程。镉的主要工业原料是锌精矿，从锌的冶炼烟尘和残渣中提取。硒和碲从铅、铜阳极泥中回收。目前，除硒以外，其他分散金属的消费均能自给，其中碲、锗、镉、铼产量的50%、铟产量的80%、镓产量的90%用于出口。

2.2.6 非金属矿产

1. 冶金辅料非金属矿产

主要用作冶金辅助原料的矿产共有16种，其中石灰岩、白云岩、砂岩、黏土、砂、脉石英、橄榄岩、石英岩、蛇纹岩等属多用途矿产。这里介绍其中的四种，包括蓝晶石类矿（蓝晶石、夕线石、红柱石）、菱镁矿、萤石、耐火黏土等。

1）蓝晶石类矿

蓝晶石、夕线石、红柱石是同质多象变体，成分均为$Al_2[SiO_5]$，统称为蓝晶石类矿物，俗称“三石”，具有耐高温、抗腐蚀、高温体积稳定、高强度等独特性质，可用作高级高铝耐火材料或其他辅料、磨料，广泛用于冶金、建材、机械、化工、轻工、核工业等行业。蓝晶石、夕线石、红柱石均赋存在变质岩中，三种矿物的主要工业类型如下。

（1）蓝晶石矿床。

蓝晶石绿泥片岩型：蓝晶石不均匀地分布在绿泥片岩中，矿体呈透镜状，原岩含镁高，有时含少量刚玉；蓝晶石含量为 10% ~25%，产于太古宙变质岩系中，含矿岩石以含蓝晶石、石榴子石、黑云母的斜长片麻岩为主；代表矿床为河北魏鲁蓝晶石矿。

含黄玉蓝晶石石英片岩型：矿石以蓝晶石石英片岩为主，有时见蓝晶石云母片岩；产于元古宙石英岩中，蓝晶石含量为 10% ~30%，含少量黄玉；代表矿床有山西岗里。

伟晶状蓝晶石型：矿体呈不连续小扁豆体；分布在古生代黑云母片岩中，主要矿物为蓝晶石和石英，蓝晶石晶体一般在 50mm 以上；代表矿床有新疆契布拉盖。

（2）夕线石矿床。

石英片岩型：矿石有夕线石石英片岩、石榴子石夕线石石英片岩，有时含少量云母磁铁矿，产于石英片岩或石榴子石石英片岩中，矿体品位为 10% ~30%。

刚玉夕线石片麻岩型：主要组成矿物有夕线石、白云母、微斜长石、刚玉等，产于太古宙变质岩中，典型矿床为河北南洞。

（3）红柱石矿床。

红柱石角岩型：主要含矿岩石为红柱石堇青石角岩、红柱石十字石、十字石角岩等，产于以酸性侵入体为主的接触带上，典型矿床有吉林老虎东沟、北京西山。

红柱石片岩型：含矿岩石为绢云母片岩、黑云母片岩、石榴堇青碳质片岩等，有时含有蓝晶石、十字石、夕线石；产于元古宙片岩为主的岩层中，红柱石品位一般为 10% ~20%，高者可达 30%，单层厚十几米到数十米；典型矿床有河南杨乃沟、山东小庄。

我国从 20 世纪 40 年代开始对蓝晶石矿产调查以来，特别是 70 年代末到 80 年代初，做了大量的普查勘探工作，发现蓝晶石类矿床共 20 余处，分布于十几个省区。如今主要矿床有江苏沭阳县韩山、河南隐山、河北邢台、内蒙古点布斯庙、新疆布拉盖、山西繁峙、安徽岳西、霍山、辽宁大荒沟、四川汶川、云南热水塘、吉林磐石、陕西洋县党河口等。

自 1986 年在鸡西建成第一条 3000t/a 级的夕线石精矿生产线后，截至 2002 年，我国相继开工建设、改建的矿区及选厂有 37 个，其中夕线石选厂有鸡西、林口、灵寿、内乡等16个，红柱石选厂有西峡、眉县、库尔勒等13个，蓝晶石选厂有沭阳、邢台、南阳等8个。其生产总能力为21万t，其中夕线石6万t、红柱石8万t、蓝晶石7万t。近年来，每年出口的“三石”总量为0.5万~0.6万t。

2）菱镁矿

菱镁矿的主要成分为$MgCO_3$，是提取镁及其化合物等的重要原料。根据其中氧化镁含量的不同，菱镁矿应用的领域也不同：氧化镁含量小于42%的低品级菱镁矿可用于生产建材制品、镁水泥、硫酸镁废料和土壤改良剂等档次的产品，氧化镁含量为42%~45%的菱镁矿可用于生产普通烧结镁砂、镁质耐火泥、炼钢转炉溅渣护炉用的轻烧氧化镁；氧化镁含量为46%的菱镁矿可用于生产普通电熔镁砂、中档烧结镁砂；氧化镁含量为47%的菱镁矿可用于生产优质电熔镁砂和优质烧结镁砂，制造各种优质镁质耐火材料；氧化镁含量大于47%的菱镁矿可用于生产高纯度镁化工材料，用于电子、航天、国防、冶金及高级陶瓷等行业。在菱镁矿的诸多应用中，利用菱镁矿制备金属镁，进而制备镁合金是充分利用菱镁矿发展高附加值镁产品的理想工艺路线。

我国是世界上菱镁矿资源最丰富的国家，总保有储量矿石达30亿t，位居世界第一。目前，我国菱镁矿大型矿床有11个，占全国探明储量的92%；中型矿床6个，占全国探明储量的4%，小型矿床11个，占全国探明储量的4%。具有工业意义的菱镁矿矿床为沉积变质-热液交代型矿床，这类矿床多赋存于前震旦纪和震旦纪的钙镁碳酸盐岩中，矿体主要呈层状、似层状产出，含矿岩石为硅质白云岩、大理岩、绿泥石滑石片岩、云母片岩等。我国几个主要的菱镁矿矿床如辽宁海城镁矿（保有储量为6.06×10^8t）、营口青山怀（保有储量为3.63×10^8t）等均属此类。

我国菱镁矿有以下两个特点：①资源极为丰富，已探明的储量达到31.45亿t，占世界总储量的22.5%，据预测，尚有菱镁矿资源8.0×10^{10}t未开发。已探明的菱镁矿主要分布在辽宁（2.58×10^9t，占全国总储量的85.62%）、山东（2.87×10^8t，占全国总储量的9.54%）、西藏、新疆、甘肃、河北、陕西、宁夏、内蒙古、河南等地，资源的高度集中有利于组建大型企业集团、建立大型工业基地，向专业化、规模化、集约化发展。②含杂质少，含MgO≥43%的一、二级品占总储量的53%，其中一级品以上（含特级品）菱镁矿储量为1.17×10^9t，占总保有储量的37.58%，二级品储量为4.8×10^8t，占总保有储量的15.42%。

目前全国有菱镁矿开采点及各种镁质原料加工厂约500个，其中具有一定规模的菱镁矿生产矿山254个，年开采矿石约1.2×10^8t，其中大中型生产矿山8个，生产能力约占总量的1/3。我国菱镁矿除了满足自身需要外，还大量用于出口，据统计，世界菱镁矿产量的 1/2 都由中国提供。

3）萤石

萤石（CaF_2）作为钢铁冶炼的熔剂、除渣剂、脱硫剂和脱磷剂，在化工、轻工、医疗及核工业中也有重要用途。

我国已探明的萤石储量达 1.3 亿 t，如果再把白云鄂博铁铌稀土伴生型萤石的 13 183 万 t 也计算在内，我国萤石储量将达 2.6 亿 t，占世界总储量的 2/3，居世界第一位。我国萤石产量也居世界第一。

我国主要萤石矿床有 230 处，其中单一型萤石矿床 190 处，占总矿床数的 83%，其萤石储量占总储量的 57%，此类矿床的平均品位达 35%~40%；而伴（共）生型萤石矿床 40 处，不到总矿床数的 20%，储量占总储量的 43%。我国的萤石资源主要分布在东部沿海地区、中南地区、内蒙古和西南地区，全国上千万吨储量的有湖南和浙江两省，比较著名的萤石产地有江西省德安县萤石矿、河北省平泉县杨树岭萤石矿、河北省灵寿县百信萤石矿、内蒙古自治区化德县秋灵沟萤石矿、辽宁省义县地藏寺萤石矿、浙江省义乌县萤石矿、江西省广丰县铜山萤石矿、安徽省广德县萤石矿、福建省光泽县东风萤石公司光泽萤石矿、山东省蓬莱县氟石矿、河南省信阳县明港萤石矿等。

矿床类型齐全，是我国萤石资源的重要特色之一。从工业类型看，我国萤石资源主要有以下三种。

（1）硅酸盐型。

硅酸盐型属中低温热液型矿床。矿体呈脉状、网状、透镜状及其他不规则状产出，矿石中主要矿物为萤石、石英及少量方解石和黄铁矿，含 CaF_2 一般达 70%~80%，规模以中小型为主，分布广泛。典型矿床有浙江杨家、北京怀柔蓝营、甘肃高台、湖北红安、湖南衡南等。

（2）碳酸盐型。

碳酸盐型属碳酸盐岩充填交代成因类型。矿体形态复杂，多呈脉状、透镜状、囊状、条带状、浸染状或规则的板状，主要矿物为萤石，呈致密块状、角砾状或浸染状。共生矿物为方解石、石英、重晶石，一般矿床含 CaF_2 小于 65%。典型矿床有江西德安萤石矿。

（3）多金属共生萤石矿。

多金属共生萤石矿具有多种成因类型，萤石一般呈粗粒状，少量呈细脉状，与方铅矿、闪锌矿、黄铜矿、黄铁矿等金属矿物共生，充填于破碎带中。伴生的非金属矿物常见有石英、重晶石、绢云母、绿泥石、高岭土等，萤石结晶颗粒粗大，含 CaF_2 为 14%~16%。我国最大的伴生萤石矿湖南柿竹园、特大型伴生萤石矿内蒙古白云鄂博均属此类。

据 1995 年统计，全国开采萤石的矿山上千处，开采萤石原矿 6.0×10^6t 以上，生产成品矿 3.0×10^6t 以上；由于储量丰富，我国开采的萤石产品有近 50% 销往国际市场。

4）耐火黏土

耐火黏土指耐火度大于 1580℃的黏土。按物化性质、矿石特征、工业用途可将耐火黏土分为软质黏土、半软质黏土、硬质黏土和高铝黏土四种。

我国耐火黏土的远景储量约为 4.92×10^9t，探明储量为 1.8×10^9t，其中高铝黏土占 2.24×10^8t。

我国耐火黏土矿富集在较古老的晚古生代地质时期中，其主要成矿期为中晚石炭纪，产于上石炭统底部或中石炭统本溪组内，位于奥陶或寒武系碳酸盐岩侵蚀面上。这一时期矿床规模大，矿石质量佳，分布广泛，矿石类型齐全，工业意义大。该成矿期矿石类型以高铝黏土（占高铝黏土总储量的 87.4%）为主，硬质黏土（占硬质黏土总储量的 39.7%）为次，并有一定量软质黏土（占软质黏土总储量的 37.4%）。

我国耐火黏土具有分布广泛、层位稳定、规模巨大的特点。我国耐火黏土资源广泛分布于 24 个省区，其中上亿吨储量的省区有山西、河南、内蒙古、河北、山东、湖北、吉林等。高铝黏土分布于 11 个省区，其中山西占 32.81%、河南 35.44%、河北 12.47%、贵州为 5.5%，四省占全国高铝黏土总储量的 86.22%；硬质黏土分布于 23 个省区，其中内蒙古占 17.19%、山西占 15.53%、河北占 10.91%、河南占 10.53%、山东占 8.59%、湖北占 8.36%、辽宁占 7.09%，七省区占全国硬质黏土总储量的 78.20%。

我国已开发的耐火黏土矿区就有近百个，其中大中型矿山 37 个，全国耐火黏土矿石产量在 1.0×10^7t 以上，其中包括高铝矾土 4.0×10^6t（熟料 3.0×10^6t）、硬质黏土 4.50×10^6t（熟料 3.0×10^6t）、软质黏土 1.5×10^6t。近年来，我国高铝矿物开采有进一步发展，全国已建厂 23 个，主要分布在河南、江苏、河北、黑龙江、辽宁、新疆、山东、陕西、福建等地，选精矿总能力达 1.4×10^5t。耐火黏土也是我国出口的主要非金属矿产之一。

2. 建材及其他非金属矿产

属于这一类的非金属矿产有金刚石、云母、石墨、石棉、石膏、滑石、沸石、硅藻土、硅灰石、高岭土、膨润土、珍珠岩、玻璃硅质原料、水泥石灰岩、花岗石、大理石等 52 种矿产，这里着重介绍其中的 11 种。

1）金刚石

2008 年全世界已探明的天然金刚石储量为 25 亿克拉，分布在澳大利亚、扎伊尔、博茨瓦纳、南非和独联体等。

目前我国金刚石资源的保有储量为 2090 万克拉，主要分布于辽宁、山东、湖南、贵州等。其中辽宁的金刚石储量最多（占全国总储量的 52% 以上），山东次之，湖南、贵州等产量很少。

我国金刚石矿床分原生矿和砂矿两种。

（1）原生矿。产于华北地台区，矿体呈含金刚石的金伯利岩管或岩脉产出，矿床规模较大，金刚石平均品位为每立方米数十至数百毫克，代表性产地有辽宁复县矿田和山东蒙阴矿田。

（2）砂矿。见于湖南、山东、辽宁，矿床赋存于第四纪沙砾层和残积层中，金刚石平均品位为每立方米数毫克，有时伴生有金、锆石和钛矿物，可以综合回收，代表性矿床有湖南丁家港和山东沂沭河。

我国金刚石矿品位偏低，但质地较佳，宝石级和近宝石级储量占总量的 40% ~50%。金刚石地质勘查工作历经 40 多年，虽然探明储量不多，但在华北地台区、扬子地台区、塔里木地台区三个成矿远景区内十余个省区发现了金刚石或金刚石的指示矿物。我国含金刚石金伯利岩和钾镁煌斑岩的大量存在，预示着我国有一定的金刚石资源远景。目前，我国金刚石年生产能力为 35 万克拉，年消费量在百万克拉以上。

2）云母

云母是分布最广的造岩矿物，是钾、铝、镁、铁、铝等层状结构铝硅酸盐的总称。有工业利用价值的云母主要包括白云母、块金云母和碎金云母三种。

我国云母资源非常丰富，已探明的云母矿物储量为 7×10^4 t，云母产地共有 179 处；其中绝大部分为白云母，金云母约占 1.1%。碎云母主要作为块云母的副产品回收。据不完全统计，我国碎云母资源量可达数百万吨。云母矿见于 20 个省区，但储量集中在新疆（67.1%）、四川（11%）和内蒙古（8%）。发现的云母矿床均产于变质岩系的伟晶岩和夕卡岩中。其类型可分为以下三种。

（1）花岗伟晶岩型白云母矿床。含块白云母伟晶岩脉赋存于片麻岩和片岩中，矿体呈脉状、透镜状、串珠状或不规则状。主要矿物有更长石、微斜长石、石英，其次为白云母、钠长石、黑云母和其他稀有、稀土元素矿物。典型矿床有新疆阿勒泰、四川丹巴的云母矿床。这类矿床储量占总量的 98% 以上。

（2）镁夕卡岩型金云母矿床。产于角闪岩、辉石片麻岩、石榴子石、夕线石等变质岩系中，或产于碳酸盐岩与片麻岩或花岗岩的接触带上，金云母与透辉石、方柱石、透闪石、蛇纹石共生，矿体呈脉状。典型矿床有吉林集安、内蒙古乌拉特前旗等。

（3）接触交代型镁硅白云母矿床。含镁硅白云岩、伟晶岩的榴辉岩体呈透镜状分布在黑云母片麻岩中。这种类型仅见于江苏东海。

3）石墨

石墨按结晶程度分晶质石墨和隐晶质石墨两类。晶质石墨矿主要蕴藏在中国、乌克兰、斯里兰卡、马达加斯加、巴西等国，其中马达加斯加盛产大鳞片石墨，斯里兰卡盛产高品位的致密块状石墨；隐晶质石墨矿主要分布于印度、韩国、墨西哥和奥地利等国。虽然众多国家都已发现石墨矿产，但具有一定规模可供工业利用的矿床并不多，相对集中分布于少数国家中。

我国石墨资源十分丰富，储量居世界第一。截至 1995 年，已探明晶质石墨产地共 90 处，矿物储量为 1.77×10^8t，遍布 20 个省区，其中 64.23% 的储量集中在黑龙江，次为山东、河南、四川和内蒙古，储量之和占总储量的 22.3%。探明的隐晶质石墨产地共 12 处，矿石储量为 4.821×10^7t，其中湖南占 74.74%，其余分布在吉林、广东和陕西等。

我国石墨矿以大中型为主。晶质石墨大中型矿区有 50 处，占有储量的 99%，著名矿山有云山、柳毛和佛岭；隐晶质石墨大中型矿山有 7 处，占有 92% 的储量，著名的有湖南桂阳。

我国有石墨生产矿山 500 多个，晶质石墨生产集中于黑龙江、山东和内蒙古，隐晶质石墨产于湖南、内蒙古、吉林、黑龙江。1995 年统计数据显示，全国当年石墨总产量达 2.16×10^6t，内消费量达 $4.0\times10^5\sim5\times10^5$t，年出口 10 余万吨，我国晶质石墨在国际上享有盛誉。

4）石棉

石棉是天然纤维状硅酸盐类矿物的总称，工业上用的石棉分为蛇纹石石棉（又称温石棉）和角闪石石棉（又称蓝石棉或青石棉）两类。

我国石棉资源以温石棉为主。截至 1995 年年底，全国已探明石棉矿物储量为 9.671×10^{11}t，石棉产地 50 处，分布在 16 个省区，其中以青海（64%）、四川（18%）、陕西（11%）和新疆（3%）最为丰富。在我国已探明的石棉矿产地中，大中型矿区共 14 个，合计占总储量的 96%，仅著名的石棉产地青海茫崖一处，就占全国储量的 49%。此外，我国海洋有少量的蓝石棉资源，已探明矿产地 11 处，石棉矿物 44 633t，分布在云南、河南、陕西、四川。

我国的石棉矿床按照围岩类型可以分为超基性岩型和碳酸盐岩型两类。超基性岩型规模大，品位较高，含棉岩体为超基性岩体，围岩为大理岩和绿片岩，蛇纹石化强烈，石棉纤维长度为 5～10mm，含棉率为 4%～6%；这类矿床储量占全国的 97%，典型矿床有青海茫崖石棉矿。碳酸盐岩型产于古老的碳酸盐岩中，矿床规模小，但棉质好，矿体赋存于橄榄岩中，呈楔状、似层状，产状与岩体一致，石棉纤维一般长 10cm 左右，含棉率平均为 1.3%～2.8%；典型矿床有四川石棉县石棉矿、辽宁金州、河北烟煤洞等。

我国主要石棉产区集中在西南和西北地区，重点石棉生产企业为茫崖、新康、金明、四川、陕南、涞源、吕梁、巴州、新生。据统计，目前国内能基本正常生产的大中型石棉矿山及加工企业约 31 家，其中生产能力超过 3 万 t 的企业有青海茫崖蛇纹石石棉矿（年产 8 万 t）、新疆巴州石棉矿（年产 4 万 t）、新疆若羌石棉矿（年产 3 万 t）；年产 2 万 t 以上的有四川新康、四川石棉矿、青海祁连、甘肃鸣沙石棉矿等。2003 年中国石棉实际年生产能力已达 45 万 t，而实际产量为 33 万 t 左右。由于我国温石棉储量中，以短纤维石棉为主，中长纤维石棉资源不足，因此我国优质长纤维石棉长期不能自给，主要依赖进口。

5）石膏

石膏也是重要的化工原料，主要包括软石膏（$CaSO_4 \cdot 2H_2O$）、硬石膏（$CaSO_4$）两种。天然石膏按其产出形状和构造不同，可分纤维石膏、透明石膏、雪花石膏、普通石膏和土状石膏。

我国石膏储量居世界第一位。截至 1995 年年底，已探明的石膏矿产共有 168 处，石膏矿石储量达 5.78×10^{10}t，主要集中在山东（3.75×10^{10}t）、内蒙古（3.45×10^9t）、青海（2.68×10^9t）、湖南（2.4×10^9t）、湖北（1.58×10^9t）、宁夏（1.26×10^9t）、西藏（1.22×10^9t）、安徽（1.14×10^9t）、四川（10^8t）和江苏（10^8t）等省区，合计占总储量的 92%，其中以山东最多，占总量的 65%。

我国最主要的石膏矿床类型为湖相沉积型，占总储量的 90%，其次为海相沉积型，占 9%。我国石膏矿床以大中型规模为主，大中型矿区有 90 余处，约占全国储量的 99%。其中储量超过 3×10^8t 的特大型矿区有 11 处，包括内蒙古鄂托克、江苏南京、山东大汶口盆地、湖南邵阳、广西钦州、西藏察雅和芒康、陕西瓦召子、青海西宁、宁夏中卫。此外，我国还蕴藏有少量纤维石膏，主要分布在湖北应城、荆门，湖南衡阳，广东兴宁等地。其储量较少，仅占全国石膏总量的百分之几。

我国现有石膏生产矿区 68 处，主要产区有山东平邑、大汶口，湖北应城、江苏坯县、湖南邵东、山西太原西山、四川大为和甘肃天祝等。目前，全国石膏总产量可达 2.0×10^7t/a 以上。国产石膏主要用作水泥缓凝剂，高质量的纤维石膏产量很低，只能满足需求的 30%，需要依靠进口。

6）滑石

滑石是一种常见的富镁硅酸盐类矿物，用途极为广泛：从含量极低的低等滑石到高纯的优等滑石，从 325 目的普通粉到几千目的微细粉，各有市场。大体上纯度较好的 325 目滑石粉多用于中小型造纸厂，高纯度的滑石粉多用于涂料、油漆、医药、化妆、塑料等行业，黑滑石多用于陶瓷行业。

我国滑石资源基础储量为 9 447. 6 万 t，资源量为 15 235. 7 万 t，查明资源储量共计 24 683. 3 万 t；主要分布于全国 15 个省区，其中辽宁、山东、广西尤其丰富。据国土资源部 2004 年的统计，辽宁滑石资源的基础储量达 2 526. 2 万 t，山东基础储量为 2 557. 4 万 t，广西基础储量为 1 094. 5 万 t。

据初步统计，目前全国滑石矿床达 43 个，包括大型矿床（大于 500 万 t）8 个，中型矿床（100 ~ 500 万 t）17 个，小型矿床 18 个。其中，超过千万吨的大型矿山依次为辽宁海城市范家堡子滑石矿、广西龙胜县鸡爪滑石矿、山东栖霞李博士夼滑石矿、江西广丰溪滩滑石矿、江西河源萍塘滑石矿、青海茫崖矿田西矿区。

我国滑石矿质纯品佳，总储量中单一矿产占 80%，共生矿产占 16%，矿石中块滑石占 35%，滑石岩占 48%，Ⅰ、Ⅱ品级滑石储量约占全国储量的 14%。辽宁海城粉红色滑石矿是我国质量最好的滑石产品，在世界上享有盛名。主要滑石矿区如辽宁范家堡子、连山关，山东李博士夼，广西龙胜古坪、鸡爪等，矿石均以Ⅰ、Ⅱ品级为主，化学组分接近理论值，有害成分含量小。广西滑石矿中的Ⅰ级滑石是世界级优质化妆级滑石原料。

我国滑石矿资源的主要工业类型有以下三类。

（1）镁质碳酸盐岩型。产于白云岩与菱镁岩中，矿体多为不规则的似层状、透镜状、脉状、囊状、蠕虫状。矿体成群出现，成带分布，延长可达数公里，矿体长度一般为几十米。矿石为碳酸盐型，包括块滑石、片状滑石、浸染状滑石，主要矿物为滑石，共生矿物为菱镁矿、白云石、方解石、透闪石、顽辉石、透辉石、阳起石、蛇纹石、黄铁矿、磁铁矿等，滑石含量达 90% 以上。这类矿床规模巨大，矿石质量纯，是滑石矿床的主要类型，占储量的 55%。典型矿床有海城。

（2）超基性岩。产于蛇纹岩或蛇纹石化的超基性岩中，矿体形态多样，大小不一，呈透镜状、脉状或不规则的层状、囊状。矿石自然类型为块滑石、片状滑石、浸染状滑石，主要矿物为滑石，共生矿物有阳起石、透闪石、黑云母、绿泥石、蛇纹石以及石棉、电气石、方解石、白云石、菱镁矿、磁铁矿、铬铁矿、黄铁矿、黄铜矿、自然金等。典型矿床有库米什。这类矿床储量占总量的 17%。

（3）沉积–成岩型。为新发现的一种类型，分布在江西、湖南、四川等省，典型矿床为江西溪滩。矿体围岩顶板为假鲕状白云质灰岩，底板为假鲕状硅质岩、硅质灰岩和黏土白云质灰岩，与矿层为连续沉积。矿石为以硅钙质为主的黑色滑石。这类矿床占有储量的 28%。

近年来，纸张产量的快速增长，带动了滑石在造纸业的消费。造纸至今仍是滑石最大的消费领域，造纸所用滑石可占国内市场滑石消费量的 50% 左右。随着国内碳酸钙的开发利用，以及中性施胶技术在造纸业的普及，滑石在造纸业的消费有所下降，但总量仍保持在年均 100 万 t 以上。目前，滑石在造纸业的应用情况和发展趋势备受关注。

7）沸石

沸石是碱或碱土金属的含水铝硅酸盐矿物，是一种新兴的矿物原料。世界沸石资源总量约 10^{10}t，中国、美国、俄罗斯和日本等为沸石资源大国。

截至 2011 年，全球已发现天然沸石共计 40 余种，我国所发现的沸石类型主要有斜发沸石、丝光沸石、碱菱沸石、菱沸石、钙十字沸石、方沸石、汤河原石、斜钙沸石、片沸石、浊沸石、辉沸石、钠沸石，其中以斜发沸石、丝光沸石、菱沸石、片沸石最具工业价值。我国开发利用的沸石主要是斜发沸石和丝光沸石。

我国沸石矿床产出时代主要为中侏罗世—晚白垩世，由近似“开放的”淡水湖、地下水系统，或火山期后热水与火山玻璃碎屑反应而成。据不完全统计，我国已发现的近 400 处的沸石矿床（点）主要分布在黑龙江、吉林、辽宁、内蒙古、山西、河北、安徽、河南、浙江、广西、海南等省区，总储量为 30 亿 t 左右。其中浙江缙云、河北独石口、黑龙江海林，是我国较大型的三个沸石矿床，储量均在 1 亿 t 以上。

我国东部濒临太平洋，中生代火山活动频繁，形成了我国东部大面积的中生代火山熔岩和火山碎屑岩以及大大小小的构造盆地，这些火山喷发产物和供其沉积的构造盆地，为沸石形成提供了丰富的物质来源以及合适的地质环境。因此，我国东部环太平洋区和西部古地中海区，是寻找沸石最有远景的区域。

具有工业意义的沸石矿床，成因上均属火山物质沉积变质作用矿床。根据原岩类型和赋存环境，主要包括以下类别。

（1）陆相开放水沸石型。分为三个亚类。①陆相淡水火山熔岩型：矿床规模中等，矿石以丝光沸石为主，典型矿床有山东荣成，辽宁彰武、法库，浙江宁海等。②陆相淡水火山碎屑岩型：多形成似层状、层状大型矿体，矿石为斜发沸石，少量为丝光沸石，典型矿床有涌泉庄、宣城、围场、缙云等。③陆相正常沉积与火山碎屑沉积混合型：规模大，沿走向沸石矿体渐变为正常沉积岩，典型矿床有海林、天台、大邑、北票。

（2）陆相封闭水沸石型矿。矿床规模小，典型矿床如吉林通化、洮安、臼石泉等。

目前，我国已探明沸石产地中，大中型规模的具有绝对优势，占总储量的 98%以上。这些沸石矿体规模大，一般长上百至数千米，且埋藏浅，大多可以露采，矿石品位中等偏上，质量较高。我国沸石矿物以斜发沸石为主，丝光沸石次之，少量为菱沸石和钙十字沸石，其中浙江缙云丝光沸石孔径可达 6×10^{-10} m，属世界罕见。

8）硅藻土

硅藻土是一种由古代地质时期硅藻、放射虫类或海绵的遗体组成的一种生物成因硅质沉积岩，其化学成分以 SiO_2 为主，矿物成分为蛋白石（$SiO_2 \cdot nH_2O$）及其变种。除了含有水和 SiO_2 以外，还有少量的 Al_2O_3、Fe_2O_3、CaO、MgO、K_2O、Na_2O、P_2O_5 等成分；其矿物组成除硅藻外，常伴有各种黏土及石英、白云石等。硅藻土应用前景广泛，其产品作为助滤剂、填料、涂料、建材等均有重要的价值。

世界硅藻土资源十分丰富，分布范围很广，除南极洲外其他各洲均有发现。已知全球共有硅藻土 18.42 亿～20 亿 t，远景储量为 35.73 亿 t。其中亚洲居第一位，约 10 亿 t；欧洲 5 亿 t；美洲、非洲和大洋洲 5 亿 t。

我国硅藻土资源丰富，主要集中在东部及西南地区。从地质时代上讲，有工业意义的硅藻土矿床仅限于第三系及第四系，因此在资源分布上受到一定的地域限制。截至 2008 年年底，我国已探明储量的硅藻土矿区共有 354 处，矿石总保有储量达 3.85 亿 t，仅次于美国，居世界第二位。我国共 10 个省区有硅藻土矿产出，在地区分布上，以吉林最多，占全国总储量的 54.8%，云南、福建、河北等地次之，另在黑龙江、山西、海南也都发现了硅藻土矿。

不同工业用途对硅藻土的质量要求不同。我国硅藻土大多质量中等，助滤剂级（SiO_2 含量高于 85%）硅藻土仅见于吉林长白、云南腾冲地区，其他产地 SiO_2 含量大多在 70% 左右。在我国的硅藻土储量中，隔音隔热材料级约占 21%，建材级约占 26%，石化级仅占 0.24%。

我国硅藻土矿床按 SiO_2 矿质来源分为火山物源硅藻土和陆源沉积硅藻土两类，成因上均为湖相沉积型，与玄武岩密切相关。我国现有硅藻土生产地 14 处，国有矿山 8 座，民采点百余个，主要生产基地为吉林、云南和浙江。目前，我国超大型硅藻土矿产地有云南先锋、吉林长白、浙江嵊县。

9）高岭土

高岭土是一种量大面广的天然层状硅铝酸盐非金属矿物资源，在工业、农业、国防和高技术领域都起着举足轻重的作用。高岭土可用作陶瓷、搪瓷、水泥、玻璃纤维和耐火材料等的原料，纸张、塑料、橡胶、涂料和油墨等的填料，还可用作纸张涂料、黏结剂、催化裂化剂等。随着材料与科学领域的交叉和深透日益广泛，高岭土的应用已经拓展到高附加值和高技术领域，如作为 SiAlON 材料、多孔陶瓷、插层材料、地聚物材料、分子筛的原料等。

我国拥有优质的高岭土资源，其储量为 1.432×10^9 t，占世界储量的 3.9%，居世界第 9 位。我国高岭土资源分为硬质高岭土、软质高岭土、砂质高岭土三种原料类型和热液蚀变型、风化残积型、风化淋积型、河湖海湾沉积型、含煤建造沉积型等五种成因类型。目前，全国共有高岭土矿点 700 多处，其中 200 余处做过地质工作，已探明储量超过 1.432×10^9 t，主要分布在广东、福建、江西、湖南、江苏五省，东部、西部、中部所占比例分别为 25.17%、46.54% 和 28.27%。

需要指出的是，上述高岭土资源储量主要以水系高岭土为主。而我国的煤系高岭土预计储量在 1.12×10^{10}t 左右，已探明储量为 1.7×10^9t，包含煤炭生产和加工过程中排弃物煤矸石内的煤系高岭土（含量在 80% 以上，存在于煤矸石内的高岭岩中）。据统计，我国因煤炭开采而排弃的煤矸石累计大于 3.0×10^9t，是目前排放量最大的工业固体废弃物，这部分煤矸石中约 50% 为煤系高岭土，极具开发利用价值。

10）膨润土

膨润土又称膨土岩和斑脱岩，是以蒙脱石为主要矿物的黏土岩，可广泛用于石油化工、油脂、医药、建筑、日化、纺织、涂料、冶金、环保等领域中。按其化学成分可分为钙基、钠基、镁基、钠钙基、镁钠基等多种类型。

我国的膨润土矿资源非常丰富，分布广泛。根据膨润土矿床（点）成群、成带的分布特点，可以将我国膨润土矿床归纳为五个主要矿带、四个主要产区。第一矿带，由黑龙江宾县经吉林省九台、双阳，辽宁黑山、建平、凌源到河北、山西、陕西至四川省；第二矿带，由黑龙江东部海林县经山东、河南、安徽到湖北、湖南境内；第三矿带由浙江省经江苏、福建、广东到广西；第四矿带在新疆至甘肃一线；第五矿带为西藏至云南、贵州一线。其中，第一至第四矿带为我国膨润土矿的四个主要产区。

据国土资源部统计，截至 2008 年年底我国共有膨润土矿区 159 处，膨润土查明资源储量为 2.8×10^9t，主要分布为：华北地区 4.33×10^8t，东北地区 2.99×10^8t，华东地区 6.43×10^8t，中南地区 2.31×10^8t，华南地区 7.10×10^8t，西南地区 0.19×10^8t，西北地区 4.56×10^8t。据统计，我国已查明膨润土资源储量的省区有 23 个，其中查明资源储量超过 1 亿吨的省区有：广西 6.90×10^8t、新疆 3.61×10^8t、内蒙古 2.27×10^8t、江苏 1.81×10^8t、安徽 1.48×10^8t、河北 1.47×10^8t、黑龙江 1.46×10^8t、山东 1.32×10^8t、湖北 1.17×10^8t 和浙江 1.15×10^8t。

膨润土矿床是由火山玻璃在碱性介质条件下蚀变形成的。根据成矿具体条件，可将我国膨润土矿床分为以下三种类型。

（1）沉积型。矿床规模大，矿层稳定，产状平缓。矿体呈层状、似层状、透镜状夹于沉积岩系内，包括海相火山岩型、陆相火山岩型和准平原胶体凝聚型三个亚类。最具工业意义的为陆相火山型，其储量占全国总量的 70%，浙江平山、辽宁黑山、安徽新潭、甘肃红泉均属此类。以平山为例，蒙脱石含量高时可达60% ~75%。

（2）残积型。矿化母岩多为酸性-中基性火山岩，矿体形态各种各样，矿层厚度大，层位稳定，质量好。按风化母岩分为火山玻璃熔岩和非火山玻璃熔岩两个亚类。典型矿床有仇山、石山弄等。

（3）热液型。热液蚀变形成的膨润土成分较复杂，矿化母岩范围变化较大。发现的矿床以钙基膨润土为主，典型矿床有江苏茶亭—平桥。

目前，我国许多膨润土矿开采企业是在没有取得地质报告的情况下进行生产，全国膨润土矿山不少于千家，50%以上的矿山未经地质勘查工作，部分地区的膨润土矿未列入国家的矿产储量统计。根据有关资料推算，我国膨润土远景资源可能在5.4×10^9t以上。据统计，2008年我国膨润土产量超过5.00×10^6t。

11）珍珠岩

珍珠岩为一种酸性火山玻璃质岩石。具有工业意义的珍珠岩矿包括珍珠岩、松脂岩和黑曜岩，是生产膨胀珍珠岩的岩石原料。膨胀珍珠岩作为珍珠岩焙烧后的制成品，具有容重轻、导热系数低、耐火性强、隔音性能好、孔隙细微、化学性能稳定、无毒无味等物理化学性质，可作为填料、辅料或助剂，广泛应用于建材、机械、冶金、轻工、橡胶、食品等过程工业部门。

我国已探明珍珠岩矿产地20多处，珍珠岩矿石储量达2.6×10^8t，分布于东北、华北、中南、华东四大地区。我国主要珍珠岩资源省区为河南、山西、辽宁，分别占全国资源总量的46%、16%、8%。根据对全国珍珠岩矿产资源的调查结果，全国17个省区发现有珍珠岩矿床（类）200多处，预测资源量达6.0×10^8t以上，远多于已探明储量。具工业价值的珍珠岩矿床按其成因分为以下三种类型。

（1）喷溢熔岩型。珍珠岩矿体呈层状、透镜状、岩盘状夹于流纹岩中或流纹岩上下盘，一般长数百至数千米，厚10~40m，矿石呈玻质块状、玻基斑状和角砾状。矿石质量好，膨胀倍数为7~10，其代表矿床有辽宁土城子。

（2）喷发喷溢熔岩型。珍珠岩夹在流纹岩层位中，矿体长几十至几百米，宽几十至百余米，厚10m左右，矿石有流纹状、条带状、块状、角砾状和玻基斑状结构，质量较好，膨胀倍数为6~30，耐火度为1300~1380℃。典型矿区有山西塔地、河南信阳。

（3）喷发熔结岩型。喷发熔结岩型在凝灰岩和碎屑熔岩中夹多层珍珠岩。矿体长百米至几千米，厚1.5~10m，宽200m以下，矿石呈角砾状、流纹状、块状结构，含有较多岩屑、晶屑等杂质。主要分布在内蒙古东部、河北北部和福建。

我国的珍珠岩资源常以共（伴）生矿形式存在，与珍珠岩矿共生的矿产有碱玻凝灰岩、凝灰岩，伴生矿产有沸石、膨润土、高岭土。

3. 化工原料非金属矿产

属于化工原料的非金属矿有自然硫、硫铁矿、明矾石、芒硝、重晶石、天然碱、毒重石、硼、磷、钾盐、钠盐等共计 18 种，这里重点介绍以下 6 种。

1）硫

硫是硫酸工业的重要基础原料。硫资源总量包括硫储量和硫资源量两部分。硫储量是指硫铁矿、伴生硫铁矿和自然硫经地质勘探工作所获得的储量；硫资源量包括石油、天然气、有色金属硫化物、煤、油页岩、石膏、硬石膏、明矾石和砷矿中的硫和硫铁矿表外储量。

我国的硫铁矿、伴生硫铁矿和自然硫储量丰富，分布广泛。截至 2012 年年底，全国已探明的硫矿区多达 760 处。

2006 年统计数据显示，全国共有硫铁矿 356 处，查明矿石资源保有量达 53.82 亿 t，其中储量为 9.23 亿 t，基础资源量为 34.79 亿 t，基础储量为 19.03 亿 t。我国硫铁矿分布于 28 个省区，主要集中于四川、安徽、广东、内蒙古、云南、贵州、江西、山西、河南和湖南等，其中西南、中南和华东三大区储量约占硫铁矿总储量的 80%。从硫铁矿资源的质量来看，含 S 高于 35% 的硫铁矿富矿仅占总量的 3.3%，绝大多数集中在广东和安徽，其中近 66% 在广东，30% 在安徽，只有约 4% 的富矿分布的其他省区。

我国伴生硫铁矿分布于 27 个省区，共有矿产地 283 处，查明保有硫资源储量 3.46 亿 t，其中储量为 6124.74 万 t，基础资源量为 2.18 亿 t，基础储量为 1.28 亿 t，主要集中于江西、陕西、甘肃、吉林、安徽、云南等省区，其中江西伴生硫铁矿硫储量居全国之首，占总伴生硫储量的 27.69%。

我国自然硫储量主要分布在山东、西藏、青海和新疆，共有矿产地 12 处，主要分布在山东、新疆、青海、西藏四省区，保有查明硫资源储量为 3.21 亿 t，其中基础储量为 24.6 万 t，资源量为 32 089 万 t。

综合来看，我国硫资源的基本特点可归结为以下五点。

（1）以硫铁矿为主体。中国硫资源构成与世界硫资源相比有较大差别。在世界硫资源构成中，石油与天然气中的硫占较大比例，是硫的主要来源。从我国硫储量来看，目前硫储量由硫铁矿硫、伴生硫铁矿硫和自然硫构成。而自然硫因采选技术尚处于试验阶段，短期内还难以开发利用。所以硫铁矿和伴生硫铁矿是我国当前以至今后相当长一段时期的主要硫源。

（2）硫铁矿资源中富矿少，贫矿多。到 2006 年年底，我国硫铁矿矿石储量达53.82亿t，但平均品位仅在20%以下；硫品位大于35%的Ⅰ级品仅占硫铁矿储量的3.7%，有96.3%的硫铁矿矿石属于含硫12%～35%的中低品位矿石，而且含硫在12%～20%的贫矿所占比重较大。我国伴生硫铁矿品位相差更大，最低的含硫在1.5%～3.0%，最高的达42.78%，一般为10%～30%，平均品位为3.67%。

(3) 共生和伴生有多种有益组分。我国硫铁矿床大多数都伴生、共生有多种有益组分，如夕卡岩型、热液型、火山岩型矿床都伴生有铜、铅、锌、钼、金、银、钴、镓、硒、碲、镉、锗、铊等有色金属、贵金属及稀有分散元素；沉积型矿床伴生和共生有铁、锰、煤、铝土矿和黏土矿等矿产，有利于综合开发和回收利用。有些矿石中含有偏高的对硫酸生产有害的砷和汞等杂质。

(4) 开采条件差。中国绝大多数硫铁矿矿床需要进行地下开采，适合地下开采矿石储量约占硫铁矿总储量的65%；而开采条件较好，适合露采的矿石储量仅占硫铁矿总储量的15%左右。目前，仅有广东云浮大降坪、安徽马山等少数矿区的浅部资源可露采，伴生硫铁矿资源中适合露采和地下开采的各占一半左右。

(5) 矿石可选性好。目前中国采用的硫铁矿选矿方法主要是浮选法，少数采用重选法。根据沉积变质型、煤系地层沉积型和热液充填交代型矿床的硫铁矿矿石选矿试验结果，把硫铁矿选至含硫大于或等于35%的硫精矿，技术上是可行的，社会经济效益好，同时还可以综合回收铜、金、银等有用元素，减少运输费用。

从20世纪90年代到21世纪初期，我国硫酸产业结构基本形成了硫铁矿制酸、硫磺制酸和冶炼烟气制酸三分天下的格局。我国的硫酸产业结构也发生了重大变化，新中国成立后的50年，是以我国自有硫资源硫铁矿制酸占主导地位，例如，1995年我国硫铁矿制酸占硫酸总产量的82.1%，达到了硫铁矿制酸在硫酸产量所占比例的巅峰。2001年我国硫铁矿制酸仍占硫酸总产量的44.4%，比1995年硫铁矿制酸产量14 590kt/a减少了2225kt/a，所占比例下降了37.7百分点；2007年硫铁矿制酸比例仅占29.4%。我国硫酸工业以自有硫资源硫铁矿制酸为主，逐渐演变为以进口硫资源硫磺制酸为主的新格局。

2) 磷

磷矿石主要用于制造磷肥，少量用于制取黄磷、磷酸及其他磷化物。

我国是世界上主要产磷国之一，磷矿资源相当丰富。近20年来，我国磷矿资源储量变化巨大，从1987年约1.7亿t上升至2007年105亿t（折算成标矿），增加了60倍，占世界资源储量的比例由20年前的约1/100快速增长为2007年的约1/3；基础储量也快速增加，截至2007年年底约占世界基础储量的1/4。

我国磷矿资源分布极不平衡，大体上具有“南多北少，西多东少”的特点，80%的储量集中在四川、云南、贵州、湖南、湖北五省，且富磷矿（P_2O_5含量高于 30%）几乎全部集中在这五个省区。

我国常见的是沉积型磷块岩矿床、岩浆型磷灰石矿床和变质岩型磷灰岩矿床三类。

（1）沉积型磷块岩矿床。见于黔中、鄂西、滇东地区。矿体常夹在砂页岩、页岩、硅质白云岩、白云质大理岩中，层状或透镜状产出，矿床分布范围大，厚度稳定，含 P_2O_5 12% ~30%。矿石自然类型复杂，磷块岩矿构造有粒状、块状、条带状、致密块状、砂岩状、互层状，矿石矿物为胶磷矿，可选性差。典型矿山有湖北荆襄、云南昆阳、贵州翁福。

（2）岩浆型磷灰石矿床。含矿岩系复杂多样，主要为基性片麻岩、基性-超基性岩及碱性岩。矿床规模大小不一，含 P_2O_5 3% ~5%，矿石有块状铁磷矿、浸染状铁磷矿、块状磷灰石矿、磁铁磷灰石矿、条带状磷灰石矿，主要矿物为磷灰石、磁铁矿、钴磁铁矿、方解石、透辉石和黑云母。矿石中磷矿物结晶完好，颗粒粗大，易选，综合利用价值大，典型矿床有河北马营、涿鹿，安徽矾山，山东莱芜。

（3）变质岩型磷灰岩矿床。矿体产于变质结晶片岩、白云质大理岩、石英岩、云母片岩中，呈层状、似层状。规模以中小型为主，含 P_2O_5 10% ~15%，矿石自然类型有砂质、角砾状、板岩型、细粒磷灰岩矿、云母磷灰岩矿和锰磷矿，主要矿物为氟磷灰石、白云石、方解石、软锰矿等。磷矿物结晶完好，颗粒粗大易选，典型矿床有江苏锦屏、安徽江淮、湖北黄麦岭等。

目前，我国磷矿平均品位只有 16.8%，矿石矿物主要是颗粒细、嵌布紧密、有害杂质高、不能直接作为生产高效复合肥料而又难选的胶磷矿，约占总储量的 80%。我国磷矿可利用储量仅占探明储量的 61%，在已探明的磷矿资源中 P_2O_5 含量大于 30% 的高品位矿仅占总量的 8%，约 11 亿 t，其余的绝大多数是品位较低的中品位矿和贫矿。对其的开发利用存在一定难度。

我国磷矿开采主要集中优质富矿，据统计，1991 年中国磷矿总产量为 2140 万 t，到 2007 年，磷矿产量达 4542 万 t，实际消耗量超过 5260 万 t。近几年，由于磷矿资源的紧张和价值的提升，各磷矿开采和加工企业开始重视中低品位磷矿的开采和新技术的运用。近 10 年来，我国磷矿产量基本保持在每年 10% 的递增趋势，但从统计数据与实际的磷矿需求量来看，中国磷矿资源的实际开发利用增长速度要快得多。现今社会的飞速发展对磷的需求量大大增加，磷资源问题日显突出和尖锐。因此，目前一些地区已经逐渐意识到有限的磷资源不可能保障长期大量利用，已开始逐渐缩减磷矿石的生产，并转向增加进口。

3）钾

作为农业生产和粮食安全的保障性物资，钾盐主要用于制作钾肥和钾、氮、磷复合肥。少量用于其他工业领域。

钾盐在我国属于紧缺资源，2008 年我国已探明钾盐资源经济储量约 1.65 亿 t，基础储量约 6.6 亿 t，如果按照年开采 250 万 t（K_2O）的速度，我国现有经济储量可开采 66 年左右。

我国钾盐资源主要集中在青海柴达木盆地的现代盐湖中，约占总储量的 97%，另有少量由云南、山东的古代沉积钾盐矿和新疆、四川的地下卤水钾盐矿组成。目前，柴达木盆地内现代盐湖中探明有钾盐储量的共 22 处，其中较著名的大型特大型矿床有察尔汉、大浪滩、昆特依、一里坪、西台吉乃尔、大柴旦等，这些矿床多以钾、镁、钠盐共生为主，伴生有硼、锂、碘、溴、铷、铯等多种组分。其特点为储量大，分布广，综合利用价值很高，但品位低，矿区地处偏僻，开发利用的外部环境较差。

我国是世界主要的钾肥消费国，但长期的地质勘查找矿工作表明，我国钾盐资源远景不容乐观。在 2001～2007 年，我国钾肥的表观消费量以 10.7% 的速度增长，2007 年达到历史最高峰，为 750 万 t（折纯 K_2O，下同）。虽然钾肥生产量以 9.7% 的速度增长，到 2007 年我国钾肥的生产量达到了 226 万 t，但是我国钾肥自给率只有 30%，进口依存度达到 70% 左右，钾肥进口量从 2001 年的 381 万 t 增长到 2007 年的 574 万 t，进口与自给的比重逐步拉大。统计表明，目前我国钾肥年需求量中几乎 99% 都要依赖于进口。

我国不仅钾资源量少，而且资源开采能力有限。我国现在开采的钾资源中 92% 是卤水矿，随着生产规模的扩大，淡水供应问题凸出。估计进一步扩大产能，每吨 K_2O 的开采需要引入 40t 淡水，西北钾资源产地水资源的短缺将极大地限制产能扩张，估计 2015 年以后我国 K_2O 产量最大能达到 380 万 t，与 2007 年 750 万 t 的消耗量相比，我国自有钾资源在短期的供应能力和长期的保障度上都存在问题。当然，我国有丰富的不溶性钾资源，如明矾石（1.66×10^8t，K_2O 约 10%）、钾长石（4.83×10^8t）、含钾砂页岩（2.265×10^9t）等，如果能充分开发利用这些矿产，可以在一定程度上弥补钾资源的不足。

4）硼

硼矿作为世界重要的化工原料矿，是生产硼砂、硼酸、硼的各种化合物以及元素硼的基础原料，广泛应用于冶金、化工、建材、电器、机械、轻工、核工业、农业、医药等行业。

世界硼矿资源较为丰富，但拥有硼矿资源的国家却不多，2008 年统计数据表明，以 B_2O_3 计，全球的硼矿储量为 1.7 亿 t 左右，储量基础为 4.1 亿 t 左右，其中土耳其、美国、俄罗斯和中国四国的储量就占世界总储量的约97%。我国硼矿资源的储量和储量基础分别为2500万t、4700万t，分别占全球的14.7%和11.5%，位居世界第四位。

我国硼资源的主要特点之一是分布集中。我国硼矿资源储量集中分布在辽宁、吉林、青海和西藏四省区的东北和西部地区，在已探明的储量中，辽宁硼矿储量占全国储量的64.13%，青海占全国储量的29.94%，这两省占了全国90%以上的硼资源，其他地区的总硼矿储量还占不到10%。

我国硼资源的另一特点是品位低。绝大多数硼矿资源条件较差，90%以上的硼矿中B_2O_3的质量分数在12%以下，B_2O_3质量分数在20%以上的富矿所占比例不到10%。现在，占我国硼资源6.64%的硼镁石矿占了我国硼工业95%以上的矿物原料；硼铁矿占硼矿总储量的58.54%，这类硼矿结构复杂，共生矿物多，加工技术难度大，工业开发处于起步阶段。青藏高原的盐湖硼矿占全国硼储量的33.13%，但由于当地交通运输困难，开采条件不利，实际开发利用较少。

我国硼矿床有以下六种类型：沉积变质型、盐湖沉积型、夕卡岩型、地下卤水型、热液型和海相沉积型。其中工业意义较大的主要是前三类。

（1）沉积变质型。矿床按其矿石类型分硼镁石型、硼镁石-硼镁铁矿型和硼镁铁矿型三个亚类，主要分布在辽宁和吉林，占有全国储量的55%。硼镁石型品位相对较高，矿石易选，是开采的主要类型，典型矿床有辽宁杨木杆子硼矿；硼镁铁矿型品位较低，矿石难选，代表性产地为辽宁翁泉沟含铀铁硼矿。

（2）盐湖沉积型。见于青藏高原，包括硼酸型盐湖、碳酸型盐湖和硫酸盐型盐湖三个亚类。硼矿物有硼砂、钠硼解石、柱硼镁石、库水硼镁石等，共生矿物常见天然碱、苏打、芒硝、石膏、石盐等。盐湖沉积型占有储量的29%。典型矿床有青海大柴旦湖。

（3）夕卡岩型。见于华东、华南地区。矿石矿物以硼镁石为主，次为硼镁铁矿，品位低，难选。代表性产地有湖南七里坪硼矿，这类矿床占储量的5%。

因我国硼矿品位普遍较低，除西藏有少量富矿以外，主要类型矿床硼都属于沉积变质岩型，其平均品位为含硼8.3%，含硼镁石13.7%。而国外同类矿床硼镁石一般含量为25%～30%。硼矿以伴生矿为主，仅翁泉沟一处，就占全国总储量的45%。工业利用价值大的硼镁石和盐湖固体硼矿的富矿仅占总储量的10%，因而国内硼资源存在后备资源严重不足的问题。

目前，我国拥有60万t的硼砂生产能力，其中辽宁（有15家生产企业）占绝大部分，约占全国总生产能力的80%以上（2009年辽宁硼砂产量占全国29万t总产量的90%），吉林的硼砂生产能力约占全国的8%，辽宁、吉林两省生产硼砂的主要原料是硼镁矿与硼镁铁矿，生产采用碳碱法，其余硼砂生产能力分布在青海、四川、西藏、上海、江苏、山东六省区，但因成本太高已停产。我国目前拥有30万t的硼酸生产能力，其中辽宁约占一半，青海与上海各占1/6，山东占10%，其他硼酸生产能力分布在四川、江苏等省区；2009年，我国硼酸产量约为13万t，其中辽宁的产量约为5万t（39%），青海的产量为3万t，四川的产量为0.6万t。

5）钠

世界盐资源极为丰富，总蕴藏量为6.4×10^{16}t，其中海水盐4.3×10^{16}t，分布在全世界100多个国家。

我国也有富裕的盐资源，除海水盐外，盐矿资源量也极为丰富，遍布全国。截至1996年年底，我国探明盐矿产地150处，保有盐矿储量4075亿t，广泛分布于17个省区，其中岩盐矿储量占18%，卤水盐矿储量占0.84%，湖盐矿储量占81.16%。我国最大的盐矿省为青海省，保有储量占全国总储量的80%；此外，四川、湖北、云南和江西等省盐矿资源也极丰富，各省保有储量均大于百亿吨。

我国钠盐矿资源的主要类型有：①现代湖盐。分布在青藏高原、新疆、内蒙古等地。②古代沉积固体盐矿。集中于西南和华东地区。③地下卤水盐矿。分布在以山东莱州湾为主的滨海地带。

古代沉积型盐矿分海相和湖相两种。前者时代较老，规模大，矿层厚，质纯，组分单一，NaCl品位一般高于90%，主要产于四川，如南充、成都、万县、垫江等成盐盆地中；后者共（伴）生组分多，相变大，品位中等，成矿时代较新，NaCl含量一般在40%～80%，典型矿床有湖北云应盐矿。

现代盐湖矿床一般出露地表或埋藏较浅，既有固体矿床，又有液体矿床，往往固液并存且相互转化。按共、伴生矿物组合可分为天然碱-石盐矿、芒硝-石盐矿、钾镁盐-石盐矿、锂盐-石盐矿、硼锂盐-石盐矿等多种类型，NaCl品位为50%～80%，盐层厚度一般不大，规模不等，典型矿床为青海大浪滩盐矿，它是我国最大，也是世界最大的现代湖盐产地。

2012年，全国原盐的产量达6215.5万t，同比增长3.66%。其中约2/3来自海盐，1/3来自井矿盐和湖盐。我国主要湖盐产地有内蒙古吉兰泰、青海茶卡和柯柯、新疆盐湖化工厂，井矿盐产地有四川五通桥、邓关、大安、贡井，云南一平浪、湖北应城等。由于下游纯碱和氯碱工业的快速发展，我国每年仍需要大量进口工业原盐。据统计，中国原盐需求由2000年的3000万t增至2011年的8000万t以上，预计2014年将超过9000万t；虽然国内原盐产量也在不断增加，但增速明显落后于需求增速，所以国内原盐进口量近几年大幅增加，由2009年进口量的150万t已增至2011年的400万t，预计2014年中国原盐进口量将增至近700万t。

6）芒硝

芒硝是自然界中含钠硫酸盐类化合物的总称，用来制取硫酸钠、硫酸铵、硫酸及硫化钠等化工原料。芒硝通常以含水芒硝和无水芒硝两种形式出现，也可与其他化合物形式复盐，如钙芒硝、钾芒硝、碳酸芒硝等。

我国芒硝资源极为丰富，主要（不包括各种副产芒硝）可分为两类：盐湖芒硝和钙芒硝，其在全国芒硝总储量中各占近半，盐湖芒硝主要集中于青海、内蒙古、西藏、新疆四省区，矿床平均品位为34.2%；钙芒硝主要集中于四川、青海、湖南、云南、湖北、江苏等省区，品位平均为32.7%。

目前，全国已探明的Na_2SO_4储量约为200亿t，预计总储量为300亿t，居世界首位。我国芒硝矿具有质量好、矿床规模大、储量相对集中的特点，已探明十亿吨以上的超大型矿床有四处，分别是四川新县金华矿区普查区、青海互助县硝沟钙芒硝矿、青海茫崖镇汗斯拉图芒硝矿、青海茫崖镇大浪滩矿田梁中矿。我国芒硝矿矿床规模以大中型为主，占已发现矿区的80%。我国芒硝矿资源的主要工业类型如下。

（1）现代内陆盐湖型。分布在秦岭以北的广大高原或沙漠干旱气候带内。规模变化大，深度小，垂向上呈明显的矿物分异现象，多为石膏-芒硝-岩盐，或石膏-芒硝，或天然碱-芒硝，典型矿床有新疆七角井东盐池。

（2）古代内陆盐湖型。大部分见于四川、云南、湖北、湖南、安徽、山东。含盐建造厚度较大，并多次成盐，矿石组合为石膏-钙芒硝-岩盐或石膏-钙芒硝，矿体受构造影响，形状、产状变化较大，矿体埋藏深，多为大、中型，典型矿床有云南录劝硝矿。

我国的无水芒硝生产企业有几百家，生产能力数百万吨，全国产量每年以7%～8%的速度增长。1995年硫酸钠产量为1.8884×10^6t，其中山西产4.453×10^5t，内蒙古1.404×10^5t，甘肃5.058×10^5t，新疆2.96×10^5t，四川2.98×10^5t。国内对硫酸钠的年需求量达百余万吨，年出口量数十万吨。然而，随着市场芒硝用量逐年下降，Na_2SO_4市场前景不容乐观，大力开发芒硝资源新用途则迫切而重要。

2.3 过程工业中的典型矿产资源综合利用

2.3.1 洁净煤技术

1. 洁净煤技术的发展现状及意义

洁净煤技术是指在煤炭开采到利用的全过程中，通过对煤炭进行洗选、脱硫、碳捕捉和碳埋存、液化、气化、煤化工、多联产等技术，在煤炭转化为电力、油、气的同时，产生更多的过程工业产品，并把废弃物资源化，旨在减少污染物排放和提高利用率的加工、转化、燃烧及污染控制等新技术。其主要包括洁净生产技术、洁净加工技术、高效洁净转化技术、高效洁净燃烧与发电技术和燃烧污染排放治理技术等，研究与开发洁净煤技术的主要目的是使煤炭作为一种能源应达到最大限度的利用和最低污染物的排放，实现煤的洁净利用。

早在20世纪80年代，发达国家从能源发展的长远利益考虑，相继开展洁净煤技术的研究工作，在一些主要领域已取得重大进展，许多科研成果已经进入商业化推广阶段，取得了巨大的经济效益。针对我国能源结构现状，我国政府对发展洁净煤技术给予了高度重视，1995年成立了国家洁净煤技术推广规划领导小组，批准了《中国洁净煤技术“九五”计划和2010年发展纲要》，“十五”期间洁净煤技术被列入国家“863”计划，成为能源技术领域主题之一。我国的洁净煤技术主要包括洗选煤处理、型煤加工、水煤浆制备、动力配煤等燃烧前的净化技术，循环流化床发电技术、增压流化床发电技术、整体煤气化联合循环发电技术等燃烧中的净化技术，烟气净化、脱硫、脱氮等燃烧后的净化技术，煤炭气化、煤炭液化、燃料电池等煤炭转化技术，电厂粉煤灰综合利用、煤矸石和煤泥水的综合利用等废弃物处理技术。近期我国在煤炭加工、煤炭液化、煤炭降灰脱硫、煤炭高效洁净燃烧发电技术发面都取得了长足的进步，大大缩小了与发达国家的差距。但洁净煤技术的发展利用仍然存在许多问题有待解决，如缺乏对洁净煤技术发展的总体布局和协调实施，行业间条块分割仍然严重，市场不够规范，许多先进技术尚处于试验阶段，发展洁净煤技术的资金渠道不够完善等。

我国是世界上最大的煤炭生产国和消费国，煤炭生产量和消费量占世界总产量的1/3左右。2002～2004年，我国煤炭产量均居世界首位，分别为13.8亿t、16.1亿t和19.5亿t，国内煤炭消费量相应为13.7亿t、15.9亿t和超过18亿t。多年以来，煤炭在我国一次能源消费构成中占70%左右。常规能源资源的储量结构也以煤炭为主，占89.3%，石油占3.5%，天然气占1.3%，水能占5.9%。据第三次全国煤炭资源勘测预测，我国已探明煤炭保有储量超过10 000亿t，可采储量在1110亿t以上，均居世界前列。我国煤炭总储量虽位于世界前列，但人均可采储量仅为99t，为世界人均的53%、美国的10%、澳大利亚的2%。由于科学技术应用不当，煤炭的低水平大量开采和低效利用带来环境污染、生态失衡和资源浪费。因此，我国能源发展方向必须强调对煤炭的清洁开发利用，并将其作为未来能源发展的重中之重。

目前，中国能源需求的近70%依靠煤炭，90%左右的电力来自于煤电，但煤电转换的比重仅为50%，洁净煤技术用于发电也只占5%左右，加上近20多年来经济的持续高速发展对能源的需求和消费迅速增加，由此引起的环境等问题也越来越突出。为改善和解决以上问题，在满足经济增长需要的前提下，大力发展洁净煤技术在中国有着更为重要的现实意义和广阔的市场空间。安全、可靠、清洁、廉价的能源是世界经济发展和变革的动力，洁净煤将扮演这个角色，届时洁净煤技术市场总值将达 2700 亿美元，其发展意义重大、前景光明。

2. 高效洁净煤转化技术

煤炭高效洁净转化技术是洁净煤开发利用的关键。该技术有利于改变中国终端能源的消费结构，减少煤炭直接燃烧量，减少因燃煤造成的环境污染，在一定程度上缓解中国石油供需矛盾，对保障中国能源安全具有重大意义。其主要包括煤的液化技术、气化技术以及基于煤气化的多联产技术。

1）煤液化工艺

煤的液化技术，有间接液化和直接液化两种。煤炭直接液化是指通过加氢使煤中复杂的有机高分子结构直接转化为较低分子的液态燃料，转化过程是在含煤粉、溶剂和催化剂的浆液系统中进行加氢、解聚，需要较高的压力和温度。直接液化的优点是热效率较高、液体产品收率较高；主要缺点是煤浆加氢工艺过程的总体操作条件相对苛刻。煤炭间接液化是首先将煤气化制合成气（一氧化碳+氢气），合成气经净化、调整 CO/H_2 比，再经过催化合成为液体燃料，其优点是煤种适应性较宽、操作条件相对温和、煤灰等“三废”问题主要在气化过程中解决，其缺点是总效率比不上直接液化技术。

煤直接液化工艺一般分为几个阶段，即液相加氢段、气相加氢段和产品精制段。在第一阶段（液化加氢段）中进行裂解加氢，使煤中的有机大分子热解生成中等分子质量的自由基碎片，随后与氢结合，获得沸点为 324℃以下的产品(合成原油)，同时还有 O、N、S 化合物的初步脱除，生成水、氨及硫化氢。第二阶段、第三阶段，是在气相及有催化剂的固定床反应器中进行，通过预加氢装置、裂化重整装置，最后获得以商品汽油和柴油为主要成分的精制产物。

按工艺特点煤直接液化工艺可分为以下四类：煤直接催化加氢液化工艺、煤加氢抽提液化工艺、煤热解和氢解液化工艺、油混合共加氢液化工艺；现有的煤炭间接液化工艺化技术主要是 F-T 合成（Fischer-Tropsch synthesis，费托合成）工艺以及 MTO（methanol to olefins，甲醇制烯烃）技术两种。FT 合成技术是南非 Sasol 公司研制出来的目前最为成熟的间接液化技术，它围绕反应器和催化剂两个关键环节，合成气采用低温 F-T 合成（LTFT）工艺和高温 F-T 合成（HTFT）工艺。LTFT 合成工艺采用沉淀铁催化剂，反应温度为 220～270℃，反应压力为 3.0～5.0MPa。产品以煤油、柴油和石蜡为主；HTFT 采用粒状铁催化，反应压力为 2.0 ~ 3.0MPa，产品主要以汽油和轻烯烃为主。美国 Mobil 公司研制的甲醇–汽油间接液化合成技术利用两个阶段以煤或天然气生产汽油。第一阶段利用煤气化合成气，在铜的催化作用下，生产产率将近 10% 的甲醇；第二阶段是在高活性铝催化剂的作用下，在 300℃下，甲醇经过部分脱水形成二甲醚，然后在固定床中分子筛催化剂的作用下反应，转化为汽油。

我国在煤液化技术开发上取得了积极进展。2008 年，我国建成了世界上第一座年产 100 吨的煤直接液化示范工厂，生产出合格的石脑油和柴油等目标产品。煤直接液化百万吨级示范工程首次试车完全达到预定目标，并实现按计划主动停车的要求。这是世界首套百万吨级煤直接液化的工业化装置，解决了煤制油一系列世界性技术难题，如工业化装置低浓度油煤浆、不成型残渣溶液回炼、回收溶剂油等方面，摸索并掌握了关键操作参数，为今后连续稳定运行积累了宝贵经验，同时百万吨级煤直接液化的数百台关键装备也经受了工业化运行的考验。这是我国装备制造业在煤化工领域产业聚集所取得的重大进展，是重大技术装备聚集的重大工程。我国在煤间接液化方面也取得了重大进展，百万吨级的间接液化工程都在有序建设中。从我国石油资源状况看，今后石油年产量大幅度增加的可能性不大，在 2010 ~ 2020 年，在达到 2 亿 t/a 左右后将缓慢下降。立足于我国相对丰富的煤炭资源，大力发展煤炭液化技术并尽快实现产业化将是缓解我国石油供需矛盾、保障能源安全的重要战略举措。煤炭间接液化便是实现这一目标的重要技术途径之一。

中国科学院山西煤炭化学研究所（简称山西煤化所）完成了 750 吨级间接液化技术中试，打通了工艺流程，成功运转累计 3500 小时，达到与国际同类技术相同水平的技术经济指标。开发了可用于工程的具有自主知识产权的煤炭间接液化催化剂系列产品，突破了制约煤炭间接液化技术成本高的瓶颈。进行了催化剂的优化，并研究完成了工业规模的高效浆态床催化剂的成型技术；开发了浆态床反应器技术，进行冷态实验，验证和改进浆态床内构件设计，并建成了完整的中试技术平台，全面实现了中试的稳定运转，进行了中试反应器的流体力学研究，形成了示范厂大型反应器的设计方案；解决了催化剂在线分离问题，在中间试验平台上，获取工业设计数据；结合催化反应动力学研究，获得反应动力学模型，用于工业反应器设计和模拟，形成煤基合成油浆态床工艺技术软件，进行广泛系统的流程模拟分析；形成万吨级合成油过程设计方案并完成技术经济评估，在此基础上进行示范厂的基础设计；建设了油品加氢单管试验装置，并形成了合成油品专用配套加工技术。

目前，我国在煤炭间接液化方面已有了很好的基础。山西煤化所正在进行万吨级示范装置的建设等前期准备工作，国内很多大型能源企业对这一技术也给予了高度的关注，神华集团、中海油、潞安等集团公司正在与山西煤化所探讨共同建设万吨级示范装置，并在此基础上建设百万吨级商业化厂等有关事宜。在中试研究结果的基础上，兖矿集团已经编制了百万吨级低温费托合成煤间接液化工业化示范装置工艺技术软件包，《百万吨级中国科学院山西煤化所间接液化技术中试装置加氢装置工业化煤间接炼油项目预可行性研究报告》已经编制完成并报国家发展和改革委员会待审查。

2）煤气化工艺

煤的气化技术，有常压气化和加压气化两种，它是在常压或加压条件下，保持一定温度，通过气化剂（空气、氧气和蒸汽）与煤炭反应生成煤气，煤气中主要成分是一氧化碳、氢气、甲烷等可燃气体。用空气和蒸汽作气化剂，煤气热值低；用氧气作气化剂，煤气热值高。煤在气化中可脱硫除氮，排去灰渣，因此煤气就是洁净燃料。煤炭气化技术分地面和地下两种。

地面煤气化技术有固定床、流化床与气流床三种主要形式。气化工艺开发集中于提高气化压力、提高气化炉容量、扩大煤种适应性、环境友好、提高碳转化率和提高气化效率及液态排渣等。主要应用于化工合成、城市煤气生产及联合循环发电。煤炭地下气化是将地下煤炭有控制燃烧、产生可燃气体的一种开发清洁能源与化工原料的新技术。只提取煤中含能组分，而将灰渣等污染物滞留在井下。这种新技术集建井、采煤、转化工艺为一体，大大减少了煤炭生产和使用过程中所造成的环境破坏，并可大大提高煤炭资源的利用率。因此深受世界各国重视。对于煤炭地下气化技术，在国外主要是俄罗斯在应用，欧美等国在开发。美国的经验指出，地下气化与地面气化生产相同下游产品相比，合成气的成本可下降43%，天然气代用品的成本可下降10%～18%，发电成本可下降27%。地下气化技术非常具有诱惑力。近年来，我国对煤炭地下气化技术的研究有很大进展。中国矿业大学提出并完善了长通道、大断面、两阶段的地下气化新工艺。长通道、大断面气化炉有利于气化过程的稳定，两阶段煤炭地下气化工艺是一种循环供给空气（或纯氧、富氧空气）和水蒸气的地下气化方法。新工艺实现了井下无人、无设备、长壁式气化工作面采煤，节省了大量的资金、设备和人员投入，经济效益显著。在徐州新河二号井的半工业性试验和唐山刘庄煤矿的工业性试验中利用了这种新工艺。新河试验于 1994 年 3 月点火，煤气供徐州市居民使用。刘庄试验于1996 年5 月开始，煤气供唐山市卫生陶瓷厂和刘庄矿供热锅炉使用，已实现稳定生产，目前仍在运行中。

目前，主要的煤气化工艺有以下几种。

（1）德士古水煤浆加压气化（TGP）工艺。

美国德士古公司在渣油部分氧化技术基础上开发了水煤浆气化技术，TGP 工艺采用水煤浆进料，制成质量分数为 60% ~65% 的水煤浆，在气流床中加压气化，水煤浆和氧气在高温高压下反应生成合成气，液态排渣。气化压力在 2.7 ~ 6.5MPa，提高气化压力，可降低装置投入，有利于降低能耗；气化温度在 1300 ~ 1400℃，煤气中有效气体（$CO+H_2$）的体积分数达到 80%，冷煤气效率为70% ~ 76%，设备成熟，大部分已能国产化。世界上德士古气化炉单炉每天最大投煤量为 2000t。德士古煤气化过程对环境污染影响较小。

根据气化后工序加工产品的要求，加压水煤浆气化有三种工艺流程：激冷流程、废锅流程和废锅激冷联合流程。对于合成氨生产多采用激冷流程，这样气化炉出来的粗煤气，直接用水激冷，被激冷后的粗煤气含有较多水蒸气，可直接送入变换系统而不须再补加蒸汽，因无废锅投资较少。如产品气用作燃气透平循环联合发电工程，则多采用废锅流程，副产高压蒸汽用于蒸汽透平发电机组。如产品气用作羟基合成气并生产甲醇时，仅需要对粗煤气进行部分变换，通常采用废锅激冷联合流程，又称半废锅流程，即从气化炉出来的粗煤气经辐射废锅冷却到 700℃左右，然后用水激冷到所需要的温度，使粗煤气显热产生的蒸汽能满足后面工序部分变换的要求。

（2）新型（多喷嘴对置式）水煤浆加压气化。

新型（多喷嘴对置式）水煤浆加压气化技术是最先进的煤气化技术之一，是在德士古水煤浆加压气化工艺的基础上发展起来的。华东理工大学、鲁南化肥厂（水煤浆工程国家中心的依托单位）、中国天辰化学工程公司共同承担的新型（多喷嘴对置）水煤浆气化炉中试工程，经过三方共同努力，于 2000 年 7 月在鲁南化肥厂建成并投料开车成功，同时通过国家主管部门的鉴定及验收，2001 年 2 月 10 日获得专利授权。新型气化炉以操作灵活稳定，各项工艺指标优于德士古水煤浆加压气化工艺指标的优点引起国家科技部的高度重视和积极支持，主要指标体现在有效气分（$CO+H_2$）的体积分数为 83%，比相同条件下的 ChevronTexaco 生产装置高 1.5 ~2.0 百分点，碳转化率>98%，比 ChevronTexaco 高 2 ~3 百分点，比煤耗、比氧耗均比 ChevronTexaco 降低 7%。

（3）壳牌干粉煤加压气化（SCGP）工艺。

壳牌公司于 1972 年开始在阿姆斯特丹研究院（KSLA）进行煤气化研究，1978 年第一套中试装置在德国汉堡郊区的哈尔堡炼油厂建成并投入运行，1987 年在美国休斯敦迪尔·帕克炼油厂建成日投煤量 250 ~400t 的示范装置，1993 年在荷兰的德姆克勒（Demkolec）电厂建成日投煤量 2000t 的大型煤气化装置，用于联合循环发电（IGCC），称为 SCGP 工业生产装置。装置开工率最高达 73%，该套装置的成功投运表明 SCGP 气化技术是先进可行的。

SCGP 工艺气化炉为立式圆筒形气化炉，炉膛周围安装由沸水冷却管组成的膜式水冷壁，其内壁衬有耐热涂层，气化时熔融灰渣在水冷壁内壁涂层上形成液膜，沿壁顺流而下进行分离，采用以渣改渣的防腐办法，基本解决了高温耐火材料损坏严重和检修频繁的难题。水冷壁与筒体外壳之间留有环形空间，便于输入集水管和输出集气管的布置，便于水冷壁的检查和维修；环形空间内充满温度为 250～300℃的有压合成气。

SCGP 工艺的特点是：对气化原料煤有较宽的适应性，可适应更高灰熔点的煤；碳转化率高达 99% 以上，甲烷含量极低，煤气中有效气体（$CO+H_2$）达到 90% 以上；采用干法进料，与湿法水煤浆气化工艺相比，氧耗低，单炉生产能力大，运转周期长，工业化应用单台炉日处理煤量已达 2000t；热效率高，冷煤气效率为 80%～85%，是一种比较理想的煤气化技术。

（4）GSP 干粉煤加压气化

GSP 工艺是民主德国 VEB Gaskombiant 的黑水泵公司于 1976 年开始研究开发的干煤粉加压气化技术，进料的形式为两种，即干粉煤和液体进料，1985 年实现工业化应用。目前，工业化气化炉单台气化炉的日生产能力可达 2000t 煤，气化压力为 4.0MPa，GSP 气化炉采用盘管式水冷壁气化炉结构，对气化粉煤的粒度要求较为宽松，在工业化装置气化原料煤的质量分数有 24.5% 粒度大于 0.2mm 的条件下，一次性碳转化率可达 98% 以上；喷嘴和水冷壁的使用寿命长，气化炉的可用率高，气化炉开、停车灵活，所需时间短，气化炉操作弹性大，负荷调节灵活。GSP 煤气化技术具有一些技术上的优势，神华宁夏煤业引进一套 GSP 粉煤加压气化工艺用于生产甲醇，2010 年 11 月投料试车。至今，初步实现了安全满负荷稳定运行的初步目标；因尚存在一些技术瓶颈，在投资和经济性等方面尚未得到充分验证。

3）煤气化多联产

以煤气化工艺为基础进行整体规划，整合联结其他工艺发展而成的煤气化多联产技术，是洁净煤技术的新发展，对充分利用资源、节约能源、改善环境具有重要的意义。

整体煤气化联合循环（integrated gasification combined cycle，IGCC）是煤气化多联产技术的典型代表，该工艺是将煤气化技术和高效的联合循环相结合的先进动力系统，可用于发电。整体煤气化联合循环发电工艺由两部分组成，即煤的气化与净化部分和燃气-蒸汽联合循环发电部分。第一部分的主要设备有气化炉、空气分离装置、煤气净化设备（包括硫的回收装置）；第二部分的主要设备有燃气轮机发电系统、余热锅炉、蒸汽轮机发电系统。典型的 IGCC 发电系统工艺过程如下：煤经气化成为中低热值煤气，经过净化，除去煤气中的硫化物、氮化物、粉尘等污染物，变为清洁的气体燃料，然后送入燃气轮机的燃烧室燃烧，加热气体工质以驱动燃气轮机做功，燃气轮机排气进入余热锅炉加热给水，产生过热蒸汽，驱动蒸汽轮机做功。由于它采用了燃气-蒸汽联合循环，大大地提高了能源的综合利用率，实现了能量的梯级利用，提高了整个发电系统的效率，更重要的是较好地解决了常规燃煤电站固有的环境污染问题。

IGCC 技术的主要优点有：①联合循环带来了高效率，燃气轮机技术的不断发展又使它具有提高效率的最大潜力。②环保，先将煤转化为煤气，净化后燃烧，克服了由于煤直接燃烧造成的环境污染问题。③耗水量少，比常规汽轮机电站少 30% ~50%；易大型化，单机功率可达到 600MW 以上。④充分综合利用煤炭资源，适用煤种广，可和煤化工结合成多联产系统，能同时生产电、热、燃料气和化工产品。

除在电力行业的重要意义外，基于 IGCC 的煤气化多联产，既可以提供多种产品，使它们相互在成本方面可以实现互补，又能使能量得到综合利用，同时还可提供比较便宜的二氧化碳的去除办法，是煤炭资源开发利用的必然趋势，对煤炭资源储量丰富的中国而言更是尤为重要，因而已被列入国家中长期科技发展规划（2006 ~2012 年）。研究重点主要有：开发煤炭高效开采技术及配套装备，重型燃气轮机，整体煤气化联合循环（IGCC），高参数超临界机组，超临界大型循环流化床等高效发电技术与装备，大力开发煤液化以及煤气化、煤化工等转化技术，以煤气化为基础的多联产系统技术，燃煤污染物综合控制和利用的技术与装备等。

2.3.2 煤矸石综合利用

煤矸石是成煤过程中与煤伴生的一种含碳量低的黑色岩石，是在煤炭开采与洗选过程中产生的废弃物，也是我国年排放量和累计堆存量最多的工业固体废弃物之一。据不完全统计，全国共有煤矸石山 1600 多座，累计堆存量超过 40 亿 t，随着我国全面建设小康社会对能源需求的增加，煤炭产量和原煤入选量增长较快，煤矸石的排放量也相应增加，预计到 2020 年，全国原煤产量超过 25 亿 t，入选率按 70% 估算，届时煤矸石产生量将接近 6 亿 t。

1. 煤矸石引发的环境问题

由于煤矸石中含有残煤、碳质泥岩及碎木材等可燃物质，在长期露天堆积后，往往会发生自燃现象，并排放出大量的 CO、CO_2、SO、H_2S、NO_x 和 C_mH_n 等有害气体，给周边环境带来了一系列危害。煤矸石对环境产生了严重的影响，主要表现在以下几方面。

1）影响土地资源的利用

煤矸石的大量堆放占用了大量土地，其中包括相当一部分的肥沃耕地。煤矸石对土地的影响面积远远超过了其堆放面积，使周围的耕地变贫瘠，难以被利用。

除此之外，煤矸石还含有 SiO_2和 Al_2O_3以及铁、锰等常量元素，还有其他微量的铅、镉、汞、砷、铬等有毒重金属元素。煤矸石堆放在露天，经受风吹、日晒和雨淋等风化剥蚀作用，其中的有毒重金属元素有可能通过雨水淋溶渗入土壤，从而影响土壤环境，其污染程度则取决于这些元素的含量和淋容量的大小。尘土和水冲下的矸石风化物细粒可漂撒在周围的土地上，污染土壤。矸石山的淋溶水进入潜流和水系，也可影响土壤。据山西汾西矿务局调查，某些井田范围内的土壤已受镉和汞的轻度污染。

2）大气污染

煤矸石对大气的污染主要由矸石山的自燃带来。煤矸石有 C、H、S 等可燃元素，经硫杆菌催化作用在有水和空气的条件下率先发生氧化还原反应，释放大量的热，使矸石山的内部温度逐渐升高而自燃。矸石自燃后产生大量的 CO、SO_2、H_2S、CH_4、C_2H_2、NH_3、N_2、H_2等可燃性气体，使矸石山燃烧加剧。而硫化物气体的大量排放加剧酸雨的发生，使污染面积进一步扩大。此外，矸石山长期堆放，经风化作用变为粉尘进入大气，成为了大气中可吸入颗粒污染物，造成矿区呼吸系统疾病发病率居高不下。

3）水体污染

煤炭中的重金属及有毒元素受雨淋、冲刷作用渗入水体造成对地面水及地下水体的污染，进而造成对生物及人身的危害。

4）地质灾害

煤矸石堆的自然安息角为38°~40°，在人为开挖和降雨淋滤作用下，容易失稳发生渣石流、坍塌等灾害，危及附近居民的安全。2004 年以来，我国先后发生了安徽省淮南市新集煤矿矸石山塌方、重庆市南桐矿业公司东林煤矿矸石山垮塌引起滑坡和平煤集团四矿矸石山自燃崩塌等重大事故，造成了严重的人员伤亡和财产损失。

2. 煤矸石综合利用

煤矸石是一个包含多种矿物的混合物。其作为一种“离位资源”兼具黏土、岩石、煤炭、化工原料、元素资源库、惰性材料等多种功能。根据煤矸石的组成和性质有选择有针对性地开展煤矸石的综合利用，既可以减少甚至消除上述煤矸石所带来的环境问题，也可以变废为宝更充分更有效地利用自然资源，使有限的资源产生最大的效益。据有关部门测算，一些大型煤矿通过开展煤矸石的综合利用，研发出了新产品，有效地延长了产业链条，经济效益可达20% ~30% 。

1）煤矸石生产肥料或改良土壤

利用煤矸石为原料生产农用肥料，在国内外已得到应用。利用煤矸石生产农肥，依照原理和工艺的不同，主要生产煤矸石有机复合肥料、煤矸石微生物肥料和煤矸石改良土壤。

煤矸石生产有机复合肥料。煤矸石中有大量碳质页岩或碳质粉砂岩，其中有机质含量在15% ~20% ，并含有丰富的植物生长所必需的B、Zn、Cu、Co、Mo、Mn等微量元素，一般比土壤中的含量高出2 ~10倍。选用含有机质较高的这类煤矸石经粉碎并磨细后，按一定比例与过磷酸钙混合，同时加入适量的活化漆剂，充分搅匀，并加入适量水，经充分反应活化并堆沤后，即成为一种新型实用肥料。这种肥料还可在冶化后，掺入氮、磷、钾元素，制成全营养矸石肥料。该有机复合肥含有丰富的有机质和微量元素，并有较大的吸收性，有明显的增产效果。

煤矸石微生物肥料。煤矸石和风化煤中含有大量有机物，是携带固氮、解磷、解钾等微生物最理想的基质和载体，因而可以作为微生物肥料，又称菌肥。以煤矸石和廉价的磷矿粉为原料基质，外加添加剂等，可制成煤矸石生物肥料，主要以固氮菌肥、磷肥、钾细菌肥为主。与其他肥料相比，它是一种广谱性的生物肥料，施用后对农作物有奇特效用。例如，山东龙口矿务局与北京田力宝科技研究所开发生产的田力宝微生物肥料，取得了很好的社会效益和经济效益。

另外，我国有相当一部分盐碱地，其酸碱度不适合农作物生长。通过煤矸石的酸碱性可以有效地改良土壤，调节土壤的酸碱度。通过煤矸石肥料与一些有机肥的混合施用可以有效地克服传统肥料易造成土壤板结的弊端，有效地调节土壤的疏松度。目前煤矸石肥料促进植物生长的机理已在腾南煤田地区得到了验证。

2）能源利用

（1）回收煤炭。煤矸石中还混有相当一部分的煤炭资源，对这部分煤炭资源加以回收既节省能源又增加了经济效益，同时保证了煤矸石建材、化工利用的产品质量。可以通过水力旋流器分选或重力介质分选的方法，将煤矸石中的煤炭资源收回。

（2）煤矸石发电。对含碳量≥20%的煤矸石可以直接用作流化床锅炉的燃料。近年来煤矸石发电技术日趋成熟。我国煤矸石发电年利用煤矸石约1400万t，占煤矸石综合利用量的30%左右，全国煤矿已建成煤矸石电厂128座，总装机容量约2×10^6kW，发电量约1.2×10^{10}kW · h，占矿区用电的30%，全国煤矸石电厂盈利4亿元以上。每年发电实际消耗煤矸石约1200万 ~1800万t。利用煤矸石发电是综合利用煤矸石的一条重要途径，不但可以节省耗煤，缓解煤矿电力紧张的局面，而且灰渣还可以生产建材，消除二次污染，是一项绿色环保工程，其经济效益、社会效益和环境效益十分显著。

3）生产煤矸石建筑材料

早在 20 世纪 80 年代，我国就开始了煤矸石的建筑材料利用研究，如生产水泥、制作矸石砖等，并取得了一定的成果。目前，我国对煤矸石建材利用研究已有近 30 年的历史，其技术成熟。利用煤矸石生产建筑材料已成为煤矸石最大的利用途径。

目前利用煤矸石生产的建筑材料主要有砖、瓦、水泥等。煤矸石制砖、瓦，可以减少制砖过程中的燃料消耗（煤矸石本身含有大量碳燃料），而且减少排矸占地，也减少因制砖挖地造成的土地破坏。据初步调查统计，全国城乡建设年用砖量为 6000 亿标砖，如果全部由煤矸石烧制则每年可利用煤矸石 613 亿 t，依此速度完全可以消除煤矸石堆积。

煤矸石作为建材利用的另一种重要途径是作为固体材料用于充填采煤塌陷区和露天矿坑复垦造地造田及筑路。对于充填矿井应采用煤矸石不出井的采煤技术充填采矿区，以减少地表下沉量。对于煤矸石复垦，应该开发和推广煤矸石回填塌陷区生物复垦和微生物复垦技术。道路等工程建设中，在有条件的情况下，要逐步推广以煤矸石代替黏土作为填充材料。值得注意的是，利用热值低的煤矸石作为充填煤矿塌陷区造地，这种利用方式消耗煤矸石量大，且可以把目前没有能力利用的矸石保存起来，等技术和经济上可行时再进行开发利用。例如，安徽淮北矿务局在两个大塌陷区填埋，煤矸石复土还田，造地 $107hm^2$，获得较好的环境效益和社会效益。另外还可用于建设用地。如枣庄矿业集团的柴里煤矿，近 20 年来已造工业及民用建筑用地约 $85\ 500m^2$。煤矸石含有一定的活性物质，具有较好的路用性能和强度，可用作一般公路的底基层或作为路基填料。筑路用的煤矸石应为强度高、风化轻、热值低的矸石。合肥煤炭设计研究院在淮北和淮南矿区多条铁路专用线及矿井公路上应用了矸石路基，均取得了较好的效果。在采煤地区，应充分利用煤矸石筑路，既减少了筑路取土用地对土地资源的破坏，降低工程造价，又可复垦部分煤矸石占地，同时可减少环境污染，经济和社会综合效益显著。

4）煤矸石的化工用途

我国许多矿床为复合性伴生矿，煤矸石中含有大量的有益矿物，可作为制备化工的原料。目前发展较快的途径是制备铝盐，主要产品有聚合氯化铝、硫酸铝、氢氧化铝以及氧化铝等，副产品有水玻璃、白炭黑等。国内外煤矸石化工利用的最新途径是制取超细铝、多相材料、多孔陶瓷、吸声泡沫玻璃、橡胶补强填充剂、铸造型砂和造型粉、冶炼硅铝铁合金等高附加值材料。

煤矸石的化学组成和矿物结构为其化工利用提供了多种可能，从煤矸石中提取多种有益成分，开展多种化工利用具有广阔的前景。近年来，国外许多大型煤矿积极开发煤矸石化工利用的新途径，如利用煤矸石生产岩棉、V_2O_5和含铁的化工产品。也有企业利用煤矸石生产氨水和硫酸铵等化肥。国内某些大型联合体煤矿也在开发煤矸石化工利用的新途径，如利用煤矸石生产烧结料、密封材料和复合肥等。

此外，可利用一定的化学方法提取煤矸石中某一种元素或生产硅铝材料。煤矸石中含有大量的 SiO_2、Al_2O_3及一些铁钙镁的氧化物，因此可以利用煤矸石合成碳化硅、结晶氯化铝、硫酸铝、沸石和分子筛等化工产品。经研究发现，可以用高硅煤矸石和烟煤作原料合成碳化硅。该反应速率快且反应温度低，既节省了大量的优质无烟煤和石油焦炭，又综合利用了烟煤和煤矸石。

我国能源的消费量仅次于美国，居世界第二位，占世界消费总量的 11%。煤炭是我国长期依赖的第一能源，同时煤炭利用又是空气污染的主要来源。而洁净煤技术既能保证中国能源安全供应，提高能源效率，又能解决煤炭生产和消费过程中环境污染与生态破坏的问题；同时，煤矸石的综合开发利用，不仅减轻了环境负担，而且使得废品变为财富；不仅可以缓解我国耕地紧缺的现状，而且可以使煤矸石变成可以利用的资源，解决当前面临的资源紧缺的问题，是实现经济与环境、资源与发展、人与自然和谐的根本保证。煤炭在资源上是可靠的能源，在经济上是廉价的能源，综合利用煤矸石和发展洁净煤技术，是我国能源工业发展的紧迫而现实的任务，是当前中国能源发展的必然选择。

2.3.3　攀枝花钒钛磁铁矿综合利用

1. 攀枝花钒钛磁铁矿介绍

我国钒钛磁铁矿床分布广泛，储量丰富，储量和开采量居全国铁矿的第三位，已探明储量 98.3 亿 t，远景储量达 300 亿 t 以上，主要分布在四川攀枝花地区、河北承德地区、陕西汉中地区、湖北郧阳和襄阳地区、广东兴宁及山西代县等地区。其中，攀枝花地区是我国钒钛磁铁矿的主要成矿带，也是世界上同类矿床的重要产区之一，南北长约 300km，已探明大型、特大型矿床 7 处，中型矿床 6 处。钒矿资源较多，V_2O_5总保有储量为 2596 万 t，居世界第三位。钒矿主要产于岩浆型钒钛磁铁矿床之中，作为伴生矿产出。钒矿作为独立矿床主要为寒武纪的黑色页岩型钒矿。钒矿分布较广，在 19 个省区有探明储量，四川钒储量居全国之首，占总储量的 49%；湖南、安徽、广西、湖北、甘肃等省区次之。钒钛磁铁矿主要分布于四川攀枝花—西昌地区及河北承德地区，黑色页岩型钒矿主要分布于湘、鄂、皖、赣一带。钒矿成矿时代主要为古生代，其他地质时代也有少量钒矿产出。钛矿主要为钒钛磁铁矿中的钛矿、金红石矿和钛铁矿砂矿等。钒钛磁铁矿中的钛主要产于四川攀枝花地区。金红石矿主要产于湖北、河南、山西等省区。钛铁矿砂矿主要产于海南、云南、广东、广西等省区。钛铁矿的 TiO_2 保有储量为 3.57 亿 t，居世界首位。钛矿矿床类型主要为岩浆型钒钛磁铁矿，其次为砂矿。从成矿时代来看，原生钛矿主要形成于古生代，砂钛矿则于新生代形成。含钒钛磁铁矿岩体分为基性岩（辉长岩）型和基性-超基性岩（辉长岩-辉石岩-辉岩）型两大类，前者有攀枝花、白马、太和等矿床，后者有红格、新街等矿床。总的来说，两种类型的地质特征基本相同，前者相当于后者的基性岩相带部分的特征，后者除铁、钛、钒外，伴生的铬、钴、镍和铂族组分含量较高，因而综合利用价值更大。

我国攀枝花钒钛磁铁矿伴生 V_2O_5，1987 年年底探明储量约占全国储量的 59.1%，名列全国第一、世界第三。而攀枝花钒钛磁铁矿（化学成分见表 2-7）伴生的 TiO_2，1987 年年底探明储量约占全国 TiO_2 储量的 97.78%，名列世界第一。因此，开展攀枝花钒钛磁铁矿综合利用在资源合理开发方面具有重要意义。

表 2-7　四川攀枝花钒钛磁铁矿的化学成分

化学成分	Fe	TiO_2	V_2O_5	Co	Ni	S	P
质量分数/%	30.55	10.42	0.30	0.017	0.014	0.64	0.013

2. 钒钛磁铁矿综合利用

20 世纪 60~70 年代，我国成功攻克普通高炉冶炼钒钛磁铁矿的技术难关，为攀钢集团的建设、生产奠定了技术基础，近 40 年来，攀钢高炉冶炼钒钛磁铁矿的技术经济指标不断优化，利用系数不断升高，焦比持续下降，铁水质量也日趋改善，取得了良好的经济效益和社会效益。钒钛磁铁矿高炉冶炼过程中，铁和钒大部分还原进入铁相，形成含钒铁水，钛绝大部分以 TiO_2 形式留存在渣相。攀钢的钒钛磁铁矿综合开发冶炼技术主要有以下几个方面。

1）高炉渣提钛技术

对于高炉流程而言，铁和钒得到了大部分回收，只有高炉渣中的钛没有回收利用。因此，研究开发高炉渣中钛的提取回收技术，作为高炉流程的重要补充，提高钛的回收利用水平，具有重要意义。

目前，从高炉渣中提取回收钛的技术大致可分为三种，一是传统的酸浸流程，为了降低处理成本，使用废酸或低浓度酸解技术，废酸液可循环使用，也可以作为钢铁厂内部循环水的处理剂使用。采用该工艺，一方面可以显著降低处理成本，另一方面充分利用了生产过程中产生的废酸，同时节约了废酸和废水的处理费用。二是“高温碳化，低温氯化”处理工艺，以高钛型高炉渣为原料，采用火法冶金处理方法，在高温下首先进行高炉渣的碳化，将其中的 TiO_2 转变为 TiC 和 TiN，然后在较低温度下氯化，将 TiC 和 TiN 转变为 $TiCl_4$，通过进一步的精制，获得硫酸法钛白或氯化法钛白的优质原料。根据现有技术，高炉渣碳化率可达到90%以上，目前关键是如何降低生产能耗，使之具备经济优势，实现规模化生产。三是高炉渣“再冶再选”工艺技术，针对高炉渣中含钛物相多且分散、粒度细小的特点，通过冶金方法促进高炉渣中的钙钛矿长大，然后通过选矿方法选出其中的钛，达到钛富集的目的。采用该方法处理，钙钛矿粒度可由原来的 10μm 长大到 40μm 左右，经选矿后，TiO_2 品位可由目前的 22% 提高到 40% 左右。但存在处理时间长、产品品位低等不足，尚需进一步研究解决。

2）表外矿综合利用

在攀钢目前开采的矿石中，铁的平均品位为 24% ~34%，储量为 10 155 亿 t，含铁品位 15% ~20% 的表外矿储量近 215 亿 t。按年处理 1150 万 t 铁矿石计（表内矿），每年富产表外矿和极贫矿 500 万 ~600 万 t。目前这部分表外矿尚未利用，靠铁路和公路运到废石场丢弃，既占用了大量土地，破坏周围生态环境，又浪费了资源。为了充分利用有限的矿产资源，国外工业发达国家都在利用低品位矿石，并有进一步降低矿石工业品位的趋势。国内利用表外矿和极贫矿的厂家较少，但随着矿石缺口的增大，选矿技术的进步，已有一些冶金矿山企业开始研究利用表外矿和极贫矿。

按攀钢现有近 215 亿 t 表外矿计算，可选出钒钛磁铁精矿 2900 万 ~3600 万 t，增加生铁产量 1600 万 ~2000 万 t，获得 w（V_2O_5）17% ~18% 的钒渣 58 万 t 左右，选铁尾矿可回收钛精矿 150 万 ~870 万 t，经济效益非常显著，铁、钒、钛综合回收利用率也可得到明显提高。

3）钒钛磁铁矿直接还原技术开发

针对高炉流程无法回收钛的缺点，基于直接还原技术的钒钛磁铁矿处理流程能够实现铁、钒、钛的综合回收利用。早在 20 世纪 70 年代，国家就组织了钒钛磁铁矿直接还原及钒钛资源综合利用新流程科技攻关，但由于当时技术、设备和市场等因素的限制，没有实现工业化生产。

与普通矿不同，钒钛磁铁矿直接还原具有自己的特点：一是矿相结构复杂，含铁物相还原难度按 Fe_2O_3，Fe_2TiO_5，Fe_3O_4，FeO，Fe_2TiO_4，$FeTiO_3$，$FeTi_2O_5$ 的顺序递增，而且固溶的 MgO 增加了还原复杂程度和难度；二是存在于 $2FeO \cdot TiO_2$，$FeO \cdot TiO_2$ 和 $FeO \cdot 2TiO_2$ 中的铁较难还原，约占全铁含量的 1/3，因而钒钛磁铁矿直接还原需要更高的还原温度、更好的还原气质量和更长的还原时间。三是还原过程中出现的膨胀和粉化现象比普通矿更为严重。钒钛磁铁矿固有的还原特点，使得新流程试验期间回转窑、竖炉、流化床直接还原普遍存在金属化率低、结瘤结圈严重、黏结失流等问题，既不利于设备的正常运行，也对后步的渣铁分离产生影响。

转底炉（rotary hearth furnace，RHF）直接还原技术的逐步兴起，为钒钛磁铁矿直接还原及钒钛资源综合利用提供了可行的途径。转底炉直接还原采用的是内配碳工艺，还原反应界面大，还原温度高，还原速度快。更重要的是，转底炉具有炉料与炉底相对静止不动的特点，可以在很大程度上减轻钒钛磁铁矿球团膨胀粉化程度，很好地满足钒钛磁铁矿还原特点的要求。基于转底炉直接还原技术的钒钛磁铁矿处理流程如图 2-1 所示。按照图 2-1 的工艺流程，目前已进行了初步的技术研发工作，铁、钒、钛回收率分别可达到88%、41%和75%左右。该工艺是实现钒钛磁铁矿资源综合回收利用的可行之路。

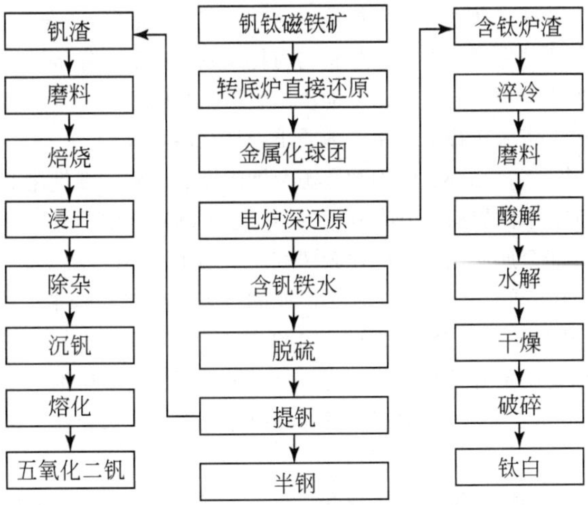

图 2-1　基于转底炉直接还原的钒钛磁铁矿综合利用工艺

参考文献

成升魁，谷树忠，吕国平，等. 2003. 2002 中国资源报告. 北京：商务印书馆：144-166.

崔建涛，刘元晖. 2009. 硅藻土综合利用现状及发展前景. 中国新技术新产品，11：37.

邓剑. 2006. 煤气化多联产. 上海节能，6：46-48.

邓君，薛逊，刘功国. 2007. 攀钢钒钛磁铁矿资源综合利用现状与发展. 材料与冶金学报，6（2）：83-93.

第五届全国矿产资源综合利用学术会议筹备组. 1996. 第五届全国矿产资源综合利用学术会议

论文集. 北京：冶金工业出版社：9-30.
郭新春. 1996. 钒钛磁铁矿的利用现状及其使用价值. 攀枝花科技，2：14-18.
国土资源部信息中心. 2001. 世界矿产资源年评. 北京：地质出版社：36-284.
胡腾霄，张宝生，许广生，等. 2003. 整体煤气化联合循环（IGCC）技术的发展. 黑龙江电力，25（1）：50-55.
黄建明. 2013. 中国矿产铜产能几何. 中国有色金属，12：42-43.
黄茜蕊，黄仲权. 2007. 我国铝资源、铝工业现状、问题与发展. 矿产保护与利用，3：10-15.
《矿产资源综合利用手册》编辑委员会. 2000. 矿产资源综合利用手册. 北京：科学出版社：31-734.
刘鸿权. 2002. 中国蓝晶石类矿物发展及市场机遇. 中国非金属矿工业导刊，6：8-10.
柳婷婷，张寿庭. 2011. 我国沸石资源的分布于开发利用及发展方向. 中国矿业，20：1-45.
倪维斗，李政，薛元. 2000. 以煤气化为核心的多联产能源系统——资源/能源/环境整体优化与可持续发展. 中国科学工程，8：59-68.
任海兵. 2010. 对我国硫铁矿资源开发及利用的思考. 中国矿业，19（3）：36-39.
申军. 2013. 我国硼资源及硼化学工业综述及其展望. 现代化工，33（5）：6-7.
沈镭，魏秀鸿. 1998. 区域矿产资源开发概论. 北京：气象出版社：276-312.
沈巍. 2012. 中国磷资源开发利用的现状分析与可持续发展建议. 经济研究导刊，5：83-84.
宋瑞祥. 1997. 中国矿产资源报告. 北京：地质出版社：3-128.
宋瑞祥. 2003. 中国矿产资源年报. 北京：地质出版社：19-340.
孙爱文，张卫峰，杜芬，等. 2009. 中国钾资源及钾肥发展战略. 现代化工，29（9）：10-16.
孙茂远，黄盛初. 1995. 中国煤层气开发利用的几个主要问题. 中国煤层气，1：15-17.
童光庆. 2000. 国内外非金属矿及加工的比较研究. 中国矿业，1：25-28.
王静康，郝红勋，谢闯，等. 2008. 中国钾肥产业的过去、现在和未来//国际钾肥博览会论文集. 北京：中国无机盐工业协会钾盐分会：148-154.
王诗瑜. 2004. 我国的芒硝资源及其利用研究. 化学工程师，1：37-38.
王勇，程洪志，马杰，等. 1999. 因地制宜发展西部地区煤炭洗选脱硫. 煤炭加工与综合利用，4：13-15.
吴贤，张健. 2006. 中国的钛资源分布及特点. 钛工业进展，23（6）：8-12.
锡淦，胡克俊. 1998. 攀钢钒钛回收新进展. 钢铁钒钛，12：58-64.
刑立亭，徐征和，王青. 2008. 矿产资源开发利用与规划. 北京：冶金工业出版社：1-12，277-286.
张长森. 2008. 煤矸石资源化综合利用新技术. 北京：化学工业出版社：1-24.
郑楚光. 1996. 洁净煤技术. 武汉：华中理工大学出版社：245-271.
中国科学技术学会. 2007. 资源科学学科发展报告. 北京：科学技术出版社：3-34，156-185.
周宏春，王瑞江，陈仁义. 2005. 中国矿产资源形势与对策研究. 北京：科学出版社：56-139.
朱俊士. 1996. 中国钒钛磁铁矿选矿. 北京：冶金工业出版社：1-2，411-425.
朱旺喜，兰新哲，赵西成. 2002. 矿物资源与西部大开发. 北京：冶金工业出版社：187-216.

第 3 章　能源与可持续发展

3.1　能源概述

3.1.1　能量与能源

能量是一切物质运动、变化和相互作用的度量。具体而言，能量反映了一个由诸多物质构成的系统同外界交换功和热的能力的大小。利用能量从实质上就是利用自然界的某一自发变化的过程推动另一人为的过程。

能源是指可能被人类利用以获取有用能量的各种来源。物质、能量和信息是构成自然社会的基本要素，能源就是能量的源泉。

从物理学的观点来看，能源可以简单地定义为做功的能力。广义而言，任何物质都可以转化为能量，但转化的数量、转化的难易程度是不同的。比较集中而又较易转化的含能物质称为能源。由于科学技术的进步，人类对物质性质的认识及掌握的能量转化方法也在深化，因此，对于能源并没有一个确切的定义。同时，还有另一类型的能源——物质在宏观运动过程中所转化的能量，即能量过程，例如水的势能落差运砂产生的水能及完全运动所产生的风能，等等。因此，能源可描述为：比较集中的含能体，或可以直接或经转换提供人类所需的光、热、动力等任何形式的载能体资源。

在国际单位制中，能量、功及热量的单位通常都用焦（J）表示，而单位时间内所做的功或吸收（释放）的热量则称为功率，单位为瓦（W）。因为在能量的转换和使用中焦和瓦的单位都太小，因此更多的是用千焦（kJ）和千瓦（kW），或兆焦（MJ）和兆瓦（MW）。在能源研究中还会用到更大的单位，如GJ、GW 等。此外，千瓦·时、马力·时等也是常用单位（表 3-1）。在实际工作中，能源还用煤当量（标准煤）和油当量（标准油）来衡量，1kg 标准煤的发热量为 29. 3 kJ，1kg 标准油的发热量为 41. 8 kJ。千克标准煤用符号 kgce 表示，千克标准油用符号 kgoe 表示。也可以用吨标煤（tce）或吨标油（toe）及更大的单位计量能源。

表 3-1　能量单位的换算

单位	千焦 (kJ)	千瓦·时 (kW·h)	千卡 (kcal)	马力·时 (hp·h)	公斤力·时 (kgf·m)	英热单位 (B. t. u.)	英尺·磅力 (ft·lbf)
kJ	1	$2.777\ 78 \times 10^{-4}$	$2.388\ 46 \times 10^{-1}$	$3.776\ 73 \times 10^{-4}$	$1.019\ 27 \times 10^{2}$	$9.478\ 17 \times 10^{-1}$	$7.375\ 62 \times 10^{2}$
kW·h	3600	1	859.846	1.359 621	$3.670\ 98 \times 10^{5}$	3412.14	$2.655\ 22 \times 10^{6}$
kcal	4.186 8	1.163×10^{-3}	1	$1.581\ 24 \times 10^{-3}$	426.936	3.968 32	3088.03
hp·h	$2.647\ 796 \times 10^{3}$	735.499×10^{-3}	632.415	1	270 000	2 509.63	1 952 913
kgf·m	$9.806\ 65 \times 10^{-3}$	$2.724\ 069 \times 10^{-6}$	$2.342\ 28 \times 10^{-3}$	$3.703\ 704 \times 10^{-6}$	1	$9.294\ 87 \times 10$	7.233 01
B. t. u.	1.055 06	$2.930\ 71 \times 10^{-4}$	$2.519\ 96 \times 10^{-4}$	$3.984\ 66 \times 10^{-4}$	$1.075\ 862 \times 10^{2}$	1	778.169
ft·lbf	1.355 82	$3.766\ 16 \times 10^{-7}$	$3.238\ 32 \times 10^{-4}$	$5.120\ 56 \times 10^{-7}$	$1.382\ 55 \times 10^{-1}$	$1.285\ 07 \times 10^{-3}$	1

3.1.2　能量的形式

有关能量的分类方法没有统一的标准，到目前为止，人类认识的能量有以下六种形式。

1. 机械能

机械能是与物体宏观继续运动（即动能）或空间状态（即势能）相关的能量，是人类最早认识的能量形式。具体而言，动能是指系统（或物体）由于做机械运动而具有的做功能力。

势能与物体的状态有关，物体除了受重力作用因其位置高度不同而具有重力势能外，还有弹性势能，即物体由于弹性变形而具有的做功能力；以及表面能，即不同类物质或同类物质不同相的分界面上，由于表面张力的存在而具有的做功能力。

2. 热能

热能是能量的一种基本形式，所有其他形式的能量都可以完全转换为热能，而且绝大多数一次能源往往是先经过热能形式而被利用的，因此热能在能量利用中意义重大。热能是指构成物质的微观分子运动动能和势能的总和，其宏观表现为温度的高低，反映了分子运动的激烈程度。

3. 电能

电能是和电子流动与积累有关的一种能量，通常是由电池中的化学能或发电机的机械能转换得到，因而电能也可以通过电动机转换为机械能，从而显示出电做功的本领。

4. 辐射能

辐射能是物体以电磁波形式发射的能量。物体会因各种原因发出辐射能，其中从能量利用的角度而言，热辐射能（因热的原因而产生辐射）最有意义，地球表面接收的太阳能就是最重要的热辐射能。

5. 化学能

化学能是物质结构能的一种，即原子核外进行化学变化时放出的能量。按化学热力学定义，物质或物系在化学反应过程中以热能形式释放的热力学能称为化学能。人类利用最普遍的化学能是燃烧碳和氢，而这两种元素正是煤、石油、天然气等燃料中最主要的可燃元素。燃料燃烧时的化学能通常用燃料的发热值来表示。

6. 核能

核能也是一种物质结构能，与化学能不同，其能量蕴含于原子核内部。轻质量的原子核（氘、氚等）和重质量原子核（铀等）核子间结合力比中等原子核的结合力小，这两类原子在一定的条件下可以通过核聚变和核裂变转变为自然界中更稳定的中等质量原子核，同时释放出巨大的结合能，即核能。

3.1.3 能源的分类

简单来讲，能源可以理解为含有能量的资源。对于能源的表述常有不同，但其内涵都是一致的。即能源就是能量的源泉，是提供能量的资源，这些来源或资源，要么来自物质，要么来自物质的运动，前者如煤炭、石油、天然气等矿物燃料（又称化石燃料），后者如水流、风流、海浪、潮汐等。

从广义上讲，自然界中有一些自然资源本身拥有某种形式的能量，在一定条件下能够转换成人们所需要的能量形式，这种自然资源显然就是能源，如煤、石油、天然气、太阳能、风能、水能、地热能、核能等。但在生产和生活过程中，由于需要或为便于运输和使用，常将上述能源经过一定的加工、转换，使其成为更适合人类使用的能量来源，如煤气、电力、焦炭、蒸汽、沼气、氢能等，它们也称为能源。

由于能源形式多样，因此通常有多种不同的分类方法。

1. 按地球上的能量来源分类

地球上的能量来源在于以下三个方面。

（1）地球本身蕴含的能源，如核能、地热能等。

（2）来自地球外天体的能源，如宇宙射线及太阳能，以及由太阳能引起的水能、风能、波浪能、海洋温差能、生物质能、化石燃料（煤、石油、天然气等，它们是由积存下来的有机物质转化而来的）等。

（3）地球与其他天体相互作用的能源，如潮汐能。

2. 按使用状况分类

从被开发利用的程度、生产技术水平和经济效果等方面对能源进行分类，则有以下两种。

（1）常规能源，通常指目前已被普遍采用，应用技术比较成熟的能源，具有开发利用时间长、技术成熟、能大量生产并广泛使用，如煤炭、石油、天然气、薪柴燃料、水能等，常规能源有时又称传统能源。

（2）新能源，指新近才利用或正在开发研究的能源，在目前使用的能源中所占的比例很小，但有发展前途，今后会越来越重要。如太阳能、地热能、潮汐能、生物质能等。核能通常也被看作新能源，虽然在世界一次能源消费中已占15%，但被利用程度还是远不能和已有常规能源相比，且利用技术复杂，至今尚有待研究。新能源有时又称非常规能源或替代能源。

3. 按基本形态分类

（1）一次能源，即自然界现实存在，未经过加工或转换的可供直接利用的能源，如煤、石油、天然气、风能、水能等。

（2）二次能源，即由一次能源直接或间接加工、转换而来的能源，如电、蒸汽、焦炭、煤气、氢等，它们使用方便，易于利用，都是高品质的能源。

4. 按能否再生分类

（1）可再生能源，即在自然界中可以不断再生并有规律地得到补充的能源，它不会随本身的转化或人类的利用而日益减少，如水能、风能、潮汐能、太阳能、波浪能、地热能等。

(2) 非再生能源，即随人类的利用而逐渐减少的能源，如煤、石油、天然气、核燃料等。

5. 其他分类方法

除上述主要的分类方式外，能源还可从以下方面来划分。按能源本身的性质分为含能体能源（或称载体能源，其本身就是可提供能量的物质，如煤、石油、天然气、氢等，可以直接储存）和过程性能源（由可提供能量的物质运动产生的能源，如水能、风能、潮汐能、电能等，无法直接储存）。按能否作为燃料分为燃料能源和非燃料能源。按对环境的污染情况分为清洁能源和非清洁能源。表3-2给出了能源分类的情况。

表3-2 能源的分类

<table>
<tr><th rowspan="2">按使用状况分</th><th rowspan="2">按燃料性质分</th><th colspan="2">按基本形态分</th></tr>
<tr><th>一次能源</th><th>二次能源</th></tr>
<tr><td rowspan="2">常规能源</td><td>燃料能源</td><td>泥煤（化学能）
褐煤（化学能）
烟煤（化学能）
无烟煤（化学能）
石煤（化学能）
油页岩（化学能）
油砂（化学能）
原油（化学能、机械能）
天然气（化学能、机械能）
生物燃料（化学能）
天然气水合物（化学能）</td><td>煤气（化学能）
余热（化学能）
焦炭（化学能）
汽油（化学能）
煤油（化学能）
柴油（化学能）
重油（化学能）
液化石油气（化学能）
丙烷（化学能）
甲醇（化学能）
乙醇（化学能）
苯胺（化学能）
火药（化学能）</td></tr>
<tr><td>非燃料能源</td><td>水能（机械能）</td><td>电（电能）
蒸汽（热能、机械能）
热水（热能）
余热（热能、机械能）</td></tr>
<tr><td>新能源</td><td>燃料能源</td><td>核燃料（核能）</td><td>沼气（化学能）
氢（化学能）</td></tr>
</table>

续表

按使用状况分	按燃料性质分	按基本形态分	
		一次能源	二次能源
新能源	非燃料能源	太阳能（辐射能） 风能（机械能） 地热能（热能） 潮汐能（机械能） 海水热能（热能、机械能） 海流、波浪动能（机械能）	激光（光能）

3.1.4 能源危机与挑战

能源是国民经济的基础产业，对经济持续稳定发展和人民生活质量的改善具有十分重要的保障作用。进入21世纪以来，社会经济飞速发展，科技创新日新月异，全球人口和经济规模不断增长，能源作为最基本的驱动力得到了更加广泛的使用。随着全球不可再生资源日益枯竭，能源供需矛盾突显。同时能源特别是化石能源开发利用过程中造成的环境污染和生态破坏等问题日趋突出，能源排放引起的全球气候变化对人类的生存和经济发展方式提出了诸多挑战。

首先，化石能源将枯竭带给人类巨大的危机。在19世纪以前的长久历史时期中，人类主要依靠可再生能源（生物质能、太阳能、水能、风能）作为一次能源。自19世纪中期以来，煤逐步取代木柴，历经半个世纪后成为全球主要的一次能源，从而开辟了化石能源时代。包括煤、石油、天然气的化石能源在几乎整个20世纪所占的份额在80%以上；1970年，石油约占40%，煤与天然气各占20%多，满足了全球的需求。尽管目前许多国家都在大力开发风能和生物燃料等替代能源，但在未来20年里，全球仍不可能摆脱对化石能源的依赖。按照2008年的开采速度计算，全球石油剩余探明储量可供开采42年，天然气和煤炭分别可供应60年和122年。在中国，截至2008年年底煤炭探明储量1145亿t，占全球探明储量的13.9%，仅次于美国和俄罗斯，而我国的石油和天然气储量分别仅占世界总储量的1.2%和1.3%。这些化石能源存在价格上涨和枯竭的趋势，迫切要求寻找替代能源及开发高效节能技术。

其次，化石能源的开发利用造成环境污染。化石能源在开采、储运、利用过程中还会产生大量污染物，涉及空气污染、水污染和生态恶化等环境问题的所有方面，是造成环境污染的首要原因。石油在开采、炼制、储运、使用过程中排放的大量油污进入环境，污染地表水源。工业固体废弃物主要集中在煤炭、采矿、冶金、化工等行业，尤其是煤炭业产生的固体废弃物占一半左右。在中国，燃煤造成的煤烟污染是大气污染严重的主要原因。我国每年排入大气的污染物中，有约 80% 的烟尘、87% 的 SO_2 和 67% NO_x 来源于煤燃烧。大气污染物的大量排放能进一步导致严重的环境污染问题。这些污染物在大气中会发生各种化学反应，生产更多的污染物，形成二次污染。二氧化硫是大气污染物中最普遍的一种，它在大气中通过反应可形成硫酸烟雾，甚至形成酸雨。氮氧化物、一氧化碳和碳氢化合物也是大气中常见的污染物，它们在阳光下发生光化学反应，可形成光化学烟雾。

最后，化石能源的大量使用导致全球气候变化。随着人类社会的发展，尤其是进入工业化时代后，人类改造和影响地球系统的能力显著增强，积累效应使消耗化石能源的行为成为影响气候变化的一项重要外界因素。政府间气候变化专门委员会（IPCC）的综合评估结果表明，人类活动特别是化石燃料使用是气候变暖的主要原因之一。近年来，干旱、洪涝、飓风等自然灾害频繁发生，越来越多的极端气候灾害逐渐给人类敲响了警钟，全球气候变暖问题备受关注。

总之，工业化以来，支撑人类社会发展的化石能源面临枯竭，长期大量消耗化石能源的积累效应所引起的环境问题，以及与之相关的全球气候变化，关系到人类在地球上的生存，是人类面临的共同挑战。因此，开发新能源、可再生能源、清洁能源，提高能源利用效率是能源发展的必然选择。

3.2　新能源及其开发利用

3.2.1　太阳能

1. 太阳能概述

太阳能是指太阳以电磁辐射形式向宇宙空间发射的能量。

太阳是地球上能源的根本。太阳距离地球 1.5×10^8 km。从质量组成而言，太阳由 78.7% 的氢、19.8% 氦、1.8% 的种类繁多的金属和其他元素组成。太阳直径为 1.39×10^6 km，总质量约 1.99×10^{27} t，平均密度为 1.4g/cm^3。太阳在结构上由大气和内部两大部分组成，太阳大气自里向外分为光球、色球和日冕三个层次。太阳内部温度高达一两千万开尔文，压力有 3400 多个标准大气压，物质在这个条件下呈等离子体状态。太阳表面的温度大约为 6000K。太阳辐射可以认为是这个温度的黑体辐射。

太阳的能量通过核聚变反应产生。主要有两个过程：碳-氮循环和质子-质子循环。碳-氮循环的每一个循环末尾产生一个 α 离子（即氦核），放出正电子 e^+ 和 γ 射线。从太阳表面辐射出的能量约每秒 3.8×10^{23} kJ。太阳向宇宙以电磁波的形式辐射能量，电磁波波长从小于 0.1nm 的宇宙射线到波长为几十千米的无线电波。

太阳能能源是来自地球外部天体的能源，人类所需能量的绝大部分都直接或间接地来自太阳。正是各种植物通过光合作用把太阳能转变成化学能在植物体内储存下来。煤炭、石油、天然气等化石燃料也是由古代埋在地下的动植物经过漫长的地质年代形成的。它们实质上是由古代生物固定下来的太阳能。此外，水能、风能、波浪能、海流能等也都是由太阳能转换来的。

2. 我国太阳能资源的分布

我国地面接收的太阳能非常丰富，辐射总量为 3340～8400MJ/（m^2·a），平均值为 5852kJ/（m^2·a），主要分布在我国的西北、华北以及云南中部和西南部、广东东南部、福建东南部、海南岛东部和台湾西南部等地区。太阳能高值中心（青藏高原）和低值中心（四川盆地）都处在北纬 22°～35°这个条带中。和地球上其他能源，特别是传统的化石能源相比，太阳能的特点是覆盖面广、无害性，相对于传统化石能源资源可以说是取之不尽、用之不竭，总量非常大；其缺点是能量密度较低（约 1kW/m^2）、分散，受地理位置和气候影响，存在随机性，而且只有白天提供能量，不连续。但是，随着化石资源的不断减少，大量使用化石资源带来的环境污染等，给开发利用太阳能带来了机会。但是，如何经济大规模利用太阳能依然是一项挑战。

3. 太阳能的开发利用

太阳能利用的途径和方式很多，主要有太阳能热利用、太阳能光伏发电以及其他一些应用，下面从这三个方面做介绍。

1）太阳能热利用

太阳能热利用原来基本是将太阳辐射能收集起来，通过与物质的相互作用转换成热能加以利用。目前使用最多的太阳能收集装置，主要有平板型集热器、真空管集热器和聚焦集热器等三种。通常根据所能达到的温度和用途，把太阳能光热利用分为低温利用（<200℃）、中温利用（200～800℃）和高温利用（>800℃）。目前低温利用主要有太阳能热水器、太阳能干燥器、太阳能蒸馏器、太阳房、太阳能温室、太阳能空调制冷系统等；中温利用主要有太阳灶、太阳能热发电聚光集热装置等；高温利用主要有高温太阳炉等。下面对典型的太阳能热利用系统做具体介绍。

（1）太阳能热水装置。

太阳能热水装置系统主要由集热器、储水箱和提供冷水及热水的管道组成。按照水流动方式，又可以分为循环式、直流式和整体式。

循环式太阳能热水系统按水循环动力分为自然循环和强制循环两类（图 3-1）。自然循环是利用集热器与储水箱中水温的温差形成系统的热虹吸压头，使水在系统中循环，将集热器的有用收益传输至水箱得到储存；强制式循环系统则是依靠水泵使水在集热器与储水箱之间循环。在系统中设置控制装置，以集热器出口与水箱间的温差来控制水泵的运转，止回阀可防止夜间系统发生倒流而造成热损失。

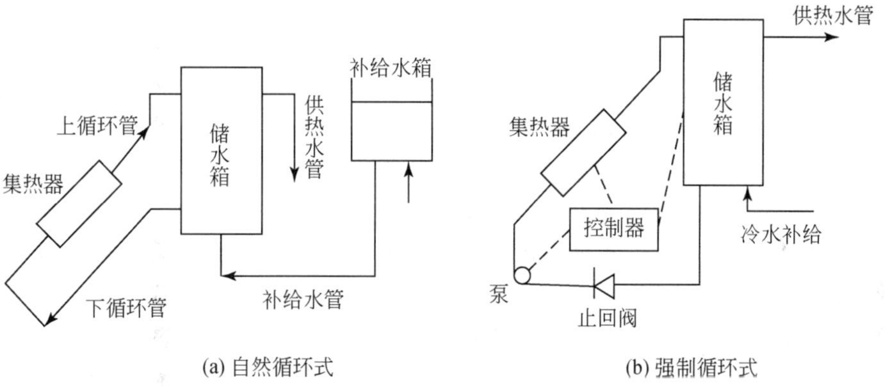

图 3-1　循环式太阳能热水系统

直流式系统包括平板集热器、储热水箱、补给水箱和连接管道组成的开放式热虹吸系统。与自然循环系统不同的是补给冷水直接进入集热器。补给水箱的水位和集热器出口热水管的最高位置一致。如果在集热器出口设置温度控制器，可以控制出口热水温度以满足使用要求。

整体式太阳能热水装置的特点是集集热器和储水箱为一体。整体式热水器结构简单，价格低廉，适合家用。

（2）太阳能采暖。

利用太阳能集热器在冬季采暖是太阳能热利用的一种重要形式。太阳能暖房系统即利用太阳能作房间供冬天用，这已在一些寒冷地区使用多年。大多数太阳能暖房使用热水系统，也有使用热空气系统。太阳能暖房系统是由太阳能收集器、热储存装置、辅助能源系统以及室内暖房风扇系统组成。将太阳辐射通过热传导，经收集器内工作流体进行热能储存，再供热至房间之间。辅助热源可安置在储热装置内、直接装设在房间内或装设于储热装置与房间之间。当然也可不用储热装置而采用直接将热能利用的直接式暖房设计，或者将太阳能直接用于热电或光电方式发电，再加入房间，或透过冷暖房的热装置供暖房使用。最常用的暖房系统为太阳能热水装置，它将热水通至储热装置（固体、液体或相变化储热系统）中，然后利用风扇将室内或室外空气驱动至此储热装置中吸热，再把此热空气传送至室内；或者利用另一种液体流至储热装置中吸热，当热流体流至室内，利用风扇吹送被加热空气至室内，从而达到暖房效果。

太阳能暖房系统还可分为被动式和主动式两类，前者根据当地气候条件，通过建筑设计和采用材料，如墙壁、屋顶的热工性能，不添置附加设备，使房屋尽可能多地吸收和储存热量，达到采暖目的；后者则需要采用太阳能集热器，配置蓄热箱、管道、风机及泵等设备收集、储存和输配太阳能，且系统中各个部分可控制，从而达到控制室内温度的目的。被动式太阳能供暖则比较简单，造价低廉。

采用不同的传热介质如水、防冻液或空气时，系统配置有所不同。采用防冻液需要在集热器和蓄热水箱间采用液-液热交换器；采用热风采暖，则需要水-空气式热交换器。如果单纯靠太阳能集热器不能满足供热需求，则需要增加辅助热源。实际上，供暖系统只在冬季使用，如果设计成全能有效则是一种浪费。因此，采用太阳能集热器解决部分供暖，配合辅助热源，以满足寒冷季节的供暖需求是一种经济的选择。

（3）太阳能制冷。

太阳能制冷是太阳能集热器收集热的另一种利用形式，不同的太阳能制冷系统的主要区别在于制冷循环不同。有的利用太阳能集热器加热水产生水蒸气，驱动汽轮机对外做功制冷；有的利用集热器产生的热水通过热交换加热产生高压水蒸气参与制冷循环；有的利用太阳能即热来加热蒸发浓缩吸收液，如 $LiBr-H_2O$ 或者 NH_3-H_2O。因此，人们又将太阳能制冷系统分为压缩式、蒸汽喷射式和吸收式三类。太阳能制冷系统比较复杂，一般包括集热器、热交换系统和制冷系统。整个制冷系统的效率受到子系统效率影响，一般不会很高。

（4）太阳炉。

太阳炉实际上是太阳聚光器的一种特殊应用，即利用聚光器对太阳聚光产生高温，并用来加热熔化材料，从而进行材料科学研究与应用的一种方式。一般采用抛物线形太阳聚光器，对不同几何形状（平面、圆柱、球形）的被加热试样实现不同的温度和温度分布。

太阳炉分为直接入射型和定日镜型。直接入射是将聚光器直接朝向太阳，定日镜型则借助可转动的反射镜或者定日镜将太阳光反射到固定聚光器上。太阳炉可达到的温度受聚光比控制。太阳炉的输出功率可以达到几十至上千千瓦，获得的高温可达 3000 ~ 4000℃。用太阳炉加热熔化材料具有清洁无污染的优点。但比一般的高温炉的造价高。

（5）太阳热动力。

太阳热动力系统是利用太阳能热能驱动汽轮机、斯特林发动机或者螺杆膨胀机等发电。原理上和普通热电厂的不同在于太阳能发电系统由太阳集热系统、蓄热系统和热交换系统组成，其中集热系统可以是平板型集热器，也可以是聚光型集热器，它们所得的传热工质温度不同。传热工质可以是水、空气或者有机液体、无机盐、碱和金属钠，它们分别适用不同温度范围，这些传热工质通过温度变化、相变化（蒸发/冷凝）等过程以实现太阳热能到电能的转化。

2）太阳能光伏发电

未来对太阳能的大规模利用形式为发电。利用太阳能发电的方式有多种。目前已实际应用的主要有以下两种：①光—热—电转换。即利用太阳辐射所产生的热能发电。一般是用太阳能集热器将所吸收的热能转换为工质的蒸汽，然后由蒸汽驱动汽轮机带动发电机发电。前一过程为光—热转换，后一过程为热—电转换。②光—电转换。其基本原理是利用光生伏打效应将太阳辐射能直接转换为电能，它的基本装置是太阳能电池。前者在太阳能热利用中有所阐述，因而这里主要介绍太阳能光—电转换过程，其核心就是太阳能电池及太阳能电池发电系统。

太阳能电池能量转换的基础是由半导体材料组成的 pn 结的光生伏打效应，简称光伏效应。当能量为 $h\nu$ 的光子照射到禁带宽度为 E_g 的半导体材料上时，产生电子-空穴对，并受由掺杂的半导体材料组成的 PN 结电场吸引，电子流入 n 区，空穴流入 p 区。如果将外电路短路，则在外电路中就有与入射光通量成正比的光电流通过。为了得到光生电流，要求半导体材料具有合适的禁带宽度。当入射光子能量大于半导体材料禁带宽度（表 3-3）时，产生光电子，而大于禁带宽度的光子能量部分（$h\nu-E_g$）以热的形式损失。

表 3-3　主要半导体材料的禁带宽度

材料	E_g/eV	材料	E_g/eV
Si	1.1	InP	1.2
Ge	0.7	CdTe	1.4
GaAs	1.4	CdS	2.6
Cu（InGa）Se	1.04		

目前用于太阳能电池的半导体材料主要是晶体硅（包括单晶硅和多晶硅）、非晶硅薄膜和化合物半导体太阳能电池材料（包括Ⅲ ~ Ⅴ族化合物，如 GaAs，Ⅱ ~ Ⅵ族化合物，如 CdS/CdTe）等电池系列。在这些材料中，单晶硅和多晶硅

太阳能电池用量最大；以光电效应工作的薄膜式太阳能电池为主流，而以光化学效应工作的湿式太阳能电池则还处于萌芽阶段。薄膜太阳能电池主要包括晶体硅薄膜、非晶硅薄膜、Cu(InGa)Se 薄膜、CdTe 薄膜等。虽然它们的关键材料都是半导体薄膜，但是不同半导体材料的薄膜电池各有特色，因而其制造工艺和技术各不相同。对它们的研究和规模化应用也分别处于不同的发展水平，归结起来，薄膜太阳能电池广泛采用了物理气相沉积、化学气相沉积和液相沉积等薄膜制备技术。

晶体硅太阳能电池最为典型，其制造工艺如图 3-2 所示。硅片作为太阳能电池的基本材料，要求由具有较高纯度的单晶硅材料通过切割得到，并且要考虑它的导电类型、电阻率、晶向以及缺陷等。一般采用 p 型掺杂、厚度在 200 ~ 400μm 的硅片。对切割的硅片需要进行预处理，即腐蚀、清洗，一般采用浓硫酸初步清洗，然后再经酸或者碱溶液腐蚀，最后用高纯去离子水清洗。清洗后的硅片需要通过扩散制成 pn 结。扩散在控制气氛的高温扩散炉内进行。经扩散得到的硅片需要在保护正面扩散层下经腐蚀除去背面的扩散层。之后就是通过真空蒸镀上下电极（一般先蒸镀 30 ~ 100μm 的 Al 膜，然后再蒸镀一层 2 ~ 5μm 的 Ag 膜）。采用具有一定形状的金属掩膜可以得到具有栅线状的上电极，以获得最大光吸收面积。还要在电极表面钎焊一层锡-铝-银合金焊料以便电池的后续组装。下一步是经过腐蚀去掉扩散过程中和钎焊过程中硅片四周表面的扩散层和黏附上的金属，以消除电池的局部短路。制备完成上下电极后，接着在上电极表面真空蒸镀一层减反膜，一般是二氧化硅或二氧化钛。

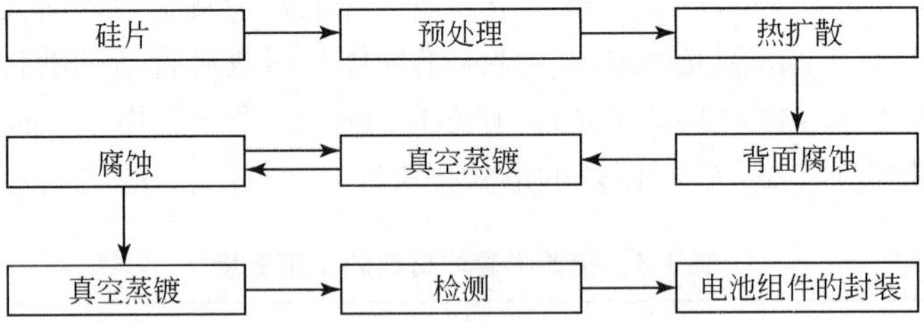

图 3-2　晶体硅太阳能电池的制造工艺

太阳能电池发电系统根据应用不同而有差异，但其主要由太阳能电池组件、蓄电池、控制器和负载四部分构成，如图 3-3 所示。控制器用于太阳能电池对蓄电池的充放电控制，防止蓄电池组的过充、过放电。为了避免在阴雨天和晚上太阳能电池不发电或短路故障时依靠蓄电池组向太阳能电池组放电，还需要防反冲二极管。它串联在太阳能电池方阵电路中，起到太阳能电池-蓄电池单项导通作用。蓄电池组是用来储存太阳能电池组件接受光照时发出的电能并向负载供电。逆变器用于把太阳能电池发出的直流电转换成交流电。

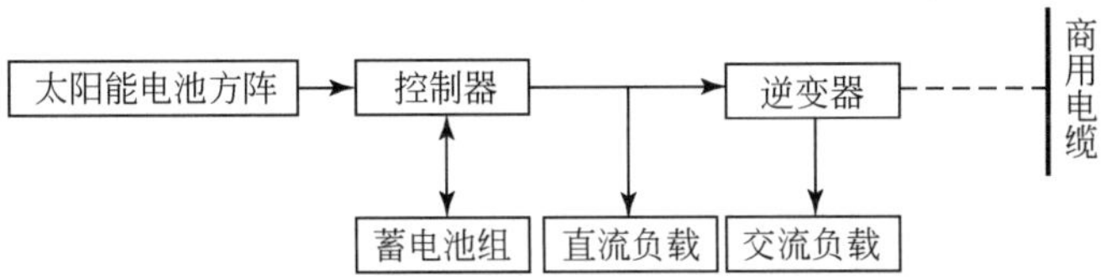

图 3-3　太阳能电池发电系统示意图

根据太阳能电池发电系统应用的不同，可分为独立发电系统和并网发电系统。前者是向不和其他电力系统发生任何关系的闭合系统提供电能，如远离电网的地区和设备；后者则同其他并网发电系统一样，将太阳能发电向整个电力系统供电。因而，上述系统中各个组成部分会有所不同。如直接向直流负载供电，可省去逆变器。而对于联网供电，需要和高压商用电网连接界面，包括联网控制。对于太阳能电池发电系统，需进行发电检测，主要是针对蓄电池电压和充放电流，检测设备可以集成到控制器上。

3）太阳能其他应用

（1）太阳池。

太阳池是利用对太阳辐射的吸而收储能的一种方式。太阳池一般是深度约 1m 的盐水水池。水池底部为黑色，池中的盐水从表面到池底浓度逐渐升高。太阳辐射进入太阳池表面的部分沿池的深度被盐水不同程度地吸收，剩余部分透过盐水，被黑色的池底吸收。通过维持水池中盐浓度随深度的逐渐增大而使盐水密度逐渐升高，池底部吸热造成的膨胀不会带来严重的水的扰动，从而可以大大降低热在水池中的对流损失。由于水的热导率较低，这时可以把水看作绝热层，这样池底的热量就会逐渐继续，造成池底温度升高，可达 90℃ 以上。再通过热交换器，可以将池底热能导出利用。由于盐浓度梯度的存在，盐会在池中由下向上扩散，但整个过程是很缓慢的。研究表明，如果池深 1m，底部盐浓度达到饱和，则底部与顶部盐浓度差减少到初始值的一半，大约需要 1 年的时间，而采用定期向池底部注入浓缩盐水，用清水清洗池表面可以维持盐池的浓度梯度。太阳池的池水可以利用海水，经浓缩可以得到不同盐浓度的盐水，产生的热能又可以用来制盐。太阳池也可以用来建筑供热。总之，太阳池可能是一种利用太阳能提供中小规模热能的简便、经济的方式。

（2）海水淡化。

太阳能海水淡化是利用太阳能蒸发海水中的水，并凝结得到淡水。海水淡化的基本原理是：太阳光通过透明盖板照射到装有海水的池中，池底是黑色吸热层，底部有绝热层。黑色吸热层吸收太阳辐射后升温，并加热海水产生水蒸气，产生的水蒸气凝结聚集在透明盖板的内侧，并顺着盖板向下流动进入集水沟，淡水通过集水沟引出。在以直接盆式（池式）蒸馏系统为基本原理的基础上，人们还发展了一些其他的太阳能蒸馏海水淡化系统，如多级蒸馏系统等。

3.2.2 生物质能

1. 生物质能的概述

生物质直接或间接来自于植物。广义而言，生物质是一切直接或间接利用绿色植物进行光合作用而形成的有机物质，包括世界上所有的动物、植物和微生物，以及由这些生物产生的排泄物和代谢物。狭义上，生物质指来源于草本植物、树木和农作物等的有机物质。地球上生物质资源丰富，数量庞大，种类繁多，形态多样。按原料的化学性质可分为糖类、淀粉和木质纤维素物质。按原料来源划分，主要包括：①农业生产废弃物（如秸秆等）；②薪柴、枝杈柴和柴草；③农林加工废弃物，如木屑、谷壳、果壳等；④畜粪便和生活有机垃圾等；⑤工业有机废弃物、有机废水和废渣；⑥能源植物，包括作为能源用途的农作物、林木和水生植物等。

生物质能是太阳能以化学能形式存储在生物质中的一种能量形式，其直接或间接地来源于植物的光合作用，因而是以生物质为载体的能量。生物质能具有以下特点：①能量利用过程中二氧化碳零排放；②属于清洁低碳燃料，硫、氮含量低，灰分含量小，燃烧后的 SO_x、NO_x 和灰尘排放量比化石燃料小很多；③资源分布广，产量大，转化方式多种多样；④可再生性；⑤单位质量热值较低，且一般生物质中水分含量大而影响了燃烧和热解特性；⑥分布较为分散，收集运输和预处理成本较高。

生物质作为有机燃料，是多种复杂的高分子有机化合物组成的复合体，主要含有纤维素、半纤维素、木质素、淀粉、蛋白质、脂质等。

生物质的转化利用途径主要包括物理转化、化学转化、生物转化等，可以转化为二次能源，分别为热能或电力、固体燃料、液体燃料和气体燃料等。

物理转化是指生物质的固化，将生物质粉碎至一定的平均粒径，不添加黏结剂，在高压下挤压成一定形状。物理转化解决了生物质能形状各异、堆积密度小且松散、运输和储存使用不方便的问题，提高了生物质的使用效率。生物质化学转化主要包括直接燃烧、液化（高温高压下的热化学过程，得到高热值的液体产物）、气化（以氧气、水蒸气或氢气作气化剂，在高温下通过热化学反应将生物质的可燃部分转化为可燃气）、热解（在无氧条件下加热或缺氧条件下不完全燃烧，转化成高能量密度的气体、液体和固体产物）、酯交换（催化或超临界甲醇态下将动植物油脂通过酯交换反应生成脂肪酸甲酯，即生物柴油）等。生物质的生物转化则是利用生物化学反应过程将生物质原料转变为气态和液态燃料的过程，通常分为发酵生产乙醇工艺和厌氧消化技术。乙醇发酵工艺可将富含糖类的作物发酵转化为乙醇，也可将含纤维素的生物质原料经酸解或酶水解转化为可发酵糖，再制乙醇；厌氧消化技术则依靠厌氧微生物协同作用将生物质转化为甲烷、二氧化碳、氢及其他产物。

2. 我国生物质资源的分布

我国的生物质资源主要有农业生物质资源和林业生物质资源两大类。

秸秆是我国最主要的农业生物质资源，主要分布在东部地区。华北平原和东北平原是我国农作物秸秆的主要分布区。河北、内蒙古、辽宁、吉林、黑龙江和江苏等粮食主产区为秸秆产出的主要省区。单位国土面积秸秆资源量高的依次为山东、河南、江苏、安徽、河北、上海、吉林等省。此外，我国的农业生物质资源还有农产品加工业副产品，主要包括稻壳、玉米芯、甘蔗渣等。它们多来源于粮食加工厂、食品加工厂、制糖厂和酿酒厂等，数量巨大、产地相对集中、易于收集处理。其中，稻壳主要产于东北地区、湖南、四川、江苏和湖北等省；玉米芯主要产于东北地区和河北、河南、山东与四川等省；甘蔗渣主要产于广东、广西、福建、云南和四川等省区。

我国林业生物质资源的主要类型有森林中成熟或过熟林的采伐剩余物、死木清理以及近成熟林的抚育修枝和中龄林的抚育间伐等。各种林地中需进行经济林的修剪、竹林的剩余物和四旁、散生、疏林的抚育修枝以及灌木林中的隔年轮平茬。根据第七次全国森林资源清查结果，东北及内蒙古林区、华北和中原地区、南方林区和华南热带地区是林业生物质资源集中分布的地区。

我国的农林生物质资源丰富、数量巨大，较常见的有秸秆、稻壳、薪材、锯末和甘蔗渣等。据统计，我国农作物秸秆可收集量约为4.5亿t/a，折合标准煤1.8亿t/a；稻壳5 000万t，折合标准煤2 000万t；林业加工过程中产生的木质废弃物约2 400万m^3，折合标准煤150万t；各种天然薪材的合理提供量为1.4亿t，折合标准煤0.74亿t。2003年，我国农林生物质资源可获得量的当量值为28 400万t标煤（tce），占生物质资源总量的95%。

当前，我国面临着经济增长和环境保护的双重压力。因此，改变能源生产和消费方式，充分开发利用本国的生物质资源对建立可持续的能源系统，促进国民经济发展和环境保护具有重大的意义。生物质能高新转换技术不仅能够大大加快村镇居民实现能源现代化进程，满足农民富裕后对优质能源的迫切需求，同时也可在乡镇企业等生产领域中得到应用。由于中国地广人多，常规能源不可能完全满足广大农村日益增长的需求，而且由于国际上正在制订各种有关环境问题的公约，限制二氧化碳等温室气体排放，这对以煤炭为主的我国是很不利的。因此，立足于农村现有的生物质资源，研究新型转换技术，开发新型装备既是农村发展的迫切需要，又是减少排放、保护环境、实施可持续发展战略的需要。

3. 生物质能的开发利用

下面将从生物质燃烧、生物质气化、生物质热解、生物质直接液化、生物质燃料乙醇、生物柴油和沼气技术来介绍生物质能的应用。

1）生物质燃烧

生物质的直接燃烧是最简单的热化学转化工艺。生物质在空气中燃烧是利用不同的过程设备，将储存在生物质中的化学能转化为热能、机械能或电能，燃烧过程中产生的热气体温度在800～1000℃。与化石燃料相比，其燃烧特性有所不同，主要表现为：①含碳量较少，含固定碳少；②含氢量稍多，挥发分明显较多；③含氧量多；④密度小；⑤含硫量低。

生物质燃料的燃烧过程是燃料和空气间的传热、传质过程。燃烧除需要有燃料存在外，必须有足够温度的热量供给和适当的空气供应。生物质中可燃部分主要是纤维素、半纤维素和木质素。生物质直接燃烧反应是一个复杂的物理、化学过程，是发生在碳化表面和氧化剂（氧气）之间的气固两相反应，其燃烧机理属于静态渗透式扩散燃烧。首先，燃料表面可燃挥发物燃烧，进行可燃气体和氧气的放热化学反应，形成火焰。其次，成型燃料表层部分的碳处于过渡燃烧区，形成火焰。第三，生物质燃料表面仍有较少挥发分燃烧，更主要的是燃烧向成型燃料更深层渗透。焦炭的扩散燃烧，产物CO_2、CO及其他气体向外扩散，同时CO不断与O_2结合成CO_2，成型燃料表层生成薄灰壳，外层包围着火焰。第四，生物质燃料进一步向更深层发展，在内层进行碳燃烧（即C与O_2反应生成一氧化碳），在表面进行一氧化碳燃烧（生成CO_2），形成比较厚的灰壳。由于生物质的燃尽和热膨胀，灰层中呈现微孔组织或空隙通道甚至裂缝，较少的短火焰包围着成型块。第五，燃尽壳不断加厚，可燃物基本燃尽，在无强烈干扰的情况下，形成整体灰球，灰球表面几乎看不出火焰，变为暗红色，至此整个燃烧过程结束。

生物质燃烧技术主要可分为直接燃烧、与煤一起混合燃烧以及气化燃烧三类。

（1）生物质直接燃烧。

生物质的直接燃烧技术即将生物质如木材直接送入燃烧室内燃烧，燃烧产生的能量主要用于发电或集中供热。利用生物质直接燃烧，只需对原料进行简单处理，可节约成本，同时燃烧产生的灰可用作肥料。然而，由于直接燃烧生物质特别是木材，产生的颗粒排放物对人体健康有影响，且生物质中含有大量水分（有时高达60% ~70%），在燃烧过程中大量热量以汽化潜热丧失，燃烧效率低，浪费了大量能量。因此，20 世纪40 年代研究者开始了生物质的成型技术开发研究。日本、美国及欧洲一些国家生物质成型燃料燃烧设备已经定型，并形成了产业化，在加热、供暖、干燥、发电等领域推广应用。生物质成型燃料由于有着便于储存、运输和使用方便、卫生、燃烧效率高、清洁利用环保等诸多优点，受到广泛关注；在我国一些地区已进行批量生产，并形成研究、生产、开发的良好势头，因而在未来的能源消耗中，生物质成型燃料也将占有越来越大的份额。

（2）生物质和煤的混合燃烧。

对生物质来说，近期有前景的应用是现有电厂利用木材或农作物的残余物与煤混合燃烧。利用此技术，除了显而易见的废弃物利用的好处外，另一个益处是燃煤电厂可低 NO_x 排放。因为木材的含氮量比煤少，并且其中的水分使燃烧过程冷却，减少了 NO_x 的热形成。在煤中混入生物质如木材，会对炉内燃烧的稳定和给料及制粉系统有一定的影响。许多电厂的运行经验证明，在煤中混入少量木材（1% ~8%）没有任何运行问题；当木材的混入量上升至 15% 时，需对燃烧器和给料系统进行一定程度的改造。

生物质与煤混合燃烧是一种综合利用生物质能和煤炭资源，并同时降低污染排放的新型燃烧方式。我国生物质能占一次能源总量的 33%，是仅次于煤的第二大能源。同时，我国又是一个燃煤污染排放很严重的发展中国家，因此发展生物质与煤混合燃烧这种既能减轻污染又能利用再生资源的廉价技术是非常适合我国国情的。

目前，生物质燃烧技术研究主要集中在高效燃烧、热电联产、过程控制、烟气净化、减少排放量和提高效率等技术领域。在热电联产领域，出现了热、电、冷联产，以热电厂为热源，采用溴化锂吸收式制冷技术提供冷水进行空调制冷，可以节省空调制冷的用电量；热、电、气联产则是以循环流化床分离出的 800 ~900℃的灰分作为干馏炉中的热源，用干馏炉中的新燃料析出挥发分生产干馏气，流化床技术仍是生物质高效燃烧技术的主要研究方向，特别是像我国这样生物质资源丰富的国家，开发研究高效燃烧炉，提高使用热效率，显得尤其重要。

（3）生物质的气化燃烧。

生物质燃料要广泛、经济地应用于动力电厂，其应用技术必须能在中等规模电站提供较高的热效率和相对低的投资费用，生物质气化技术使人们向这一目标迈进。生物质气化燃烧是指在高温条件下，利用部分氧化使有机物转化成可燃气体，产生的气体可以直接作为燃料，用于发动机、锅炉、民用等领域，研究途径是利用气化发电和合成甲醇以及产生蒸汽。与煤气化不同，生物质气化不需要苛刻的温度和压力条件，这是因为生物质有较高的反应能力。目前，广泛使用的生物质气化装置有常压循环流化床（ACFB）和增压循环流化床（PCFB）。

2）生物质气化

生物质气化是以生物质为原料，以氧气（空气、富氧或纯氧）、水蒸气或氢气等作为气化剂（或称为气化介质），在高温条件下通过热化学反应将生物质中可以燃烧的部分转化为可燃气的过程。生物质气化时产生的气体，主要有效成分为 CO、H_2、CH_4、CO_2 等。生物质气化有如下特点：①材料来源广；②可规模化生产；③可通过改变原料形态来提高能量转化效率，获得高品位能源，改变传统方式利用率低的状况；④具有废物利用、减少污染、使用方便等优点；⑤可实现生物质燃烧的碳循环，推动可持续发展。

生物质气化过程，包括生物质碳与氧的氧化反应，碳与二氧化碳、水等的还原反应和生物质的热分解反应。生物质气化由四个区域构成：①干燥层，生物质进入气化器顶部，被加热至200～300℃，原料中水分首先蒸发，产物为干原料和水蒸气；②热解层，生物质向下移动进入热解层，挥发分从生物质中大量析出，在500～600℃基本完成，只剩下木炭；③氧化层，剩余木炭与被引入的空气反应，释放出大量热以支持其他区域进行反应，该层反应速率快，温度达1000～1200℃，挥发分参与燃烧后进一步降解；④还原层，没有氧气存在，氧化层中的燃烧产物及水蒸气与还原层中的木炭发生还原反应，生成 H_2 和 CO 等，与挥发分一起形成了可燃气体，完成了固体生物质向气体燃料转化的过程，还原反应吸热，温度降至700～900℃，所需能量由氧化层提供，反应速率慢，还原层高度超过氧化层。

在生物质气化过程中，原料在限量供应的空气或氧气及高温条件下，被转化成燃料气。气化过程可分为三个阶段：首先物料被干燥失去水分，然后热解形成小分子热解产物（气态）、焦油及焦炭，最后生物质热解产物在高温条件下进一步生成气态烃类产物、氢气等可燃物质，固体碳则通过一系列氧化还原反应生成 CO。气化介质可用空气，也可以用纯氧。在流化床反应器中通常用水蒸气作载体。

生物质气化发电技术可将气化产生的可燃气用于推动燃气发电设备进行发电。它既能解决生物质难于燃用且分布分散的缺点，又可以充分发挥燃气发电技术设备紧凑且污染少的优点，因而气化发电是生物质能最有效最洁净的利用方法之一。气化发电过程包括三方面：生物质气化、气体净化以及燃气发电。生物质气化发电技术具有三个特点：①技术有充分的灵活性；②具有较好的洁净性；③经济性。从规模上，生物质气化发电系统可分为小规模、中等规模和大规模，其中小规模适合于生物质分散利用，投资小、成本低；大规模生物质气化发电系统适合于生物质大规模利用，发电效率高，是生物质气化发电的主要发展方向。

3）生物质热解

生物质热解是指生物质在无空气等氧化环境情形下发生的不完全热降解生产炭、可冷凝液体和气体产物的过程，可得到炭、液体和气体产物。依据反应温度和加热速率，生物质热解工艺可分成慢速、常规、快速热解。慢速热解主要用来生成木炭，低温和长期慢速热解使得炭产量最大可达 30%，约占 50% 的总能量；中等温度及中等反应速率的常规热解可支持相同比例的气体、液体和固体产品；快速热解是在传统热解基础上发展起来的一种技术，相对于传统热解，它采用超高加热速率、超短产物停留时间及适中的热解温度，使生物质中的有机高聚物分子在隔绝空气的条件下迅速断裂为短链分子，使焦炭和产物气降到最低限度，从而最大限度获得液体产品。

生物质热解可分为化学变化和物理变化两步过程，前者包括一系列复杂化学反应，后者包括热量传递。其进程可分为三个阶段：①预热解阶段：温度为 120～200℃，即使加热很长时间，原料质量也只有少量减少，为 H_2O、CO 受热释放所致，外观无明显变化，但物质内部结构重排；②固体分解阶段：温度为 300～600℃，各种复杂的物理、化学反应在此阶段发生，木材中的纤维素、半纤维素、木质素先通过解聚作用分解成单体或单体衍生物，然后通过各种自由基反应和重排反应进一步降解成各种产物；③焦炭分解阶段：焦炭中的 C—H、C—O 键进一步断裂，焦炭质量以缓慢的速率下降并趋于稳定，导致残留固体中的碳素富集。

生物质热解液化技术的典型工艺流程分为以下四个部分：原料的干燥和粉碎、热裂解、焦炭和灰的分离、液体生物油的收集。生物质的热解产物主要有生物油、不可凝结气体和木炭。生物油是由分子质量大且含氧量高的复杂有机化合物的混合物组成，包括绝大多数种类含氧有机物，如醚、酯、酮、酚醇及有机酸等。生物油是一种用途极为广泛的新型可再生液体清洁能源产品，在一定程度上可替代石油直接用作燃油燃料，也可进一步催化、提纯，制成高质量的汽油和柴油产品，供各种运载工具使用；生物油中含大量化学品，从中提取化学产品具有很明显的经济效益。此外，热解产生的不可凝结气体，热值较高，可以用作生物质热解反应的部分能量来源，如热解原料烘干或用作反应器内部的惰性化气体和载气。木炭疏松多孔，表面性能良好，灰分低，燃料特性优异，低容重，低含硫量，易研磨，因而可加工成活性炭用于化工和冶炼。

4）生物质直接液化

生物质直接液化是将生物质与一定量溶剂混合放在高压釜中，经抽真空或通入保护气体，在适当温度和压力下将生物质转化为燃料或化学品的技术。直接液化是在高温高压下进行的热化学过程，目的在于将生物质转化成高热值的液体产物。其液化的实质即固态的大分子有机聚合物转化为液态的小分子有机物质，由破坏宏观结构使之分解成有机大分子、大分子链状有机物解聚并熔解于反应介质、高温高压下水解或溶剂溶解成液态小分子有机物三个阶段构成。

将生物质转化为液体燃料，需要加氢、裂解和脱灰过程，工艺流程如图 3-4 所示。生物质原料含水可达 50%，液化过程中水分会挤占反应空间，需将木材的含水率降到 4%，以便于粉碎处理。将木屑干燥和粉碎后，初次启动时与溶剂混合，正常运行后与循环油相混合。木屑与油混合而成的泥浆非常浓稠，且压力较高，因而采用高压送料器进入反应器。反应器中的工作条件优化后，压力为 28MPa，温度为 371℃，20% 浓度的 Na_2CO_3 溶液作催化剂，CO 通过压缩机压缩至 28MPa 后输送至反应器。反应的产物为气体和液体，离开反应器的气体被迅速冷却为轻油、水及不冷凝气体。液体产物包括油、水、未反应的木屑和其他杂质，离心分离固体杂质后得到的一部分液体产物可作循环油使用，其他作为产品。

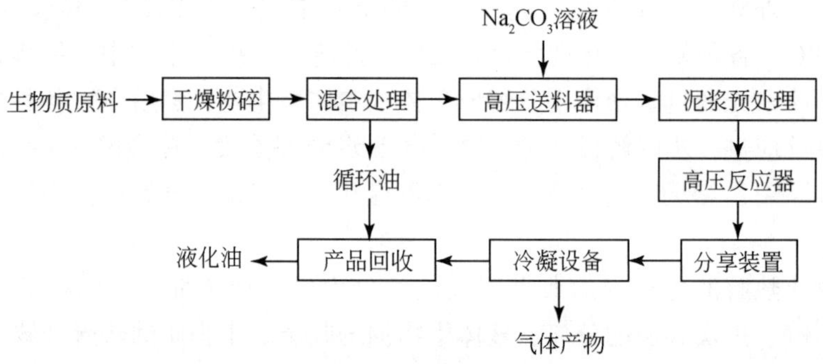

图 3-4　生物质直接液化工艺流程

液化产物的应用领域较多，木质生物材料液化产物除了作为能源材料外，由于酚类液化产物含有苯酚官能团，因此可用作胶黏剂和涂料树脂，日本的一些研究者在这方面有一些探索。此外，利用生物质直接液化产物还可以制备发泡型或成型模压制品，利用乙二醇或聚乙烯基乙二醇木材液化产物生产生物降解塑料如聚氨酯，而研究者还将液化后剩余苯酚全部转换成高分子树脂，极大地提高了该液化技术的实用价值，也大大提高了酚化木材树脂的热流动性及模压产品的力学性能。

5）生物质燃料乙醇

乙醇（ethanol），俗称酒精，对其进一步脱水（使含量达 99.6% 以上），再加上适量变性剂可得到燃料乙醇。经适当加工后，燃料乙醇可以制成乙醇汽油、乙醇柴油等用途广泛的工业燃料。利用生物质制备的生物燃料乙醇在燃烧过程中排放的二氧化碳和含硫气体等均低于汽油燃料所产生的对应排放物，数据显示，使用 10% 燃料乙醇汽油，可使汽车尾气中一氧化碳、碳氢化合物排放量分别下降 30.8% 和 13.4%，二氧化碳排放量减少 3.9%。

制备燃料乙醇的原料主要有两类：淀粉质原料和纤维质原料。

淀粉质原料燃料乙醇是以含淀粉的农副产品为原料，利用 α-淀粉酶和糖化酶将淀粉转化为葡萄糖，再利用酵母菌产生的酒化酶等将糖转变为酒精和二氧化碳的生物化学过程。以薯干、米、玉米、高粱等淀粉质原料生产酒精的流程如图 3-5 所示。

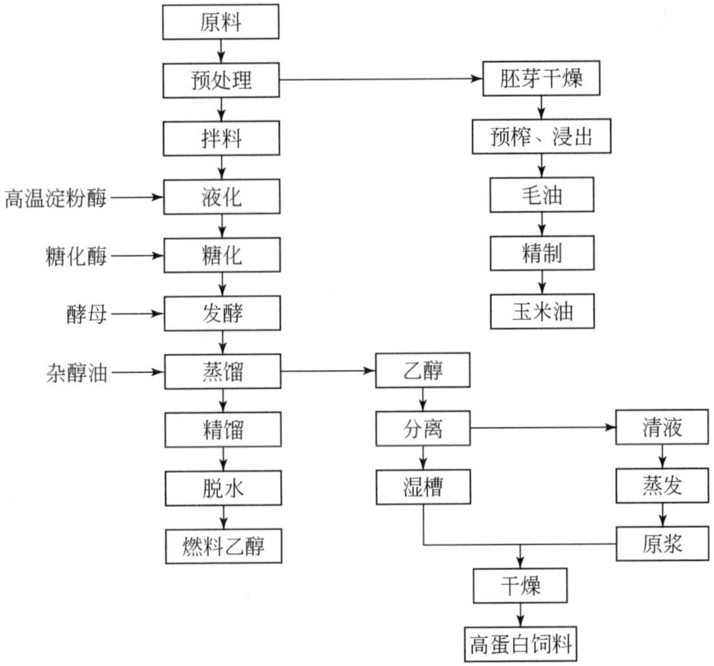

图 3-5　淀粉质原料燃料乙醇生产流程图

纤维素是地球上的丰富的可再生资源，每年仅陆地植物就可产生约 500 亿 t 纤维素，占地球总生物量的 60% ~80%。对于我国，纤维素原料非常丰富，仅农作物秸秆、皮壳两项，每年产量即达 7 亿多吨，其中玉米秸（35%）、小麦秸（21%）和稻草（19%）是我国三大秸秆，同时林业副产品、城市垃圾、工业废物数量相当可观。因而，我国更适合于进行纤维质原料的燃料乙醇生产。纤维质原料燃料乙醇生产工艺主要有预处理、水解糖化、乙醇发酵和分离提取四大步骤，如图 3-6 所示。原料预处理有物理法、化学法、生物法，目的是破坏木质纤维原料的网状结构，脱去木质素，释放纤维素和半纤维素以利于水解糖化。纤维素糖化可以采用酸糖化法或酶糖化法；而稀释水解过程工艺较为成熟，先在低温稀酸条件下将半纤维素水解为五碳糖，然后在较高温度条件下用酸水解残留固体得到葡萄糖。

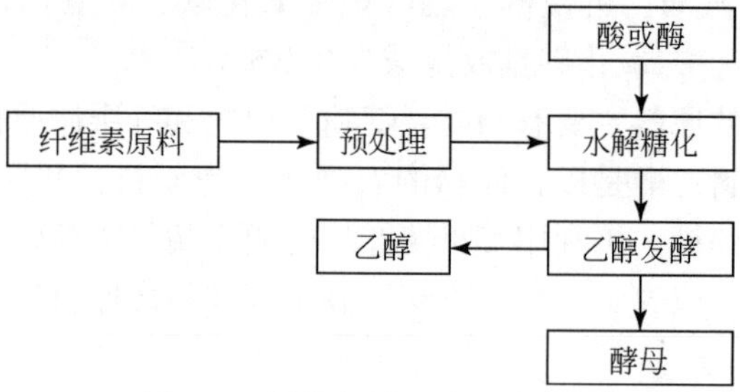

图 3-6　纤维素制乙醇工艺流程

燃料乙醇的生产，除了它本身的经济性及对农业、能源的好处之外，还有一些明显的关联经济效应。一方面，燃料乙醇有着巨大的环保效应，随着它的推广，可以大量节省大中城市治理空气污染的费用。另一方面，对于石化行业发展，燃料乙醇具有巨大的需求又是十分有利的。我国汽油品质的提高和石化产品（化纤）的发展，目前都受到石油中高辛烷值组分的制约。提高油品质量，需要高辛烷值组分（如重整油），而发展化工和化纤（如聚酯纤维和苯系化工），也都需要高辛烷值组分。在石油中，高辛烷值组分的量是一定的（一般为石油的6%），双方实际上在争分这有限的资源。由于用于化石和化纤效益远好于汽油，为了满足需要，每年还要专门进口高辛烷值组分原料（石脑油，每年进口 200 万 t 左右，其价格是石油的 1.5 倍），包括石化行业准备发展的 MTBE（甲基叔丁基苯），也都是为了解决汽油的高辛烷值组分资源不足的问题。我国已经接受了美国的教训，确定了不再发展 MTBE 的产业政策，那么发展乙醇就是最好的选择。单从全国汽油品质提高所需高辛烷值组分的量来配套发展，其用量也是很大的。比如参照美国现行的一些配方，在汽油中只加 7.7% 的乙醇，也可以加 5.7% 的乙醇和 5% 的 MTBE 混合物（均属新配方汽油），燃料乙醇年需求量至少在 200 万 t 以上。这样既解决了高辛烷值组分的紧缺，又节约了大量进口的外汇支出。

6）生物柴油

生物柴油，广义上包括所有用生物质为原料生产的替代燃料，狭义上指燃料甲酯、生物甲酯或酯化油脂，也就是脂肪酸甲酯的混合物。生物柴油主要通过不饱和脂肪酸与低碳醇经转酯化反应获得，其分子碳数与柴油分子接近，原料来源广泛，含有丰富脂肪酸甘油酯类的原料（如各种食用油、餐饮废油、屠宰场剩余动物脂肪，甚至一些油籽和树种）均可制备生物柴油。

生物柴油有如下优点：①具有优良的环保特性。主要表现在由于生物柴油中硫含量低，二氧化硫和硫化物的排放低，可减少约 30%（有催化剂时为 70%）；

生物柴油中不含会对环境造成污染的芳香族烷烃，因而废气对人体损害低于柴油。检测表明，与普通柴油相比，使用生物柴油可降低 90% 的空气毒性，降低 94% 的患癌率；由于生物柴油含氧量高，其燃烧时排烟少，一氧化碳的排放与柴油相比减少约 10%（有催化剂时为 95%）；生物柴油的生物降解性高。②具有较好的低温发动机启动性能。无添加剂时冷滤点达-20℃。③具有较好的润滑性能。使喷油泵、发动机缸体和连杆的磨损率低，使用寿命长。④具有较好的安全性能。由于闪点高，生物柴油不属于危险品。因此，在运输、储存、使用方面的安全性又是显而易见的。⑤具有良好的燃料性能。十六烷值高，其燃烧性好于柴油，燃烧残留物呈微酸性，可使催化剂和发动机机油的使用寿命加长。⑥具有可再生性能。作为可再生能源，与石油储量不同，其通过农业和生物科学家的努力，可供应量不会枯竭。⑦无须改动柴油机，可直接添加使用，同时无须另添设加油设备、储存设备及进行人员的特殊技术训练。⑧生物柴油以一定比例与石化柴油调和使用，可以降低油耗、提高动力性，并降低尾气污染。

生物柴油的生产方法有化学转酯化法、生物酶催化法以及超临界法。

(1) 化学法转酯化制备生物柴油是利用动植物油脂与甲醇或乙醇在催化剂存在下发生酯化反应来制成脂肪酸甲（乙）酯，包括均相化学催化法和非均相化学催化法。二者的区别在于催化剂。均相催化法包括碱催化和酸催化，催化剂一般为 NaOH、KOH、H_2SO_4、HCl 等；该法目前已被广泛应用，但也存在废液多、副反应和乳化现象严重等问题，因而出现了非均相催化法。非均相催化法所用催化剂包括金属催化剂［如 ZnO、$ZnCO_3$、$MgCO_3$、K_2CO_3、$CaCO_3$、$(CH_3COO)_2Ca$、$(CH_3COO)_2Ba$、Na/NaOH/γ-Al_2O_3等］、沸石催化剂、硫酸锡、氧化锆及钨酸锆等固体超强酸。

(2) 生物酶催化法合成生物柴油是利用动植物油脂和低碳醇通过脂肪酶进行转酯化反应，以制备相应的脂肪酸甲酯及乙酯。与传统化学法比较，酶催化条件更温和，反应更高效，能耗更低；然而脂肪酶的高成本制约了酶催化法的大规模应用，因而研究工作也逐渐转向提高脂肪酶稳定性和重复利用率方面。

(3) 超临界法制备生物柴油是用植物油与超临界甲醇反应制备生物柴油，其基本原理与前两种方法相同，然而在超临界状态下的酯交换反应中，甲醇和油脂成为均相，均相反应速率常数较大，反应时间短。此外，反应中不使用催化剂，所以反应后续分离工艺较为简单，不排放废碱液。该法目前受到广泛关注，当然，在应用中也存在如超临界设备投入费用较大等实际问题。

生物柴油可用作锅炉、涡轮机、柴油机等的燃料，工业上应用的主要是脂肪酸甲酯。生物柴油是一种优质清洁柴油，可从各种生物质提炼，因此是取之不尽，用之不竭的能源，在资源日益枯竭的今天，有望取代石油成为替代燃料。目前，世界各国，尤其是发达国家，都在致力于开发高效、无污染的生物质能利用技术。欧洲已成为全球生化柴油的主要生产地，美国、意大利、法国已相继建成生物柴油生产装置数十座。美国是最早研究生物柴油的国家，总生产能力达1 300 000t，对生物柴油的税率为0%。美国在黄石公园进行的60万km的行车实验，没有任何结焦现象，空气污染物排放降低了80%以上。美国B20是采用20%生物柴油的柴油，尾气污染物排放可降低50%。德国目前已拥有8个生物柴油工厂，德国拥有300多个生物柴油加油站，并且制定了生物柴油的标准，对生物柴油不收税，2006年生物柴油产量达100万t。虽然与这些发达国家相比，我国在发展生物柴油方面还有一些差距，但是近年来的成绩相当可观。海南正和生物能源公司、四川古杉油脂化工公司、福建卓越新能源发展公司等民营企业首先开启了我国生物柴油的产业化，随后江西巨邦化学公司、中石化、四川大学生命学院等企业和研发机构都在致力于万吨级生物柴油生产装置的建设，并取得了成效。综合考虑生物柴油生产和我国国情，降低成本将是未来我国生物柴油发展的着眼点，这可以通过降低原料成本、降低生产成本和国家政策支持三方面来加以解决。

7）沼气技术

沼气是由有机物质（粪便、杂草、作物、秸秆、污泥、废水、垃圾等）在一定温度、湿度、酸碱度和厌氧条件下，经各种微生物发酵及分解作用而产生的一种以甲烷为主要成分的混合可燃气体。沼气是多种气体的混合物，一般含甲烷50%～70%，其余为二氧化碳和少量的氮、氢、氨及硫化氢等，其特性与天然气相似。空气中如含有8.6%～20.8%（体积分数）的沼气时，就会形成爆炸性的混合气体。沼气最主要的性质是可燃性，燃烧时放出大量热，热值为21 520kJ/m^3，约相当于1.45m^3煤气或0.69m^3天然气的热值，因而沼气是一种燃烧值高、有应用前景的可再生能源。

沼气生产工艺多样，但也有一定共性，基本包括原料收集、预处理、消化器（沼气池），出料的后处理、沼气净化、储存运输及利用等环节。

沼气作为能源、资源，用途广泛：除直接燃烧用于炊事、烘干农副产品、供暖、照明和气焊等外，还可作内燃机的燃料以及生产甲醇、甲醛、四氯化碳等化工原料。经沼气装置发酵后排出的料液和沉渣，含有较丰富的营养物质，可用作肥料和饲料。

在我国，农业资源和环境的承载力十分有限，发展农业和农村经济，不能以消耗农业资源、牺牲农业环境为代价。农村沼气把能源建设、生态建设、环境建设、农民增收链接起来，促进了生产发展。发展农村沼气，优化广大农村地区能源消费结构，是中国能源战略的重要组成部分，对增加优质能源供应、缓解国家能源压力具有重大的现实意义。在大中型沼气工程项目方面，经过多年发展，截至 2005 年年底，全国已建成 700 多座沼气生产厂，主要分布在东部地区和大城市郊区，以满足各地区的能源需求。目前，沼气生产和工艺及用途的研究仍是沼气科学工作者研究的热点课题之一，沼气作为一种新型可再生能源有可能替代石油、天然气等产品而更广泛地应用于生活。

3.2.3　风能

1. 风能概述

风能（wind energy）是地球表面大量空气流动所产生的动能。地面各处受太阳辐照后气温变化不同，空气中水蒸气的含量不同，引起各地气压差异，在水平方向上高压空气向低压地区流动，即形成风。由此可见，从广义上看，风能是由太阳能转化而来的一种能量形式。风能属于可再生资能源，不会随着本身的转化和人类的利用而日趋减少。与天然气、石油相比，风能不受市场价格的影响，也不存在枯竭的威胁；与煤相比，风能没有污染，属于清洁能源；更重要的是，利用风能发电来取代热电可以有效减少二氧化碳以及其他有害排放物。

相关技术的进步使风能开发利用的成本不断降低，风能已成为世界上发展速度最快的新型能源。据全球风能委员会（GWEC）统计，2004 年全球风力发电机组安装总量达到 797.6 万 kW，较前一年增长了 20%，而绿色和平组织的《风力 12》中预测，到 2020 年，全球风力发电装机将达到 12.31 亿 kW，年安装量达到 1.5 亿 kW，风力发电量将占全球总发电量的 12%。风能可以按照不同的需要转换成不同形式的能量，如机械能、电能、热能等，以实现泵水灌溉、发电、供热、风帆助航等功能（图 3-7）。然而，风能也有一些缺点：首先风能是一种过程性能源，无法直接储存；其次，风能的供应具有随机性，需要辅助其他能源才能保证稳定供应；最后，风能的能量密度低，开发利用过程中装置体积大、耗材多，费用也较高。

2. 我国风能资源的分布

我国幅员辽阔，海岸线长，风能资源比较丰富。根据中国气象局估算，中国风能资源潜力约为 1.6×10^9kW，其中约 1/10 可以开发利用。我国风能资源分布与天气气候背景和地理环境有密切联系，风能资源丰富和较丰富地区主要在两个大带内：沿海及其岛屿地区丰富带和“三北”（东北、西北、华北）地区丰富带。此外，一些内陆地区还存在局部风能丰富带，同时海上也有丰富的风能。

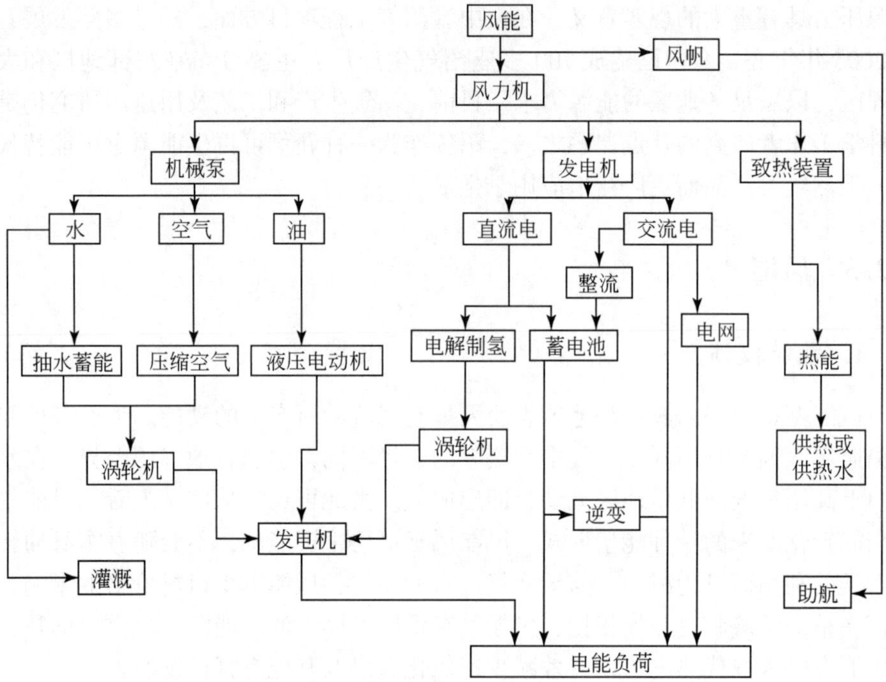

图 3-7　风能转换利用情况

1）沿海及其岛屿地区丰富带

沿海及其岛屿风能丰富带的年有效风功率密度在 200W/m^2 以上，风功率密度线平行于海岸线，沿海岛屿风功率密度在 500W/m^2 以上，如台山、平潭、东山、南鹿、大陈、马祖、东沙等，可利用小时数为 7000 ~ 8000h，这一地区特别是东南沿海，由海岸向内陆丘陵连绵，在距海岸 50km 以内均为风能丰富区。东南沿海受台湾海峡的影响，每当冷空气南下到达海峡时，由于狭管效应，风速增大；冬春季的冷空气、夏秋的台风，都能影响到沿海及其岛屿，因而该区域是我国风能的最佳丰富区。

2）"三北"地区丰富带

"三北"地区的风功率密度在 300W/m^2 以上，有时可达到 500W/m^2 以上，如阿拉山口、达坂城、辉腾锡勒、锡林浩特的灰腾梁、承德围场等，可利用的小时数在 5000h 以上，有的甚至到 7000h 以上。该丰富带的形成，主要是由于北部地区处于中高纬度。北部地区是北半球冷高压南下的必经之路，是冷空气入侵我国的前沿，在冷峰（冷高压前峰）过境时，在冷峰后 200km 附近经常可以出现 6 ~ 10 级大风（风速为 10. 8 ~ 24. 4m/s）。对风能利用来说，这是可以有效利用的高质量大风。该丰富带的风能密度虽然比东南沿海小，但其分布范围广，是我国最大的成片风能资源区。

3）内陆局部丰富区

一般而言，在两大风能丰富区外，风功率密度在 100W/m^{2}以下，可利用小时数为 3000h 以下。但在某些局部地区，由于受到湖泊和特殊地形的影响，风能也比较丰富，如鄱阳湖、湖南衡山、湖北九宫山、河南嵩山、山西五台山、安徽黄山、云南太华山等较平地而言风能很大。另外，青藏高原海拔 4000m 以上，风速较大，但仍属风能一般地区；其主要原因是，高原地区空气密度小，导致风功率密度较低（如同样 8m/s 的风速，在海平面风功率密度为 313.6W/m^2，而在海拔 4000m 以上则只有 209.9W/m^2）。

4）海上风能丰富区

海上风电场的特点是风速高，发电量大，湍流强度小，可以减少机组疲劳载荷，延长使用寿命，但是发电系统和机组基础成本也高。我国海上风能资源丰富，东部沿海水深为 2～15m 的海域面积辽阔，按与陆地相同的方法估测，10m 高度可利用风能资源约是陆地上的 3 倍，即 7.5 亿 kW，具有巨大的开发潜力。

总体而言，我国的东南沿海及其附近岛屿，新疆、内蒙古和甘肃走廊、东北、西北、华北和青藏高原等部分地区，风能资源丰富，每年的风速在 3m/s 以上，时间近 4000h，一些地区年平均风速可达 7m/s 以上，具有很大的开发价值，风能利用前景广阔。

3. 风能的开发利用

风能的利用主要是风力发电和风能作动力两种形式，其中尤以风力发电为主。风力发电就是通过风力机带动发电机发电，发出的交流电供给负载。风能作动力就是利用风来直接带动各种机械装置，如带动水泵提水等。下面对风能的这两项应用做具体介绍。

1）风力发电

风力发电技术是将风所蕴含的动能转换成电能的工程技术。

发电机是风力发电系统的重要组成部分之一，分为同步发电机和异步发电机两种。以前小型风力发电机用的是直流发电机，由于其结构复杂、维修量大，逐步被交流发电机代替。发出的电有两种供给方式：独立供电和并网供电。

蓄电池是风力发电最基本的储能设备。蓄电池种类繁多，但在实际应用中主要有铅（酸性）蓄电池和镉镍（碱性）蓄电池；考虑到价格因素，铅蓄电池在风力发电机组中使用最多，虽然它的储能效率要低于镉镍蓄电池。铅蓄电池一般以二氧化铅（PbO_2）作阳极，铅（Pb）板作阴极，27%～37%的硫酸（H_2SO_4）水溶液作电解液，内部发生如下电化学反应。

放电：$$PbO_2+2H_2SO_4+Pb \longrightarrow 2PbSO_4+2H_2O \tag{3-1}$$

$$充电：2PbSO_4+2H_2O \longrightarrow PbO_2+2H_2SO_4+Pb \qquad (3\text{-}2)$$

任何蓄电池的使用都是充电和放电的反复进行，铅蓄电池的使用寿命为 2 ~ 6 年。

逆变器也是风力发电系统中的重要装备，其作用是将直流电转变为交流电，有些逆变器还兼有将交流电变成直流电的功能。逆变器有不同类型，有一种旋转逆变器可以利用一个直流电动机来驱动一个交流发电机，其中直流电动机以固定转速驱动发电机，所以发电机频率能维持不变。在实际风力发电过程中，风力发电机受风速变化的影响，发电频率控制难度大，往往先将发出的交流电整流成直流电，再用这种旋转逆变器形成质量稳定的交流电，以便供给对用电质量要求严格的用户或送入电网。另外一种静态逆变器由晶体管制成，常用于小型风力发电机供电系统中。小型风力机组的直流电有 12V、24V、32V，而家用电器使用 220V 交流电，因而可使用静态逆变器完成转换。一般逆变器都具有一定的过冲击能力，如 55W 晶体管逆变器在 10 ~ 60s 内能够达到 700W 的功率，这对家用电器设备的启动是有益的。

根据是否将所发的电送入电网，风力发电可分为离网式和并网式两类。对于地处偏僻、居民分散的山区、牧区、海岛等电网延伸不到的地方，发展离网风力发电，是解决照明等生活用电和部分生产用电的一条可行途径。离网供电可分为直流供电（一户一机式供电、直流线路供电、充电站式供电）和交流供电（直接交流供电、“交流-直流-交流”逆变供电）两种形式。并网风力发电，是将发电机组发出的电送入电网，用电时再从电网把电取回来，从而解决了发电不连续及电压和频率不稳定等问题，并且从电网取回的电的质量是可靠的。具体而言，可以将机组发出的交流电直接输入网上，也可以将其先整流成直流再依靠逆变器转换后输入电网系统。目前，风力发电机组的并网运行虽然是一种良好的趋势，但是国内已运行的并网风力发电机并不是很多。

2）风力提水

我国适合风力提水的区域辽阔，提水设备的制造和应用技术也非常成熟。在我国东南沿海、内蒙古、青海、甘肃和新疆北部等地区，风能资源丰富，地表水源也丰富，是发展风力提水的较好区域。同时，风力提水也是弥补当前农村、牧区能源不足的有效途径之一，具有较好的经济、生态和社会效益，发展潜力巨大。

风力提水受到广泛关注，尤其是在发展中国家得到广泛应用，其特点有：①风力提水机结构可靠，制造容易，成本低，维护简单；②储水问题容易解决，只要注入水罐和水池就可以储存；③低风速工作性能好，多数风力提水机在风速为 3m/s 时就可以启动；④效益明显。风力提水制盐、养虾、改良盐碱池等，不仅节省常规能源，还能增加额外的经济效益。

风力提水机的水泵主要有往复式水泵和旋转式水泵两大类。提水机按照技术指标可以分为低扬程大流量型（扬程 0.5 ~ 3m，流量 50 ~ 100m^3/h，风轮直径 5 ~ 7m，适于提取地表水）、中扬程大流量型（扬程 10 ~ 20m，流量 15 ~ 25m^3/h，风轮直径 5 ~ 6m，适于提取地下水）、高扬程小流量型（扬程 10 ~ 100m，流量 0.5 ~ 5m^3/h，风轮直径 2 ~ 6m，适于提取深井地下水）。

目前，我国生产运行中的风力提水机有 3000 余台，主要用于东南沿海制盐，江苏、河北农田灌溉，“三北” 人畜饮水以及小型草场灌溉等。

3.2.4 氢能

1. 氢能概述

氢是人类最早发现的元素之一。常温常压下，氢气是一种气体，无色、无味、易燃烧。氢能就是指氢气所含有的能量，其实质是一种二次能源，是一次能源的转化形式。也可以说，氢能是能量的一种储存形式。氢能在进行能量转化的时候产物是水，可以实现真正零排放。

氢能作为二次能源，具有资源丰富、热值高、燃烧性能好、用途广泛、清洁环保的特点，同时还有潜在的经济效益。目前，氢的主要来源是石油产品的提炼、煤的气化和水的分解等，成本还比较高。今后通过利用太阳能等能源进行大规模制氢，氢的成本会进一步降低，这样制氢的价格就能够与化石燃料的价格相匹配。

近年来，随着质子交换膜燃料电池技术的突破，已出现可达到零排放的高效氢燃料电池动力源用于燃料电池汽车。目前，无论在氢的制备、储存和利用方面，都未能形成规模。但是，随着制氢技术的发展和化石能源的缺少，氢能利用迟早会进入日常生活中。到那时，清洁方便的氢能系统，将给人们创造舒适、干净的生活环境。

2. 氢能的制取

自然界中不存在纯氢，它只能从其他化学物质中分解、分离得到，由此发展出了各种制氢技术。现在世界上制氢方法主要以天然气、石油、煤为原料，在高温下使其与水蒸气反应或部分氧化制得。我国目前的氢气来源主要有两类：一是采用天然气、煤、石油等蒸气转化制气或者甲醇裂解、氨裂解、水电解等方法得到含氢气源，再进一步分离提纯制氢；二是用含氢气源（如精炼气、半水煤气、城市煤气、焦炉气、甲醇尾气等）通过变压吸附法（SPA）、膜分离法提取纯氢。目前，氢主要用作化工原料而非能源，要发挥出氢对各种一次能源有效利用的重要作用，必须在大规模高效制氢方面取得突破。

制氢的历史很长，方法也很多，传统的方法有以下几种。

1）从含烃的化石燃料中制氢

从含烃的化石燃料中制氢是过去以及现在采用最多的方法。它是以煤、石油或天然气等化石燃料作原料来制取氢气。例如，用蒸汽作催化剂、以煤作原料来制取氢气的基本反应过程为

$$C+H_2O \longrightarrow CO+H_2 \tag{3-3}$$

用天然气作原料、蒸汽作催化剂的制氢化学反应为

$$CH_4+H_2O \longrightarrow CO+3H_2 \tag{3-4}$$

上述反应均为吸热反应，反应过程中所需的热量可以从煤或天然气的部分燃烧中获得，也可利用外部热源。自从天然气大规模开采以来，氢的制取有96%都是以天然气为原料。天然气和煤都是宝贵的燃料和化工原料，用它们来制氢显然摆脱不了人们对常规能源的依赖。

2）电解水制氢

这种方法是基于如下的氢氧可逆反应：

$$2H_2O \rightleftharpoons O_2+2H_2 \tag{3-5}$$

其工作原理是：将可增加水导电性的酸性或碱性电解质溶于水中，让电流通过水，在阴极和阳极上分别得到氢和氧。分解水所需要的能量 ΔQ 是由外加电能提供的。为了提高制氢效率，电解通常在高压下进行，采用的压力多为3.0～5.0MPa。目前电解效率为50%～70%。由于电解水的效率不高且需消耗大量的电能，因此利用常规能源生产的电能来大规模地电解水制氢显然是不经济的。

3）热化学制氢

这种方法是通过外加高温高热使水发生分解反应来获取氢气。到目前为止虽有多种热化学制氢方法，但总效率都不高，仅为20%～50%，而且还有许多工艺问题需要解决。依靠这种方法来大规模制氢还有待进一步研究。

4）太阳能制氢

随着新能源的崛起，以水作为原料利用核能和太阳能来大规模制氢已成为世界各国共同努力的目标。其中太阳能制氢最具吸引力，也最有现实意义。

目前正在探索的太阳能制氢技术有以下几种。

（1）太阳热分解水制氢：热分解水制氢有两种方法，即直接热分解和热化学分解。前者需要把水或蒸汽加热到3000K以上，水中的氢和氧才能够分解，虽然其分解效率高，不需催化剂，但太阳能聚焦费用太昂贵；后者是在水中加入催化剂，使水中氢和氧的分解温度降低到900～1200K，催化剂可再生后循环使用，目前这种方法的制氢效率已达50%。

（2）太阳能电解水制氢：这种方法是首先将太阳能转换成电能，然后再利用电能电解水制氢。

（3）太阳能光化学分解水制氢：将水直接分解成氧和氢是很困难的，但把水先分解为氢离子和氢氧根离子，再生成氢和氧就容易得多。基于这个原理，先进行光化学反应，再进行热化学反应，最后再进行电化学反应即可在较低温度下获得氢和氧；在上述三个步骤中可分别利用太阳能的光化学作用、光热作用和光电作用。这种方法为大规模利用太阳能制氢提供了实现的基础，其关键是寻求光解效率高、性能稳定、价格低廉的光敏催化剂。

（4）太阳能光电化学分解水制氢：这种方法是利用特殊的化学电池，这种电池的电极在太阳光的照射下能够维持恒定的电流，并将水离解而获取氢气。这种方法的关键是如何选取合适的电极材料。

（5）模拟植物光合作用分解水制氢：植物光合作用是在叶绿素上进行的。自从在叶绿素上发现光合作用过程的半导体电化学机理后，科学家就企图利用“半导体隔片光电化学电池”来实现可见光直接电解水制氢的目标。不过由于人们对植物光合作用分解水制氢的机理还不够了解，要实现这一目标还有一系列理论和技术问题需要解决。

（6）光合微生物制氢：人们早就发现江河湖海中的某些藻类也有利用水制氢的能力，如小球藻、固氮蓝藻等就能以太阳光作动力，用水作原料，源源不断地放出氢气来。因此深入了解这些微生物制氢的机制将为大规模太阳能生物制氢提供良好的前景。除了利用太阳能和核能制氢外，从生物质中制氢也正在大力研究之中。目前采用的方法是，利用生物质和有机废料中的碳素材料与溴及水在250℃下作用，形成氢溴酸和二氧化碳溶液，然后再将氢溴酸水溶液电解成氢及溴，溴再循环使用。

此外，还有一些特别的制氢技术，如生物质制氢（利用微生物在常温常压下进行酶催化反应制取氢气）和等离子化学法制氢（在离子化较弱和不平衡的等离子条件下，通过水蒸气的高频放电反应使水分解得到氢）等。所有上述制氢方法，都丰富了氢能的获得手段，为氢能的开发利用打下了基础。

3. 氢的储存

氢的储存是一个至关重要的技术，储氢问题是制约氢经济的瓶颈之一，储氢问题不解决，氢能的应用就难以推广。氢是气体，其输送和储存较固体煤、液体石油更加困难。一般而言，氢气可以以气体、液体和化合物等形态进行储存。目前，主要的储氢方式有以下几种。

（1）高压气态储氢。

最简单的储氢方式即将氢气在高压状态下储存在钢瓶内。在常温、常压下，储存4kg气态氢需要45m^{3}的容积。为了提高压力容器的储氢密度，往往采用提高压力的方法缩小储氢罐体积。储氢容量与压力成正比，储存容器的质量也与压力成正比。然而，该法存在的问题比较多：首先，在储氢过程中需要消耗一定能源以形成高压；其次，钢瓶壁厚，容器笨重，材料浪费大，造价较高；最后，尽管压力和质量储氢密度提高了很多，但体积储氢密度并没有明显增加。

（2）冷液化储氢。

冷液化储氢是指在一个大气压下，将氢气冷冻至-253℃以下变为液态氢进行储存。利用冷液化储氢具有储存效率高，能量密度大（12～34MJ/kg）、成本高的特点。同时，氢液化的问题也很明显，在液化过程和储存过程中均会消耗大量的能源。理论上，氢的液化过程消耗28.9kJ/mol的能量，实际过程中消耗的能量大约是理论值的2.5倍，每千克液氢能耗11.8MJ以上。而储存过程中储存容器的隔热也十分重要，通常采用多层绝热夹层的杜瓦瓶。另外，该法中氢的蒸发损失和逸出，影响了其经济性和安全性。因而冷液化储氢通常只用于特殊场合，如宇航用的运载火箭等。

（3）金属氢化物储氢。

金属氢化物储氢就是用储氢合金与氢气反应生成可逆金属氢化物来储存氢气。通俗地说，即利用金属氢化物的特性，调节温度和压力，分解并放出氢气后而本身又还原到原来的合金。金属是固体，密度较大，在一定温度和压力下，表面能对氢起催化作用，促使氢元素由分子态转变为原子态从而能够钻进金属内部，而金属就像海绵吸水那样能吸取大量的氢。在需要使用氢时，加热金属氢化物，氢就能够从金属中“挤”出来。相比压缩氢气和液化氢气两种方法，金属氢化物形式储存氢气要方便得多。

储氢合金的分类方式很多：按储氢合金材料的主要金属元素区分，可分为稀土系、镁系、锆系、钙系等；按组成储氢合金金属成分的数目区分，可分为二元、三元和多元系；如果合金中吸氢类金属成分用A表示，不吸氢类用B表示，则可分为AB_5型、AB_2型、AB型、A_2B型，合金的性能与A和B的组合关系有关。表3-4列出了典型金属氢化物及其主要储氢特性。

表3-4 典型金属氢化物及其主要储氢特性

类别	金属	氢化物	结构	质量分数/%	平衡压力和温度
元素	Pd	$PdH_{0.6}$	$Fm\bar{3}m$	0.56	0.02bar[1]，298K
AB_5	$LaNi_5$	$LaNi_5H_6$	$P6/mmm$	1.37	2bar，298K
AB_2	ZrV_2	$ZrV_2H_{5.5}$	$Fd\bar{3}m$	3.01	0.01bar，323K
AB	FeTi	$FeTiH_2$	$Pm\bar{3}m$	1.89	5bar，303K
A_2B	Mg_2Ni	$MgNiH_4$	$P6_222$	3.59	1bar，555K
BCC[2]	TiV_2	TiV_2H_4	b. c. c.	2.6	10bar，313K

[1] 1 bar=10^5Pa。

[2] BCC型固溶体合金，是新兴储氢合金材料，目前处于研发阶段。

（4）碳质材料储氢。

碳质储氢材料储氢是指利用特殊的碳质储氢材料进行氢的储存，这类材料主要有超级活性炭和纳米碳两类。

超级活性炭储氢是在中低温（77 ~ 273K）、中高压（1 ~ 10MPa）下利用超高比表面积的活性炭作吸附剂来进行的吸附储氢技术。与其他储氢技术相比，超级活性炭储氢具有经济性好、储氢量高、解吸快、循环使用寿命长和容易实现规模化生产等优点，是一种极具潜力的储氢方法。超级活性炭是一种具有纳米结构的储氢碳材料，具有大量孔径在 2nm 以下的微孔。在细小微孔中，孔壁碳原子形成了较强的吸附势场，使氢气分子在微孔中得以浓缩。但是，如果微孔壁面太厚，将使单位体积微孔密度降低，从而导致单位体积或吸附剂质量的储氢量降低。因而，为增大超级活性炭储氢容量，必须在不扩大孔径的条件下减薄孔壁厚度。

碳纳米管（CNT）作为一维纳米材料，具有许多异常的力学、电学和化学性能。根据管壁碳原子层数不同，CNT 可分为单壁纳米碳管（SWNT）和多壁纳米碳管（MWNT）。碳纳米管自身质量轻，具有中空的结构，可以作为储存氢气的优良容器，储存的氢气密度甚至比液态或固态氢气的密度还高；而且通过适当加热，氢气就可以被缓慢释放出来。目前，对 CNT 储氢行为本质的研究还没有一致的结果，其吸附过程是物理吸附还是化学吸附或是两种共存尚有争议。在常温下氢气是一种超临界气体，在分子间范德华力比改变的情况下，通常只能在材料表面进行单分子覆盖；大量系统的实验数据以及基于吸附理论的分析也得出，氢在碳纳米管上服从超临界气体吸附的一般规律。

（5）有机化合物储氢。

有机化合物储氢是一种利用有机化合物的催化加氢和催化脱氢反应储放氢的方式。某些有机化合物可作为氢气载体，其储氢率大于金属氢化物，而且可以大规模远程输送，适于长期性的储存和运输，也为燃料电池汽车提供了良好的氢源途径。如苯和甲苯的储氢量分别为 7.14% 和 6.19%。又如氢化硼钠（$NaBH_4$）、氢化硼钾（KBH_4）、氢化铝钠（$NaAlH_4$）等络合物通过加水分解反应可产生比自身含量还多的氢气。它们是有发展前途的新型储氢材料，但是为了实际应用还需探索新催化剂以改善低温放氢性能，并建立和优化回收–再生循环系统。

（6）其他的储氢方式。

针对不同用途，发展起来的储氢技术还有无机物储氢、地下岩洞储氢、“氢浆”新型储氢、玻璃空心微球储氢等技术。目前，以复合储氢材料为重点，做到吸附热互补、质量吸附量与体积吸附量互补的储氢材料已有所突破；而掺杂技术的发展也有力地促进了储氢材料性能的提高。

4. 氢能的利用

氢能的利用主要是通过氢燃料电池来实现的。欧盟、欧洲工业委员会和欧洲研究社团于2008年11月初联合制定了2020年氢能与燃料电池发展计划，将在燃料电池和氢能研究、技术开发及验证方面投资近10亿欧元，并希望在2020年前实现这些技术的重大突破。氢燃料电池技术的开发和实施，可望在加速开发和实现低碳经济方面，起到重要作用。

1）燃料电池技术

燃料电池（fuel cell）是一种化学电池，利用物质发生化学反应时释放的能量，直接将其变换为电能；氢燃料电池是氢能利用的最理想方式，是电解水制氢的逆反应。此外，利用甲烷重整气（主要成分为CO和H_2）产生电能的燃料电池也是氢能利用的重要方式，而且这类燃料电池直接利用到工业重整气，省去了分离出纯氢的步骤，与实际工业生产联系更紧密。

燃料电池技术是一种清洁、高效、性能稳定的电源技术。燃料电池的特点有：①高效。燃料电池按照电化学原理，等温地直接将化学能转化为电能，理论上热电转化效率可达85%～90%，实际工作中受各种极化的限制，能量转化率均在40%～60%范围内。②环境友好。燃料电池供能的二氧化碳排放量比热机过程减少40%以上，可缓解温室效应，同时燃料气在反应前必须脱硫及其化合物，从而在使用时几乎不排放硫氧化物和氮氧化物，减轻了对大气的污染。③安静。燃料电池按照电化学原理发电，运动部件少，工作时较为安静，噪声水平低（≤60dB）。④可靠性高。碱性燃料电池和磷酸燃料电池的运行均证明燃料电池高度可靠，能作为各种应急电源和不间断电源使用。

迄今为止，人们已经开发出多种类型的燃料电池。最常用的分类方法是按照电池采用的电解质划分，有：①碱性燃料电池（一般以氢氧化钾为电解质）；②磷酸型燃料电池（以浓磷酸为电解质）；③质子交换膜燃料电池（以全氟或部分氟化的磺酸型质子交换膜为电解质）；④熔融碳酸盐型燃料电池（以熔融的钾碳酸盐或钠碳酸盐为电解质）；⑤固体氧化物燃料电池（以固体氧化物为氧离子导体，如以氧化性稳定的氧化锆膜为电解质）。另外，还可以依据电池温度对电池进行分类，可分为：①低温（工作温度低于100℃）燃料电池，包括碱性燃料电池和质子交换膜燃料电池；②中温（工作温度低于100～300℃）燃料电池，包括培根型碱性燃料电池和磷酸型燃料电池；③高温（工作温度低于600～1000℃）燃料电池，包括熔融碳酸盐型燃料电池和固体氧化物燃料电池。

燃料电池是电池的一种，具有常规电池（如锌锰干电池）的积木特性，即可由多台电池按串、并联方式组合供电。因此燃料电池的应用集中于发电，也可以作为各种规格的分散电源和可移动电源。以氢氧化钾为电解质的碱性燃料电池已经成功地应用于载人航天飞行器，作为 Apollo 登月飞船和航天飞机的主电源，证明了燃料电池的高效和高可靠性。以磷酸为电解质的磷酸型燃料电池，至今已有近百台，PC25（200kW）作为分散电站，在世界各地运行。这不但为燃料电池电站运行取得了丰富的经验，而且证明燃料电池具有高度可靠性，可以用作不间断电源。质子交换膜燃料电池可以在室温快速启动，并可以按照负载要求快速改变输出功率，是在电动汽车、不依赖空气推进的潜艇的动力源和可移动电源的最佳候选者。固体氧化物燃料电池可以与煤的气化构成联合循环，特别适于建造大、中型电站，若将余热发电计算在内，燃料总发电效率可以达到 70% ~80% 。熔融碳酸盐型燃料电池可以采用净化煤气或天然气作燃料，适于建造区域性分散电站，考虑余热的发电与利用，总热电效率也可达60% ~70% 。燃料电池的工作原理表明，当燃料电池发电机组以低功率运行时，它的能量转化效率不仅不会像热机那样降低，反而是稍有升高，因而如果采用燃料电池组对电网供电，则可以令电网调峰问题得到解决。

2）氢内燃机

氢能的另外一种利用途径是用来提供动力，其代表技术是氢内燃机。氢内燃机是一种将氢气作为燃料的发动机。目前有两种氢内燃机，一种是全烧氢汽车，另一种是氢气与汽油混烧的掺氢汽车。掺氢汽车的发动机之一稍加改变或不改变，即可提高燃料利用率和减轻尾气污染。掺氢汽车的特点是氢气和汽油的混合燃料能改善整个发动机的燃烧状况。在交通拥挤的城市，汽车发动机多处于部分负荷下运行，此时采用掺氢汽车比较合适。

3）其他应用

氢作为二次能源，得到了广泛应用，其主要的应用方面还有：①氢作为一种高能燃料，用于航天飞机、火箭等航天行业中；②氢气作保护气用于电子工业中，如在集成电路、电子管、显像管的制备过程中用作保护气；③炼油工业中，氢气可对油品（石脑油、燃料油、粗柴油、重油等）进行加氢静置，提高产品质量及除去产品中有害物质；④氢气可用于冶金工业中的金属还原剂，同时在金属高温加工时还可作保护气；⑤食品工业中的植物油加氢处理，可使性能稳定、易存放且抗菌；⑥分析测试中，氢气还可以作为标准气或载体。

需要注意的是，氢的各种内在特性，决定了氢能系统有不同于常规能源系统的危险特征。与常规能源相比，氢有宽的着火范围、低的着火点、高的火焰传播速度、大的扩散系数和浮力，因而在氢能利用过程中需要特别注意氢能的使用安全。主要注意以下四个方面：①氢泄露性，氢是最轻的元素，比液体燃料和其他气体燃料更容易泄漏；②爆炸性，氢气是一种最不容易形成可爆炸气雾的燃料，但一旦达到爆炸下限，氢气最容易爆燃、爆炸；③扩散性，氢气具有比汽油、丙烷、天然气更大的浮力和扩散性，一旦泄漏，会迅速扩散；④可燃性，在空气中，氢的燃烧范围很宽，着火点很低。总之，氢的上述特征使得氢能的储存和利用环节具有更高的技术要求。然而，即便这样，氢能仍然是极具价值的二次能源，随着相关技术的不断成熟和完善，氢能的大量应用依旧具有广阔的前景。

3.2.5 其他新能源

除了太阳能、生物质能、风能以及氢能外，还有很多极具潜力和开发价值的新能源，如核能、海洋能、地热能等。核能和海洋能在解决能源危机上扮演着重要的角色，受到大量研究者的关注，但是它们也各自存在一些问题，或者控制技术复杂，或者投资成本高，还有待进一步探索和研发。地热能的开发相对简单，工艺技术较为成熟，但是实际开发应用的地热能对总体能耗贡献较小，只能起到辅助供能的效果。另外，还有一些新近发现的资源物质（如可燃冰、煤层气等），也可以视为新能源，在未来进行开发利用，以帮助解决能源危机。

1. 核能

核能，又称原子能，是由于原子核内部结构发生变化而释放出的能量，符合质能方程 $E=mc^2$（其中 E 为能量，m 为质量，c 为光速）。

核能的释放主要有三种形式：①核裂变能（重原子核裂变释放出的能量）；②核聚变能（两个或两个以上氢、氘或氚结合成一个较重原子核，发生核聚变反应释放出的能量）；③核衰变（一种自然的缓慢的裂变形式，但其能量释放缓慢，难以利用）。

核能具有能量密度大和反应速率快两大特点。同一质量下，核能比化学能大几百万倍，1kg 铀-235 放出的热量相当于燃烧 2700t 标准煤。一座 100 万 kW 的核电站，每年只需 25～30t 低浓度铀核燃料，而相同功率的煤电站则需要 300 多万吨原煤。与上述核裂变能相比，核聚变反应释放的能量更加可贵。

核能是能源的重要发展方向，特别是在世界能源结构从石油为主向非油能源过渡的时期，各国都开始重视核能的利用，核能发电技术得到大力发展。核能发电技术是利用核反应堆中核裂变所释放出的热能进行发电的方式。它与火力发电极其相似。只是以核反应堆及蒸汽发生器来代替火力发电的锅炉，以核裂变能代替矿物燃料的化学能。核能发电的基本能源转化过程为：核能→水和水蒸气的内能→发电机转子的机械能→电能。具体而言，核能发电就是利用铀燃料进行核分裂连锁反应所产生的热，高温高压加热水，再利用产生的水蒸气推动蒸汽轮机并带动发电机实现发电。核反应所放出的热量较燃烧化石燃料所放出的能量要高很多（相差约百万倍），所以需要的燃料体积比火力电厂少很多。核能发电所使用的原料铀-235 纯度只占 3% ~4%，其余都为无法发生核分裂反应的铀-238。

虽然核能发电存在热效率较低（废热释放易造成热污染）、核废料处理难、电厂建设投资成本高等问题，但其优点极其明显，主要有以下三点：①无污染，不同于热发电，发电过程中不排放污染气体和 CO_2 等温室气体；②核燃料能量密度高，使用的燃料体积小，运输与储存方便；③成本稳定，燃料费用所占发电成本的比例较低，因而发电成本不易受到国际经济形势的影响。

由于核能发电具有巨大优势，很多研究者将核能看作是人类最终解决能源问题的希望，然而特别令人担心的是，根据目前探明的有经济开采价值的铀矿储量来看，现在普遍使用的热中子堆核电站只能利用这些铀资源的 1% ~2%，不到 50 年储矿即被耗尽。为了应对这种“新的能源危机”，核科学家正致力于大力发展新型核能技术，如开发快中子增值堆核电站，相当于将铀资源的利用率提高了 50 ~60 倍，又如研发可控热核聚变技术等，这些新型核能技术都可能成为保持未来可持续能源供应的技术选择。

2. 海洋能

海洋能是指海水本身含有的动能、势能和热能。海洋能包括海洋潮汐能、海洋波浪能、海洋温差能、海流能、海水盐差能和海洋生物能等可再生的自然资源。全世界理论上可再生的海域能总量为 766 亿 kW，技术上允许的利用功率为 64 亿 kW，其中潮汐能 10 亿 kW，海洋波浪能 10 亿 kW，海流能（潮流）3 亿 kW，海洋热能 20 亿 kW，海洋盐差能 30 亿 kW。

海洋能具有以下特点：①海洋能在海洋总水体中的蕴藏量巨大，而单位体积、单位面积、单位长度所拥有的能量较小。②海洋能具有可再生性，海洋能来源于太阳辐射能与天体间的万有引力，只要太阳、月球等天体与地球共存，这种能源就会再生，就会取之不尽，用之不竭。③海洋能有较稳定与不稳定能源之分，较稳定的为温度差能、盐度差能和海流能，不稳定能源分为变化有规律与变化无规律两种，属于不稳定但变化有规律的有潮汐能与潮流能。人们根据潮汐潮流变化规律，编制出各地逐日逐时的潮汐与潮流预报，预测未来各个时间的潮汐大小与潮流强弱。潮汐电站与潮流电站可根据预报表安排发电运行。既不稳定又无规律的是波浪能。④海洋能属于清洁能源，其本身对环境污染影响很小。

下面具体介绍各种海洋能的开发利用状况。

1）潮汐能资源的应用

潮汐能是指在太阳、月亮对地球的引潮力的作用下，海水周期性的涨落所形成的能量。它来源于月球、太阳引力，而其他形式的海洋能均来自于太阳辐射。

潮汐发电是利用潮汐能的一种重要方式。据初步估计，全世界潮汐能有10亿多千瓦·时，每年可发电2万~3万亿千瓦·时。我国海岸线长度达18 000千米，至少有2800万千瓦潮汐电力资源，年发电量最低为700亿千瓦·时。

潮汐发电有三种形式：第一种是单库单向发电。在海湾（或河口）筑起堤坝、厂房和水闸，将海口与外海隔开，涨潮时开启水闸，潮水充满水库，落潮时利用库内与库外的水位差，形成强有力地水龙头冲击水轮发电机组发电。由于只能在落潮时发电，所以称为单库单向发电。第二种是单库双向发电。通过巧妙的水工设计或采用双向水轮发电机组，实现涨潮、落潮都能发电。然而，这两种发电方式在平潮时都不能发电。第三种是双向双库发电。它是在有条件的海湾建起两个水库，在涨潮和落潮过程中，库中水位始终保持一定落差，水轮发电机安装在两水库间，实现连续不断发电。

潮汐发电有许多优点。例如，潮水来去有规律，不受洪水或枯水的影响；以河口或海湾为天然水库，不会淹没大量土地；不会污染环境；不消耗燃料等。同时，潮汐发电也有工程艰巨、造价高、设备抗腐蚀要求高的问题。但是，综合经济比较，其成本低于火电发电。

2）波浪能资源的应用

波浪能是指海洋表面波浪所具有的动能和势能，是一种在风的作用下产生的，并以位能和动能的形式由短期波储存的机械能。波浪的能量与波高的平方、波浪的周期运动以及迎波面的宽度成正比。波浪能也是海洋能中最不稳定的一种能源。

波浪发电是波浪能利用的主要方式。利用波浪能发电的关键是波浪能转换装置。通常波浪能要经过三级转换：第一级为受波体，它将大海的波浪能吸收进来；第二级为中间转换装置，它优化第一级转换，产生出足够稳定的能量；第三级为发电装置，与其他发电装置类似。波浪能转换装置可以设置在岸上或漂浮在海里，按能量传递形式又可分为直接机械传动、低压水力传动、高压液压传动、气动传动四种。其中气动传动方式采用空气涡轮波力发电机，把波浪运动压缩空气产生的往复气流能量转换成电能，旋转件不与海水接触，能高速旋转，因而发展较快。

除了发电以外，波浪能还可用于抽水、供热、海水淡化以及制氢等。

3）海流能资源的应用

海流能是指海水流动的动能，主要是指海底水道和海峡中较为稳定的流动以及由于潮汐导致的有规律的海水流动所产生的能量，是另一种以动能形态出现的海洋能。

海流能的利用方式主要也是发电，其原理与风力发电相似，几乎任何一个风力发电装置都可以改造成为海流能发电装置。但由于海水的密度约为空气的1000倍，且必须放置于水下，所以海流发电存在着一系列的关键技术问题，包括安装维护、电力输送、防腐、海洋环境中的载荷与安全性能等。海流发电受到许多国家的重视。早在 1973 年，美国试验了一种名为“科里奥利斯”的巨型海流发电装置。该装置为管道式水轮发电机，机组长 110m，管道口直径为 170m，安装在海面下 30m 处，在海流流速 2. 3m/s 的条件下，该装置可获得 8. 3 万 kW 的功率。日本、加拿大也在大力研究试验海流发电技术，我国的海流发电研究也已经有样机进入中间试验阶段。

4）海洋温差能资源的应用

海洋温差能又称海洋热能，是指涵养表层海水和深层海水之间水温差的热能。低温度的海面水温较高，与深层冷水存在温度差，储存着温差热能，其能量与温差的大小和水量成正比。

温差能的主要利用也是发电，其一般步骤为：①将海洋表层的温水抽到常温蒸发器，在蒸发器中加热氨水、氟利昂等流动媒体，使之蒸发成高压气体媒体；②将高压气体媒体送到透平机，使透平机转动并带动发电机发电，同时高压气体媒体变为低压气体媒体；③将深水区的冷水抽到冷凝器中，使由透平机出来的低压气体媒体冷凝成液体媒体；④将液体媒体送到压缩器加压后，再将其送到蒸发器中，进行新的循环。

海洋温差发电是一项高科技项目，它涉及许多耐压、绝热、防腐材料问题，以及热能利用效率问题（效率仅为 3% 左右），且投资巨大，目前各国仍在积极探索中。

5）海洋盐差能资源的应用

海洋盐差能是指海水与淡水之间或两种含盐浓度不同的海水之间的化学电位差能，是以化学能形态出现的海洋能，主要存在于河海交界处。盐差能是海洋能中能量密度最大的一种可再生资源。

盐差能是一种利用不同含盐浓度的化学电位差的能量，盐差发电是其主要应用形式。在淡水和海水间有着很大的渗透压差，一般海水含盐度为 3. 5% 时，其与河水间的化学电位差有相当于 240m 水位落差的能量密度。如果将这个压力差用来发电，从河流流入海中的每立方英尺（$1ft^3 = 2.83168m^3$）淡水就可以发电 0. 65kW · h。

盐差能虽然无穷无尽，但其捕捉实施非常困难。一种方法是在海水与淡水之间设一层半透膜（只能透过水，不能通过盐分），利用半透膜两边的渗透压带动电机发电。另一种盐差能利用方式为蒸汽压式盐差能发电系统。在同样温度下，淡水比海水蒸发快，致使海水端的蒸汽压力要比淡水端低得多，因而在空室内，水蒸气会很快从淡水上方流向海水上方，此时装配发电机，即可利用盐差能发电。

3. 地热能

地热能是地球内部隐藏的能量，是驱动地球内部一切热过程的动力源，其热能以传导形式向外输送。来自地球内部的熔岩，以热力形式存在，是引发火山爆发及地震的能量。地球内部的温度高达7000℃，而在80～100km深度处，温度会降至650～1200℃。透过地下水的流动和熔岩涌至离地面1～5km的地壳，热力得以被转送至较接近地面的地方。高温的熔岩将附近的地下水加热，这些加热了的水最终会渗出地面。运用地热能的最简单和最合乎成本效益的方法，就是直接取用这些热源，并抽取其能量。

地热能已成为继煤炭、石油之后重要的替代型能源之一，也是新能源家族中的重要一员，是一种无污染或极少污染的清洁绿色能源。我国地热资源呈现如下特点：①以低温地热资源为主，全国3000处温泉和几千眼地热井出口温度低于90℃，平均温度约为54.8℃；②集中分布在东部地区（中低温为主）和西南地区（热储温度高于150℃）；③地热资源分布与经济区和城市规划区相匹配；④综合利用价值高。

地热能的利用可分为地热发电和直接利用两大类，不同温度的地热流体可利用的范围如下：①200～400℃，直接用于发电及综合利用；②150～200℃，可用于双循环发电、制冷、工业干燥和热加工等；③100～150℃，可用于双循环发电、供暖、制冷、工业干燥、脱水加工、回收盐类等；④50～100℃，可用于供暖、温室、家庭用水和工业干燥；⑤20～50℃，可用于沐浴、水产养殖、饲养牲畜、土壤加温、脱水加工等。

地热发电是地热利用的最重要方式。高温地热流体应首先应用于发电，其发电原理与火力发电相同，都是利用蒸汽的热能在汽轮机中转变为机械能，然后带动发电机发电。要利用地热能，首先需要“载热体”把地下热带到地面上来。目前能够被地热电站利用的载热体主要是地下天然蒸汽和热水，以此可以把地热发电的方式划分为蒸汽型地热发电和热水型地热发电。

蒸汽型地热发电是把蒸汽田中的干蒸汽直接引入汽轮发电机组发电，但在引入发电机组前，应把蒸汽所含的岩屑和水滴分离出去。该法最为简单，但干蒸汽地热资源有限，且多存在于较深的地层，开采技术难度大，发展受到限制。其主要有背压式和凝汽式两种发电系统。

热水型地热发电是地热发电的主要方式。目前的热水型地热电站又分为两种循环系统：闪蒸系统和双循环系统。闪蒸系统是首先将高压热水从热水井中抽至地面，压力降低后部分热水沸腾并“闪蒸”成蒸汽，然后将蒸汽送入汽轮机做功；分离后的热水可以继续利用后排出，最好的方式是再注回地层。双循环系统则依靠地热水流经热交换器，将地热能传递给另一种低沸点工作流体而使其沸腾产生蒸汽，蒸汽进入汽轮机做功后进入冷凝器，再通过热交换完成发电循环；地热水则可从热交换器再次注入地层。发展双循环系统的关键是开发高效的热交换器。

地热供暖是将地热能直接用于采暖、供热和供热水，这是仅次于发电的地热利用方式。这种利用方式简单、经济性好，备受各国重视，特别是位于高寒地区的西方国家，其中冰岛开发利用得最好。此外，利用地热给工厂供热，如用作干燥谷物、食品的热源，用作硅藻土生产、木材、造纸、制革、纺织、酿酒、制糖等生产过程的热源也是大有前途的。

在地热能的开采过程中务必要注意做到合理开发，否则后果严重。虽然地热属于较清洁的可再生能源，但是地热水具有较强的不可再生性，若开发不合理，则将过度消耗地热资源，同时也可能导致破坏和污染环境，如地面沉降、热污染、大气或化学污染、地温变化等，甚至带来诱发地震的危险。因此，地热的开发利用一定要做到科学规划，合理开发，综合利用。

3.3　我国能源发展现状

能源是人类社会赖以生存和发展的重要物质基础，纵观人类社会发展的历史，人类文明的每一次重大进步都伴随着能源的改进和更替。能源的开发利用极大地推进了世界经济和人类社会的发展。过去100多年里，发达国家先后完成了工业化，消耗了地球上大量的自然资源，特别是能源资源。当前，一些发展中国家正在步入工业化阶段，能源消费增加是经济社会发展的客观必然。

我国是目前世界上第二大能源生产国和消费国。能源供应持续增长，为经济社会发展提供了重要的支撑。能源消费的快速增长，为世界能源市场创造了广阔的发展空间。我国已经成为世界能源市场不可或缺的重要组成部分，对维护全球能源安全，正在发挥着越来越重要的积极作用。

我国政府正在以科学发展观为指导，加快发展现代能源产业，坚持节约资源和保护环境的基本国策，把建设资源节约型、环境友好型社会放在工业化、现代化发展战略的突出位置，努力增强可持续发展能力。

3.3.1　我国能源资源主要特点

能源资源是能源发展的基础。我国能源资源具有以下特点。

(1) 能源资源总量比较丰富。我国拥有较为丰富的化石能源资源，其中煤炭占主导地位。2006 年，煤炭保有资源量为 10 345 亿 t，剩余探明可采储量约占世界的 13%，列世界第三位。已探明的石油、天然气资源储量相对不足，油页岩、煤层气等非常规的化石能源储量潜力较大。我国拥有较为丰富的可再生能源资源。水力资源理论蕴藏量折合年发电量为 6.19 万亿 kW · h，经济可开发年发电量约 1.76 万亿 kW · h，相当于世界水力资源量的 12%，列世界首位。

(2) 人均能源资源拥有量较低。我国人口众多，人均能源资源拥有量在世界上处于较低水平。煤炭和水力资源人均拥有量相当于世界平均水平的 50%，石油、天然气人均资源量仅为世界平均水平的 1/15 左右。耕地资源不足世界人均水平的 30%，制约了生物质能源的开发。

(3) 能源资源分布不均衡。我国能源资源分布广泛但不均衡。煤炭资源主要储存在华北、西北地区，水力资源主要分布在西南地区，石油、天然气资源主要储存在东、中、西部地区和海域。我国主要的能源消费地区集中在东南沿海经济发达地区，资源赋存与能源消费地域存在明显差别。大规模、长距离的北煤南运、北油南运、西气东输、西电东送，是我国能源流向的显著特征和能源运输的基本格局。

(4) 能源资源开发难度较大。与世界相比，我国煤炭资源地质开采条件较差，大部分储量需要井工开采，极少量可供露天开采。石油天然气资源地质条件复杂，埋藏深，勘探开发技术要求较高。未开发的水力资源多集中在西南部的高山深谷，远离负荷中心，开发难度和成本较大。非常规能源资源勘探程度低，经济性较差，缺乏竞争力。

3.3.2　我国能源工业发展及挑战

改革开放以来，我国能源工业迅速发展，主要表现在以下方面。

(1) 供给能力明显提高。经过几十年的努力，我国已经初步形成了煤炭为主体、电力为中心、石油天然气和可再生能源全面发展的能源供应格局，基本建立了较为完善的能源供应体系。建成了一批千万吨级的特大型煤矿。2006 年一次能源生产总量为 22.1 亿 t 标准煤，列世界第二位。其中，原煤产量为 23.7 亿 t，列世界第一位。先后建成了大庆、胜利、辽河、塔里木等若干个大型石油生产基地，

2006 年原油产量为 1.85 亿 t，实现稳步增长，列世界第五位。天然气产量迅速提高，从 1980 年的 143 亿 m^3 提高到 2006 年的 586 亿 m^3。商品化可再生能源量在一次能源结构中的比例逐步提高。电力发展迅速，装机容量和发电量分别达到 6.22 亿 kW 和 2.87 万亿 kW · h，均列世界第二位。能源综合运输体系发展较快，运输能力显著增强，建设了西煤东运的铁路专线及港口码头，形成了北油南运管网，建成了西气东输大干线，实现了西电东送和区域电网互联。

(2) 能源节约效果显著。1980～2006 年，我国能源消费以年均 5.6% 的增长速度支撑了国民经济年均 9.8% 的增长。按 2005 年不变价格，万元国内生产总值能源消耗由 1980 年的 3.39t 标准煤下降到 2006 年的 1.21t 标准煤，年均节能率为 3.9%，扭转了近年来单位国内生产总值能源消耗上升的势头。能源加工、转换、储运和终端利用综合效率为 33%，比 1980 年提高了 8 个百分点。单位产品能耗明显下降，其中钢、水泥、大型合成氨等产品的综合能耗及供电煤耗与国际先进水平的差距不断缩小。

(3) 消费结构有所优化。我国能源消费已经位居世界第二。2006 年，一次能源消费总量为 24.6 亿 t 标准煤。我国高度重视优化能源消费结构，煤炭在一次能源消费中的比重由 1980 年的 72.2% 下降到 2006 年的 69.4%，其他能源比重由 27.8% 上升到 30.6%。其中可再生能源和核电比重由 4.0% 提高到 7.2%，石油和天然气有所增长。终端能源消费结构优化趋势明显，煤炭能源转化为电能的比重由 20.7% 提高到 49.6%，商品能源和清洁能源在居民生活用能中的比重明显提高。

(4) 科技水平迅速提高。我国能源科技取得显著成就，以“陆相成油理论与应用”为标志的基础研究成果，极大地促进了石油地质科技理论的发展。石油天然气工业已经形成了比较完整的勘探开发技术体系，特别是复杂区块勘探开发、提高油田采收率等技术在国际上处于领先地位。煤炭工业建成一批具有国际先进水平的大型矿井，重点煤矿采煤综合机械化程度显著提高。在电力工业方面，先进发电技术和大容量高参数机组得到普遍应用，水电站设计、工程技术和设备制造等技术达到世界先进水平，核电初步具备百万千瓦级压水堆自主设计和工程建设能力，高温气冷堆、快中子增殖堆技术研发取得重大突破。烟气脱硫等污染治理、可再生能源开发利用技术迅速提高。正负 500kV 直流输电和 750kV 交流输电示范工程相继建成投运，正负 800kV 直流、1000kV 交流特高压输电试验示范工程开始启动。

(5) 环境保护取得进展。我国政府高度重视环境保护，加强环境保护已经成为基本国策，社会各界的环保意识普遍提高。1992 年联合国环境与发展大会后，我国组织制定了《中国 21 世纪议程》，并综合运用法律、经济等手段全面加强环境保护，取得了积极进展。我国的能源政策也把减少和有效治理能源开发利用过程中引起的环境破坏、环境污染作为其主要内容。2006年，燃煤机组除尘设施安装率和废水排放达标率近100%，烟尘排放总量与1980年基本相当，单位电量烟尘排放减少了90%。2006年，全国建成并投入运行的脱硫火电机组装机容量达1.04亿kW，超过前10年的总和，装备脱硫设施的火电机组占火电总装机的比例由2000年的2%提高到30%。

(6) 市场环境逐步完善。我国能源市场环境逐步完善，能源工业改革稳步推进。能源企业重组取得突破，现代企业制度基本建立。投资主体实现多元化，能源投资快速增长，市场规模不断扩大。煤炭工业生产和流通基本实现了市场化。电力工业实现了政企分开、厂网分开，建立了监管机构。石油天然气工业基本实现了上下游、内外贸一体化。能源价格改革不断深化，价格机制不断完善。

随着我国经济的较快发展和工业化、城镇化进程的加快，能源需求不断增长，构建稳定、经济、清洁、安全的能源供应体系面临着重大挑战，突出表现在以下几方面。

(1) 资源约束突出，能源效率偏低。我国优质能源资源相对不足，制约了供应能力的提高；能源资源分布不均，也增加了持续稳定供应的难度；经济增长方式粗放、能源结构不合理、能源技术装备水平低和管理水平相对落后，导致单位国内生产总值能耗和主要耗能产品能耗高于主要能源消费国家平均水平，进一步加剧了能源供需矛盾。单纯依靠增加能源供应，难以满足持续增长的消费需求。

(2) 能源消费以煤为主，环境压力加大。煤炭是我国的主要能源，以煤为主的能源结构在未来相当长时期内难以改变。相对落后的煤炭生产方式和消费方式，加大了环境保护的压力。煤炭消费是造成煤烟型大气污染的主要原因，也是温室气体排放的主要来源。随着我国机动车保有量的迅速增加，部分城市大气污染已经变成煤烟与机动车尾气混合型。这种状况持续下去，将给生态环境带来更大的压力。

(3) 市场体系不完善，应急能力有待加强。我国能源市场体系还有待完善，能源价格机制未能完全反映资源稀缺程度、供求关系和环境成本。能源资源勘探开发秩序有待进一步规范，能源监管体制尚待健全。煤矿生产安全欠账比较多，电网结构不够合理，石油储备能力不足，有效应对能源供应中断和重大突发事件的预警应急体系有待进一步完善和加强。

3.3.3　我国能源发展战略和目标

我国能源发展坚持节约发展、清洁发展和安全发展。坚持发展是硬道理，用发展和改革的办法解决前进中的问题。转变发展观念，创新发展模式，提高发展质量，坚持走科技含量高、资源消耗低、环境污染少、经济效益好、安全有保障的能源发展道路，最大限度地实现能源的全面、协调和可持续发展。

我国能源发展坚持立足国内的基本方针和对外开放的基本国策，以国内能源的稳定增长，保证能源的稳定供应，促进世界能源的共同发展。我国能源的发展将给世界各国带来更多的发展机遇，将给国际市场带来广阔的发展空间，将为世界能源安全与稳定作出积极的贡献。

我国能源战略的基本内容是：坚持节约优先、立足国内、多元发展、依靠科技、保护环境、加强国际互利合作，努力构筑稳定、经济、清洁、安全的能源供应体系，以能源的可持续发展支持经济社会的可持续发展。主要有以下几方面。

(1) 节约优先。我国把资源节约作为基本国策，坚持能源开发与节约并举、节约优先，积极转变经济发展方式，调整产业结构，鼓励节能技术研发，普及节能产品，提高能源管理水平，完善节能法规和标准，不断提高能源效率。

(2) 立足国内。我国主要依靠国内增加能源供给，通过稳步提高国内安全供给能力，不断满足能源市场日益增长的需求。

(3) 多元发展。我国将通过有序发展煤炭，积极发展电力，加快发展石油天然气，鼓励开发煤层气，大力发展水电等可再生能源，积极推进核电建设，科学发展替代能源，优化能源结构，实现多能互补，保证能源的稳定供应。

(4) 依靠科技。我国充分依靠能源科技进步，增强自主创新能力，提升引进技术消化吸收和再创新能力，突破能源发展的技术瓶颈，提高关键技术和重大装备制造水平，开创能源开发利用新途径，增强发展后劲。

(5) 保护环境。我国以建设资源节约型和环境友好型社会为目标，积极促进能源与环境的协调发展。坚持在发展中实现保护、在保护中促进发展，实现可持续发展。

(6) 互利合作。我国能源发展在立足国内的基础上，坚持以平等互惠和互利双赢的原则，与国际能源组织和世界各国加强能源合作，积极完善合作机制，深化合作领域，维护国际能源安全与稳定。

3.4 过程工业中的典型能源技术

3.4.1 太阳能热发电技术与海水淡化联产

1. 太阳能热发电介绍

太阳能热发电是将太阳光聚集并将其转化为工作流体的高温热能，通过常规的热机或其他发电技术将其转换成电能的技术。太阳能热发电主要有塔式、槽式、碟式、太阳能热气流和太阳能池热发电五种类型。其中，前三种类型属聚光型，后两种属非聚光型。

1）塔式太阳能热发电

塔式太阳能热发电系统的工作原理是，利用定日镜群将太阳光集中在建筑物顶端的接收塔上，通过能量转换将热量传递给热传导工质，由蒸汽发生器产生蒸汽（550～700℃），同时带动蒸汽涡轮发电机产生电能（图 3-8）。该发电系统主要由定日镜系统、吸热与热能传递系统、发电系统三部分组成。

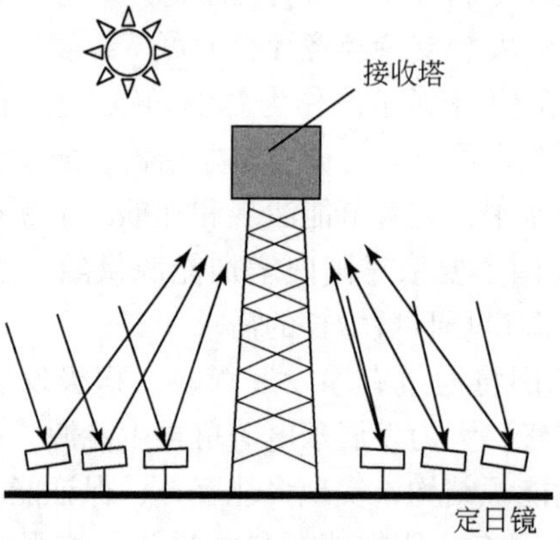

图 3-8　塔式太阳能热发电聚焦示意图

塔式太阳能热发电的聚光倍率高，聚光比一般可达到 200～1000，投射到塔顶吸热器的平均热流密度可达 300～1000kW/m^2，工作温度高达 1000℃以上，电站规模可达 200MW 以上；由于接收器散热面积相对较小以及运用了储能槽，其有较高的光电转换效率。塔式太阳能热发电的参数可与高温、高压火电站一致，这样不仅使太阳能电站有较高的热效率，而且也容易获得配套设备。但是塔式太阳能热发电建设费用昂贵，尤其是定日镜场，每块镜面所需要的跟踪定位机构价格昂贵，定日镜的投资大于整个投资的 1/2。

美国研发了一种新型的张膜式定日镜，其反射镜由镀银聚合物薄膜覆盖于薄金属箔上制成，张紧到金属构架上，对太阳的平均反射率为 0. 92。这种薄膜定日镜的制造成本低于玻璃反射镜的 1/3。Solar One 和 Solar Two 电站均采用管状接收器，空腔式接收器最早应用在 PHOEBUS 系统中。Rein Buck 等则提出了一种新型的双重接收器，改进后可使接收器达到更高的热效率、更低的温度和更少的热损失，年电能产量可提高 72%。2010 年，我国在北京延庆兴建亚洲首座塔式太阳能热发电站，聚光镜面积为 10 000m^2，太阳能接收塔高 100m，装机容量为 1.5MW。

2）槽式太阳能热发电

槽式太阳能热发电已实现商业化运行，其工作原理是，利用大面积单轴槽式太阳能追踪采光板把太阳光聚焦到安装在抛物线形反光镜焦点上的接收管中，加热流过接收器的热传导工质，使热传导工质汽化，并将在热转换设备中产生高压、过热的蒸汽送入蒸汽涡轮发电机进行发电（图 3-9）。

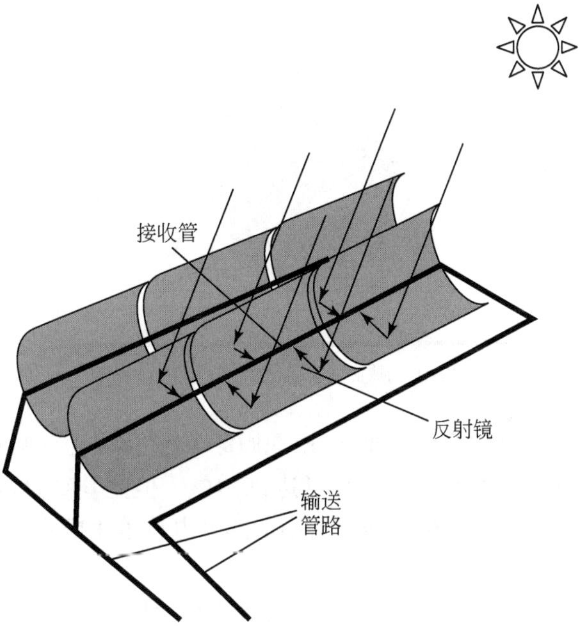

图 3-9　槽式太阳能热发电聚焦示意图

槽式热发电系统结构简单，集热器等设备均分布在地面上，安装维修方便；聚光器、集热器可以同步跟踪，跟踪代价大为降低；系统容量无限制。但是其聚光较低，吸热器散热面积较大，因此集热器所能达到的介质工作温度≤400℃；管道系统复杂，热量及阻力损失较大，降低了系统的净输出功率和效率；难以实现双轴跟踪，致使余弦效应对光的损失每年平均达到 30%；接收管表面无法进行绝热处理，辐射损失随温度的升高而增加。

德国 Schott 公司对槽式太阳能热发电系统的高温真空管进行了改进，在局部增加了太阳辐射反射圈，并使真空管有效利用长度大于 96%，且调整了相关玻璃材料配方。2007 年，我国在南京建造了 100kW 槽式太阳能热发电试验装置。目前，内蒙古鄂尔多斯、新疆吐鲁番、四川、宁夏等地均拟建槽式太阳能发电站。

3）碟式太阳能热发电

碟式太阳能热发电的基本原理是利用旋转抛物面反射镜将入射阳光聚集在太阳能接收器上以收集较高温度的热能加热工质（图 3-10），驱动发电机组发电，或在焦点处直接放置太阳能斯特林发电装置发电。

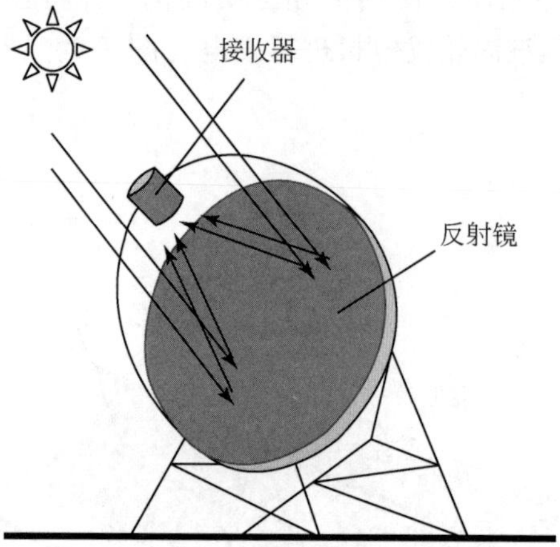

图 3-10　碟式太阳能热发电聚焦示意图

碟式太阳能热发电的优点是聚光比>3000，因此接收器的吸热面积较小，使接收器的温度>800℃，系统效率最高可达 29.4%。但是其高温接收器较为复杂，管道及其保温材料的费用较高。碟式太阳能热发电技术比槽式和塔式太阳能热发电技术起步较晚，但发展较快。

1982 年，美国加利福尼亚建造了碟式斯特林太阳能热发电试验装置，工作温度达 1090℃，光电转换效率为 29%，最大功率为 24.6W。1994 年，澳大利亚建造了 1 套 50kW 碟式发电系统，旋转抛物反光镜面积达 $400m^2$，工质为水。2002 年，美国能源部在内华达实施了 1MW 的碟式系统。2004 年，在 Sandia 国家实验室美国 SES 公司建造了 5 套 25kW 碟式斯特林系统；2005 年 8 月，该公司建造了由 40 套 25kW 组成的 1MW 碟式系统。

在碟式太阳能热发电系统中，聚光器、接收器和热机是最重要的组成部分，碟式聚光器主要有玻璃小镜面式、多镜面张膜式、单镜面张膜式等。接收器包括直接照射式和间接受热式。针对在接收器内易产生“热点”的问题，Andraka 等先后对多种结构形式的热管接收器进行了测试与分析。

德国航空航天中心（DLR）设计了一种新型热管接收器，设计容量为 40kW，理论最高热流密度为 $5.4\times10^4 W/m^2$。南京工业大学提出了一种组合式热管接收器，该接收器采用普通柱状高温热管作传热单元，降低了接收器成本和加工难度，提高了可靠性。另外，还有一种由热管接收器改造而成的以气体燃料作为能量补充的混合式热管接收器，但由于加入了燃料系统，其结构复杂、成本提高。碟式太阳能热发电系统普遍采用斯特林发动机，其最高热电转换效率可达40%。

4）太阳能热气流发电

太阳能热气流发电（太阳能烟囱发电）是利用太阳能将集热器内的空气加热，热空气在烟囱内上升推动风机做功发电（图 3-11）。

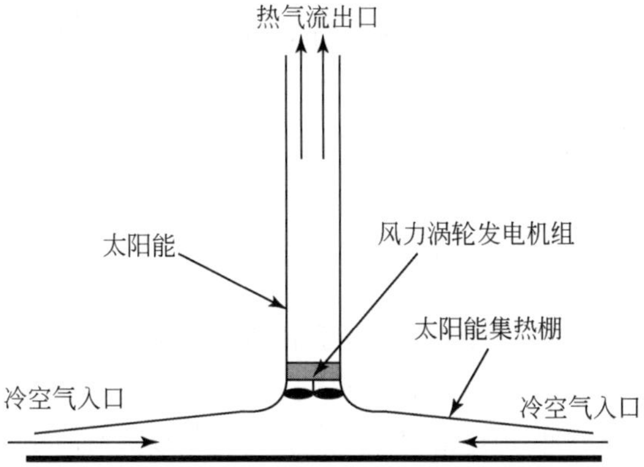

图 3-11　太阳能热气流发电原理

太阳能热气流发电技术简单，且吸热器下面的土地具有良好的蓄热性能，无需额外的蓄热系统，但其发电效率≤1%，占地面积大，大容量电站需要过高的烟囱，如一个 30MW 电站需建造 750m 高的烟囱。

太阳能热气流发电技术最初由德国斯图加特大学的 Schlaich 于 1978 年提出。1981 年在西班牙的曼萨纳雷斯（Manzanares）建造了世界上第一座太阳能烟囱实验电站，其烟囱高度为 195m，直径为 10.3m，集热棚直径约为 242m。电站白天的输出功率为 100kW，夜间的输出功率为 40kW。该电站运行 7 年（1982～1989 年），可靠率超过 95%。

1983 年，美国科学家 Krisst 建造了一座烟囱，是高度为 10m，集热器直径为 6m，输出功率为 10W 的庭院式太阳能热风发电装置。1985 年，土耳其科学家 Kulunk 建造了一座微型电站，其烟囱高 2m，直径为 7cm，集热棚面积为 $9m^2$，发电功率为 0.14W，烟囱中的涡轮机转子功率为 0.45W，发电机效率为 31%。

1997 年，Sherif 和 Pasumarthi 等在美国佛罗里达大学建立了三个不同形式的太阳能热气流发电系统模型。2003 年，由澳大利亚和美国 Enviro Mission 公司合作建造的一座烟囱设计高为 1000m，直径为 130m，集热棚直径为 7000m 的太阳能烟囱发电站，总发电能力为 200MW。2003 年，我国华中科技大学的杨家宽首次建造了一座小型太阳能烟囱发电实验装置，集热棚直径为 10m，烟囱高 8m，设计输出功率为 10W。

5）太阳能池热发电

太阳能池热发电以太阳能池底的高温盐水为热源，通过热交换器加热工质驱动热机做功发电。太阳能池是一个由三层不同浓度的盐水构成的盐水池，为防止池水泄漏，池的底部一般铺有衬垫及保温层（图 3-12）。

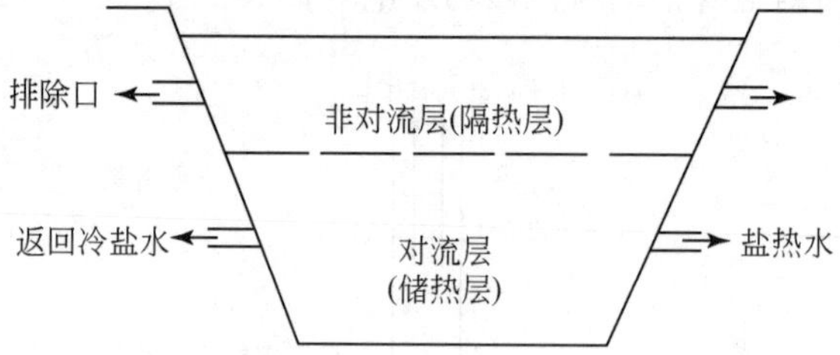

图 3-12 太阳能池热发电原理

太阳能池热发电系统结构简单，但太阳能池只能水平设置，且占地面积大，以及管路系统腐蚀和池内藻类处理等许多技术问题需要解决。太阳能池热发电技术的开发研究源于以色列。20 世纪 70 年代，以色列在死海沿岸先后建造了三座太阳能池热发电站，以提供该国 1/3 的用电量。美国也曾计划在加利福尼亚南部索尔顿湖建太阳能池，用以建造 800～6000MW 的太阳能池热发电站，但由于耗资过大，该计划最终未能实现。

我国主要以聚光式太阳能热发电技术为主要研发对象，而三种聚光式太阳能热发电方式各有优点：塔式太阳能发电技术聚光比和运行温度高、系统容量大和热转换效率高，适合大规模发电；槽式太阳能发电系统的结构简单、技术较为成熟，最早进入商业化运行；碟式太阳能发电热效率最高、结构紧凑、安装方便，非常适合分布式小规模发电系统。但是塔式太阳能发电由于建设成本过高，始终无法大规模投入商业化运行。槽式太阳能发电聚光比小、工作温度低，核心部件真空管技术尚未成熟、吸收管表面选择性涂层性能不稳定，阻碍了它的推广。碟式发电系统最适合与斯特林发动机配套使用，但是目前斯特林发动机的技术还不成熟。

综合而言，太阳能热发电的一个主要优势是电力品质好，可担当基础电力负荷。太阳能热发电可以采用相对经济的储热系统，实现如下功能：①容量缓冲；②电力输出可控性；③电力输出平稳；④提高年利用率，增加满负荷发电时数；⑤提高太阳能热发电站的有效性，降低发电成本。研究显示，一座带有储热系统的太阳能热发电站，年利用率可以由无储热的 25% 提高到 65% 以上；因此，储热技术是太阳能热发电与光伏发电等其他可再生能源发电竞争的一个关键要素。利用长时间储热系统，太阳能热发电可以在未来满足基础负载电力市场的需求。

我国太阳能热发电技术发展趋势主要有：①总体朝高参数、高效率方向发展，通过增大聚光比，提升集热温度，可以有效提高系统效率。②塔式热发电技术将逐渐成为主流，国家“863”项目、“973”项目都有对塔式太阳能热发电系统研究的支持，塔式系统将从镜场、吸热器、储热系统等方面进行全面改进。③储能技术将成为太阳能热发电项目的研发热点，储热技术的研发重点包括导热液、高温保护材料、相变储能技术和热化学储能等内容。④大力开发高效联合联产，电力领域如高效联合发电技术，非电力领域如太阳能热发电-海水淡化联产技术、热电联产技术等。

2. 海水淡化技术概况

随着现代化建设的高速发展，人口的急剧膨胀以及人们物质文化生活水平的极大提高，用水量与日俱增，但是供水量却有减无增，而且水体污染日趋严重。因此全国性乃至全球范围的供水矛盾日益突出，合理地开发利用和有效地保护水资源已成为全世界共同关注的热点，防止水危机的呼声一浪高过一浪，正席卷全球。

我国人均占有水量只居世界的第 108 位，相当于世界人均水平的 1/4；缺水城市占全国城市的 2/3，被列为世界上 13 个贫水国之一，这将严重影响我国可持续发展战略的实施。面对严峻形势，多种措施建议如远程调水、废水利用、制定政策节约用水、溶化冰川等，均相应而出，但目前这些措施能耗大，见效慢，破坏生态环境，常引发争议。对于高山、沙漠、丘陵占据大片土地，水量严重不足的中国，利用现代技术大规模地开辟新水源具有全局意义，而海水淡化是 21 世纪解决水源紧缺的根本措施。

海洋覆盖地球表面积的 71%，水的储量约为 13.7 亿 km^2，占地球总水量的 95%，占地表水总量的 98%。在陆地的水储量中，有 0.35 亿 km^3 为淡水，占全球水储量的 2.53%，但可供人类直接享用的淡水总量仅占淡水储量的 0.266%，不足地球总储水量的 0.007%。因此，发展海水淡化技术，向海洋索取淡水已成为现代社会的当务之急。大力发展海水淡化技术产业，对缓解当代水资源短缺、供需矛盾日趋突出和环境污染日益严重等系列重大问题具有深远的战略意义。

就我国而言，目前部分沿海地区淡水缺乏亟待解决，如香港地区每年从内地调入大量淡水，不仅费时费力，而且也给内地本就不富裕的淡水供应增添了更多负担；而南水北调方案的重新调整再次加重京津地区的缺水问题。在我国西北部，气候干燥、降雨量很低，居民生活用水根本无法保证，仅有的一些湖泊也多为咸水湖而无法使用。成熟的海水淡化（包括咸水淡化）技术将彻底地改善这一现象，把无法使用的咸水转化为可饮用的淡水，可以彻底解决当地对淡水的需求，并保证国家西部大开发战略的顺利实施。从国家安全角度来讲，在我国南海的众多海岛上有极具战略意义的海军基地和边防哨所，目前的南海争端使这些岛屿的淡水运输更困难，成本更高，严重影响了国家的海上战略安全，必须找到解决这些岛屿饮水问题的有效手段。往长远看，随着人口数量的增多和用水量的进一步扩大，海水淡化将是解决人类用水问题的最终方案，发展海水淡化技术作为技术储备也是极具意义和绝对必要的。

现有的海水淡化技术原则上适用于苦咸水淡化、污水回用、硬水软化，世界各国众多科研机构的研究涉及这一领域。虽然方法众多，但主要可以分为如下几类。

1）蒸馏法

蒸馏法的原理是将海水加热蒸发，再使蒸汽冷凝得到淡水。根据具体蒸发方式不同，可分为多效蒸发 MED（又分为竖管多效蒸发 VTE、水平管多效蒸发 THE、高温低温多效蒸发 MEI 等）、闪蒸（又分为低温单级闪蒸 SSF、多级闪蒸 MSF 等）、压汽蒸馏 VC（又分为机械压汽蒸馏 MVC 和热力压汽蒸馏 TVC）。

2）反渗透

反渗透（RO）是将海水加压，以压力差为推动力，使淡水透过选择性渗透膜的淡化方法。RO 法适用于海水、苦咸水，分大型、中型或小型等不同规模，是海水淡化技术中近年来发展较快的技术。有关专家认为，今后 MSF、RO 和 MED 技术将决定海水淡化的未来，这是过去 40 年海水淡化技术的发展得出的结论。

3）电渗析法

电渗析法是以电位差为推动力，利用离子交换膜的选择透过性而脱除水中离子的淡化过程。电去离子（EDI）是一种电渗析和离子交换相结合的方法，在直接电场的作用下，实现电渗析过程、离子交换盐和离子交换连续再生过程。

4）冷冻法

冷冻法是将海水冷却结晶，使不含盐的碎冰晶体分离出并融化得到淡水的过程，包括天然冷冻和人工冷冻方法。人工冷冻方法正在研究之中，使物体降低同等温度是加热同等温度所需能量的数倍，同时涉及冰块中含盐梯度的切割等障碍，今后人工冷冻法的研究将主要关注如何有效地进行冰晶洗涤，以得到含盐量较低的淡水等方面。

传统的海水淡化技术投资高，能源消耗过大，所耗能源主要来自石油和煤炭等化石燃料，因而导致很多海水淡化技术无法实际推广。个别研究表明淡水日产量为 1000m^3 的海水净化系统每年耗费 1 万 t 石油。对于缺乏化石燃料资源的地区，特别是某些人口密度低、没有大规模连接电网的偏远地区，很难建立传统的海水淡化装置，如在最缺乏淡水的西北部地区和海岛也恰恰是缺乏常规能源供应的地区。因此，利用无处不在的太阳能淡化海水（苦咸水）成为唯一的选择。

由此可见，将太阳能热发电与海水淡化结合实现联产，既能增加太阳能热发电技术的利用效率，又可满足海水淡化项目的能耗需求，一举两得，互利双赢，这也是太阳能海水淡化研究成为当前热点技术的根本原因。

3. 太阳能–海水淡化联产

太热能–海水淡化联产是过程工业在新能源开发利用领域的典型技术，太阳能海水淡化系统与现有海水淡化利用项目相比有许多优点：①可独立运行，不受蒸汽、电力等条件限制，无污染、低能耗、运行安全、稳定可靠；②生产规模可有机组合，适应性好，投资相对较少，生产淡水成本低，具备淡水供应市场的竞争力。

利用太阳能进行海水淡化，主要是利用太阳能的热效应和光效应。利用太阳能热效应驱动的海水淡化方法，即将收集到的太阳热能驱动海水发生相变以进行分离，可分为直接法和间接法两大类。直接法是将集能部分和脱盐部分集于一体，间接法是将集能部分和海水蒸馏部分分开，热量通过工质运送。Tiwari 也提出将太阳能蒸馏系统分为主动式和被动式两种。被动式海水淡化的装置中不使用电能驱动元件，工作温度较低，产水量小；主动式太阳能蒸馏使用了附加设备，运行温度提高，加上回收了蒸汽的冷凝潜热，效率大大提高，受到了世界各国的广泛重视。利用太阳能光效应淡化海水就是利用光电效应产生电能后驱动渗析过程生产淡水。光伏发电系统按其应用形式可分为独立光伏发电系统和并网光伏发电系统两大类。目前太阳能光效应海水淡化的关键问题包括光伏电池技术、光伏发电成本以及与海水淡化系统的对接等。

目前世界上海水淡化方法商业应用最多的是多级蒸馏法和反渗透法，它们代表了不同的淡化理念和淡化思路。

太阳能与传统蒸馏法的结合

太阳能与传统蒸馏法的结合利用的是太阳能的热效应，使用高效的集热器收集尽可能多的太阳能，替代传统能源加热海水，提高运行温度进而提升效率。目前应用比较成功的有太阳能多效蒸馏系统、太阳能多级闪蒸系统和太阳能压缩蒸馏系统。目前的太阳能多效蒸馏系统是把传统热源替换成了太阳能集热器，系统由多个单效蒸发器循环组成，换热系数高，消耗动力少，浓缩比较大，负荷弹性也较大，但结构复杂，容易结垢。太阳能多级闪蒸系统是针对多效蒸发结垢严重的缺点提出来的。这种方法设备简单可靠，易于大型化，操作弹性大，正好利用太阳能低品位的热量，但系统需要额外的加热设备才能弥补太阳能不稳定的缺点。太阳能压缩蒸馏系统中，系统只需在系统开始运行时采用太阳能提供少量初始热量启动，使装置在较高的温度范围内运行即可，此法提高了压缩机的效率，减少了换热器内外的压差，在换热器内外压差足够小时甚至可以用普通的风机替代压缩机，降低成本。

太阳能与传统渗析过程的结合

太阳能与传统渗析的结合主要是利用太阳能发电后驱动系统产生淡水。其中电渗析法是将具有选择透过性的阴阳离子交换膜交替排列，外加直流电场分离淡水。反渗透法则是利用半透膜，利用电力驱动的加压设备在膜的一侧施加大于海水渗透压的外压，海水中的纯水将反渗透至淡水中。反渗透法极为节能，其能耗仅为电渗析法的1/2，蒸馏法的1/40。目前利用太阳能发电的方法主要有两种。第一种是太阳能热发电，即利用聚光的方法将太阳光聚集到点或线上，得到的高温热源加热锅炉中的水汽化，再利用汽轮机发电。美国在1989年就建成一座194MW的太阳能热发电站，但是由于太阳能能流密度及热电转换效率较低，额外的蓄热装置等导致系统结构复杂，成本较高。另一种是太阳能光伏发电。光伏电池板作为太阳能光伏发电系统的核心部件，光电转换效率低但生产成本却很高。目前多应用的薄膜光伏电池，比起第一代的硅片，转换效率已经有了极大的提升。化合物太阳电池（如铜铟镓硒等）正以其转换效率高、成本低、弱光性好及寿命长等优点成为新一代光伏电池的发展方向，而多晶硅光伏电池的材料成本因比单晶硅光伏电池低，也是世界各国竞相开发的重点。

传统集热器太阳能收集效率不高，加上对冷凝潜热回收不够，系统升温缓慢，效率低下。近几年来，新型高效集热管的出现使加热水温度越来越高，太阳能替代传统化石燃料与传统海水淡化装置结合有了可能，再加上不断发展的光电转换技术，未来定会出现新型高效太阳能海水淡化系统。现阶段太阳能海水淡化方法只是对传统方法稍作改动，例如，传统的蒸馏法只是把传统的化石燃料加热换成利用太阳能加热，而渗析过程是利用太阳能发电代替传统电源，与传统方法相比确实节能环保，但在实质上太阳能与海水淡化并没有密切结合。目前对原有系统改进的新技术主要是有机结合各种淡化方法的优点，达到太阳能利用率最大化的目的。下面分别对太阳能技术改进渗析法和蒸馏法的技术进展加以介绍。

1）渗析法

反渗透法需要提升海水压力以克服渗透压后才会有淡水产出，其要求半透膜能够承受足够的高压。日本率先成功研制出耐高压半透膜，将一级SWRO的操作压力由5.5MPa提高到了8.4MPa，大大提高了系统的产水效率。另外一个研究最多的问题是渗透后的能量回收。经正常渗透膜后排出的浓水余压高达5.5～6.5MPa，按照40%的回收率计算，排放的浓盐水中还蕴含约60%的进料水压力能量，回收这一部分能量可大幅降低反渗透海水淡化的能耗。目前能量回收装置主要有水力涡轮式和功交换式两大类。能量回收装置在国外起步较早，发展很快，而且产品也已经基本成型。国内的能量回收装置大都是靠进口，很多机构也在积极尝试这方面的研究，并有初步成效。杭州水技术研发中心的张建中、张希建等研制的反渗透海水淡化水压阀控式能量回收装置 HVCPX-1000，使用电磁换向阀先导控制水压驱动阀结构，利用高压浓海水直接增压低压进料海水，能量回收效率可达 96.27%，系统的压力、流量变化稳定，波动较小；天津大学王生辉等研制的一种具备升压功能的差动式能量回收装置，最高升压比可达到 1.08，有效能量回收效率达到 96.3%。这对促进中国反渗透海水淡化产业的发展，降低生产成本，提高制水效率起到了积极的推动作用。

2）蒸馏法

传统的太阳能蒸馏法单位面积产量很低，主要是因为蒸汽的凝结潜热未被利用、蒸馏器换热管换热效率不高、蒸馏器中待蒸发的海水热容量太大，尤其是前两点极大地限制了太阳能蒸馏制水的效率。为此，如何提高凝结潜热的利用率和换热器的换热效率就成了提高太阳能蒸馏制水效率的突破口。

原郭丰等提出了一种可以昼夜连续运行的新型闭式太阳能海水淡化装置，利用自主研发的纸蜂窝结构高效蒸发器，回收了系统的冷凝潜热，系统淡水产量有较大的提高。张小艳等发现多级迭盘式太阳能蒸馏器能充分利用蒸汽的潜热，效率较高，特别是在较高温度段（>70℃）运行时，性能更加理想，而且运行温度越高，效果越好。Vinoth Kumar 在蒸馏器四周安装循环冷却水管强化冷凝，凝结潜热得到利用，并分别以淡水、海水及工业废水为样品进行了性能试验，发现最大的日产水量大约为 1.4L/（m^2 · d），水质与雨水和矿物质水相当，大大提高了太阳能蒸馏器的效率。李正良等设计了一套具有四效回热的低温多效吸收式太阳能海水淡化装置，采用激淋式横管降膜蒸发、多效闪蒸与多效回热、强化冷凝、强化对流等多项强化传热传质措施，减小了装置中海水的热容量，装置升温快，产水迅速，在高温和相对较高真空度下工作有更多的优势和更高的产水效率。天津大学田禾综合多级闪蒸和低温多效两种系统的优点，设计了直热式太阳能海水淡化试验装置，海水直接进入集热系统，省去产生蒸汽的热交换设备，太阳能集热系统和淡化系统耦合运行，产水量和性能系数都较高。佛罗里达大学 Kharabsheh 设计了专门利用低能级太阳能的海水淡化系统，使用重力和环境压力制造出蒸馏室真空环境，理论分析结果表明其运行时的蒸馏效率高达 90% 甚至更高，而传统平板式太阳能蒸馏器平均值只有 30% ~ 40%，即使运行条件良好也只有 50%。赵奎文、刘业凤利用太阳能加热海水，利用潮汐能代替水泵和真空泵为系统给排水以及抽真空提供动力，降低运行成本，更有利于海水淡化的推广普及和实用化进程。换热器的效率直接决定着整套系统的效率。在目前的研究中，多数换热器都是采用水平管降膜蒸发，在换热的过程中会有不间断的相变过程，换热系数高，热耗量小，还能利用低位余热，相比竖直管蒸发来说空间利用率有了很大的提高，但是管间距相对仍然较大，供液方式较复杂。为此，刘振华将传热管束紧凑排列后置于饱和状态液体中，将其变为满液式蒸发换热器，利用传热管束间受限空间内早期沸腾强化机理，将中小热负荷条件下的自然对流换热转化为核沸腾换热，在间隙尺寸适宜时，其换热性能可能优于降膜式蒸发换热器。实验证明满液式蒸发换热器换热性能良好，在中小热负荷条件下甚至超过降膜式蒸发换热器，应用前景明朗。

目前，除了装备和技术研发外，我国太阳能热发电-海水淡化联产在规模化方面也取得重要进展（图 3-13）。2013 年 5 月 29 日，中国科学院电工研究所研发的太阳能电水联产实验示范系统，在海南省临高县完成系统建设与调试。该项目是在国家科技部中欧中小企业创新基金支持下建设的。

图 3-13　太阳能热发电-海水淡化联产示范系统

项目基于太阳能电水联产和能量梯级利用原理，综合提升太阳能热发电系统能量利用效率，并通过发电-储能-海水淡化多系统协同运行技术，优化系统能源利用效率和提高经济性。

该示范系统由太阳能集热场、蒸汽与热工系统、海水淡化系统及控制系统等组成。系统集热器采光面积为 200m^2，蒸汽发生器工作压力为 2.35MPa，发电功率为 120kW，海水淡化系统设计容量为 5t/d。2013 年 5 月的系统调试结果显示，在太阳法向直射辐照度 800W/m^2 的条件下，系统连续产生 2.35MPa 饱和蒸汽实验测试（图 3-14），海水淡化系统产水量达到了 0.35t/h。

在该示范项目的基础上，研究团队将进一步就规模化太阳能电水联产及太阳能海水淡化系统优化、大型装备设计与开发、非稳态能源条件下电力-产水-储

图 3-14　示范系统成功实现 2.35MPa 饱和蒸汽连续生产

能系统协同设计与仿真技术，对系统启动-运行规律进行试验研究、分析与优化，实现集热场-发电系统-海水淡化系统-储能系统容量的匹配性设计与优化，综合提升系统设计集成能力、降低设计成本，缩短系统投资回收期，推进我国太阳能热发电技术、海水淡化技术及电水联产技术的研发和产业化发展。

3.4.2　过程工业余热回收技术与相变储能

1. 工业余热回收概述

能源短缺、环境污染已发展为世界范围的问题，节能减排、降低能耗、提高能源的综合利用率，是解决能源问题的根本途径。过程工业涵盖钢铁、化工、机械、建材等诸多部门，在实际生产过程中会产生大量的废气、废液和废渣，它们都蕴含有丰富的热能。我国过程工业领域的能源消耗量约占全国能源消耗总量的 70%。工业余热利用率低，能源没有得到充分综合利用是造成单位 GDP 能耗高的重要原因。随着能源危机的压力不断加大和人们追求循环经济、可持续性发展的要求越来越高，如何合理利用工业余热，成为节能减排工作的重要内容。

从实质上看，工业余热是一种资源，它是一次能源或可燃物料转换后的产物，或是燃料燃烧过程中所发出的热量在完成某一工艺过程后过剩的热量。这些看似低品位的能量仍有被利用的价值，属于二次能源。从这个意义上讲，我国过程工业余热资源相当丰富，其回收利用意义重大，因而被认为是继煤、石油、天然气、水力之后的第五大常规能源。

按照温度高低分类，工业余热一般分为600℃以上的高温余热，230～600℃的中温余热和230℃以下的低温余热三种；按照来源，工业余热又可分为烟气余热、冷却介质余热、废气废水余热、化学反应热、高温产品、炉渣余热以及可燃废气和废料余热。

余热资源来源广泛、温度范围广、存在形式多样，余热的回收量与工艺生产过程、环境条件的变化密切相关，余热的回收利用受施工环境的限制，对余热回收设备要求较高。工业余热资源的利用对设备有如下要求：①具有较宽且稳定的运行范围；②能适用多变的生产工艺的要求；③设备部件可靠性高，布局合理；④能够综合利用能量，以提高余热利用率。

由于余热资源的多样性，产生余热资源的环境和工艺过程的不同以及场地固有条件的限制，目前常见的余热回收利用方式主要有热交换技术、热泵技术、余热制冷技术、低温有机朗肯循环发电技术和Kalia循环发电技术。

1）热交换技术

热交换技术设备对余热的利用不改变余热能量的形式，只是通过换热设备将余热能量直接传给自身工艺的耗能过程，是余热回收的直接高效的方法之一。所用设备为各种换热器，包括传统结构的各种换热器、热管换热器和余热蒸汽发生器。

（1）间壁式换热器。

间臂式换热器主要分管式换热器、板式换热器、同流换热器和陶瓷换热器四种。管式换热器的特征为两种不同流体在管壳内进行换热，一种在管内流动，一种在管外流动，该换热器结构坚固，适应弹性大，材料范围广；允许入口烟气温度达1000℃以上，出口烟温约600℃，平均温差约300℃。板式换热器主体结构由换热板片以及板间的胶条组成，应用于液体-液体之间的换热；入口烟气温度约700℃，出口温度达360℃。同流换热器为气-气热交换器，主要有辐射式和对流式两类；允许入口烟气温度达1100℃以上，出口烟温约600℃，将助燃空气加热至400℃。陶瓷换热器是一种新型的列管式高温热能回收装置，主要成分为碳化硅，导热性能好，强度高，抗氧化、抗热震性能好；寿命长，维修量小，性能可靠稳定，操作简便；允许1550℃废热进入换热器，可以将助燃空气预热至815℃。

（2）蓄热式热交换器。

蓄热式热交换器的主要特点为冷热流体交替流过蓄热元件进行热量交换，属于间歇操作的换热设备，分为显热储能和相变潜热储能。相变潜热储能设备热量输出稳定，换热介质温度基本恒定，换热系统运行状态稳定。显热储能热交换设备，适合于 450 ~ 1100℃及以上的高温余热回收。相变潜热储能设备适合于低温余热回收。

（3）热管式换热设备。

热管是一种高效的导热元件，通过全封闭的真空管内工质的蒸发和凝结相变过程及二次间壁换热来传递热量，将储热和换热合二为一。热管式换热设备导热性优良，传热系数高，具有良好的等温性，温度可控，热量输送能力强。热管的工作温度分布广泛，在实际应用中用于工业余热回收的热管使用温度在 50 ~ 400℃。

（4）余热锅炉。

余热锅炉从本质上讲是一个可产生水蒸气的换热器。可利用高温烟气余热、化学反应余热、可燃气体余热等，生产高压、中压或低压蒸汽或热水，用于工艺流程或并入管网供热。同时，余热锅炉是低温汽轮发电系统中的重要设备，为汽轮机等动力机械提供做功蒸汽工质。余热锅炉设备的优点是将换热部件分散安装在工艺流程各部位，非常节省空间。其多应用于 350 ~ 1000℃高温烟气余热回收。

（5）高凝固点物料蒸馏余热锅炉。

高凝固点物料蒸馏余热锅炉与普通余热锅炉不同，它是利用气相物料冷凝释放的潜热，可以设计成立式与塔直接相连，也可以设计成卧式且通过管线与精馏塔分开放置。该设备的优点在于用于蒸馏冷凝器既可以保证高凝固点物料的安全操作，保证设备和管道不宜堵塞，又可副产一定量的低压蒸汽。根据其工作特点，这种余热锅炉适用于凝固点在 100 ~ 200℃的有机物料蒸馏过程。

综上可知，热交换技术中热交换器种类多，且都具有一定使用条件，在生产过程中应结合生产条件、工艺流程，选择合适的换热器。

2）余热制冷技术

传统的制冷方式是压缩式制冷，利用外功压缩制冷，能耗较大。近年来可利用廉价能源和低品位热能的吸收式或吸附式制冷系统快速发展，采用天然制冷剂（氨-水，溴化锂-水等），不含对臭氧层有破坏性的氯氟烃（CFC）类物质，具有显著的节电能力和环保效益，在 20 世纪末得到了广泛的推广应用。

吸附式制冷和吸收式制冷是循环特性十分相似的制冷方式：解吸（发生）—冷凝—蒸发—吸附（吸收），如此循环往复。但是吸收式制冷的工质应为流动性良好的液体，如氨-水、溴化锂-水等；吸附式制冷吸附剂一般为固体介质，常使用分子筛-水、氯化钙-氨等工质对。

以溴化锂水溶液为工质的吸收式制冷系统应用最为广泛，它可以利用蒸汽、热水、工业废热、余热、地热等低品位热能为驱动进行制冷，节省电力能源，在工业余热利用方面具有一定的优势。目前溴化锂制冷技术在国内已经得到大规模的利用。

吸附式制冷可利用低达 50℃ 的热源，且不需要溶液泵或精馏装置，也不存在制冷机污染、盐溶液结晶以及对金属腐蚀等问题，适用范围广，可用于振动、倾颠或旋转等场所，能有效地利用低品位的热源。但由于其研究尚未深入，其运行性能还很难与其他制冷方式竞争。

3）热泵技术

工业生产中常常需要消耗大量的热能，同时又有许多低温热能如 50℃ 左右的热水或 70 ~ 90℃ 的低温蒸汽以废热形式被排放到环境中，热泵技术常被用来回收利用此类余热资源。例如，电厂、橡胶和印染等行业的余热回收。

热泵技术包括压缩式热泵和吸收式热泵。压缩式热泵以消耗一部分高质能（电能、机械能或高温热能）作为补偿，通过制冷机热力循环，把低温余热源“泵送”至高温热媒。吸收式热泵可以直接利用各种热能驱动，不需要高温驱动热源即达到“自行”升温的目的，是一项很有效的节能措施。压缩式热泵在化工行业的应用已经取得了一定成效，例如，通过热泵机组提升锅炉给水品位，使原有的锅炉给水由 20 ~ 25℃ 提升到 50℃，50℃ 以上的热水，可以满足工业的蒸馏浓缩、干燥或建筑物采暖等对热水的需求。虽然吸收式热泵起步较晚，但是也取得了很大的进展，如燕山石油化工公司研究院与大连理工大学化工学院共同开发了回收工厂废热的吸收式热泵中试装置。

4）低温有机朗肯循环

有机朗肯循环（organic rankine cycle，ORC）不是用水作工质，而是使用低沸点的有机物为工质来吸收废气余热，汽化后，进入汽轮机膨胀做功，带动发电机发电。该系统简单紧凑，如图 3-15 所示。

采用这种发电方式对低温范围余热利用有显著优点：余热物流与工质不直接接触，有机工质密度较大，比容小，管道尺寸小，透平通流面积小，对较低温度热源的利用有更高的效率。并且选择合适的有机工质，可以节省过热器的制造费用，流程简单，还可降低环境对其的影响。例如，若选择干流体和等熵流体，可不设置过热器，直接将饱和的有机工质蒸汽送入透平机内膨胀做功后，在透平出口仍是干蒸汽，也不会对透平产生液滴侵蚀。

通常有机工质的选择应满足如下条件：①在相同蒸发温度和冷凝温度下，绝热焓降大；②在相同条件下，换热系数大；③工质临界参数、常压下沸点等热物理性质适宜；④化学稳定性好、不分解、腐蚀性小、毒性小、环保、不易燃易爆；⑤经济性好，即来源丰富，价格低。但是在实际应用中，工质很难同时满足上述全部条件，而且随着国际上对有机工质环保要求的日益提高，可用工质不断更新，因此需要根据热源类型及温度品位，综合考虑。采用不同有机工质（或者

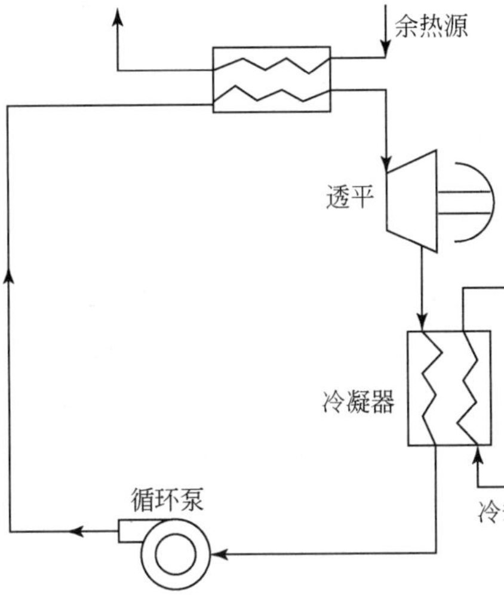

图 3-15　有机朗肯循环示意图

有机工质的混合物)，可回收不同温度范围的低温热能，系统简单，运行维护成本低。

ORC 系统在低温余热回收上有突出优势，特别是低温余热发电技术在一些发达国家，如日本、美国很早就有了应用，并且已经形成了比较成熟的技术。而我国对 ORC 技术的研究起步较晚，对于 ORC 技术的利用目前尚处于研究开发阶段。

5）Kalina 循环

Kalina 循环是以氨水混合物为工质的循环系统，最简单的热力循环是一级蒸馏循环，即一定浓度的氨水溶液经过水泵加压、预热器升温之后，进入余热锅炉蒸发，形成过热氨水蒸气进入透平膨胀做功，然后利用复杂的蒸馏冷却子系统解决氨水混合物冷凝问题，使透平乏汽，重新形成一定浓度的工质溶液，再到达给水泵，完成一个循环。

Kalina 循环以氨水混合物为工质具有很多优势：氨水的沸点比水低，能够利用水蒸气生产不利用的废热，降低设备制造的花费。氨水来源广泛，价格较低。Kalina 循环在蒸发过程中工质等压变温蒸发，减少了工质吸收过程中的不可逆性，而又因为冷凝过程中的基本工质含氨低，克服了混合工质有机朗肯循环冷凝损失大的弱点，能够更合理有效地回收利用低温余热。

综上所述，热交换技术利用工业余热的方法只是通过换热设备将余热能量直接传给自身工艺的耗能过程，并没有改变余热的利用形式。制冷制热系统是利用逆向循环的能量转换系统，逆向循环以耗功作为补偿，通过制冷剂的循环把从低温热源吸收的热量（制冷量）和耗功量一起从高温热源放出。压缩式制冷机是以机械能或电能为补偿，吸收（吸附）式制冷机或热泵则是以热能为补偿。蒸汽余热发电、有机朗肯循环余热发电技术、Kalina 循环余热发电为代表的余热发电技术是典型的热功能转换技术。

2. 相变材料与相变储能

无论是太阳能热发电技术发展趋势，还是蓄热式换热器、热管技术用于工业余热回收，都或多或少提及了“相变储热”；其实，除此之外的很多其他领域（如航天技术、工程热物理、建材、电器节能等）也都同相变储热技术联系在一起。可以说，相变储热作为一种高效、稳定、新兴的热能储藏手段，具有极其广阔的应用前景，受到越来越多的国内外能源领域科研工作者的关注、研究和开发。

相变材料（phase change material，PCM）是指随温度变化而改变相态并能提供潜热的物质。相变材料具有在一定温度范围内改变热物理状态的能力。因相变潜热的储热量大（远高于传统的显热存储），且相变过程中能维持恒定温度，相变储热材料在储热控温领域有极大的应用优势。

相变储热技术就是利用相变材料的相变潜热来实现能量的储存和利用，是缓解能量供求双方在时间、强度及地点上不匹配的有效方式。可以看出，相变材料是相变储能技术的核心。相变材料蓄热密度高、蓄热装置结构紧凑，且吸放热过程近似等温、易运行控制和管理，因而较受关注。

根据相变形式的不同，相变材料可分为固-固相变、固-液相变、固-气相变和液-气相变四类，其中固-固相变、固-液相变是研究和实际中采用较多的相变类型，而固-气相变、液-气相变虽有很大的相变潜热，但相变过程中大量气体的存在，使材料体积变化较大，难以实际应用。按材料的化学成分划分，相变储热材料一般可分为无机相变储热材料、有机相变储热材料、复合相变储热材料和金属相变储热材料。其中，无机相变储热材料主要有金属盐水合物、碱水合物、活性白土及矿棉等。以水合盐为例，代表性的有 $Na_2SO_4 \cdot 10H_2O$（芒硝）和 $CaCl_2 \cdot 6H_2O$、$CaBr_2 \cdot 6H_2O$、$CH_3COONa \cdot 3H_2O$ 等，其相变机理为：材料受热时脱去结合水，吸收热量；反之，吸收水分，放出热量。有机相变储热材料是利用晶型之间的转变和高分子支链在不同温度下的转变而吸热或放热，典型的有石蜡、酯酸类等；复合相变储热材料是利用网络状物质为基质以维持材料的形状、力学性能，而作为相变材料的物质嵌在网络结构基质中，通过相变吸收或释放能量；纤维复合储热材料是将导热纤维制成蓬松团置入金属容器或模腔中，并加入相变储热材料制成的复合材料；而金属相变储热材料主要为金属及合金的相变储热材料。根据材料的相变温度不同，相变储热材料可分为低温相变储热材料（相变温度小于 200℃）、中温相变储热材料（相变温度在 200 ~ 500℃）和高温相变储热材料（相变温度大于 500℃）。虽然划分相变材料的温度界限在不同文献报道中常有差异，但由于实际应用时需要储蓄热量的热源通常具有一定的温度范围，因而这种按相变温度分类的方法显得更具实用性。

无论按何种方式将材料分类，理想的、有实用价值的相变储热材料应该符合下列标准。

（1）热力学标准：单位质量潜热高，便于以较少的质量储存相当量的热能；高密度，盛装容器体积小；高比热，可提供额外的显热效果；高热导率，以便储、放热时储热材料内的温度梯度小；协调熔解，材料应完全熔化，以使液相和固相在组成上完全相同，否则因液体与固体密度差异发生分离，材料的化学组成改变；相变过程的体积变化小，可使盛装容器形状简单。

（2）动力学标准：凝固时无过冷现象或过冷程度很小，熔体应在其热力学凝固点结晶，这可通过高晶体成核速度及生长速率实现，有时也可加入成核剂或“冷指”（cold finger）来抑制过冷现象。

（3）化学标准：化学稳定性好，不发生分解，使用寿命长；对构件材料无腐蚀作用；无毒性、不易燃烧、无爆炸性。

（4）经济标准：价格低廉、储量丰富、易大规模制备。

这些因素对相变储热材料在热能储存中的推广应用非常重要。

下面根据温度划分来具体介绍各类相变材料。

1）低温相变储热材料

一般把相变温度 T_m 在 -50 ~ 200℃ 范围内的材料划为常低温相变储热材料，此类材料在建筑和日常生活中的应用较为广泛。相变温度低于 15℃ 的材料主要应用于空调制冷，而相变温度在 15 ~ 200℃ 的材料则广泛应用于太阳能储热和热负载领域。低温相变储热材料主要包括无机水合盐、有机物和高分子等。

（1）无机水合盐类。

无机水合盐通式为 $AB \cdot nH_2O$。其熔点固定，具有较大的相变潜热 ΔH_f（约 254kJ/kg）、导热系数［约 0.5W/（m·℃）］和体积储热密度（约 350MJ/m^3）。无机水合盐类由于成本低、制备简单，因而有良好的应用前景。储热过程主要是升温时结晶水脱出，无机盐熔解而吸热；降温时发生逆过程，吸收结晶水而放热。这类相变材料主要包括碱及碱土金属的卤化物、硝酸盐、磷酸盐、碳酸盐、硫酸盐及乙酸盐等，如芒硝（$Na_2SO_4 \cdot 10H_2O$）作为低成本、高储热性能的商用相变材料，其相变温度为 32.4℃，相变潜热为 254kJ/kg，体积储热密度为 377MJ/m^3。但上述水合盐材料易出现过冷和相分离现象，导致材料析出，降低循环寿命，严重制约实际应用。产生过冷现象是由于结晶水合盐的结晶成核性能较差，因此实际应用过程中需添加防过冷剂和防相分离剂。防过冷剂主要起成核剂和增稠剂的作用，主要包括硼砂、硫酸钙和活性白土等。防相分离剂主要有高分子吸水树脂、羧甲基纤维素和表面活性剂材料等。实际生产中通常还会添加过量的水，以减少无水盐的形成，防止流化床堵塞，但该方法也导致储热系统需在较大的温度区间内工作。无机水合盐储热材料的实验室制备过程是利用水浴加热使无机盐熔解，冷却后即可获得含结晶水的储热材料。目前商业化生产中为克服水合盐材料的上述缺点，通常采用胶囊封装技术将材料封装于塑料小球中，例如，Cristopia 公司制备的 $CaCl_2 \cdot 6H_2O$ 相变材料，其潜热为 $267MJ/m^3$，多次循环后性能依然稳定。

（2）有机相变材料。

常用的有机储热材料主要包括高级脂肪烃、芳香烃、醇和羧酸等，其中石蜡材料的应用最广，其通式为 $CH_3(CH_2)_nCH_3$，相变焓约为 200kJ/kg，储热密度为 $150MJ/m^3$。石蜡的相变温度范围宽泛，商用石蜡的相变温度通常在 55℃附近，随碳链长度增加，其相变温度和相变潜热均升高。具有偶数碳原子烷烃的石蜡材料的熔解热略高于具有奇数碳原子烷烃的石蜡，随碳链增长，二者熔解热趋于相等，导热系数约为 0.2W/（m·℃），500℃以下具有良好的化学稳定性。纯石蜡的价格昂贵，通常选取工业纯度的石蜡进行研究和实际应用。其中，P-116 是最受关注的商用石蜡材料，其相变温度为 47℃，相变焓为 210kJ/kg。有机储热材料的优点是固体成形好，不易发生相分离及过冷、腐蚀性较小，但与无机储热材料相比导热系数较小，使用过程中易发生泄漏。实际应用时通常需要设计独特的换热器，并加入导热剂。

近年来，用胶囊封装技术将有机储热材料分散成固、液小球，外层包覆高分子的复合储热材料的方法发展迅速，所得胶囊颗粒的直径通常为 1～1000μm，核心的相变材料在高温时变为液态，但表面包封的高分子外层保持固态，材料的整体外形仍为固体颗粒。微囊包封的生产工艺成熟，可应用于工业化大规模生产。但由于高分子外壳的导热性较差，降低了整体材料的导热性能，相变过程中发生的体积变化（通常为 15%）也导致复合材料的循环性能降低。因此，利用物理共混法制备成定形相变材料成为较好的解决办法。通过分子间相互作用、氢键作用等将有机相变材料固定在网状高分子结构中，宏观上依然保持稳定的固态形状，而实质上发生固-液相变过程，但其制备工艺较复杂。此外由于物理作用力较小，材料在使用过程中易析出。

脂酸类也是常见的有机储热相变材料，其通式为 $CH_3(CH_2)_{2n} \cdot COOH$，相变焓范围为 50～150J/g，相变温度为 15～70℃，通常相变温度与碳原子数相关。

目前研究较多的脂酸类材料主要有癸酸、月桂酸、棕榈酸和十八酸等。脂酸类相变材料的成本是石蜡的2～2.5倍，且性能不稳定，易挥发和分解。通常采用插层法或溶胶-凝胶法与无机物（膨润土/SiO_2等）复合，以提高储热性能。

（3）固-固相变材料。

固-固常低温相变储能材料主要包括多元醇类、无机盐类及高分子三类。相变温度通常在0～120℃，羟基数越多，相变焓越大。其优点是性能稳定、相变体积变化较小、使用寿命长，但潜热低、相变温度较高、成本较高。

多元醇通常具有多种相变温度，主要包括季戊四醇、新戊二醇、三羟甲基氨基甲烷、三羟甲基乙烷、三甲醇丙烷等。将两种多元醇按不同比例混合可获得具有较宽相变温度范围的复合储热材料，但在使用过程中易出现过冷现象，此外加热至相变温度以上时易形成易挥发的塑晶。

无机盐类固-固相变材料主要包括层状钙钛矿类、硫氰化铵等。层状钙钛矿类相变材料属有机金属化合物，化学通式为（$nC_xH_{2x+1}NH_3$）MY_4，其中M是二价金属，如Mn、Cu、Fe、Co、Zn、Hg等，Y是卤素，如Cl等，x在8～18范围内。这类金属有机复合物具有类似钙钛矿的层状结晶结构，层之间交替为无机层和有机层。低温时烷基链形成有序结构，较高温度时转变为无序结构，此过程中无机层的结构保持不变。该类储热材料的循环性能良好，但由于易碎难以直接利用，通常与高分子材料混合制备成复合高分子材料。

硫氰化铵（NH_4SCN）作为固-固相变材料，从室温加热到150℃时发生多种相变，相转变焓较高，过冷度较小，化学性能稳定。

高分子类固-固相变材料主要包括交联改性聚乙烯、聚乙二醇等，使用寿命长、性能稳定、无过冷和层析现象、力学性能好，因此具备良好的应用前景。

2）中温相变储热材料

中温相变储热材料的相变温度范围为200～500℃，此划分是从应用角度考虑的。此温度段足够为其他设备或应用场合提供热动力高温热源，但相对于400℃以上高温段提供的热动力源，效率较低，体积和质量相对庞大，适合大规模应用，主要针对地面民用领域。目前国内外对制冷、低温和高温相变储热材料进行了很多研究，中温储热材料则较少使用。但由于中温相变储热材料的温度范围较宽，其物质形态几乎遍及相变储热材料的所有类型，因此也开始受到重视。近年来太阳能热发电、移动蓄热技术等相关领域的发展给中温相变储热材料的应用创造了很大空间。

目前专门针对中温相变储热材料的研究和制备报道非常少，一些常低温相变储热材料可用在中温范围，将两种或两种以上无机或有机类相变材料结合在一起进行复合是制备中温相变储热材料的一种可行途径，如通过调整NaOH/KOH混合碱的组成，可在145.6～318.2℃范围内调节其熔点，这样可根据实际需要配制相应组分的混合物。有研究者将 $Na_2S_2O_3 \cdot 5H_2O$ 吸附在多孔结构的水泥内，构成水合无机盐/水泥复合相变储热材料，研究了其储热性能和结构稳定性，开发出高性能的相变储热墙板。另有研究人员将石蜡吸附在多孔结构的膨胀石墨内，构成石蜡/石墨复合相变储热材料，目的是利用石墨的高热导率提高石蜡导热能力。纯石蜡的热导率仅为0.24W/（m·K），石蜡/石墨复合相变储热材料的热导率可达约4.7W/（m·K）。实验证明，将石蜡与熔点较高的高密度聚乙烯（high density polyethylene，HDPE）在高于其熔点的条件下共混熔融，然后降温至HDPE熔点之下，HDPE先凝固并形成空间网状结构，液态的石蜡则被束缚其中，可形成定形相变石蜡。该复合相变储热材料可用于房间的辐射采暖，提高房间的采暖舒适度。祁先进等在制备和研究熔融盐/金属、熔融盐/陶瓷等高温复合相变材料时，也获得了许多熔点正好处于中温范围的复合相变材料。

现阶段，中温相变储热材料的研究相对较少，但作为一种热动力高温热源储热材料，其需求量会越来越大。由于适合用作中温相变储热材料的物质类型非常多，因此可针对不同的类型，结合材料复合技术，中温相变储热材料的制备及其在能源储存中的应用会更加广泛。

3）高温相变储热材料

高温相变储热材料是指相变温度在500℃以上的储热材料，主要应用于小功率电站、太阳能发电、工业余热回收等方面，一般分为三类：盐与复合盐、金属与合金及高温复合相变材料。

（1）盐与复合盐。

这类相变材料主要包括一些碱金属或碱土金属的氟化物、氯化物及碳酸盐。氟化物中还有一些其他金属的非含水盐，常具有很高的熔点及很高的熔化潜热，可应用于回收工业高温余热等。氟化物作为蓄热材料时多为几种氟化物的混合物形成的低共熔物，以调整其相变温度及蓄热量。氯化物和碳酸盐通常也具有较高的熔点和较大的潜热，也是较好的潜在高温相变材料。混合盐同其他类高温相变材料相比，最大的优点是熔融温度可调，根据需要将各种盐类配制成可在100～890℃范围内使用的蓄热物质。同单纯盐相比，很多复合盐熔融时体积变化小，传热好。

（2）金属与合金。

盐和复合盐用作相变储热材料有一些固有的缺点，如热导率低、熔化时体积变化大和过冷度大等。与盐相比，金属导热性好、熔化热大、蒸汽压力低，是一种较好的蓄热物质，但选择金属作相变储热材料时，必须毒性低和价廉易得。1976年Birchenall等第一次分析了利用金属熔化储热的可行性，1980年Birchenall

等又对合金相变储热进行了研究，测量分析了由地球上储量丰富的 Al、Cu、Mg、Si 和 Zn 组成的二元和三元合金的热物性，发现相变温度在 780～850K 范围内且富含 Si 或 Al 的合金的储热密度最高。

1985 年，Farkas 等研究了一些新型二元和多元合金的热物性，发展了试差法，结合热差分析、金相图谱和显微图片分析，可用不超过三个步骤确定合金的组成。研究发现，二元材料的合金化会降低相变温度，但不会显著提高材料的储热密度。张寅平等重点研究了铝硅合金的储热性能，发现 $AlSi_{12}$ 是最合适的合金储热介质，其熔化温度为 576℃，熔化潜热为 560J/g。与之相比，合金 $AlSi_{20}$ 的熔化温度和熔化潜热分别为 585℃和 460kJ/kg。刘靖等还将铝硅合金材料置于换热器内，测量了换热器外表面的温度曲线并与内置显热储热材料 Fe_3O_4 的换热器进行了比较，发现置有铝硅合金的换热器的外表面温度不超过 75℃，且温度变化范围较小，非常适合民用取暖，而内置 Fe_3O_4 显热材料的换热器外表面温度超过 100℃，民用取暖的安全性不能保证。

（3）高温复合相变材料。

复合相变储热材料既能有效克服单一的无机或有机相变材料存在的缺点，又可以改善相变材料的应用效果及拓展其应用范围。因此，研制高温复合相变储热材料已成为储能材料领域的热点研究课题之一。目前，已研究的无机盐高温复合相变材料主要有五类：无机盐/陶瓷基复合相变材料、无机盐/金属基复合相变材料、金属/陶瓷基复合相变材料、金属/金属基复合相变材料、无机盐/多孔石墨基相变复合材料。

金属基主要包括价格便宜、导热性能优良的铝基（泡沫铝）、铜基（泡沫铜）和镍基相变材料等。相变储热材料主要包括各类蓄热量大、化学稳定性好和廉价易得的熔融盐和碱。祁先进等成功制得了各类镍基高温复合储热材料，在这类复合相变储热材料中，熔融盐较均匀地分布在多孔质网状结构金属镍基体中，熔融盐在复合蓄热材料中达 80% 以上。将相变蓄热材料复合到多孔质泡沫金属基体中，主要是利用熔融盐的高相变潜热和多孔金属基体的高导热性等优点，同时也利用金属基体的显热进行热能存储。另外，金属骨架把相变蓄热材料分成无数个微小的蓄热单元，在吸热/放热过程中不存在传热恶化的现象，克服了潜热储能材料在相变时液固两相界面处传热效果差和显热储能材料蓄热量小及很难保持在一定温度下进行吸热和放热等缺点。当温度超过熔融盐熔点时，熔融盐熔化而吸收潜热，但因泡沫金属孔道内的毛细管张力作用而不会流出。

无机盐/陶瓷基复合相变材料是 20 世纪 80 年代出现的，它是由多微孔陶瓷基体和分布在基体微孔网络中的相变材料（无机盐）复合而成。与泡沫金属–熔融盐复合材料类似，由于毛细管张力作用，无机盐熔化后保留在陶瓷基体内不流出来，使用过程中可同时利用陶瓷基材料的显热和无机盐的相变潜热，相变温度可用无机盐种类进行调节，范围为450～1100℃。目前已制备的无机盐/陶瓷基复合相变材料主要有 Na_2CO_3-$BaCO_3$/MgO、Na_2SO_4/SiO_2 和 $NaNO_3$-$NaNO_2$/MgO。20世纪80年代末90年代初，美国 Claar 等研究了陶瓷基复合材料的制备工艺和由复合材料制成的元件构成的储热系统的整体性能，表明由 Na_2CO_3-$BaCO_3$/MgO 制成的复合材料在615～815℃范围内进行17次（398h）循环后热稳定性良好，质量损失仅为0.94%，密度变化1%，保持原始形状且无开裂。20世纪90年代初，德国 Hame 等利用 Na_2SO_4/SiO_2 制成高温蓄热砖，并建立太阳能中央接收塔的储热系统，建立了中试装置，以200kW 燃气炉1300℃的烟气对系统进行加热，然后以冷空气冷却释放热能，对系统性能进行了测试和理论计算。结果表明，含20%（质量分数）无机盐的陶瓷体比相同体积的纯陶瓷蓄热量可提高2.5倍，其中，Na_2SO_4/SiO_2 的相变潜热和比热容均高于 Na_2CO_3-$BaCO_3$/MgO 和 $NaNO_3$-$NaNO_2$/MgO，同时具有更高的相变温度，使 Na_2SO_4/SiO_2 应用范围更加广泛。

无机盐/多孔石墨基相变复合材料是利用天然矿物本身具有多孔结构的特点，经过相应的工艺处理后，与相变材料复合在一起，如膨胀石墨层间可浸渍或挤压熔融盐等相变材料，石墨本身耐腐蚀、导电性好，是良好的高温相变材料的基体之一。

综合研究实践来看，相变材料的研究主要包含三个方面的问题：相变材料的热物性、相变材料与基体的相容性和经济性。因此，相变材料在储热领域的研究将主要集中于以下几个方面：①针对不同的需求，研制出具有合适的相变温度与相变焓、且能在长期使用过程中物理化学性能稳定的廉价相变材料；②研究改善相变材料的导热性能、提高其相变速率的方法；③研究相变材料与基体材料的相容性机理，寻找合适的材料，对相变材料进行改性，提高相变材料与基体材料的相容性。

近年来，相变储热的研究越来越广泛和深入，其在过程工业余热回收等领域的应用也得到很大推广。许多研究人员对大量潜在的相变储热材料的物性及其测量进行了大量研究，同时也对相变材料的封装和胶囊化进行了有意义的探索，得出了许多有价值的结果。

中国科学院过程工程研究所冶金资源与材料课题组多年来一直从事相变材料及相变储热技术的研发工作，并取得了一系列成果。

面向建筑、服装、电器节能等低温领域的储热和控温应用，该课题组使用微胶囊技术实现固-液相变材料的高效封装，制备了以石蜡体系（烷烃类混合物，相变温度为-50～100℃，可依照具体组成来调控）为囊芯，三聚氰胺-甲醛树脂为囊壁的石蜡基相变储热微胶囊。所得微胶囊包覆完好，结构致密，粒度在1～

30μm 可控且分布较集中；储热量大，以 60°固体石蜡为囊芯的微胶囊潜热可达 107.2J/g；循环稳定性高，经 300 次熔化-凝固循环后仍保持完整；具备优越的抗压能力和耐热能力，可承受 1.0MPa 外压，耐受 210℃；同时还具有良好的抗渗透性，是目前低温热控领域综合性能极优的复合相变材料。此外，该课题组采用均匀膜调控技术，可合成粒度均一化的相变储热微胶囊，进一步强化材料的热控稳定性（图 3-16）。

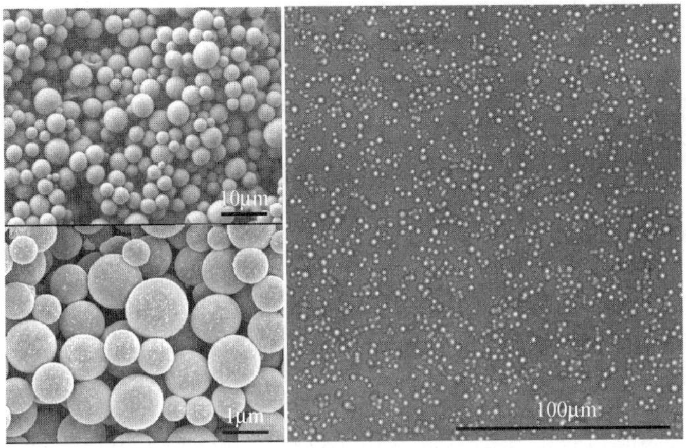

(a)　(b)

图 3-16　微胶囊 SEM 照片（a）和均一化微胶囊 OM 照片（b）

针对高温相变储热领域，该课题组提出利用不互溶合金体系（如共晶、偏晶系等）构筑核壳结构储热宏胶囊（直径>1mm）的研究思路，在球形金属（囊芯）外围通过电化学等手段沉积出不互溶的另一种高熔点金属厚层，形成崭新的复合金属相变储热材料。该课题组在实际研发过程中，进一步提出了周期间歇式电沉积 Cr 的新方法，突破了滚动电沉积金属 Cr 过程中由于电流密度低、易氧化而导致的沉积效率低的关键技术难题，制备出高质量超厚 Cr 层（>100μm），实现了金属 Cu 球的高质量封装，胶囊的相变温度和相变潜热分别为 1075℃ 和 153J/g，总储热密度超过 450J/g，熔化-凝固循环超过 500 次、热处理 1000h 不破裂，是目前国内外已知的工作温度最高且耐热能力最强的金属基相变储热材料（图 3-17）。同时，该课题组还通过偏晶合金体系在有氧条件下快速无容器凝固这一非常规制备手段，成功合成出 Cu-Fe-FeO 核壳结构的铜基相变储热材料，扩展了相变材料的制备与合成思路；以上铜基相变材料均适合用于高温（800℃以上）工业废气余热回收。

此外，该课题组还利用真空熔浸法得到了熔盐/陶瓷复合相变材料，该材料由熔盐体系与多孔陶瓷复合而成，相变温度在 300～600℃可调控，可适用于中温

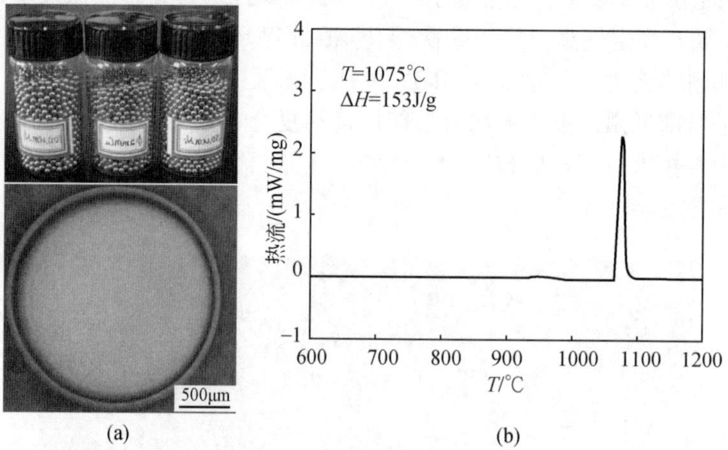

图 3-17 Cu-Cr 金属基相变储热材料外观形貌（a）及 DSC 性能（b）

（200～800℃）余热回收利用。

3. 相变储能材料在工业余热回收中的应用

由于相变储能材料潜热巨大，且相变过程中温度趋于恒定，即对非连续性热供应和波动性温度具有优异的适应性和调节性，相变储热材料在工业余热回收中扮演着极其重要的角色，有很多研究成果。

1）相变储能材料同热管技术结合

相变储能材料应用于工业余热回收利用领域可以通过同热管技术结合来实现。热管是在钢、铜、铝管内灌充导热介质，并抽成一定的真空后密封而成的。它依靠填充在管内的封闭工作介质的相变实现传热，是一种高效的传热元件。热管的真空度越好，传热效率越高。

采用热管技术有两个突出优点：一是因为管内为真空，不存在管内超压，无爆炸危险；二是管内工作介质在真空下对热极其敏感，因此导热速度快，效率高。

2）相变储能材料同换热器集热系统相结合

相变储能材料还可设计成相变储热换热器，从而实现工业余热回收的规模化应用。需要强调的是，相变储热材料的研究本就不应该在材料研发层面孤立进行，必须结合相变储热换热器和热管理系统才能真正实现储热技术的应用。设计紧凑、具备高充放热功率的相变储热换热器和结合热用户构建具备动态特性的热管理系统是储热材料之外高效储能系统的两项关键技术。与普通换热器相比，相变储热换热器的特点是换热器中需同时布置流体通道和相变材料，在其研发过程中涉及相变、流体动力学及材料应力应变等诸多物理问题。

参考文献

曹大力，杜屏，冷海燕，等. 2003. 储氢合金的研究与应用. 特种铸造及有色合金，6：36-38.

陈甫林，徐炜，王立群. 2009. 新能源概述. 杭州：浙江科学技术出版社：14-155.

陈静，刘建忠，沈望俊，等. 2012. 太阳能热发电系统的研究现状综述. 热力发电，41（4）：17-22.

龚广杰，黄鑫炎，郝梦龙，等. 2009. 太阳能海水淡化技术. 太阳能技术与产品，8：20-25.

郭新生. 2007. 风能利用技术. 北京：化学工业出版社：1-26，94-139.

国际能源署. 2009. 能源技术展望——面向 2050 年的情景与战略. 张阿玲，原鲲，石琳，译. 北京：清华大学出版社：53-74.

胡锦涛. 2007-10-15. 高举中国特色社会主义伟大旗帜 为夺取全面建设小康社会新胜利而奋斗——中国共产党第十七次全国代表大会报告. 新华社.

黄素逸，王晓墨. 2007. 节能概论. 武汉：华中科学大学出版社：24-53，92-192.

黄素逸，王晓墨. 2008. 能源与节能技术. 北京：中国电力出版社：1-224.

黄素逸，王晓墨. 2012. 能源科学导论. 北京：中国电力出版社：56-167.

李洪钟. 2010. 过程工程——物质 · 能源 · 智慧. 北京：科学出版社：632-670.

李银凤，刘万琨，张志英. 2007. 风能与风力发电技术. 北京：化学工业出版社：1-69.

刘静静，杨帆，金以明. 2012. 太阳能热发电系统的研究开发现状. 电力与能源，33（6）：573-576.

刘利生，刘国辉. 2008. 太阳能利用技术. 西安：陕西科学技术出版社：1-11.

刘业凤，胡海涛. 2011. 太阳能海水淡化新技术综述. 水处理技术，37（8）：7-10.

路明，王思强. 2010. 中国生物质能源可持续发展战略研究. 北京：中国农业科学技术出版社：22-50.

罗顺忠. 2009. 核能技术应用. 北京：化学工业出版社：1-22.

毛玉如，苏亚欣，赵敬德. 2006. 新能源与可再生能源概论. 北京：化学工业出版社：27-204.

毛宗强. 2005. 氢能：21 世纪的绿色能源. 北京：化学工业出版社：1-123，148-183.

钱伯章. 2008. 节能减排——可持续发展的必由之路. 北京：科学出版社：88-159，182-346.

钱伯章. 2010. 氢能和核能技术与应用. 北京：科学出版社：37-60，72-184.

钱伯章. 2010. 生物质能技术与应用. 北京：科学出版社：113-180.

氢能协会. 2009. 氢能技术. 宋永臣，宁亚东，金东旭，译. 北京：科学出版社：1-124.

施钰川. 2009. 太阳能原理与技术. 西安：西安交通大学出版社：2-20，256-281，307-340.

王革华. 2005. 能源与可持续发展. 北京：化学工业出版社：1-60.

韦保仁. 2007. 中国能源需求与二氧化碳排放的情景分析. 北京：中国环境科学出版社：1-14.

吴国华. 2009. 中国节能减排战略研究. 北京：经济科学出版社：227-266.

吴占松，马润田，赵满成. 2010. 生物质能利用技术. 北京：化学工业出版社：115-249.

叶锋，曲江兰，仲俊瑜，等. 2010. 相变储热材料研究进展. 过程工程学报，10（6）：1231-1241.

袁振宏，吴创之，马隆龙．2005. 生物质能利用原理与技术．北京：化学工业出版社：51-363.
原鲲，王希麟．2010. 风能概论．北京：化学工业出版社：111-153.
曾乐才．2012. 太阳能热发电应用前景与技术发展趋势分析．上海电气技术，5（4）：53-58.
赵杰，唐炳涛，张淑芬．2009. 相变储能材料在工业余热回收中的应用．化工进展，28：63-65.
International Energy Agency. 2007. World Energy Outlook 2007：China and Indian Insights. The IEA Online Bookshop：241-281.

第4章　过程工业与二氧化碳减排

4.1　温室效应和我国二氧化碳排放现状

温室效应是大气保温效应的俗称。大气能使太阳短波辐射到达地面，但地表向外放出的长波热辐射线却被大气吸收，使地表与低层大气温度增高，因其作用类似于栽培农作物的温室，所以称为温室效应。自工业革命以来，人类向大气中排入的二氧化碳（CO_2）等吸热性强的温室气体逐年增加，大气的温室效应也随之增强，已引起全球气候变暖等一系列严重问题，引起了世界各国的关注。

二氧化碳是造成全球气候变化的最主要的温室气体。现代化工业社会过多燃烧煤炭、石油和天然气，这些燃料燃烧后放出大量的二氧化碳气体进入大气。二氧化碳气体具有吸热和隔热的功能。它在大气中增多的结果是形成一种无形的玻璃罩，使太阳辐射到地球上的热量无法向外层空间发散，导致地球表面变热。温室气体可有效地吸收地球表面、大气本身相同气体和云所发射出的红外辐射。大气辐射向所有方向发射，包括向下方的地球表面的发射。温室气体则将热量捕获于地面-对流层系统内，这被称为“自然温室效应”。大气辐射与其气体排放的温度水平强烈耦合。在对流层中，温度一般随高度的增加而降低。从某一高度射向空间的红外辐射一般产生于平均温度在-19℃的高度，并通过太阳辐射的收入来平衡，从而使地球表面的温度能保持在平均14℃。温室气体浓度的增加导致大气对红外辐射不透明能力增强，从而引起由温度较低、高度较高处向空间发射有效辐射。这就造成了一种辐射强迫，这种不平衡只能通过地面-对流层系统温度的升高来补偿，这就是“增强的温室效应”。如果大气不存在这种效应，那么地表温度将会下降约3℃或更多。反之，若温室效应不断加剧，全球温度必将逐年持续升高。

4.1.1　温室气体排放及其影响

全球变暖是全球化时代的一个重大问题，它已成为仅次于全球经济的第二重要的世界性话题。

随着人类社会大量使用以煤和石油为代表的化石燃料，二氧化碳的排放量急剧攀升，严重影响着大气圈和生物圈原有的平衡，并导致了温室效应以及引发了一系列与人类生活环境紧密相关的问题，严重地威胁着人类的生存。

据联合国政府间气候变化专门委员会（IPCC）的统计，全球化学工业每年使用CO_2约为1.15亿t，将CO_2作为各种合成工艺过程的原料。而因人类的活动主要是燃烧化石燃料，每年引起的CO_2排放约为237亿t。

排放的CO_2总量中，约有45%停滞在大气中，造成大气中CO_2不断累积。虽然此数量似乎很大，但总的CO_2年排放量仍小于地球大气层中总的CO_2数量（接近3万亿t）的1%。现在还没有可行的方法从空气中抽取大量的CO_2，因为它太稀薄，体积分数仅为0.038%，相当于380ppm*，而150年前约为280ppm。

联合国政府间气候变化专门委员会（IPCC）第Ⅱ工作组于2007年4月初在布鲁塞尔发布了第4次气候变化评估报告。这一报告涉及包括美国在内的100多个国家，采用了2.9万个观察数据，揭示了许多现有的自然界和生物体系的重大变化，有超过89%的迹象表明全球变暖的现象和趋势。"气温升高1.5～2.5℃，地球上20%～30%的动植物物种可能灭绝"是IPCC发布的评估报告得出主要结论时使用频次最高的一种表述。这份题为《气候变化2007：影响、适应和脆弱性》的报告，被认为是目前为止有关全球变暖的最严厉的警告。

据报道，美国《科学》杂志公布的一项对南极冰核的研究结果认定，二氧化碳是全球变暖的主要因素，如今大气中的二氧化碳水平，比过去65万年的漫长岁月高出27%。这是一批欧洲科学家在-54℃的条件下，在冰雪中跋涉了上千千米，用直径10cm的钻头，从南极康科迪亚冰盖钻取的具有65万年历史的冰核中获得的信息。研究表明，过去任何时候冰核内的二氧化碳微气泡都没有达到现在的380ppm的水平。在前工业时代，地球上的二氧化碳浓度只有278ppm。工业革命时代开始大力燃烧煤炭，二氧化碳含量开始上升。近几十年越来越多的国家走向工业化，道路上的汽车也越来越多。现在每年因燃烧化石燃料而向大气中排放的二氧化碳数以十亿吨计。科学家们指出，人类造成气候变化所需时间比起火山系统的自然变化周期短得多。尽管火山爆发会释放二氧化碳和其他气体，地球自转轴和轨道的微小变化会对地球表面温度造成重大影响，有时甚至使地球进入漫长的冰河期；但在最近5年，地球的平均温度上升了0.2℃，比正常情况高了100倍，2005年是有记录以来最热的一年。阿尔卑斯山、格陵兰岛和喜马拉雅山的冰川在缩小，南极的冰陆架正在破裂。科学家们说，有必要采取措施避免对气候系统的长期破坏，然而不幸的是解决问题的政治进程缓慢。更为可怕的前景是，全球变暖使海平面上升而淹没沿岸城市，洪水、干旱、风暴频频发生，造成

---

* ppm的量纲为10^{-6}。

上千万难民。

法国国家科学研究中心于 2008 年 1 月 23 日发表研究报告称，北极冰盖过去两年融化的面积相当于法国面积的 2 倍。该研究中心 2007 年 9 月的数据显示，北极冰盖面积为 413 万 km^2，而 2005 年这一数据为 530 万 km^2。法国国家科学研究中心公布的数据显示，过去 20 年里，北极冰盖面积减少了 40%，平均厚度从 3m 减至 1.5m。法国国家科学研究中心认为，北太平洋暖流是造成北极温度升高的一个重要因素，而北极上空污染物形成的云雾吸收了地球向外层空间的红外辐射，也加剧了北极地区的气温升高。

联合国政府间气候变化专门委员会于 2007 年 5 月公布第四份气候变化评估报告第三部分内容梗概。梗概认为，人类目前有足够的财力和技术通过采取温室气体减排等措施抑制全球变暖，但应该“立即行动”，否则未来将遭受更大损失。减少二氧化碳等温室气体排放的钱可能影响一国的经济发展，不过应该看到，为减少温室气体排放，关、停、并、转一些高耗能、高污染企业，推广利用清洁能源和可再生能源，虽然短期内会对一国经济造成负面影响，但长期来看，经济发展会更绿色，环境也会更美好。这也解释了国际社会目前为何提倡绿色 GDP。2007 年 1 月 10 日，世界经济论坛等机构发布报告称，由全球变暖造成的自然灾害在今后数年内可能会导致某些地区人口大规模迁移、能源短缺以及经济政治动荡。英国《自然》杂志发布报告指出，如果人类任由全球气温继续升高，那么气候变化最终带来的危害有可能相当于每年损失掉全球 GDP 的 20%。地球是全人类的地球，全球变暖也是全球现象，国际社会应采取“人人为我，我为人人”的态度应对全球变暖。减少温室气体排放既是帮助他国，也是自救。

温室气体 CO_2 的排放及其带来的全球气候变化形势严峻。在我国，气候变化给不同地区带来的影响也是不一样的。东北地区的湿地和冻土可能会退化或消失；华北和西北地区的需水量会大大增加，水资源更加紧张；华东地区的洪涝风险将加大，未来百年一遇的洪水发生的可能性增大；西南的山地灾害活动强度、规模和范围将加大，发生频率增大，损失更为严重；对华南来说，海平面升高对海岸线的影响可能是最严重的问题，连带地会造成红树林分布北移，珊瑚的白化范围会有所扩大。我国 2006 年年底发布的《气候变化国家评估报告》称，如果不采取任何措施，到 2030 年，中国种植业生产能力在总体上可能会下降 5% ~ 10%；到 21 世纪后半期，中国的主要农作物，如小麦、水稻和玉米的产量最多可下降 37%。

4.1.2 我国二氧化碳排放现状

国际能源机构（IEA）2007 年 10 月对中国的能源需求作出评论认为，中国已成为继美国之后的全球第二大化石燃料消费国。荷兰环境机构 2007 年 6 月的评论指出，中国已超过美国成为世界最大的温室气体排放国。

中国能源需求约 70% 依赖煤炭。荷兰环境评估局（MNP）于 2007 年 6 月底发布的评估报告指出：2006 年中国 CO_2 排放已超过了美国 8.0%。中国 2006 年排放的二氧化碳为 62 亿 t，而此前排放量一直为全球第一的美国 2006 年排放量为 58 亿 t。2005 年美国排放量比中国高出 2.0%。这些数据是 MNP 基于能源和水泥生产所得出的结果评估而出。工业过程和化石燃料（石油、天然气和煤炭）的燃烧是 CO_2 排放的主要原因。工业过程之中，水泥生产是温室气体的主要排放源之一，2006 年中国占全球水泥生产 44% 的份额。据 MNP 发布的数据，中国 2006 年的排放量比 2005 年高出 9.0%，而美国 2006 年的排放量比 2005 年高出 1.4%。

据统计，2010 年中国二氧化碳排放量比例如下。

2010 年我国总的二氧化碳排放量中，“贡献”最大的产业是电力、热力的生产和供应业，其排放量占到了总量的 40.1%。中国科学院公布了首份按行业估算的 2010 年二氧化碳排放量名单。该名单显示，分列“贡献排行榜”2 ~ 5 位的产业及其排放量占比分别是：石油加工、炼焦及核燃料加工业，15.7%；黑色金属冶炼及压延加工业，7.3%；非金属矿物制品业，6.7%；化学原料及化学制品制造业，6%。

对于全国 42 个产业部门因煤炭、石油和天然气消费而排放的二氧化碳量，研究结果表明：2010 年，来源于煤炭消费的二氧化碳排放量中，排在前五位的产业部门及其占因煤炭消费而排放二氧化碳总量的比例分别是：电力、热力的生产和供应业，48.7%；黑色金属冶炼及压延加工业，8.9%；石油加工、炼焦及核燃料加工业，8.7%；非金属矿物制品业，7.7%；煤炭开采和洗选业，6%。来源于石油消费的二氧化碳排放量中，排在前五位的产业部门及其占因石油消费而排放二氧化碳总量的比例分别是：石油加工、炼焦及核燃料加工业，51.7%；交通运输、仓储和邮政业，18.9%；化学原料及化学制品制造业，5.9%；农业，4%；其他服务业，4%。来源于天然气消费的二氧化碳排放量中，排在前五位的产业部门及其占因天然气消费而排放二氧化碳总量的比例分别是：化学原料及化学制品制造业，33%；石油和天然气开采业，17.8%；生活消费，17%；非金属矿物制品业，5.6%；石油加工、炼焦及核燃料加工业，4.2%。

中国科学院预测科学研究中心和中国经济网联合发布了《2011 年我国分行

业一次能源消费产生的二氧化碳排放量估算》。预测报告表明，2011 年来源于煤炭消费产生的二氧化碳排放量为563 630 万 t。在行业石油消费产生的二氧化碳排放量占总石油消费产生的二氧化碳排放量的比例中，排在前五位的产业部门及其数值分别是：石油加工、炼焦及核燃料加工业，87.9%；化学工业，7.9%；石油和天然气开采业，3.65%；交通运输、仓储及邮电通信业，0.47%；非金属矿物制品业，0.05%。针对我国的资源条件及能耗现状，报告提出了五项政策建议，如不要把完成定量的节能减排目标作为根本目的，而是通过节能减排，淘汰一些落后产能，进一步推动各行业向低能耗、高技术水平、高国际竞争力转型，实现真正意义上的节能减排。

总而言之，鉴于二氧化碳的大量排放及其“温室效应”带来的全球气候变化难题，世界各国都致力于二氧化碳的减排工作。除了政策上进行的行业结构调整以外，在技术上也有一些革新，二氧化碳的回收利用技术成为各国科学研究者关注的热点问题。

4.2　二氧化碳的回收与利用

全球工业化进程的加快使二氧化碳的排放量越来越大，并带来严重的环境污染，随着 2012 年“后京都时代”的到来，温室气体排放将随着经济的加速发展而急剧上升。随着全球气候变暖的加剧，各国都在致力于减少燃烧化石燃料的二氧化碳排放量，二氧化碳回收技术成为研究的重点。

若从资源综合利用的角度考虑，分离回收碳资源并使之变废为宝不失为一种好办法。在自然界中，通过绿色植物的光合作用固定二氧化碳是合成有机物质的起始点，也是迄今为止回收和净化的主要手段。当前矛盾的基本点是人类对化石燃料的过度依赖而导致二氧化碳的排放速度超过了其自然净化能力。因此，随着世界经济的迅速发展，各国（尤其是发达国家）均已投入大量资金进行二氧化碳回收与利用技术的研发。

4.2.1　二氧化碳的分离回收方法

二氧化碳是一种主要的温室气体，但它又是一种非常重要的工业资源，可应用于很多方面，如超临界萃取、驱油、果蔬保鲜剂、作为新碳源等。随着工业的发展，二氧化碳的排放量急剧增加，回收二氧化碳具有明显的环境效益和经济效益。二氧化碳回收技术按处理方法不同可以分为物理法回收、化学法回收和生物法回收。

1. CO_2物理回收技术

1）溶剂吸收法

该法采用有机化合物作为吸收溶剂，适于处理高浓度的 CO_2。属于这一类的溶剂有很多，有冷甲醇、多乙二醇醚、甲基吡咯烷酮、碳酸丙烯酯、磷酸三丁酯和环丁砜等。其关键在于吸收剂的选择，要求吸收剂必须对 CO_2 的溶解度大、选择性好、沸点高、无腐蚀、无毒性以及性能稳定。CO_2 被溶剂吸收时不发生化学反应，溶剂减压后释放 CO_2（不必加热），解吸后的溶液可循环使用。其最大优点是吸收在低温、高压下进行，吸收能力强，吸收剂用量少，吸收剂再生不需要加热，通常采用降压或常温气提的方法，因而能耗低，溶剂不起泡，不腐蚀设备。并且该法能耗低，不与溶剂形成化合物，减压后绝大部分 CO_2 被闪蒸出来，然后可采用气提或负压实现溶剂的再生。该类方法适合于高压高浓度气源中 CO_2 的脱除。

2）吸附法

吸附分离法是利用固态吸附剂对原料混合气中的二氧化碳的选择性可逆吸附作用来分离回收二氧化碳的新技术，工业生产所选用的吸附剂都是具有较大表面积的固体颗粒，主要有活性炭、天然沸石、分子筛、活性氧化铝和硅胶等，另外还有针对某种组分选择性吸附而研制的特殊吸附材料，如二氧化碳专用吸附剂和碳分子筛等。吸附剂在吸附中应具备两个基本性质：一是对不同组分的吸附能力不同，以达到对混合气体中某些组分的优先吸附而使其他组分得以提纯的目的；二是吸附质在吸附剂上的吸附量随吸附质的分压上升而增加，随吸附温度的上升而减少，实现吸附剂在低温、高压下吸附而在高温、低压下解吸再生，从而构成吸附剂的吸附与再生循环，连续分离气体。

吸附法又分为变温吸附法（TSA）和变压吸附法（PSA），吸附剂在高温（或高压）时吸附 CO_2，降温（或降压）后将 CO_2 解吸出来，通过周期性的温度（或压力）变化，使 CO_2 被分离。常用的吸附剂有天然沸石、活性氧化铝、硅胶和活性炭等。整个过程由吸附、漂洗、降压、抽真空和加压五步组成。其运行系统压力在 1.26 ~2.66MPa 变化。

3）低温蒸馏法

低温蒸馏法利用二氧化碳气源中主要组分甲烷和二氧化碳间沸点的差异，以蒸馏方法将二氧化碳分离出来，主要应用于一些富含60% ~90%天然二氧化碳的气源中回收二氧化碳，供二次采油用。因此，此法具有一定的局限性。

4）膜分离法

膜分离法是利用某些聚合材料制成的薄膜，通过对不同气体的渗透率不同来分离气体。膜是一种有分子级分离过滤作用的介质，驱动力是压差，当混合气体与膜接触，膜两边存在压力时，渗透率高的气体组分以很高的速率透过薄膜，形成渗透气流，渗透率低的气体则被选择性地拦截，绝大部分在薄膜进气一侧形成残留气流，两股气流分别引出，从而使混合气体的不同组分被分离，这种分离是分子级的分离。膜分离技术受到世界各技术先进国家的高度重视，近二十年来，美国、加拿大、日本和欧洲国家，一直把膜技术定位为高新技术，投入大量资金和人力，促进膜技术迅速发展，使用范围日益扩大，为许多行业高质量地解决了分离、浓缩和纯化的问题，为循环经济清洁生产提供依托技术。

使用薄膜法处理含大量二氧化碳的废气时，无论使用哪类薄膜，除要对一氧化碳具有高选择性外，二氧化碳透过率也需越高越好，只是排放气中主要成分氮气和一氧化碳的分子大小十分接近，高选择性和高渗透率不易同时实现。工业上用于二氧化碳分离的膜材质主要有醋酸纤维、乙基纤维素、聚苯醚及聚砜等，近年来一些性能优异的新型膜材质，不断涌现。

用于二氧化碳分离的膜分离器有中空纤维管束和螺旋卷板式两种。目前该法必须与其他分离工艺结合使用，而且主要用于二氧化碳含量在 70% ~80% 的情况。该法节能、回收率高，但对于二氧化碳含量较低（60% 以下）的气源，回收纯度不高。

以往分离气流中的二氧化碳都使用有机膜，如醋酸纤维素膜、聚砜膜、聚醚砜膜、聚酰胺（PI）膜等。这些膜适用于从天然气和石油开采中去除二氧化碳，但耐热性低，即使是 PI 膜本身耐 300℃ 的温度，但因膜组件的其他材料的限制，150℃ 是其操作温度的上限。现在，人们纷纷开发在高温烟道气不预冷条件下直接分离出二氧化碳的无机膜。例如，日本通产省和新能源、工业技术开发机构计划实施“一氧化碳高温分离、回收再利用技术研究开发”，初步开发成功硅石、沸石和碳素膜。

2. CO_2化学回收技术

化学吸收法是使原料气和化学溶剂在吸收塔内发生化学反应，二氧化碳被吸收至溶剂中成为富液，富液进入解吸塔加热分解出二氧化碳从而达到分离回收二氧化碳的目的。该法的关键是控制好吸收塔和解吸塔的压力与温度。化学吸收法所选用的吸收剂应对溶质二氧化碳具有选择性，吸收剂不易挥发，并避免在气体中引进新的杂质，同时应具有腐蚀性小、黏度低、毒性小、不易燃等特点。

化学法利用二氧化碳为酸性气体可以与碱性物质反应的原理进行吸收分离。常用的碱性吸收剂有碱金属碳酸盐水溶液、乙醇胺水溶液等。其中乙醇胺水溶液法具有工艺技术成熟、设备简单和投资少的特点，国内以石灰窑气和合成氨装置烟道气为原料的工厂多采用此法生产二氧化碳商品，但该法的主要缺点是能耗较高。

1）胺化合物吸收技术

胺化合物吸收法主要有热钾碱法（苯菲尔法、砷碱法及空间位阻法等）和烷基醇胺法（MEA 法、DEA 法、MDEA 法等）。目前使用的常规单一吸收剂均存在吸收效率高，但同时再生能耗高（如 MEA、DEA），或者是再生能耗较低，但同时吸收效率低（如 MDEA）等特点。对此，很多研究者都试图找到一种同时满足“高吸收率和高吸收负荷、低能耗、低腐蚀性”的吸收剂来取代常规吸收剂进行工业应用，因此对常规吸收剂的改良成为研究热点。

以 MEA 法为例，单乙醇胺（MEA）与氨的性质相似，能接受一个质子形成胺离子，在水溶液中呈碱性。二氧化碳为弱酸性气体，当二氧化碳溶解于单乙醇胺的水溶液中时，会发生如下反应：

$$2HOCH_2CH_2NH_2+CO_2+H_2O \longrightarrow (HOCH_2CH_2NH_3)_2CO_3+Q \qquad (4\text{-}1)$$

$$(HOCH_2CH_2NH_3)_2CO_3+CO_2+H_2O \longrightarrow 2HOCH_2CH_2NH_3HCO_3+Q \qquad (4\text{-}2)$$

上述反应为可逆放热反应。降低温度，平衡常数增加，平衡向生成物方向移动；升高温度，平衡常数减小，平衡向反方向移动。在工艺方案中，当 20～40℃常温时，发生正向反应，二氧化碳被 MEA 溶液化学吸收；将吸收二氧化碳后的富液加热到 110℃，发生逆向反应，富液解吸获得产品二氧化碳，同时溶液得到再生。

MEA 与 CO_2 反应生成的产物氨基甲酸盐较稳定，但其再生温度高，蒸汽耗量大。其生成物氨基甲酸盐具有较强的腐蚀性，CO_2 负荷较高时其腐蚀更为严重。针对 MEA 法存在的缺点，20 世纪 60 年代末，美国联碳公司（UCC）着手研究缓蚀剂，又称胺保护剂，将其加到 MEA 水溶液中，可使 MEA 的浓度提高至 40%～45%，大大增加了脱碳负荷，再生能耗减少 1/3 以上。国内目前比较成功的案例是南化集团研究院开发的专利复合胺溶剂，它是在 MEA 水溶液中添加了活性胺、抗氧剂和防腐剂的复合溶液，能使溶液吸收 CO_2 的能力提高 15%～40%，而再生能耗下降 15%～40%，胺与 CO_2 降解率下降 80% 以上，并有效地解决了 MEA 对设备的腐蚀问题。

2）二氧化碳重组

利用化学反应，可将二氧化碳重组成为不同的化学品。目前大致可分为触媒重组法、电化学重组法等。触媒重组法主要是将二氧化碳转化成各种有用的化学品。例如，1994 年 Ikaria 研究以均相触媒重组的方法，将二氧化碳重组成为甲酸甲酯和甲醇等化学品，以代替传统产生有毒一氧化碳的程序。电化学重组法以外加的电流、电压，将二氧化碳分解、转化，以降低二氧化碳的排放并获得所需的化学品。此外，电化学转化没有触媒转化中的中毒问题，同时可以转化为有用的化学品。但产物较难控制，且大部分都会产生有毒性的一氧化碳或是发生其他竞争反应，降低其转化效率。而其最主要的问题在于耗电量大，选择处理法时，须考虑成本的负荷。

3）化学固定技术

化学固定技术主要分为以碳酸盐化合物形式进行二氧化碳固定处理及利用海水碱度提高处理固定二氧化碳两类。前者利用某些组成中含有氧化镁、氧化钙成分的矿石，当其与二氧化碳进行化学反应时，氧化镁、氧化钙与二氧化碳结合，形成碳酸镁和碳酸钙盐类。后者以添加碳酸钠的方式来提高海水碱度，进而提高二氧化碳被吸收溶解于海水中的吸收量。在技术上，必须要做到高效率二氧化碳吸收机能、快速反应机能及固液分离机能，才能处理排放源产生的大量气体。

3. CO_2生物回收技术

大气中游离的二氧化碳主要通过陆地、海洋生态环境中的植物、自养微生物等的光合作用或化能作用来实现分离和固定。固定大气中二氧化碳的生物主要是植物和自养微生物。人们往往将注意力放在植物的光合作用上。地球上存在各种各样的生态系统，尤其是在植物不能生长的特殊环境中，自养微生物固定二氧化碳的优势便发挥出来了，二氧化碳的微生物固定是一支决不能忽视的力量。

二氧化碳是不活泼分子，化学性质较为稳定，过去人们一直认为它是燃烧过程的最终产物。高效固定二氧化碳的微生物（生物催化剂），可在温和条件下实现向有机碳的转化，微生物在固定一氧化碳的同时，可获得许多高营养、高附加值的产品。温室气体二氧化碳的微生物固定在环境、资源及能源等方面将发挥极其重要的作用。

海洋对吸收二氧化碳存在着巨大的潜力。日本有关学者已筛选出能在很高的二氧化碳含量下繁殖的海藻，并计划在其太平洋海岸进行大面积人工繁殖试验，以吸收该地区工业化后排放的二氧化碳。美国还利用盐碱地带的盐生植物吸收二氧化碳，并在墨西哥进行试植。

微生物二氧化碳回收固定技术主要可分为两类：①利用微生物固定二氧化碳，如利用微细藻类及光合成菌类固定二氧化碳等；②利用球石藻等固定二氧化碳。对于利用微生物固定二氧化碳的方式而言，所使用的微生物包括有微细藻类光合成细菌，与植物比较，微生物固定二氧化碳效率更高。其过程中产生的大量藻类与菌体可制备成养殖生物饲料，或抽取高附加值的产品。因此微生物具有相当的可行性，但仍面临二氧化碳消耗率不高的限制，所以需要广大的培植面积来配合。

总之，利用生物法分离固定二氧化碳将成为 21 世纪环境工程防治大气温室效应的主流技术，并具有广阔的应用前景。

4. CO_2回收技术前景

二氧化碳的分离回收方法各有特点，视原料气的不同，二氧化碳产品气纯度的要求的不同，可以选用一种方法，也可以两种方法联合使用。物理吸收法和化学吸收法对一氧化碳的吸收效果好，分离回收的一氧化碳的纯度高达 99.9% 以上，而且可有效脱除硫化氢，其缺点是成本较高。吸附法生产能力大，自动化程度高，分离程度高、效果好，可以生产高质量的二氧化碳气体，但设备要求相应较高，投资大，其成本也较高。膜分离法装置简单，操作方便，投资费用低，是当今世界上发展迅速的一项节能型二氧化碳分离回收技术，但是膜分离法难以得到高纯度的一氧化碳。因此将膜法和吸收法结合起来，前者做粗分离，后者做精分离。结果表明，该法取得了二者单独操作时所得不到的最佳效果。

化学吸收法是目前技术上已经成熟，已经工业化的方法。膜分离法在上述方法中能耗最低，有潜在的发展前途，但需要开发出有高选择性和渗透系数的膜材质。利用离子液体吸收二氧化碳和利用新型材料吸附二氧化碳是目前开发出的捕获二氧化碳新方法。

美国劳伦斯-利弗莫尔国家实验室的研究人员利用离子液体作为二氧化碳吸收剂，开发出一种更清洁、稳定和高效的捕获二氧化碳新方法。与典型的有机溶剂不一样，离子液体一般不会成为蒸汽，所以不易产生有害气体，使用方便；使用离子液体作为二氧化碳吸收剂，可克服单乙醇胺的诸多缺点，比现今所用的方法更清洁、更易使用。其化学稳定性好、腐蚀性低，蒸汽压几乎为零，可制成膜使用。离子液体种类繁多，有许多种具有潜在的高二氧化碳溶解度的离子可供选择。他们还设计出一种基于量子化学热力学方法的计算工具，可计算出任何溶剂在任意浓度下的二氧化碳化学溶解能力，以测定包括离子液体在内的溶剂的碳捕捉效率。过去几年积累的实验数据证明，这种算法十分准确。目前研究人员用这种方法预测出一种新型溶剂，其二氧化碳溶解度是目前实验证实的最有效溶剂的两倍。离子液体种类繁多，希望这种精准算法能够有助于发现更好的实用型溶剂，以进一步提高二氧化碳捕获效率。

法国国家科研中心研制出一种名为 MIL-101 的新型材料，该材料能够大量吸附二氧化碳气体，有望提升对抗全球变暖的能力。这种材料是用铬元素和对苯二甲酸合成的，它是一种多孔的复合纳米材料。材料的表面布满了直径为 3.5nm 的小孔，因此吸附能力十分强大。体积为 $1m^3$的 MIL-101 在 25℃的温度下可以储藏 $400m^3$的二氧化碳，而现在通用的吸附材料在同等条件下的储藏量不超过 $200m^3$。这种新型材料可以被安放在汽车上，对其排出的二氧化碳进行过滤，从而达到减排温室气体的作用。

由此可见，二氧化碳回收技术方法丰富、前景广阔，其发展依然着眼于寻找新的高效回收媒介，这也是今后二氧化碳回收技术的发展趋势。我国是二氧化碳排放大国，目前每年排放的二氧化碳超过60亿t，而被有效利用的二氧化碳只有85万t。业内人士指出，应加大力度开发二氧化碳潜在的巨大市场，实现应用领域的实质性拓展。过程工业为二氧化碳应用提供了广阔的前景。然而，目前二氧化碳的应用领域所需的都是95%以上的高纯二氧化碳，有些领域还要求是食品级高纯二氧化碳。因此要想使我国二氧化碳应用获得实质性拓展，还必须注重二氧化碳捕集、提纯与回注技术的研发，并在二氧化碳需求量较大的地区建设大型二氧化碳提纯装置，以满足油田等对高纯二氧化碳的需求。

4.2.2　二氧化碳的利用技术

1. CO_2利用领域

二氧化碳是可生产化工材料以及有许多用途的重要原料，这种变废为宝的二氧化碳利用新途径正在受到人们越来越多的关注。当今，世界各国十分重视开发相应的二氧化碳回收及净化、再利用技术，这将为二氧化碳提供用武之地，使其造福于人类。

据介绍，近年来全球每年排放的CO_2气体均达300亿t以上，我国约占20%，已超越美国而位居榜首。特别是在合成氨生产过程中，大量CO_2被当作废气排放，不仅破坏生态环境，造成温室效应，而且浪费了CO_2资源。实际上CO_2是一种可利用的宝贵资源，被世界有关组织列为人类最亲和的气体之一，并已在化工、食品、机械加工、石油开采等领域大量应用。但目前全球CO_2的利用量不足1亿t。

全球回收的CO_2约40%用于生产化学品，35%用于油田三次采油，10%用于制冷，5%用于碳酸饮料，其他应用占10%。CO_2按纯度不同分为工业级和食品级两类。近年来，食品级CO_2发展十分迅速，特别是在饮料和啤酒、烟草、蔬菜等防腐保鲜、超临界萃取等领域更为活跃。

二氧化碳的主要利用方式有以下几个方面。

1）CO_2转化为CO

以CO_2为原料，可制出高纯CO等。上海化工设计院有一项专有技术，以焦炭为原料，以CO_2为气化剂，经还原法制备出粗CO气，再采用组合装置对粗CO气进行净化精制，生产出高纯CO气。该法对1万m^3/h CO装置而言，使用CO_2作气化剂，每年可节约标准煤13 440t，节能效果很好。

细菌和植物可将二氧化碳转化为更有用的有机物，人类仍在努力通过实践面对这一挑战。现在，面对该方向开发的催化系统，以高的周转率使 CO_2 还原为 CO 已迈出新的一步。美国 Massachusetts 科技大学化学教授 J. P. Sadighi 等开发的体系，基于带有 *N*-杂环碳烯配位基的铜氧硼基络合物，这种络合物可快速从 CO_2 中提取氧原子，产生 CO 和硼酸盐络合物。硼酸盐络合物再与双（四甲基乙二醇环）二硼反应生成氧硼基络合物。氧硼基络合物可在其分解前快速形成，这种快速形成的络合物在室温以下温度 1 小时内的重复交换率可达 100 次。双（四甲基乙二醇环）二硼接受来自 CO_2 的氧原子基本上是不可逆的，从而可实现消耗 CO_2 的能量转化循环。

美国圣地亚国家实验室正在制造一种设施，通过将二氧化碳转化为一氧化碳的化学方法“重新产生能量”，在此过程中使用太阳能逆转燃烧过程，生成的一氧化碳能够用于生产氢气、制取合成液体燃料等。这种称为反向转化接收反应复原的设施（简称 cr5），将打破二氧化碳中的碳氧链，分两步重新组合，生产一氧化碳和氧气。借助太阳光将二氧化碳最终转化成燃料，是该反应的主要目标。这种设施有望能减少二氧化碳排放量，并且能够维持人们使用燃料的习惯。

2）食品级 CO_2

饮料和啤酒是食品级 CO_2 的主要消费品。据统计，目前我国饮料和啤酒的年人均消费量只有 5kg，远远低于发达国家 150kg 的年人均消费水平。目前美国 CO_2 年需求总量已达 900 万 t，其中食品级 CO_2 为 320 万 t，而我国目前 CO_2 年总产量不足 60 万 t。按美国目前人均消费水平保守估计，专家认为，5 年内中国食品级 CO_2 需求量将达到 1000 万 t，年均增幅超过 30%。

食品级 CO_2 应用于饮料、啤酒、烟草、速冻冷藏等多个领域，其国际标准十分苛刻，共有 22 项指标，对纯度要求很高，要求杂质含量极低。如总硫（$H_2S+COS+CS_2$）$\leqslant 0.1\times10^{-6}$；苯含量 $\leqslant 0.02\times10^{-6}$；总烃含量（以 CH_4 计）$\leqslant 50\times10^{-6}$（其中 $CH_4 \leqslant 20\times10^{-6}$）。因此，指标符合国际标准的食品级 CO_2 对提纯技术和设备的要求很高。

食品级 CO_2 的原料气主要来自于氮肥厂、石灰窑厂、发酵厂。由于氮肥厂气源稳定，外国公司大多愿意采用从这种气源提制的 CO_2。我国是世界氮肥第一生产大国，将来也一定是食品级 CO_2 消费大国。而生产合成氨和联产甲醇的化肥企业，都有丰富的、质量上乘的 CO_2 资源，加上目前我国已拥有国际先进水平的 CO_2 提纯技术和装置，因此氮肥企业利用已有的丰富资源，制备符合标准的食品级 CO_2，将有广阔的市场前景和显著的经济效益。

福建永安智胜化工有限公司和广西柳州化工股份有限公司两套食品级 CO_2 装置自 2004 年年初投产以来，我国拥有自主知识产权的食品级 CO_2 生产发展迅速。据统计，国内已建成投产和正在建设的食品级 CO_2 装置超过 10 套，年产能力超过 20 万 t；准备建设的 10 家企业，拟定年产规模都不小于 2 万 t。中国海洋石油总公司食品级 CO_2 液体和干冰项目总投资 2500 万元，生产规模 3 万 t/a，已于 2005 年上半年建成投产。厂址建在中海油东方化工城内，原料来源为中海石油化学有限公司二期化肥厂排放的废气 CO_2，属于国家重点鼓励发展的“化工生产‘三废’治理和资源综合利用”产业，CO_2 产品可向海南水产品冷冻出口的龙头企业供货 1.5 万 t/a。该项目采用目前国际上先进的生产工艺和设备，产品质量高于美国可口可乐公司标准。杭州快凯高效节能新技术有限公司对食品级 CO_2 生产过程中的脱烃净化、干燥、提纯等几个关键工序进行了全面改进，采用催化氧化工艺，并利用湖北化学研究院气体净化中心生产的催化剂，生产出达到国际标准的食品级 CO_2。该公司获得专利的精制塔整套装置可将 CO_2 中的有机杂质彻底脱除。此外，该装置在脱水效率、原料气消耗等方面都有重大改进，生产每吨食品级 CO_2 消耗原料气量降低 560Nm^3，被认为是使用高效的工业生产装置。

3）CO_2 合成可降解塑料

二氧化碳合成全降解塑料技术是世界关注的热点。目前市场上的塑料制品大多以石油为原料制成，成本高，且使用后不易降解，污染环境。运用该技术后，可将二氧化碳废气回收代替石油，直接生产全降解塑料制品。该技术一方面可以减少二氧化碳的排放，节约石油资源；另一方面合成的塑料可完全生物降解，能从根本上解决“白色污染”危害，是一种典型的循环经济技术模式。

普通的塑料原料，如聚乙烯、聚丙烯等聚合物是以烃为单体聚合而成，而二氧化碳基聚合物则是以烃和二氧化碳为原料共聚而成，其中二氧化碳含量占 31%～50%，与常规聚合物相比，对烃及上游原料石油的消耗大大减少。二氧化碳基聚合物不但可以减少对石油的消耗，而且环境适应性也很理想。

二氧化碳基聚合物是以二氧化碳和烃为原料共聚而成的新型塑料原料，目前已批量生产的二氧化碳基塑料原料主要有二氧化碳/环氧丙烷共聚物、二氧化碳/环氧丙烷/环氧乙烷三元共聚物、二氧化碳/环氧丙烷/环氧环已烷三元共聚物等品种。

由二氧化碳制备完全降解塑料的研究始于 1969 年。日本油封公司发现，二氧化碳和环氧丙烷在催化剂作用下共聚可得到交替型脂肪族聚碳酸酯。这种聚合物具有良好的环境可降解性。美国在此基础上通过改进催化剂，于 1994 年生产出二氧化碳可降解共聚物。国外开展该项工作的研究单位有日本东京大学、波兰理工大学、美国 Pittsburgh 大学和 Texas A&M 大学、日本京都大学、埃克森研究公司等。美国空气产品与化学品公司和陶氏化学公司已合成出相应的产品。自 20 世纪 90 年代起，中国科学院广州化学研究所、浙江大学、兰州大学、中国科学院长春应用化学研究所相继开展了二氧化碳固定为可降解塑料的研究，取得了可喜进展。

中国科学院广州化学公司完成二氧化碳的共聚及其利用——二氧化碳高效合成为可降解塑料的研究，并将该项目的中试成果转让给广州广重企业集团公司，两公司共同进行二氧化碳可降解塑料5000t/a工业化试验。2001年中国科学院长春应用化学研究所着手进行二氧化碳的固定及利用的工业化研发工作，与蒙西高新技术集团公司合作，于2004年建成了世界上第一条3000t/a“二氧化碳基全降解塑料母粒”工业示范生产线。江苏金龙绿色化学公司以二氧化碳为原料年产2000t脂肪族聚碳酸亚乙酯及基于该树脂的降解型聚氨酯泡沫塑料产业化项目通过鉴定。该技术具有自主知识产权，在二氧化碳催化活化技术、聚氨酯泡沫塑料的高生物降解性等方面达到了国际先进水平。利用该技术每消耗1t二氧化碳能生产出约3t脂肪族聚碳酸亚乙酯树脂，并生产出约6t降解型聚氨酯泡沫塑料。产品性能优异，不仅可以替代市场上的普通包装材料和建筑用隔热材料，而且可用作电器及环保要求高的包装材料，对消除白色污染、突破家电出口面临的绿色壁垒起到重要作用。中山大学研发的利用二氧化碳合成全降解塑料技术，已在河南天冠集团建成国内最大的5000t/a工业化生产线，该生产线可将天冠集团乙醇生产过程中产生的二氧化碳废气合成全降解塑料。从工业废气中回收的二氧化碳成本很低，约300元/t，因而以二氧化碳为原料生产的二氧化碳基聚合物，可大幅度降低生产成本。

4）CO_2生产碳酸丙烯酯

在巨大的市场需求和供应缺口的助推下，国内一些大中型合成氨企业纷纷利用富余的CO_2上马生产碳酸丙烯酯产品，河南骏马、山东石大、濮阳三安等合成氨企业纷纷涉足。河南省上蔡骏马广建化工公司年产5000t碳酸丙烯酯生产线投入生产，该公司采用化工部上海化工研究院有机化工研究所开发的利用二氧化碳废气在近临界状态下与环氧丙烷直接合成碳酸丙烯酯的清洁生产新工艺，利用化肥生产中富余的二氧化碳直接进行生产，可节约蒸汽40%、电70%、水57%，设备投资减少30%以上，并且在整个生产过程中保持清洁状态，对环境没有任何污染。

华东理工大学化工学院经过6年的潜心研究，也成功开发了利用二氧化碳废气在近临界状态下与环氧丙烷直接合成碳酸丙烯酯的清洁生产新工艺路线，该成果为国内首创，达国际先进水平。该新工艺与原工艺相比，节约蒸汽45%、电70%、水57%，设备投资减少20%以上，生产过程清洁；使二氧化碳废气直接变废为宝，净化了环境。

5）CO_2生产碳酸二甲酯

绿色化学科学技术发展突飞猛进，利用化肥生产过程产生的二氧化碳废气，开发具有广阔市场前景的绿色化工产品碳酸二甲酯及其系列产品，不仅具有巨大的社会效益和经济效益，还可能成为煤炭化学工业中二氧化碳废气高附加值利用的一种卓有成效的模式。

碳酸二甲酯是近年来受到国内外广泛关注的环保绿色化工产品，由于其具有优良性能，碳酸二甲酯产品在医药、农药、合成材料、燃料、润滑剂、食品添加剂、电子化学品等领域得到广泛应用；以其为原料，还可以开发制备多种高附加值的精细专用化学品；与此同时，它又是一种性能优良的高效溶剂，能有效替代苯、甲苯、二甲苯、乙酸乙酯、乙酸丁酯、丙酮等溶剂，并广泛用作汽油和柴油添加剂、高级溶剂、高能锂电池电解液等。

碳酸二甲酯已工业化的技术有光气法、甲醇氧化羰基法（包括液相法工艺、气相法工艺和常压非均相法）和酯交换法。光气法是最早工业化生产 DMC 的主要方法，由于光气的剧毒性和工艺复杂性及其对设备的严重腐蚀性，且产品含氯量高，已经被逐步淘汰。甲醇氧化羰基法因生产原料一氧化碳时产生大量固体废料，同时过程中有废水产生，副产 3% ~5% 的乙二酸二甲酯，国内目前尚无用途，暂时只能作为废料处理，易污染环境；羰基化反应往往在原料的爆炸极限区域内进行，对设备的安全和自动化控制要求较高；又引用酸性副产品生产，腐蚀设备，加之工艺流程长、设备投入大、原料路线长、产品成本高，国内还未形成工业化生产。

我国自主开发的用二氧化碳与甲醇通过酯交换得到碳酸二甲酯的技术，相比其他方法，其先进性在于，一套装置可同时生产三种产品，既得到了碳酸丙烯酯，又得到了碳酸二甲酯，还联产 1，2-丙二醇，这三种产品都是国内急需的紧俏产品。从完全成本来讲，该技术比国外的光气法、羟基化法、树脂法有竞争优势，成本是它们的 1/4 ~ 1/3，由于采用了高新的反应精馏工艺，流程很短，产品纯度很高，转化率、选择性和回收率都接近 100%，是一个绿色精细化工产品。

6）CO_2 作金属切削用双组分冷却液

为了实现金属工作液系统无油槽、无溅射、无水、无微生物，甚至无添加剂，美国密歇根大学研究人员开发了新的技术，采用简易的 CO_2 和植物油二组分溶液，可在金属工作环境中润滑、冷却和清除碎屑。围绕常规金属加工液及其处理问题，并给予健康、安全和环境考虑，将植物油溶解在 $1000 lb/in^2$（$1 lb/in^2 = 7.030\,70 \times 10^2 kg/m^2$）的超临界 CO_2 中，试验结果表明，该冷却液体能同时改善金属切削的冷却和润滑两种功能。该技术的另一优势在于油不带水，因此只需使用很少量油，且油可溶解在超临界 CO_2 中，无需使用乳化剂。其他工业包括医药、干洗和食品行业，都采用这一技术作为一种替代溶剂，现有望应用于金属加工业。

该技术的具体实施为首先将由管线和阀门连接的 CO_2 罐中的 CO_2 通过压缩机送至一压力容器，再将植物油喷入压力容器，植物油在此可被溶解。在高速和高压下，这种分散体通过喷嘴喷射出来，在邻近切削区，它携带油并形成干冰。

CO_2快速膨胀制冷并释放出润滑油，并且由于超临界 CO_2系统具有高压状态，改进了润滑剂的润湿性能，使之易于进入切削区。此外出口喷嘴处的高压，也利于在工作区清洗碎屑。

7）超临界 CO_2用作反应溶剂

CO_2超临界萃取技术目前在中药、食品、香料、石油化工、生物化工、环境化工等方面已取得突破性进展。该技术作为一种新型低成本、易分离萃取技术，将越来越受到人们的青睐。

日本东北大学多久物质科学研究所和新日本制铁化学公司首次开发成功以超临界二氧化碳（约 30℃，超过 8MPa）作抽提分离溶剂的低温己内酰胺合成工艺，该工艺采用一种新开发的离子液体催化剂，可使反应在接近室温（约 50℃）下进行，不副产硫胺，也不采用有机溶剂，为一种绿色化学工艺。离子液体通常在室温下是一种盐类，该新工艺采用的是一种 *N*-甲基咪唑鎓盐离子液体替代硫酸作为催化剂，生产中无任何副产品，整个过程所需温度为 50℃，使用超临界 CO_2来代替有机溶剂。

二氧化碳、甲醇直接合成法生产碳酸二甲酯（DMC）处于研究阶段，它由二氧化碳和甲醇在催化剂的作用下直接合成 DMC，催化剂主要是有机金属化合物，反应中还要加入引发剂、化学脱水剂、助催化剂等。日本国家先进工业科技研究院开发了甲醇和 CO_2直接合成碳酸二甲酯的新技术，该法中超临界 CO_2在二烷基氧化锡催化剂存在下与甲醇反应转化为 DMC，反应混合物通过脱水机连续循环以去除反应中生成的水，甲醇转化率高，DNC 产率也较高。

丙烯酸聚合物通常在有机溶剂如苯或甲苯中制取，而日本 Shizuoka 大学工程学院材料工程系与日本 Junyaku 公司合作，开发了新的工艺过程。该工艺可不使用有机溶剂而快速生产丙烯酸聚合物，将丙烯酸在约 65℃和 25MPa 下溶解在超临界二氧化碳（SCCO）中，添加标准的自由基引发剂，使聚合开始，约 4h 后可得均匀的球状粉末（直径为 200nm），产率约为 90%。该粉末可通过简单的排除 CO_2而得以回收。

8）CO_2干洗技术

工业气体生产商德国林德公司推出称为 Fred Butler 的干洗新方法，该方法使用基于二氧化碳的洗涤技术。林德公司占欧洲干洗市场的 20%，在德国价值约为 13 亿美元，在欧洲为 100 亿美元。绝大多数干洗利用四氯乙烯溶剂实现，但 Fred Butler 干洗新方法利用 CO_2环境友好这一优势，使绿色化学进入洗衣业。在该清洗系统中，CO_2可从其他工业过程中回收，将其在加压下液化，然后与去垢剂增进剂相混合，在旋转式洗涤室内加入衣服，污垢通过蒸馏分离，CO_2回收再用。

9）超临界 CO_2印染技术

新开发的超临界用二氧化碳进行的无水印染技术，只用二氧化碳和染料就能完成印染过程。据介绍，二氧化碳在一定温度和压力下，可呈现临界和超临界状态，在临界压力状态下，具有气体和液体的中间性质。超临界流体的黏度和气体相近，扩散系数在气体和液体之间，渗透力很大，由于能获得和液体同等的密度，所以溶解力也很大，对物质溶解快。为此，染料行业利用超临界二氧化碳的强溶解力将染料溶解，并利用超临界二氧化碳的高扩散性，将染料渗透到纤维内部进行染色，成为世界各国争相研究的前沿课题。

印染业属于高耗水和高污染行业。据不完全统计，我国包括印染在内的染整业年耗水量超过100亿t，废水排放量约占工业总排放量的35%。染整业不仅耗水多，而且因其废水成分复杂多变，色度深、碱性大，极难处理。而排放1t印染废水要污染20t水体。从可持续发展考虑，传统染整改革势在必行，超临界二氧化碳无毒、易得、成本低、无污染，因而无水印染技术的研究成功，将为纺织业快速发展提供强大技术支撑。

10）CO_2和H_2直接生产二甲醚

二甲醚具有优良的燃烧性能，清洁，十六烷值高，动力性能好，污染少，稍加压即为液体，易于储存，作为车用替代燃料，具有天然气、甲醇、丙烷、丁烷、柴油等不可比拟的综合优势。二甲醚也是重要的化工原料，可用于许多精细化学品的合成，同时在制药、农药等工业中有许多独特的用途。

日本关西电力公司和三菱重工公司正在开发用CO_2和H_2直接生产二甲醚的新方法。从工业设施捕集的CO_2和H_2反应生成甲醇，甲醇脱水产生二甲醚。反应式为

$$CO_2+3H_2 = CH_3OH+H_2O \tag{4-3}$$

$$2CH_3OH = CH_3OCH_3+H_2O \tag{4-4}$$

两个反应步骤同时发生在一个固定床反应器中，反应条件为250～300℃、4～10MPa。采用专利的甲醇合成和脱水催化剂，同时生产副产品水。小试的CO_2转化率已达到90%，二甲醚选择性为45%。

11）有机硅橡胶液态CO_2去油技术

丹麦Nanon公司开发成功用于有机硅橡胶回韧和去油的技术。该环境友好的工艺在液态CO_2下洗涤45min即可，该工艺有助于去除有机硅橡胶中的挥发性残余物，并可替代在200℃烘箱中后硫化4h的传统方法。

该公司的冷硫化工艺可使被处理的部件达到杀菌效果。加压的CO_2可杀死致病细菌，有助于产生生物清洁产物。它可减少医疗产品中游离的有机硅油和其他残余物的含量，这些物质可能是有毒或致癌的。这种处理方法可大大减少有机硅对人体的危害或造成的过敏；其他优点包括可使后硫化时间节约约75%，且节约成本15%～35%。

12）利用 CO_2 养殖海藻制取生物燃料

美国能源部实验室和加利福尼亚州 LiveFuels 公司开展合作项目，从海藻中提炼原油。该公司表示，海藻有望成为一个很有潜力的燃料新来源，他们已经资助美国圣地亚国家实验室的数十项工程进行相关研究。

据介绍，海藻油与大豆油类似，可以用来生产生物燃料。然而海藻可以在不适合种植庄稼的土地上种植，甚至可以生长在咸水里。圣地亚国家实验室表示，通过对一种特种海藻的研究表明，仅需美国土地的 0.3% 就可生产出满足美国全部运输用燃料。而基于海藻的封存技术作为减少 CO_2 排放的方法已脱颖而出，成为极具成本优势的方法之一，且具有增效潜力。

此外，美国科学媒体中心提出微生物可以提供清洁的可再生资源，并将二氧化碳应用于该过程之中。产甲烷菌（methanogens）是称为古生菌（archaea）的微生物，与细菌相似。美国 York 大学的研究认为，它们可产生大量甲烷。研究表明，它们可利用二氧化碳产生甲烷（天然气中的主要可燃成分）。这样，methanogens 可用于制取可再生的、不排放碳的气体替代物。据研究人员称，利用 methanogens 可望每年产生约 10 亿 t 甲烷，这样就可利用细菌生产甲烷作为燃料来源，同时减少向大气排放 CO_2。

2. CO_2 消费方式

目前，我国的二氧化碳消费结构如下：碳酸型饮料占 70%，碳酸二甲酯与降解塑料加工占 10%，二氧化碳保护焊占 6%，超市食品保鲜占 5%，烟丝膨化及其他占 5%，油井注压采油占 4%。由于上述行业本身就是二氧化碳的主要消耗渠道，因而也可理解为二氧化碳利用的有效途径。

目前中国已成为仅次于美国的世界第二大饮料生产国，饮料年产量达 6500 万 t。按平均每吨碳酸饮料需添加二氧化碳 15kg 计算，每年需要二氧化碳 97.5 万 t 左右。但该行业目前正遭受果蔬饮料、纯净水、茶饮料、乳品饮料的冲击，增长速度逐年放慢。预计未来，碳酸饮料行业虽然仍是二氧化碳的主要消费领域，但所占比例会明显下降。

用二氧化碳生产降解塑料和碳酸二甲酯技术，被誉为实现二氧化碳变废为宝的“绿色化工技术”，这些技术目前已在我国获得突破并实现了工业化生产。据预测，被誉为有机合成“新基石”的碳酸二甲酯今后每年的需求增长将超过 20%，到 2020 年我国的碳酸二甲酯产能将达 400 万 t。因此，这一领域对二氧化碳的需求将会大幅增长，加上以二氧化碳为原料生产降解塑料技术的推广应用，预计最终消耗的二氧化碳将在总量的 20% 以上。

与手工电弧焊相比，二氧化碳气体保护焊可提高工效 1 ~2 倍，能节电 50%，因而近几年其在汽车、造船、化工设备等大型制造工业中得到广泛应用。尤其是二氧化碳与氩气混合气体保护焊技术的开发与应用，不仅扩大了二氧化碳气体保护焊的应用范围，而且克服了二氧化碳气体保护焊热量分散、焊点大、焊接处易变形等不足，这必将推动该领域对二氧化碳需求的快速增长。

与传统的机械冷藏相比，二氧化碳冷冻保鲜不仅不会使食品失水、风干、气化，而且节能省电，尤其适用于大型食品保鲜和粮食的低温干燥储存。目前我国东南沿海一些大型超市或冷库已开始采用二氧化碳制冷保鲜，北方的市场也已启动。随着电价的上涨、大型超市的不断增多，今后这一领域对二氧化碳的需求将会激增。

作为烟丝膨化剂，二氧化碳不仅可替代即将被禁用的氟利昂，还可提高烟丝质量、节省烟丝 5% 左右。从近几年一些烟草企业的经验来看，每生产 10 万箱香烟约需二氧化碳 300t 左右，照此推断，一旦烟厂普及使用二氧化碳作膨化剂，则该行业每年所需二氧化碳可达 10 万 t 以上。

二氧化碳最具有开发价值的应用领域是二氧化碳驱油，主要包括：将二氧化碳注入油藏提高原油采收率，将二氧化碳注入原生及附近气田增加气体采收率，以及将二氧化碳注入煤田增加甲烷采收率。注二氧化碳提高原油采收率技术目前已被证明在水驱基础上，仍可将原油采收率提高 12% 以上，但受地质构造复杂和油田近距离高纯度二氧化碳缺乏等诸多因素的制约，我国二氧化碳驱油技术的研发与应用起步较晚。近几年，国内的一些油田在这方面做了积极的探索和尝试，中原油田利用其自产的高纯二氧化碳进行注压采油，使采油率提高了 15%，这标志着我国在这一领域的研究与应用取得了实质性突破。根据《中国陆上已开发油田提高采收率第二次潜力评价及发展战略研究》，在参与评价的 101.36 亿 t 常规稀油油田的储量中，适合二氧化碳的原油储量达 12.3 亿 t，若成功实施二氧化碳驱油可增加采储量 1.6 亿 t 左右。而在我国已探明的 63.2 亿 t 的低渗透油藏原油储量中，有一半更适合二氧化碳驱油。试验表明，要想成功使用二氧化碳驱油，即便一眼中小型油井，每次注入的二氧化碳也需 300t 以上，因而即便我国只有 1/10 油田采用二氧化碳驱油，每年所需的二氧化碳也将超过 3000 万 t。

4.3　我国节能减排战略

4.3.1　全面推动能源节约

我国是人口众多、资源相对不足的发展中国家。要实现经济社会的可持续发展，必须走节约资源的道路。在推进节能减排的工作中，要做到“六个依靠”：

依靠结构调整，这是节能减排的根本途径；依靠科技进步，这是节能减排的关键所在；依靠加强管理，这是节能减排的重要措施；依靠强化法制，这是节能减排的重要保障；依靠深化改革，这是节能减排的内在动力；依靠全民参与，这是节能减排的社会基础。

节约能源，是我国缓解资源约束的现实选择。推进能源节约，是我国经济社会发展长期而艰巨的战略任务。我国坚持政府为主导、市场为基础、企业为主体，在全社会共同参与下，全面推进能源节约。我国坚持以提高能源效率为核心，以转变经济发展方式、调整经济结构、加快技术进步为根本，构建能源资源节约型的产业结构、发展方式和消费模式。我国全面落实能源节约的措施如下。

（1）推进结构调整。长期以来，我国能源效率偏低的主要原因是经济增长方式粗放、高耗能产业比重过高。我国坚持把转变发展方式、调整产业结构和工业内部结构作为能源节约的战略重点，努力形成“低投入、低消耗、低排放、高效率”的经济发展方式。加快产业结构优化升级，大力发展高新技术产业和服务业，严格限制高耗能、高耗材、高耗水产业发展，淘汰落后产能，促进经济发展方式的根本转变，加快构建节能型产业体系。

（2）加强工业节能。工业是我国能源消费的重点领域。我国坚持走科技含量高、经济效益好、资源消耗低、环境污染少、人力资源得到充分发挥的新型工业化道路，加快发展高技术产业，运用高新技术和先进适用技术改造传统产业，提升工业整体水平。重点加强钢铁、有色金属、煤炭、电力、化工、建材等高耗能行业节能降耗。我国实施千家企业节能行动，重点加强年耗能万吨标准煤以上的工业企业节能管理。调整产品结构，加快技术改造，提高管理水平，降低能源消耗。支持一批节能降耗的重大及示范项目，带动工业提高能效水平。进一步完善工业行业能效标准和规范，强制淘汰落后的高耗能产品，完善能效市场准入制度。

（3）实施节能工程。我国正在实施节约替代石油、热电联产、余热利用、建筑节能等十大重点节能工程，支持节能重点及示范项目建设，鼓励高效节能产品的推广应用。我国大力发展节能省地型建筑，积极推进既有建筑节能改造，广泛使用新型墙体材料。实施节约和替代石油工程，科学发展替代燃料。加快淘汰老旧汽车、船舶，积极发展公共交通，限制高油耗汽车，发展节能环保型汽车。加快燃煤工业锅（窑）炉改造、区域热电联产和余热余压利用，提高能源利用效率。促进电机节能和能源系统优化，提高电机运行和能源系统效率。实施绿色照明工程，加快推广高效电器应用。加快推广农村省柴节煤炉灶、节能房屋技术，淘汰高耗能老旧农机、渔船，推进农业和农村节能。加强政府机构节能，发挥政府对社会节能的带动作用。加快节能监测和技术服务体系建设，强化节能监测，创新服务平台。

(4) 加强管理节能。我国政府建立了政府强制采购节能产品制度，积极推进优先采购节能（包括节水）产品，选择部分节能效果显著、性能比较成熟的产品予以强制采购。积极发挥政府采购的政策导向作用，带动社会生产和使用节能产品。研究制定鼓励节能的财税政策，实施资源综合利用税收优惠政策，建立多渠道的节能融资机制。深化能源价格改革，形成有利于节能的价格形成机制。实施固定资产投资项目节能评估和审核制度，严把能耗增长的源头。建立企业节能新机制，实施能效标识管理，推进合同能源管理和节能自愿协议。建立健全节能法律法规，依法强化节能管理。加强节能管理队伍建设，加大执法监督检查力度。

(5) 倡导社会节能。我国采取多种形式大力宣传节约能源的重要意义，不断增强全民资源忧患意识和节约意识。倡导能源节约文化，努力形成健康、文明、节约的消费模式。把节约能源纳入基础教育、职业教育、高等教育和技术培训体系，利用新闻出版、广播影视等媒体，大力宣传和普及节能知识。继续深入开展节能宣传周活动，动员社会各界广泛参与，努力建立全社会节能的长效机制。

4.3.2 提高能源供给能力

长期以来，我国主要依靠本国能源资源发展经济，能源自给率一直保持在90%以上，远远高于多数发达国家。目前，我国已经成为世界第二大能源生产国，具备了较强的能源生产供应基础。在全面建设小康社会的过程中，我国将首先立足于国内能源资源，着重优化能源结构，努力提高供应能力。

我国能源资源的开发潜力较大。煤炭已发现的资源量仅占资源蕴藏量的13%，可采储量占已发现资源量的40%。水力资源开发利用程度仅为20%。石油资源探明程度为33%，开始进入勘探中期，仍有较大潜力。天然气资源探明程度为14%，处于勘探早期，资源前景广阔。非常规能源资源尚处于开发利用初期，开发潜力较大。可再生能源开发利用刚刚起步，发展空间很大。资源节约、综合利用和循环利用等方面，也存在着很好的前景。

我国提高能源供应能力的主要措施有以下几种。

(1) 有序发展煤炭。煤炭是我国的基础能源，增加供给能力、优化能源结构、保障煤矿安全、减少环境污染、提高资源利用效率、构建新型煤炭工业体系，是保障国民经济发展的迫切需要。我国加大煤炭资源勘查力度，支持大型煤炭基地的资源普查和地质详查，规范商业性勘探，提高资源保障程度，稳步推进大型煤炭基地建设。通过企业兼并和重组，形成若干产能亿吨级的大型企业集团。继续推进煤炭资源开发整合，调整改造中小煤矿，依法关闭淘汰不符合产业政策、不具备安全生产条件、浪费资源和破坏环境的小煤矿，进一步优化煤炭产业结构。促进与相关产业协调发展，鼓励实行煤电联营或煤电运一体化经营，延伸煤炭产业链。提高煤矿机械化水平和采煤综合机械化程度，推进煤炭的清洁生产和利用，鼓励洁净煤技术的研发和推广，加快替代液体燃料研究和示范。积极发展循环经济，加强环境保护，促进资源综合利用，加快煤层气产业化发展。加强煤炭运输体系建设，稳步提高运输能力。建立安全生产责任制，加大煤矿安全改造和瓦斯防治投入力度，不断提高安全生产水平。

（2）积极发展电力。电力是高效清洁的能源，建立经济、高效、稳定的电力供应体系，是保证国民经济和社会稳定发展的基本要求。我国坚持以结构调整为主线，优化电源结构。在综合考虑资源、技术、环保和市场等因素的基础上，优化发展煤电，建设大型煤电基地，鼓励发展坑口电站，重点发展大型高效环保机组。积极发展热电联产，加快淘汰落后的小火电机组。在保护生态、妥善解决移民问题的条件下，大力发展水电。积极推进核电建设。适度发展天然气发电。鼓励可再生能源和新能源发电。加强区域和输配电网络建设，扩大西电东送规模。实行电力统一规划和调度，建立健全电力安全应急体系，提高电力系统的安全可靠性。继续加强电力需求管理，实行节能调度，努力提高能源利用效率。

（3）加快发展油气。我国继续实行油气并举的方针，稳定增加原油产量，努力提高天然气产量。加大石油天然气资源的勘探开发力度，重点加强渤海湾、松辽、塔里木、鄂尔多斯等主要含油气盆地勘探开发，积极探索陆地新区、新领域、新层系和重点海域勘查，切实增加可采储量。深入挖掘主要产油区的发展潜力，加强稳产改造，提高采收率，延缓老油田产量递减。在经济合理的条件下，积极开发煤层气、油页岩、油砂等非常规能源。继续加快石油和天然气管网及配套设施建设，逐步完善全国油气管网。

（4）大力发展可再生能源。可再生能源是我国能源优先发展的领域。可再生能源的开发利用，对增加能源供应、改善能源结构、促进环境保护具有重要作用，是解决能源供需矛盾和实现可持续发展的战略选择。我国已经颁布《可再生能源法》，制定了可再生能源发电优先上网、全额收购、价格优惠及社会公摊的政策。建立了可再生能源发展专项资金，支持资源调查、技术研发、试点示范工程建设和农村可再生能源开发利用。发布了《可再生能源中长期发展规划》，提出到 2020 年使可再生能源消费量达到能源消费总量的 15% 的发展目标。我国将推进水电流域梯级综合开发，加快大型水电建设，因地制宜开发中小型水电，适当建设抽水蓄能电站。推广太阳能热利用、沼气等成熟技术，提高市场占有率。

积极推进风力发电、生物质能和太阳能发电等利用技术，将建设若干个百万千瓦级风电基地，以规模化带动产业化。积极落实可再生能源发展的扶持和配套政策，培育持续稳定增长的可再生能源市场，逐步建立和完善可再生能源产业体系和市场及服务体系，促进可再生能源技术进步和产业发展。

(5) 加强农村能源建设。我国有 7.5 亿人口生活在农村，受经济和技术水平的限制，仍有多数农村地区依靠传统方式利用生物质能源。解决农村能源问题是全面建设社会主义新农村的必然要求，也是我国的一个特殊问题。我国政府坚持“因地制宜，多能互补，综合利用，注重实效”的原则，加强农村能源建设。我国通过实施“光明工程”、“农网改造”、“水电农村电气化”和“送电到乡”，同时充分利用小水电、风力和太阳能发电，改善了农村生产生活用能条件，解决了 3000 多万农村无电人口及偏远无电地区的用电问题，基本实现了城乡同网同价。我国将继续积极发展农村户用沼气、生物质能利用、太阳能热利用等，为农村地区提供清洁的生活能源。继续推广应用省柴节能灶炕、小风电、微水电等农村小型能源设施。继续增加农村优质化石能源的供应，提高农村商品能源的消费比重。继续加强农村电网建设，积极扩大电网覆盖范围。积极开展绿色能源示范县建设，加快推进农村可再生能源开发利用。

4.3.3 推进能源技术进步

科学技术是第一生产力，是能源发展的动力源泉。我国高度重视能源科技的发展，能源工业的技术水平与发达国家的差距进一步缩小，有效地促进了能源工业的全面发展。我国政府制定的《国家中长期科学和技术发展规划纲要》，把能源技术放在优先发展位置，按照自主创新、重点跨越、支撑发展、引领未来的方针，加快推进能源技术进步，努力为能源的可持续发展提供技术支撑。

我国遵循科技发展规律和特点，积极开发和推广节约、替代、循环利用和治理污染的先进适用技术，为能源技术进步创造良好的政策环境。逐步建立企业为主体、市场为导向、产学研相结合的技术创新体系。大力组织先进能源技术的研发和推广应用，通过市场机制，引导企业加快技术进步，提高能源利用效率。大力加强能源科技人才培养，注重完善政策法规和技术标准，为能源技术发展创造良好条件。

(1) 大力推广节能技术。我国把节能技术作为能源技术发展的优先主题，重点攻克高耗能领域的节能关键技术，大力提高一次能源和终端能源利用效率。实施节能技术政策大纲，引导社会投资节能技术应用。重点研究开发工业、交通运输、建筑等领域的节能技术与设备，以及可再生能源与建筑一体化、节能建材等应用技术。加强能源计量、控制、监督与管理，积极培育节能技术服务体系。

（2）推进关键技术创新。我国鼓励发展洁净煤技术，推进煤炭气化及加工转化等先进技术的研究开发，推广整体煤气化联合循环、超临界、大型循环流化床等先进发电技术，发展以煤气化为基础的多联产技术。重点掌握第三代大型压水堆核电技术，攻克高温气冷堆工业实验技术。积极发展复杂地质油气资源勘探开发和低品位油气资源高效开发技术。鼓励发展替代能源技术，优先发展可再生能源规模化利用技术。稳步推进正负 800 千伏直流输电和 1000 千伏交流特高压输电技术以及增强电网安全技术。

（3）提升装备制造水平。装备制造业是能源技术发展的基础。我国依托国家能源重点工程，带动装备制造业的技术进步。鼓励发展煤矿综合采掘设备，研制大型煤炭井下综合采掘、提升、运输和洗选设备，以及大型露天矿设备。鼓励发展大型煤化工成套设备，研制煤炭液化和气化、煤制烯烃等成套设备。鼓励发展大型高效清洁发电装备，发展煤电高效发电机组、大型水电及抽水蓄能机组、重型燃气轮机、先进百万千瓦级压水堆核电机组、大功率风力发电机组等，以及特高压输变电设备。鼓励发展石油天然气勘探、钻采装备，支持大型海洋石油工程设备、30 万吨原油运输船、液化天然气运输船及大功率柴油机等配套设备。

（4）加强前沿技术研究。前沿技术是能源发展的潜力，能够引领能源产业和能源技术实现跨越式发展。我国重点研究化石能源、生物质能源和可再生能源制氢、经济高效储氢及输配技术，研究燃料电池基础关键部件制备及电堆集成、燃料电池发电及车用动力系统集成技术等。研究突破化石能源微小型燃气轮机等终端能源转换、储能及热-电-冷三联产技术。加快研发气冷快堆设计及核心技术。积极研究磁约束核聚变和天然气水合物开发技术。

（5）开展基础科学研究。基础研究是自主创新的源头，决定能源发展的实力和后劲。我国重点研究化石能源高效洁净利用与转化的基础理论，高性能热-功转换、高效节能储能的关键原理，规模化利用可再生能源的基础技术，规模利用核能、氢能技术等基础理论。

4.3.4　能源环境协调发展

气候变化是国际社会普遍关心的重大全球性问题。气候变化既是环境问题，也是发展问题，归根到底是发展问题。能源的大量开发和利用，是造成环境污染和气候变化的主要原因之一。正确处理好能源开发利用与环境保护和气候变化的关系，是世界各国迫切需要解决的问题。我国是处于工业化初期的发展中国家，历史累计排放少，从 1950 年到 2002 年，我国化石燃料二氧化碳排放只占同期世界排放量的 9.3%，人均二氧化碳排放量居世界第 92 位，单位 GDP 二氧化碳排放弹性系数也很小。

我国作为负责任的发展中国家，高度重视环境保护和全球气候变化。我国政府将保护环境作为一项基本国策，签署了《联合国气候变化框架公约》，成立了国家气候变化对策协调机构，提交了《中华人民共和国气候变化初始国家信息通报》，建立了《清洁发展机制项目运行管理办法》，制订了《中国应对气候变化国家方案》，并采取了一系列与保护环境和应对气候变化相关的政策和措施。我国提出“十一五”时期要实现生态环境恶化趋势基本遏制，主要污染物排放总量减少 10%，温室气体排放控制取得成效的目标。我国正在积极调整经济结构和能源结构，全面推进能源节约，重点预防和治理环境污染的突出问题，有效控制污染物排放，促进能源与环境协调发展。

（1）全面控制温室气体排放。我国加快转变经济发展方式，积极发挥能源节约和优化能源结构在减缓气候变化中的作用，努力降低化石能源消耗。大力发展循环经济，促进资源的综合利用，提高能源利用效率，减少温室气体排放。依靠科学技术进步，不断提高应对气候变化的能力，为保护地球环境作出积极贡献。

（2）大力防治生态破坏和环境污染。我国将更加重视能源特别是煤炭的清洁利用，并作为环境保护的重点，积极防治生态破坏和环境污染。加快采煤沉陷区的治理和煤层气的开发利用，建立并完善煤炭资源开发和生态环境恢复补偿机制。推进煤炭的有序开采，限制开采高硫高灰分煤炭，禁止开采含放射性物质和砷等有毒有害物质超过规定标准的煤炭。积极发展洁净煤技术，鼓励实施煤炭洗选、加工转化、洁净燃烧、烟气净化等技术。加快燃煤电厂脱硫设施建设，新建燃煤电厂必须根据排放标准安装并使用脱硫装置，现有燃煤电厂加快脱硫改造。在大中城市及近郊，严禁新建纯发电的燃煤电厂。

（3）积极防治机动车尾气污染。随着汽车工业的发展和人民生活水平的提高，我国机动车保有量迅速增加，防治机动车尾气污染成为环境保护的重要内容。我国正在积极采取有效措施，严格实施机动车排放标准，加强环保一致性检查，确保新生产机动车稳定达标；严格实施在用机动车环保年检制度；严格禁止制造、销售和进口超过排放标准的机动车；鼓励生产和使用低污染的清洁燃料机动车，鼓励生产混合动力汽车，支持发展轨道交通和电动公交车。

（4）严格能源项目的环境管理。加强对能源项目的环境管理，是实现能源建设与环境保护协调发展的有效措施。我国严格执行环境影响评价制度，通过严格环境准入制度抑制粗放型经济增长。新建、扩建和改建能源工程项目与环境保护设施同时设计、同时施工、同时投入使用。加强核电项目的安全管理，强化对已运行核电站、研究堆、核燃料循环设施的安全与辐射环境的监督管理，积极做好在建核电设施安全评审和监督工作。进一步加强水电建设中的生态环境保护，在满足江河流域综合开发利用的要求下，在保护中开发，在开发中保护，注重提高水资源的综合利用和生态环境效益。

4.3.5 深化能源体制改革

改善环境是我国能源发展的内在要求。我国正在按照观念创新、管理创新、体制创新和机制创新的要求，进一步深化能源体制改革，提高能源市场化程度，完善能源宏观调控体系，不断改善能源发展环境。

（1）加强能源立法。完善能源法律制度，为增加能源供应、规范能源市场、优化能源结构、维护能源安全提供法律保障，是我国能源发展的必然要求。我国高度重视并积极推进能源法律制度的建设，《中华人民共和国清洁生产促进法》、《中华人民共和国可再生能源法》、《石油天然气管道保护法》已经颁布实施，配套政策措施陆续出台；修订后的《中华人民共和国节约能源法》、《煤炭法》已经公布；《能源法》、《循环经济法》及《民用建筑节能条例》正在抓紧制订；《矿产资源法》和《电力法》正在抓紧修订。同时，也正在积极着手研究石油天然气、原油市场和原子能等能源领域的立法。

（2）强化安全生产。我国在能源发展过程中，高度重视维护人民的生命安全，继续采取切实有效措施，坚决遏制重特大安全事故频发势头。我国坚持预防为主、安全第一、综合治理的原则，进一步加大煤矿瓦斯治理和综合利用力度，依法整顿关闭不具备安全生产条件的小煤矿。继续加大煤矿安全监管力度，引导地方和企业加强煤矿安全技术改造和安全基础设施建设。全面加强安全生产教育，增强安全责任意识。继续加强电力安全、油气生产安全，强化监督管理，实行国家监察、地方监管、企业负责的安全生产工作体系。进一步落实安全生产责任制，严格安全生产执法，严肃责任追究制度。

（3）完善应急体系。能源安全是经济安全的重要方面，直接影响国家安全和社会稳定。我国实行电力统一调度、分级管理、分区运行，统筹安排电网运行。建立了政府部门、监管机构和电力企业分工负责的安全责任体系，电网和发电企业建立应对大规模突发事故的应急预案。按照统一规划、分步实施的原则，建设国家石油储备基地，扩大石油储备能力。逐步建立石油和天然气供应应急保障体系，确保供应安全。

（4）加快市场体系建设。我国继续坚持改革开放，充分发挥市场配置资源的基础性作用，鼓励多种经济成分进入能源领域，积极推动能源市场化改革。全面完善煤炭市场体系，构建政企分开、公平竞争、开放有序、健康有序的电力市场体系，加快石油天然气流通体制改革，促进能源市场健康有序发展。

(5) 深化管理体制改革。我国加强能源管理体制改革，完善国家能源管理体制和决策机制，加强部门、地方及相互间的统筹协调，强化国家能源发展的总体规划和宏观调控，着力转变职能、理顺关系、优化结构、提高效能，形成适当集中、分工合理、决策科学、执行顺畅、监管有力的管理体制。进一步转变政府职能，注重政策引导，重视信息服务。深化能源投资体制改革，建立和完善投资调控体系。进一步强化能源资源的规范管理，完善矿产资源开发管理体制，建立健全矿产资源有偿使用和矿业权交易制度，整顿和规范矿产资源开发市场秩序。

(6) 推进价格机制改革。价格机制是市场机制的核心。我国政府在妥善处理不同利益群体关系、充分考虑社会各方面承受能力的情况下，积极稳妥地推进能源价格改革，逐步建立能够反映资源稀缺程度、市场供求关系和环境成本的价格形成机制。深化煤炭价格改革，全面实现市场化。推进电价改革，逐步做到发电和售电价格由市场竞争形成、输电和配电价格由政府监管。逐步完善石油、天然气定价机制，及时反映国际市场价格变化和国内市场供求关系。

4.3.6 加强能源国际合作

随着经济全球化的深入发展，我国在能源发展方面与世界联系日益紧密。我国的能源发展不仅满足了本国经济社会发展的需求，也给世界各国带来了发展机遇和广阔的发展空间。我国是国际能源合作的积极参与者。在多边合作方面，我国是亚太经济合作组织能源工作组、东盟与中日韩（10+3）能源合作、国际能源论坛、世界能源大会及亚太清洁发展和气候新伙伴计划的正式成员，是能源宪章的观察员，与国际能源机构、石油输出国组织等国际组织保持着密切联系。在双边合作方面，我国与美国、日本、欧盟、俄罗斯等都建立了能源对话与合作机制，在能源开发、利用、技术、环保、可再生能源和新能源等领域加强对话与合作方面，发挥着积极的建设性作用。

(1) 完善油气资源勘探开发的对外合作。我国在石油天然气资源领域，实行以产品分成合同为基础的对外合作模式。鼓励外商参与石油和天然气的风险勘探、低渗透油气藏（田）、提高老油田采收率等石油勘探开发领域的合作。鼓励外商投资输油（气）管道、油（气）库及专用码头的建设与经营。

(2) 鼓励外商投资勘探开发非常规能源资源。2000 年，我国发布了《关于进一步鼓励外商投资勘查开采非油气矿产资源的若干意见》，进一步开放非油气资源的探矿权、采矿权市场。允许外商在我国境内以独资或与中方合作的方式进行风险勘探。外商投资开采回收共伴生矿、利用尾矿以及西部地区开采矿产资源的，可以享受减免矿产资源补偿费的优惠政策。进一步改善对外商投资勘查开采非油气资源的管理和服务。

（3）鼓励外商投资和经营电站等能源设施。我国鼓励外商投资电力、煤气的生产和供应。鼓励投资单机容量 60 万千瓦及以上火电、煤炭洁净燃烧发电、热电联产、发电为主的水电、中方控股的核电，以及可再生能源和新能源发电等电站的建设与经营。鼓励外商投资规模容量以上的火电、水电、核电及火电脱硫技术与设备制造。鼓励投资煤炭管道运输设施的建设与经营。

（4）进一步优化外商投资环境。我国政府信守加入世界贸易组织的有关承诺，在能源管理方面，清理了与世界贸易组织规则不一致的行政法规和部门规章。按照世界贸易组织的透明度要求，放宽了公益性地质资料的范围，并将进一步加强能源政策的对外发布，完善能源数据统计系统，及时公布能源统计数据，确保能源政策、统计数据以及资料信息的公开与透明。

（5）进一步拓宽利用外资领域。我国吸引外商投资开发利用能源资源，注重引进国外先进技术、管理经验和高素质人才，进一步实现从投资化石能源资源向可再生能源的转变，从注重勘查开发领域向更多地发展服务贸易转变，从主要依靠对外借贷和外国直接投资向直接利用国际资本市场方式转变。

4.4　过程工业中的典型节能减排技术

过程工业是所有涉及物质转化过程的工业部门的总称。据统计，我国各种过程工业的总产值占 GDP 的 60% 以上，涉及能源转换、资源利用和环境保护，不仅包括国民经济的一些支柱产业，如石油、化工、冶金、能源、材料、食品等，而且也是一些高新技术产业的基础，如生物、医药、微电子、纳米材料等。

过程工业既是化石能源消耗的主要行业，又是二氧化碳排放的主要来源，因而我国的节能减排任务与过程工业的发展息息相关。俗话说，“解铃还须系铃人”，节能减排工作的开展，归根结底必须落实到依靠过程工业的发展完善来完成，主要从行业结构调整、工艺系统优化设计以及 CO_2 回收利用新技术开发等方面来实现。

煤炭工业是典型的过程工业，煤炭的燃烧可产生大量 CO_2，燃煤工业正在承受减排 CO_2 的压力，许多国家和公司对洁净煤技术的开发和市场化给予了极大的关注。钢铁行业同样是我国重要的高耗能产业，国家对其节约能源、减少 CO_2 和其他有害污染物排放的要求尤为强烈，因而其节能减排技术发展非常迅速。

4.4.1　煤炭工业节能减排

1. 煤炭工业节能减排形势

煤炭行业是能源生产主力军，又是国家确定的 9 个重点高耗能行业和污染排放严重的行业之一。以燃煤消耗为主的现有能源体系，使中国成为世界上排污最高的地区之一，对人居环境和全球气候都有重大影响。在紧迫的节能减排任务面前，我国煤炭工业压力巨大。“十一五”以来，从中央到地方，节能减排工作力度不断加大。在国家政策大力支持和推动下，煤炭企业依靠科技进步，调整产业、产品结构，延伸产业链，加强资源综合利用，发展循环经济，按照党中央、国务院的要求，克服重重困难和各种不利因素的影响，节能减排工作取得了很大进展。在消化了原煤生产能耗年均自然增长 4% 的情况下，原煤生产主要能耗指标均有下降，并且煤炭行业节能减排指标完成进度快于全国。根据对煤炭行业国有重点煤矿耗能情况的统计，原煤生产综合能耗 2005 年平均为 19. 50kgce/t，2009 年降为 14kgce/t，2010 年降为 13. 96kgce/t，即“十一五”期间降幅约为 28. 4%，平均每年降幅为 7. 1%。

我国煤炭行业积极发展循环经济，延长以原煤和共伴生矿物为基础的产业链，通过与电力、化工、建材等产业联营，利用煤矸石发电、煤矸石制建材等方式，充分利用煤矸石中的热能。同时取消小锅炉，利用余热资源，产生了巨大的社会效益和环境效益。

煤炭行业是一个高耗能、高污染的产业，也是节能减排潜力较大的行业之一。国家对于节能环保的投资是成倍增长的，“七五”期间，投资 476. 42 亿元，“八五”达到 1306. 57 亿元，“九五”为 3447. 52 亿元，“十五”突破 7000 亿元，“十一五”期间达到 13750 亿元。按此趋势发展，“十二五”期间有望达到历史新高。可以预见，煤炭行业节能减排领域具有广阔的增长空间。

2. 煤炭行业典型节能减排技术

1）煤炭地下气化技术

煤炭地下气化技术改变了传统的煤炭开采、运输和利用方式，解决了煤矿的安全生产和环境污染难题，降低了单位产品能耗，减少了 CO_2 排放，实现了 CO_2 的捕集和封存，提高了能源利用率，是一项清洁高效、节能减排的低碳能源新技术。

煤炭地下气化（underground coal gasification，UCG）的实质是将赋存于地下

的煤层由物理采煤变为化学采气。UCG 的过程是复杂的，其过程包括了流体、热量和物质的传递，化学反应和煤层气与围岩压力改变。其工艺就是向地下煤层中通入气化剂（空气或氧气）、水蒸气，将煤炭进行有控制燃烧，通过对煤的热作用及化学作用产生可燃气体，然后将产品煤气导出地面再加以利用。该过程集建井、采煤及地面气化三大工艺为一体，把煤的开采和转化相结合，省去了庞大的煤炭开采、运输、洗选和气化等工艺设备，因而具有安全性好、投资少、效益高及污染少等优点。

煤炭地下气化的基本原理与地面气化炉煤气化原理一样，通过热力学和化学作用，把煤炭中的有效成分（固定碳、挥发分等）变为可燃气体，主要组分是一氧化碳（CO）、氢气（H_2）、甲烷（CH_4）等。其区别在于：气化过程前者在地下完成，后者在地面完成。无论地下气化还是地面气化，气化按气流流动方向主要分为氧化区、还原区和干馏干燥区三个区域。

氧化区。由气化通道鼓入的气化剂中的 O_2 与煤层中的 C 发生完全氧化和不完全氧化反应，生成 CO_2 和 CO，并放出大量的热，该区域称为氧化区。大量的热量作用于煤层，使氧化区及邻近区域的炭处于炽热状态，温度可达 1200℃。该过程中 O_2 浓度下降，CO_2 和 CO 浓度上升，O_2 浓度降低至接近零时，氧化过程结束。

还原区。沿气流流动方向，氧化区之后为还原区，氧化区的产物 CO_2 与炽热的 C 发生还原反应，生成 CO；气化剂中的 H_2O（g）与炽热的 C 发生还原反应，生成 CO 和 H_2。该过程吸收热量，使还原区温度降低，当温度低至满足不了还原反应的温度条件时，还原反应结束。

干馏干燥区。还原区之后的气流温度还相当高，温度作用于气流下游煤层，通过热力学作用使煤层挥发裂解出热解气，该过程称为干馏干燥过程。通过上述反应，生成了可燃气体（主要组分是 CO、H_2、CH_4），也就是粗煤气。随着气化燃烧工作面的移动，最终将气化区域的固体煤气化出来。可燃组分主要来源于 CO_2、H_2O（g）与 C 氧化还原反应和煤中挥发分的热解气化反应。

按照气流方向和工作面燃烧移动方向的关系，气化过程分为顺流推进式和逆流推进式两种。气流方向与工作面燃烧移动方向相同为顺流推进式，反之为逆流推进式。煤炭地下气化原理如图 4-1 所示。

煤炭地下气化的主体是井下气化炉，根据气化炉构筑方式方法的不同，煤炭地下气化分为三种生产方式：①有井式：地下气化炉生产系统，包括气化炉炉体及巷道、注排气通道、井下密闭等，通过井下人工作业方式完成，鼓风系统、初步冷却、降尘系统也安置于井下硐室；②无井式：地下气化炉的准备工程量全部采用在地面钻孔作业，供风、冷却和净化系统也全部安置于地面气化站中，生产

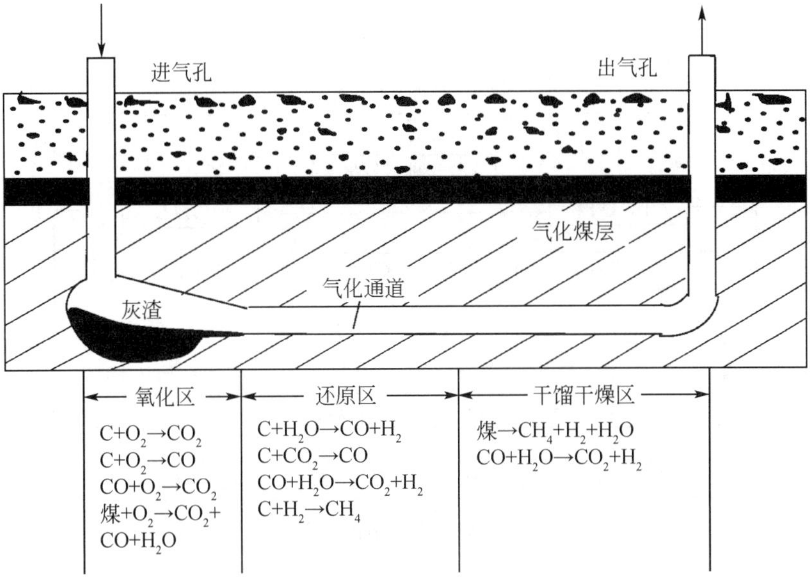

图 4-1　煤炭地下气化原理示意图

运行也全部在地面操作；③综合式：地下气化炉的准备工程采用井工作业完成，地下气化的生产运行采用地面操作。

节能减排是以降低产品能耗、减少温室气体排放为直接目的，以发展低碳循环经济，构建人与自然和谐发展为最终目标。我国是煤炭生产和消费大国，煤炭低碳开发利用技术是实现节能减排目标的主要手段。煤炭地下气化不仅改变了采煤方法，降低了产品能耗，减少了碳排放和环境污染，而且在后续的新型能化产业链中，可实现 CO_2 捕集、利用和封存（carbon capture，utilization and store，CCUS)，是一种理想的低碳能源技术。煤炭地下气化节能减排技术体系如图 4-2 所示。

图 4-2 反映了煤炭地下气化技术的基本内涵。煤炭地下气化可实现开采过程与利用过程的低碳化耦合，不但可以提高煤炭资源的利用率，实现煤炭的安全、高效、绿色开采，而且在节能减排方面具有重大的贡献。其特点如下。

(1) 采煤变采气——降低产品能耗。

煤炭地下气化与地面气化相比，省去了庞大的煤炭采掘、运输、通风、供排水、洗选流程与设备，减少了地面工业广场的相应建筑物、设备和人员，大大降低了能源消耗量。在计算能耗时，通常统一折算成吨煤煤耗或者吨煤耗电量。国内几个大型矿业集团统计资料表明：生产综合耗电量约为 40（kW · h）/t［最高达 80（kW · h）/t］；选煤耗电量约为 8（kW · h）/t；中小型矿业集团受资源

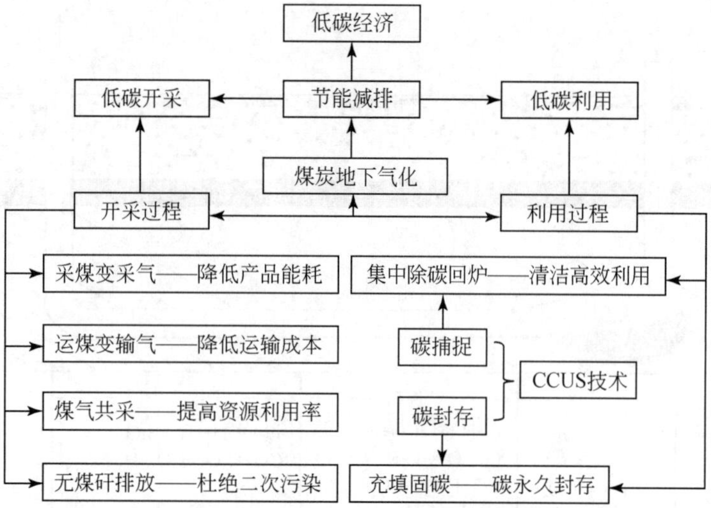

图 4-2　煤炭地下气化节能减排技术体系

条件和生产设备的限制，能耗更高。煤矿区的能源消耗会导致直接（煤、油燃烧，坑口电站发电）和间接（外购电）排放二氧化碳，而产生 1kW · h 电约排放 0.872kg CO_2［煤耗为 350g/（kW · h）］。在原煤生产能耗中，主通风、主排水、主提升和压风设备（四大件）能耗占原煤生产能耗的 80% 左右。煤炭地下气化省去了煤炭采掘、运输和提升环节，减少了井下作业人员的数量和矿井通风量，简化了主排水系统，同时省去了地面气化的原煤洗选和气化炉设备。有资料表明，新汶矿区孙村矿煤炭地下气化与常规采煤方法及煤炭洗选相比，气化吨煤成本降低 31.7%；与地面煤制气相比，煤造气成本降低 25.4%，减少投资 44.8%。可见煤炭地下气化技术大大降低了单位能耗，大幅度降低了碳排放量。

（2）运煤变输气——降低运输成本。

我国煤炭产地主要集中在山西、陕西和内蒙古等地区，而煤炭消费主要集中在东部沿海地区，生产和消费的分布不均，形成了西煤东运和北煤南运的总体流向和以“三西”（山西、陕西和蒙西）基地为核心，向周边放射状分布的煤运总体布局。我国煤炭消运系数（消费总量与运输总量之比）为 1.64，其中公路消运系数为 0.87，铁路消运系数为 0.57，水路消运系数为 0.19。也就是说，我国每消费 1t 煤炭，平均需要由公路、铁路和水路联合完成 1.64t 运量，并运输 467km 方可实现。而如果将煤炭气化后做成液化天然气，1t 煤约合成 $400m^3$ 天然气，$1395m^3$ 天然气约合 1t 液化天然气，若将运煤变为运液化天然气，则可降低运输量约 71%。以铁路运输为例，《未来煤炭市场供应结构将趋向多元化》一文指出，2008年全国煤炭铁路运输量为15亿t左右，平均运距为630km，按煤炭铁路平均运价0.08元/（t·km）计算，15亿t煤炭气化为液化天然气后，可节约运输量10.7亿t，节约运输费用539亿元；按万吨列车计算，节约了10.7万列铁路运输资源。

由此可见，煤炭地下气化不但改变了煤炭的开采方式，还改变了煤炭的利用和运输方式，显著降低了运输成本，节约了大量的能源消耗，为节能减排作出了重要贡献。

（3）煤气共采——提高资源利用率。

煤层瓦斯是伴随着煤层的形成而产生的，在一定的压力作用下，它以吸附和游离状态存在于煤层中。游离瓦斯以自由气体分子状态存在于煤层空隙空间，而吸附瓦斯则以固体分子状态附着在煤体表面和煤体结构内部。由于采动影响，形成采掘空间并致使煤体产生大量裂隙，煤层得以卸压，瓦斯通过裂隙渗透到采掘空间。矿井瓦斯主要成分是甲烷气，我国矿井瓦斯储量丰富，据初步统计，我国2000m范围内具有30万亿~35万亿m^3煤层气资源，居世界前列。

我国煤层埋藏较深，煤层透气性小，70%以上的煤层渗透率小于$1\times10^{-3}m^2$，大量的瓦斯气体吸附于煤层中，这对我国开展煤层瓦斯采前预抽是不利的。而采前的预抽采工艺复杂，抽采率低及钻孔工程量大等问题，影响了采掘的正常接替，而预抽采不充分易引起正常采煤期间瓦斯大量涌出，为工作面的正常生产埋下安全隐患。我国国有煤矿高瓦斯和瓦斯突出矿井占总矿井数的46%，每年因瓦斯爆炸造成的死亡人数在2000人以上，根据最近15年的统计，因瓦斯事故造成的直接经济损失超过500亿元。我国对高瓦斯煤矿进行了抽采，如建立瓦斯发电站进行发电。但对占煤矿瓦斯排放总量90%的低浓度瓦斯利用很少，而浓度低于1%的矿井乏风瓦斯基本没有利用。煤矿每年排放70亿~190亿m^3甲烷气体到大气中，而甲烷对臭氧层的破坏能力是CO_2的7倍，产生的温室效应是CO_2的21倍，按目前的瓦斯排放量计算，相当于煤矿每年排放290.6~788.9Mt CO_2到大气中。

煤炭地下气化技术无需采前预抽瓦斯，气化工作面正常推进期间，由于煤层燃烧破裂，瓦斯从煤层裂隙渗流或突出到燃空区，而燃空区氧浓度很低，小于1%，低于甲烷的爆炸下限，不会对井下气化工作面造成破坏，反而提高了煤气中甲烷的组分浓度，实现了煤层瓦斯气的回收，提高了资源利用率，降低了温室气体排放。

（4）无煤矸排放——杜绝二次污染。

煤炭的常规物理开采和分选加工产生了大量的煤矸石，坑口燃煤电厂或煤矸石电厂又产生了大量的粉煤灰。我国规模较大的矸石山有1600余座，累计堆积量达 45 亿 t，占地面积超过 1.5×10^4 hm^2（$1hm^2=10^4m^2$）。由于我国现阶段技术经济条件的限制，其综合利用率只有 20%～40%。一方面大量的矿山固体废弃物侵占耕地，对自然生态环境造成一次污染；另一方面矸石堆积日久易引起自燃，矸石山自燃放出大量有毒、有害气体，如 SO_2、H_2S、CO_2、N_xO_y等，造成温室气体排放、大气和地表水体二次污染。矸石山自燃碳排放也不容小视，以阳泉矿区煤矸石碳排放为例，煤矸石山堆存碳密度超过了其覆盖的当地原本自然生态系统碳储存密度的 1000 倍，CO_2排放风险很高。截至 2006 年，阳泉矿区不到 $300hm^2$ 的矸石山已自燃排放超过 3.26Mt 碳当量的 CO_2，还有潜在碳排放量 15.1Mt，此外矸石堆积还造成当地自然生态系统约 13.12kt 的碳损失。以目前全国矸石山面积计算，矸石山已自燃排放超过 163.0Mt 碳当量的 CO_2，潜在碳排放量 755.0Mt。

煤炭地下气化直接在地下气化出煤中的有用成分，灰渣则留在井下，做到灰渣不出井，不占用地表耕地，避免了煤矸石对环境的二次污染，减少了碳排放。

（5）集中除碳回炉——高效清洁利用。

中国矿业大学的煤炭地下气化新技术可以生产不同氧气浓度（20.6%、31.6%、42.1%、100%）的水煤气，实现了连续、稳定产气。根据注入氧气浓度的不同，所产水煤气中 CO_2浓度也不同，变化范围为 14.3%～25.7%。CO_2作为地下气化的中间产物，它的存在一方面限制了煤气的热值，另一方面也是潜在的 CO_2排放源。因此，如何解决煤气中 CO_2的捕集和利用问题，是关系到煤炭地下气化技术节能减排效果的重要方面。

对于煤气中 CO_2的捕集技术，比较常用的是燃烧前捕集、氧化燃料燃烧捕集、燃烧后捕集三类。常用的 CO_2回收方法有溶剂吸收法、变压吸附法、有机膜分离法等。地下气化粗煤气中的 CO_2可在利用前在地面煤气净化系统中集中捕集，也可在燃烧利用后的烟气中集中捕集。大规模工业应用中比较成熟的回收方法是溶剂吸收法，在捕集 CO_2溶剂方面，传统的吸收剂，如单乙醇胺（MEA）从燃烧过程的烟气中捕集 CO_2，然而再生吸收剂需额外耗能约 3768kJ/kg CO_2，通常认为是不经济的。日本三菱重工公司（MHI）与关西电力公司（KEPCO）合作开发的新吸收剂 KS-1 和 KS-2 位阻胺类，其回收所需能量比 MEA 所需能量少约 20%，而且工艺简单，溶剂损失也少，CO_2捕集效率高；美国的 Powerspan 公司开发了 ECO_2捕集工艺，可使用含水的氨溶液从电厂烟气中捕集 CO_2，这种基于氨的新工艺具有负荷能力高，无腐蚀性问题，在烟气环境下不会降解，吸收剂损失少，与 MEA 相比能耗更低的优点。

在煤炭地下气化过程中，CO_2参与还原反应与炽热的碳生产 CO，将捕集的 CO_2作为一种气化剂通过注气系统输送到井下工作面，通过提高反应物 CO_2浓度，来强化还原反应的进行，有利于提高煤气中有效组分 CO 的含量。通过 CO_2的捕集回炉，一方面减少了碳排放量，另一方面强化了煤炭地下气化的化学反应，提高了煤气品质，真正实现了煤炭资源的高效清洁利用和节能减排。

（6）充填固碳——碳永久封存。

在CO_2的封存方面，目前国际上主要的CO_2封存方式有海洋封存和地质封存两种。CO_2的海洋封存主要有两种途径：一种是将CO_2注入到水下1500m处，在此临界深度，CO_2将直接溶解释放到海水中；另一种是将CO_2注入到水下3000m深的海底，CO_2在高压下聚集成液态，且密度大于海水密度，沉于海底形成CO_2液态湖。海洋封存在理论上潜力巨大，但仍存在一些问题，主要表现在对海洋生物和海底生态系统的影响方面。CO_2的地质封存是将CO_2压缩液注入到地下岩石结构中，在物理吸附作用和化学反应作用（与碱性矿物质反应固化成无机碳酸盐）下实现永久封存，主要的封存场所是油藏储层、煤层和深部含盐水层等。研究表明，对于纯净气体，CH_4的吸附能力高于N_2的吸附能力，而低于CO_2的吸附能力，将CO_2或其他气体注入到煤层中对于CH_4的解吸附具有重要影响。从重庆中梁山煤矿煤炭地下气化与数值模拟试验研究来看，通过对传统煤层气（coalbed methane，CBM）回收与CO_2煤层储埋和整体煤层气回收与CO_2强化储埋的对比研究可知，压注储埋到煤层中的CO_2促使CBM向生产井的方向快速移动，并且CBM生产过程持续时间更长，其强化煤层气回收率可达到80%。因此，将捕集的CO_2储存到煤层中，以提高煤层气采收率，煤层气回收增强技术（enhanced coalbed methane，ECBM）被认为前景广阔。

地下气化开采后形成的燃空区是CO_2封存的理想场所。煤矿企业、燃煤电厂、钢铁厂和水泥厂等工业企业每年产生大量的矸石、粉煤灰、钢渣、电石渣及废弃混凝土等固体废弃物，将这些固体废弃物破碎做成充填料，与捕集的CO_2一起通过工艺管道输送到地下气化燃空区。废弃物中含有大量的C_xH_y、硅酸三钙（Ca_3SiO_5）和氧化钙（CaO），在一定的条件下与CO_2发生反应生成碳酸钙（$CaCO_3$）。有研究表明，充填料颗粒粒径越小，CO_2固化效率越高；水分添加量影响碳酸化反应的进行，每千克填充料的适宜水分添加量为4kg；电石渣、钢渣及废弃混凝土对CO_2的固化效率分别为81%、76%和49%，每千克填充料的CO_2固化量为0.094kg、0.088kg及0.057kg。煤炭地下气化燃空区的充填，一方面达到了永久封存CO_2的目的，另一方面，由于充填物的支撑作用，有效减少了岩层下沉量和地表的移动变形量。

2）煤气化多联产技术

在一次能源（以煤为主）长期不可能大幅度变化的国情下，如何构建资源、能源、环境整体化的可持续发展能源系统，是目前重点研究并逐步实施的战略性问题。长期以来，由于各工业部门领域分割，如发电、动力、化工、冶金等，都在本行业内单独寻求改进方案，实际上所寻求的局部最优方案并非就是整体最优。多联产系统正是从整体角度出发，跨越行业限制而提出的一种高度灵活的资源、能源、环境一体化系统。

煤气化多联产系统是指利用从单一设备（气化炉）中产生的合成气（主要组成为$CO+H_2$）进行跨行业、跨部门的生产，以得到多种具有高附加值的化工产品、液体燃料（甲醇、F-T合成燃料、二甲醚、城市煤气、氢气），以用于工艺过程的供热和进行发电等。其基本过程是通过大规模气化炉将燃料气化，所用燃料可以是煤（尤其是高硫煤）、石油焦或生物质。净化后的干净合成气首先通过合成气反应器，生成甲醇、二甲醚、合成油等洁净燃料或其他高附加值化工产品，未反应的尾气不再循环而是直接通过燃气蒸汽联合循环生成电力或进行热、电、冷联产。未来需要时，可以将合成气通过水蒸气变换反应转化为氢气和二氧化碳，并进行分离。氢气可以集中生产电力或供分散式燃料电池汽车使用；高浓度二氧化碳则可加以利用（如化工原料、强化石油开采等）或集中填埋。多联产系统能够从系统高度出发，结合各种生产技术路线的优越性，使生产过程耦合到一起，彼此取长补短，从而达到能源的高利用率、低能耗、低投资和低运行成本，以及最少的全生命周期污染物排放，是一套综合性极强的节能减排技术体系。

煤气化多联产原理如图4-3所示。多联产能源系统以煤气化为核心，从空气分离装置出来的纯氧同原料煤一起在高温气化炉内发生气化反应，生产主要成分为H_2和CO的合成气，经过热量回收和净化处理，除掉灰渣、CO_2和含硫气体，得到不含杂质的高热值合成气。

合成气可以有多种用途，一部分可用作：城市煤气，分布式热、电、冷联产；大型发电（燃料电池或燃气轮机/蒸汽轮机联合循环）；一步法生成甲醇；一步法生产液体燃料（F-T液体燃料、二甲醚）；其他化工产品（如合成氨、尿素、烯烃等）。另一部分合成气则经过蒸汽重整反应$CO+2H_2O \longrightarrow CO_2+2H_2$后，通过气体分离技术将$H_2$和$CO_2$分开。氢气可用于质子交换膜燃料电池，主要用于城市交通车辆，可解决汽车尾气污染问题，长远来看，氢气作为载能体（清洁新能源），可作为分布式热、电、冷联供燃料，实现零排放。

煤气化多联产系统排放的CO_2不像常规燃煤电站那样掺混在烟气中（含75%以上氮气），而是十分清洁的CO_2（纯度可达99%），这样应用范围就大大扩展了。它可以作为化工原料生产化肥，制造干冰，促进植物生长或用于其他工业途径。也可以利用CO_2强化煤层气（CBM）的开采，其原理同煤炭地下气化技术相似。另外，针对CO_2的埋存也有一些研究，如压缩后注入深海、废弃矿井和地下含水层等。

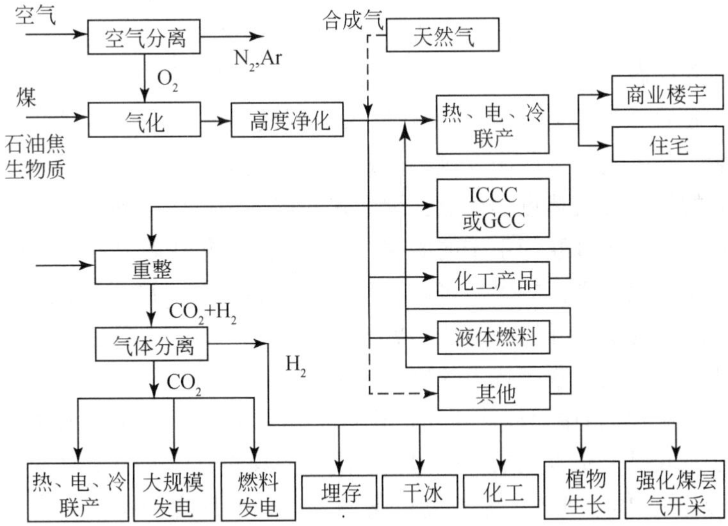

图 4-3　煤气化多联产原理图

因此，煤气化多联产技术实现了资源、能源、环境一体化，既解决能源供应，又减少环境污染，其系统优越性有以下几个方面。

（1）以煤气化为中心的超清洁技术。原料煤经过纯氧气气化后，得到的合成气可以达到很高的除尘和脱硫率，其污染物的排放指数将大大降低。如 SO_x、NO_x 和粉尘的排放量达到了环保的极限要求。煤气化技术可以根据不同需要使用不同煤种，特别是有效、清洁地使用我国的高硫、高灰分煤，回收煤中含有的硫，变废为宝。随着气化技术的逐步成熟和提高，加上气化炉的大型化，可降低整个系统投资费用。

（2）多联产系统中的技术工艺路线可以进行链接和耦合。从气化炉出来的粗煤气经过除尘和脱硫之后，可以分配成几个部分，供应给发电、化工合成、城市煤气等不同的生产过程。由于各部分的比例可以根据需要灵活地进行调整，因而可以达成各方面的协调生产。如果从耦合技术路线角度出发，使各条技术路线取长补短，实现能量的梯级利用，将更能体现多联产系统的优越性。

（3）多联产系统有大大减少温室气体 CO_2 排放的可能性。因为通过煤气化技术及其后续转化反应，CO_2 有可能被直接分离出来，得到纯度很高的 CO_2，而不是在燃烧后被 N_2 稀释，这样就使所得的 CO_2 的综合利用途径更广阔，无论是利用或填埋，都能很好地满足环保要求。

（4）为从煤炭为主体的能源体系向氢能为主体的清洁能源体系转化奠定基础。用氢气或液化氢气作为燃料，热值高，燃烧后产物为水，污染物排放为零。从长远来看，氢气作为载能体，可作分布式热、电、冷联供的燃料，实现污染物气体和温室气体零排放。以氢为燃料的燃料电池具有供电灵活、集中和分布式相结合、发电效率高等一系列优点，固定式使用也是将来的发展方向。氢能的大量利用，对改善能源结构，实现能源资源多样化具有积极作用。

（5）多联产系统是具有自身更新能力的开放系统。由于多联产系统在组成上十分灵活，其中包含一些需要进一步开放的新技术、新工艺，囊括了许多目前世界上新兴的技术发展热点和行业，因而多联产系统可以不断发展。

国外对于煤气化多联产系统的研究在20世纪80年代就已开始，而我国在20世纪末才开始现代意义上的煤炭多产品联产概念的探索，并已开始进行系统研究和相关单项技术的研究开发。虽然落后于国外研究，但由于国家的高度重视和大力支持，我国煤气化多联产技术的研发进步巨大。

国家“973”项目中对联产系统已进行了初步的分析，在概念研究、流程优化技术等方面取得了初步成果。中国科学院山西煤炭化学研究所（简称山西煤化所）、清华大学、华东理工大学、兖矿集团等单位开展煤间接液化合成油、低碳混合醇、甲醇/二甲醚等方面的技术研发，并分别建立了中间试验装置；2006年3月，由兖矿集团和中国科学院工程热物理研究所共同承担的国家“863”课题项目“煤气化发电与甲醇多联产系统关键技术的研发与示范”工程正式投入运行。中国科学院山西煤化所、煤炭科学研究总院北京煤化工研究分院多年来一直从事煤气化、直接液化等单项转化技术的研究；中国科学院工程热物理研究所和清华大学等单位一直在系统集成与优化方面在开展工作，对煤气化发电、燃（原）料联产系统的构成、集成与优化等问题进行深入研究；对燃烧室的研究主要集中在航空、机械、科学院及院校三类研究机构。“十一五”期间，国家对于发展煤气化多联产（IGCC）及其关键技术作出了重大部署，在“十五”研发的基础上，继续推进多联产系统关键技术进行工程化放大和深化，并实现集成创新。2006年9月“十一五”863计划“以煤气化为基础的多联产示范工程”重大项目正式启动。该项目是“十一五”“863”能源领域第一个启动的重大项目，投入3.5亿元政府资金，以我国能源企业投资超过220亿元将建设的IGCC和联产工程为依托，通过自主研发，实现2000吨/天级新型水煤浆气化技术、2000吨/天级干煤粉加压气化技术和600/1800吨/年级粉煤加压密相输运床气化技术工业示范，完成40MW和130MW级天然气燃气轮机改烧合成气技术，突破10万～100万吨间接液化合成油技术；在珠三角、长三角、环渤海选择三个示范点，应用自主研发的技术建成四座具有不同技术和区域特点的120～200MW级电站，并实现商业示范；中国华电集团公司已在杭州新建200MW级的IGCC电厂；中国华能集团在天津新建250MW级IGCC电厂；东莞电化实业股份有限公司将新建80MW级ICCC电厂和120MW级油联合循环电厂。

4.4.2 钢铁行业节能减排

1. 钢铁行业节能减排形势

《中华人民共和国国民经济和社会发展第十一个五年规划纲要》提出了“十一五”期间（2006~2010 年）单位国内生产总值（GDP）能耗降低 20% 左右，主要污染物排放总量减少 10% 的约束性指标。钢铁工业是能耗大户，同时也是排污大户。目前我国钢铁工业总能耗约占全国总能耗的 15.18%，二氧化硫排放量占全国的 6.6%，水量占工业总量的 14%，是耗能、耗水和排污的大户，更是我国当前节能减排的主要行业之一。近年来我国钢铁工业节能减排工作取得了显著的成绩。2009 年全国重点钢铁企业钢产量为 4.659 亿 t，2005 年为 2.9939 亿 t，2009 年钢产量比 2005 年增长 55.62%；2009 年全国重点钢铁企业能源消耗总量为 23 832 万 t 标准煤，2005 年为 19 427 万 t，2009 年能源消耗比 2005 年增长 22.67%。全国重点钢铁企业能源消耗总量增幅要比钢产量增幅低 46.29%。2009 年全国重点钢铁企业吨钢综合能耗由 2005 年 694kgce/t 降到 2009 年的 619.43kgce/t，下降 10.74%，相应各工序能耗均有不同程度下降。

与发达国家相比，我国钢铁工业自身特点使其节能减排工作有很大的必要性和紧迫性，主要体现在以下几方面。

1）钢铁厂集中度低、企业规模小而分散

据统计，2005 年我国粗钢产量 500 万 t 以上的企业有 18 家，仅占全国粗钢总量的 46.36%，而 2004 年日本粗钢总量的 73.22% 由 4 家企业完成，美国三家企业的钢产量占全国的 61.09%，俄罗斯 78.69% 的钢产量是由五家钢铁企业生产，而韩国两家钢铁企业的钢产量占全国总钢铁量的 82%。我国具有炼铁、炼钢生产能力的 871 家钢铁企业，2005 年粗钢产量为 35 239 亿 t，比 2000 年的 12 850万 t 增加了 174.2%，但主要是由各企业在原地或异地建厂扩大经营规模完成的，而产钢 1 000 万 t 的钢铁集团（8 个）合计产钢 10 540 万 t，只占全国钢产量的 30.2% 左右，500 万 t 以上的企业有 18 家，钢产量约占全国总量的 47%。

2）钢铁企业装备大型化同发达国家有明显差距

据中国钢铁工业协会统计，2004 年年底我国高炉多达 1131 座，$1000m^3$ 及以上高炉只有 18 座，产能占总产能的 31.96%，其余均为 $1000m^3$ 以下的小高炉，产能占总产能的 68.04%。截至 2004 年年底，我国炼钢转炉有 553 座，300t 以上转炉仅 3 座，120 ~ 299t 转炉 51 座，产能分别占总产能的 2.17% 和 22.57%，120t 以下的小转炉多达 499 座，其产能占总产能的 75.26%。近年来装备大型化有了长足进步，到 2007 年 $1000m^3$ 以上大型炼铁高炉增加到 120 座，100t 以上炼钢转炉增加到140座。但与装备总数比仍只占10%左右。在冶金生产装备大型化方面，我国钢铁行业与发达国家相比还有较大的差距。

3）二次资源回收利用率低

传统的钢铁生产流程会消耗大量的能源，几乎每一道生产工序都不断反复加热，造成热能大量流失。据报道每生产1t钢材要消耗716kgce，而生产过程中能源有效利用率为27%，73%的热能都在各工序中白白地损失掉了，其中44%的热能是以烟气的形式存在，含有极高的热值。

4）节能技术、装备的普及率低、能耗差异大

2006年年底对大中型钢铁企业进行统计，安装炉顶煤气余压发电装置（TRT）的高炉，仅占总数的31%；安装高炉煤气回收装置的高炉，占总数的77%；安装转炉煤气回收装置的转炉，占总数的64%；安装转炉余热蒸汽回收装置的转炉，占总数的68%。因此，我国钢铁行业能耗指标落后于国际先进水平，各企业间能耗水平差异很大。

2. 钢铁行业典型节能减排技术

由于钢铁行业是我国重要的耗能产业，在国家节能减排政策的强力推动下，其节能减排技术的发展也尤为迅速。

节能减排技术主要有：以减少燃料消耗为目的的蓄热式燃烧技术、高炉喷吹煤粉技术和煤调湿（CMC）技术、烧结余热回收技术等；以加强二次能源回收为目的的干熄焦（CDQ）技术、高炉煤气余压透平发电技术（TRT）、高炉煤气联合循环发电（CCPP）技术、转炉负能炼钢技术、转炉余热蒸汽发电技术等；以减少污染物和温室气体排放为目的的烧结烟气脱硫技术、高炉煤气干式除尘技术、转炉煤气干式除尘技术和转炉CO_2溅渣护炉技术等；以能源综合利用和废物资源化为目的的高炉吹喷废塑料技术。

1）蓄热式燃烧技术

采用蓄热式烟气余热回收装置，交替切换空气或气体燃料与烟气，使之流经蓄热体，能够在最大程度上回收高温烟气的显热，排烟温度可降到180℃以下，可将助燃介质或气体燃料预热到1000℃以上，形成与传统火焰不同的新型火焰类型，并通过换向燃烧使炉内温度分布更趋均匀。

蓄热式燃烧技术是对助燃空气和煤气先进行加热，达到500～1000℃，再进行燃烧时其能值可达到工业炉所需要的标准。用蓄热式燃烧技术之后，高炉煤气可以在烘烤铁水包、钢包、连铸中间包和轧钢加热炉，以及热处理炉上得到广泛应用。蓄热式燃烧技术的经济效益如下：高炉煤气得到合理利用；烧重油的加热炉改烧高炉煤气后，为企业带来巨大的经济效益；烟气的物理热充分回收。

2）高炉喷吹煤粉技术

高炉喷吹煤粉技术采用 200kg/thm 以上的大喷煤量，实现非焦煤直接用于炼铁，是体现资源合理利用和节能的综合技术。精料和高风温是提高喷煤量的基础，大喷煤、滴焦比条件下的高炉煤气流合理分布是大喷煤技术的突破口。因而高炉喷吹煤粉是炼铁系统结构优化的中心环节，是国内外高炉炼铁技术发展的大趋势，也是我国钢铁工业发展的重要技术之一。高炉喷吹煤粉的好处有：代替焦炭，减少炼焦过程对环境的污染；缓解我国主焦煤的短缺，优化炼铁系统用能结构；高炉喷煤可以实现结构节能。2007 年我国重点钢铁企业焦化工序吨铁能耗为 123.4kg 标准煤，喷煤的制粉和喷吹所需的吨铁能耗在 20 ~ 35kg 标准煤。高炉每喷吹 1000kg 煤粉，就可以使炼铁系统用能吨铁节约 100kg 标准煤。

目前，国外主要采用精料、高风温、富氧和均匀喷吹等措施提高喷煤量。日本、美国、荷兰等国的企业喷煤量多达到 200kg/t 的煤比。我国喷煤技术发展较快，多个厂家新建和投产了喷煤装置，但喷煤的综合技术工艺、大型高炉喷吹技术和煤比有待提高。就其发展趋势而言，高炉生产技术会进一步向高生产率、低还原剂比和低环境负荷操作、高速还原化操作方向迈进。

3）煤调湿技术

煤调湿（CMC）是将炼焦煤料在装炉前去除一部分水分，保持装炉煤水分稳定在 6% 左右，然后装炉炼焦。按 2007 年全国的焦炭生产规模推算，若在全国的焦化企业推广实施煤调湿，每年可节约 300 万 t 标准煤，可减少焦化污水约 1500 万 t，CO 排放量减少约 1600 万 t。

煤调湿的核心是不管原料水分是多少，装炉煤的水分要控制在 5% ~ 6% 范围内。此工艺是节能效果显著、提高焦炉生产能力、提高焦炭质量、稳定焦炉生产的新技术。

美、德、法、日、英等国家都进行了不同形式的煤调湿实验和生产，尤以日本最为积极主动，先后开发出了三代煤调湿技术。目前，日本 85% 的焦化厂采用煤调湿炼焦工艺。自 2005 年起，宝钢、太钢和攀钢都在自主研发建设多管回转式干燥煤调湿装置，济钢自主开发的气流床煤调湿装置也已投产，中冶焦耐也在开发振动式气流床煤调湿装置。在未来，第三代烟道气煤调湿技术将成为重点研究和推广对象，其中流化床干燥机是烟道气煤调湿系统的关键设备。

4）烧结余热回收技术

烧结余热余能占整个流程余热资源的 10% 左右，余热温度在 300 ~ 500℃，是低温余热资源应用的重点。烧结余热回收重点指烧结废（烟）气余热和烧结矿（产品）显热回收。目前，烧结废气余热回收利用的方式主要有：利用余热锅炉产生蒸汽或提供热水，直接利用；用冷却器的排气代替烧结机点火器的助燃空气或用于预热助燃空气；将余热锅炉产生的蒸汽通过透平及其他装置转换成电力；将排气直接用于预热烧结机的混合料。从实现能源梯级利用的高效性和经济性角度分析，余热发电是最为有效的余热利用途径，平均每吨烧结矿产生的烟气余热回收可发电 20kW · h，折合吨钢综合能耗可降低 8kg 标准煤。

目前国外大多采用烧结机烟气和冷却机废气余热锅炉回收蒸汽方式，国外先进企业每吨烧结矿可回收余热蒸汽 80 ~ 100kg。如回收后的蒸汽用于发电，可回收电力 10（kW · h）/t，可减少 CO_2 排放 10kg/t。截至 2009 年，我国已建成的 10 套余热发电机组，总共涉及 19 台烧结机，烧结机面积共计 4849m^2，发电机组总装机容量为 137MW。此外，安钢、包钢等一些企业正在施工建设烧结余热发电站，但整体而言，国内烧结余热发电技术推广比例还不及 4%。在钢铁企业中，烧结工序的总能耗仅次于炼铁，占全部工序总能耗的 9% ~ 12%，而我国烧结工序的能耗指标和先进国家相比差距较大，每吨烧结矿的平均能耗要高出 20kgce。因此，我国烧结节能的潜力巨大。

5）干熄焦技术

干法熄焦（coke dry quenching，CDQ）技术是利用冷的惰性气体，在干熄炉中与炽热红焦换热冷却红焦。吸收了热量的惰性气体将热量传给干熄焦锅炉产生蒸汽，被冷却的惰性气体由循环风机鼓入干熄炉冷却红焦。

干熄焦技术具有节能环保和改善焦炭质量的作用。在干熄焦过程中，80% 的红焦显热被回收，干熄焦装置节能占总节能的 50%，每吨焦炭可产生 15t（4MPa、450℃）的中压蒸汽；每吨焦炭可省去 15 ~ 18m^3 的熄焦水，干熄焦过程不向大气排放含有酚、氰化物、硫化物及粉尘的水蒸气，改善了环境质量；焦炭强度提高，从而可以改善高炉的技术经济指标。

以日本新日铁和 JFE、德国蒂森 · 斯梯尔 · 奥托公司干熄焦为代表的技术较为先进，这些公司在扩大干熄焦装置能力、改善冷却室特性、热平衡、物料平衡、自动化、环保等方面采用了最佳化设计。日本干熄焦单槽处理能力可达到 200t/h 以上。截至 2007 年年底，完全采用我国自主创新技术并建成投产的 75 ~ 160t/h 干熄焦装置共 54 套，钢铁企业内焦化厂干熄焦率提高到 45% 以上。当前正在设计施工的有 34 套，加上国产化前已投产的 17 套，共计 105 套，总计干熄焦能力达 10 158 万 t，占我国焦炭生产能力的 1/3。可以说，近年来干熄焦技术装备的推广速度很快，但设备运行稳定性、运行效率还有待提高。此外，160t/h 以上的大型干熄焦技术与装备开发，不同产能焦炉合理配置相应熄焦能力的干熄焦设备，保证接近 100% 干熄焦比的稳定运行，将成为今后开发的重点。

6）高炉煤气余压透平发电技术

高炉炉顶煤气余压回收发电装置（top gas-pressure recovery turbine，TRT）是

利用高炉炉顶排出的高炉煤气中的压力能及热能转化为机械能并驱动发电机发电。现代高炉大都采用高压炉顶，从炉顶排出的高炉煤气除具有化学能外，还具有一定的物理能。为促进这些可燃废气的综合利用，通常采用高炉煤气余压透平发电节能装置，将煤气的压力能转化为机械能并驱动发电机发电。

干式 TRT 装置是钢铁企业重要的节能降耗技术，是国家重点支持、鼓励和发展的节能环保效益型创新技术。这种技术发出的电量是相当可观的，宝钢 TRT 技术吨铁发电量为 3617kW · h，相当于每吨铁节约 1418kgce。结合高炉煤气干法除尘可提高 TRT 发电效率 30% 以上，使吨铁发电量达到 35 ~ 40kW · h；实现高炉煤气全干法除尘，减少或基本没有新水消耗和废水排放，煤气的含尘量可降低到 $5mg/m^3$。

此项技术在国外较为普遍，截至 2004 年 3 月，日本的 29 座高炉（基本都在 $2000m^3$ 以上，其中 $5000m^3$ 以上的高炉 8 座）全部配备 TRT，普及率为 100%。我国到 2008 年年底，全国重点大中型钢铁企业的 158 座 $1000m^3$ 以上高炉中，58% 采用干式 TRT，38% 采用湿式 TRT，其余 4% 未使用该技术。但综合而言，TRT 发电是高炉炼铁工序的重大节能技术，引进、消化吸收国外先进技术，集成创新、研发具有自主知识产权的干式 TRT 技术与装备，是我国未来 TRT 技术的发展方向。

7）高炉煤气联合循环发电技术

高炉煤气联合循环发电（combined cycle power plant，CCPP）是由燃气轮机与汽轮发电机组共同构成的一套完整的发电装置。燃气轮机是以高炉煤气工质，经压缩、燃烧后在透平中膨胀，将部分热能转换为机械能的旋转式动力机械。燃气轮机一般由压气机、燃烧室、透平、控制系统及必要的辅助设备组成。而汽轮发电机组是以蒸汽为工质，并将蒸汽的热能转换为机械能的旋转式热能动力机械。高炉煤气联合循环发电正是将上述两种装置有机结合后的一种新的发电方式。

该技术在不对外供热时热电转换效率可达 40% ~ 45%，比常规锅炉蒸汽转换效率高出近一倍。相同的煤气量，CCPP 又比常规锅炉蒸汽多发 70% ~ 90% 的电。且此发电技术的 CO_2 排放比常规火力电厂减少 45% ~ 50%，无 SO_2、飞灰及灰渣排放，NO_x 排放低，回收了钢铁生产中的二次能源，且为同容量常规燃煤电厂用水量的 1/3 左右。

8）转炉负能炼钢技术

转炉负能炼钢实际就是指回收利用生产过程中的转炉煤气和蒸汽等二次能源，从而使转炉炼钢工序消耗的总能量小于回收的总能量。在转炉冶炼过程中，当煤气中 CO 含量大于 30%、氧气含量小于 2% 时可以进行煤气回收，转炉煤气

吨钢回收大于 $100m^3$、蒸汽大于 60kg/t，并使回收的物质得到充分利用，就可以实现转炉负能炼钢。

国际先进的钢铁企业都把实现转炉负能炼钢作为重要指标，转炉煤气干式回收系统（LT 法）在欧洲得到了广泛的应用。我国转炉钢比例超过 80%，全面推广负能炼钢技术对钢铁行业清洁生产意义重大。目前，国内仅有宝钢、太钢等少数几家大型钢铁厂采用转炉煤气干式回收系统。转炉煤气干式回收系统在国际上已被认定为今后的发展方向，有望实现转炉无能耗炼钢的目标。

9）转炉余热蒸汽发电技术

在提高转炉烟气余热回收量的基础上，重点开发低压（饱和）蒸汽发电技术。转炉低压饱和蒸汽发电，是通过改造转炉炼钢现有烟道蒸汽生产系统，开发应用高效饱和蒸汽脱水装置、蒸汽蓄能稳压技术和汽轮机级间除湿再热技术等，提高蒸汽压力、产量和干度，将周期性、不连续的蒸汽变为连续的、参数波动平缓的蒸汽，通过专用低参数冲动式低品位热能凝汽式汽轮机发电。

目前该技术在国内处于调试研发阶段，应用于某钢厂实际装备中，实现了吨钢发电 15kW · h，折合 616kgce，相当于减排 CO_2 15kg。目前，这一技术在钢厂应用还较少。然而该技术应用前景广阔，节能减排效益显著，以 2007 年吨钢年产量 4189 亿 t，每年发电量按照 15kW · h 来计算，全国每年可以发电 75 亿 kW · h，折合 300 万 t 标准煤左右，产生效益 40 多亿元。同时，所发电可以供居民用电，从而实现社会减排 CO_2 630 万 t，减排 SO_2 6 万 t。

10）烧结烟气脱硫技术

烧结烟气 SO_2 的控制方法主要有低硫原料配入法、高烟囱扩散稀释法和烟气脱硫法。烧结烟气中的 SO_2 是烧结原料中的硫在高温烧结过程中被空气氧化而成的。因此在确定烧结原料方案时，按照规定的 SO_2 允许排放量来适当地选择、配入含硫低的原料，以实现对排放 SO_2 量的控制。20 世纪 70 年代建设的大型烧结厂采用了烧结烟气脱硫法，脱硫工艺多为湿式吸收法。目前主要采用钢渣石膏法、氨硫铵法、活性焦吸附法、电子束照射法等。

11）高炉煤气干式除尘技术

干式除尘即布袋除尘，该技术可以使 TRT 发电能力提高 36%，投资仅为湿法投资的 70%，占地面积不到湿法的 50%。自从莱钢开发了高炉煤气采用干法布袋除尘的关键技术“高炉煤气快速升降温”技术，解决了由于煤气温度突然升高而烧毁布袋的问题后，高炉煤气净化全都采用的是干法布袋除尘。

12）转炉煤气干式除尘技术

转炉煤气干式除尘技术具有节水、节电、除尘效率高的优点。同时可以提高能源利用率，煤气回收量约为 $100mg/m^3$，炼钢吨钢工序能耗可达 10kg 标准煤，实现负能炼钢。转炉煤气干式电除尘系统，相对湿法除尘而言，其最大的优点是：除尘后的煤气排放含尘浓度在 30mg/m^{3}以下；煤气回收含尘浓度在 10mg/m^{3}以下，可直接供用户使用；风机使用寿命长；系统阻力低；耗电约为湿法除尘系统的 40%。

13）转炉 CO_2溅渣护炉技术

转炉 CO_2溅渣护炉工艺是 20 世纪 90 年代开发的一项重大炼钢技术，可使转炉炉龄普遍提高数倍以上，经济效益显著，同时利用 CO_2代替惰性氮气作为溅渣护炉的气源，减少了 CO_2排放，具有重要的环保意义。该技术的优点有：CO_2是炼钢及各种工业炉窑的副产品，来源广泛，成本低廉；在相同的压力、流量和氧枪条件下，溅渣护炉采用 CO_2时的动能和作用力要比 N_2大，溅渣护炉效果更好；溅渣护炉中配碳反应产生的 CO 可以作为冶金重要的热源以充分利用；采用 CO_2取代 N_2进行溅渣护炉操作，利于进行煤气回收和实现 CO_2循环利用，实现炼钢过程“绿色”冶金和循环经济。其循环利用工艺主要设计为：溅渣护炉用 CO_2与高温熔渣中的碳发生化学反应生成 CO，可以利用转炉煤气回收利用技术与装置完成 CO 和 CO_2混合烟气的回收，并将从转炉煤气中分离出的 CO_2，再次作为溅渣护炉用气源，实现废气在转炉炼钢车间的循环利用，降低 CO_2的排放。

14）高炉吹喷废塑料技术

高炉吹喷废塑料技术就是将废塑料用作炼铁高炉的还原剂和燃料，使废塑料得以资源化利用和无害化处理，属于具有广阔前景的白色污染治理方法。该技术诞生于德国，后被日本钢铁工业引进，并得到大力推广，又开发成功了脱氯技术，使得高炉可以吹喷含氯废塑料。2010 年日本钢铁企业实现年处理废塑料 100 万 t 规模。结合日本实际应用情况和相关研究看，废塑料在未来有望成为高炉的标准还原剂。由于该技术对废塑料原料要求较高，特别是要求废塑料有较细的粒度和较低的氯含量，废塑料加工成本较高，该技术需要进一步降低成本和投资费用以及给予配套优惠政策，才有可能在我国实行和推广。虽然如此，将废物资源化与节能减排相结合的研发理念也值得学习和借鉴。

参考文献

陈林森. 2010. 高炉煤粉喷吹技术及发展趋势. 现代冶金，38（2）：1-4.

邓剑. 2006. 煤气化多联产. 上海节能，6：46-48.

方向成，张志智，张喜文. 2011. CO_2的化工利用技术展望. 当代化工，40（3）：221-231.

国际能源署. 2009. 能源技术展望——面向 2050 年的情景与战略. 张阿玲，原鲲，石琳，译. 北京：清华大学出版社：11-35.

韩永嘉，王树立，张鹏宇，等. 2009. CO_2分离捕集技术的现状与进展. 天然气工业，29（12）：79-82.

胡锦涛 . 2007-10-15. 高举中国特色社会主义伟大旗帜 为夺取全面建设小康社会新胜利而奋斗——中国共产党第十七次全国代表大会报告 . 新华社 .
黄德林 . 2012. 中国温室气体减排及其政策导向 . 北京：中国农业科学技术出版社：3-43.
兰德年 . 2008. 钢铁行业节能减排方向及措施 . 冶金管理，7：25-30.
娄湖山 . 2009. 钢铁工业节能减排的历史重任 . 冶金能源，4：3-5.
倪维斗，李政，薛元 . 2000. 以煤气化为核心的多联产能源系统——资源/能源/环境整体优化与可持续发展 . 中国工程科学，8：59-68.
倪维斗，李政 . 2001. 煤的超清洁利用——多联产系统，9（30）：16-21.
倪维斗，郑洪弢，李政，等 . 2003. 多联产系统：综合解决我国能源领域五大问题的重要途径. 动力工程，23（2）：2245-2251.
潘昊 . 2010. 钢铁工业节能技术进展及应用 . 节能，330（1）：11-14.
齐翼龙 . 2009. 我国钢铁工业高能耗原因和节能措施 . 冶金能源，5：5-7.
钱伯章 . 2008. 节能减排——可持续发展的必由之路 . 北京：科学出版社：44-497.
单尚华 . 2008. 推进节能减排 建设绿色钢铁 . 中国钢铁业，6：11-13.
上官方钦，郦秀萍，张春霞 . 2009. 钢铁生产主要节能措施及其 CO_2 减排潜力分析 . 冶金能源，28（1）：3-7.
苏天森 . 2007. 当前中国钢铁工业节能减排技术重点分析 . 冶金信息导刊，44（3）：3-7.
宿建峰，李和平，负小银，等 . 2009. IGCC 的特点与 CO_2 捕捉技术 . 华电技术，31（1）：60-65.
唐志国，李永玲，唐超君，等 . 2009. 基于煤气化的 CO_2 零排放煤基能源系统研究进展 . 煤炭转化，32（1）：85-90.
王辅臣，于广锁，龚欣，等 . 2009. 大型煤气化技术的研究与发展 . 化工进展，28（2）：173-180.
王萌 . 2010. 钢铁工业节能减排技术及其在国内的应用 . 环境工程，2：59-62.
王玮，尹斌，尹荣楼 . 1993. 全球温室效应及其影响 . 北京：文津出版社：1-178.
王永忠 . 2009. 转炉煤气节能减排的几种技术措施 . 世界钢铁，4：35-40.
韦保仁 . 2007. 中国能源需求与二氧化碳排放的情景分析 . 北京：中国环境科学出版社：1-14.
吴国华 . 2009. 中国节能减排战略研究 . 北京：经济科学出版社：1-44.
肖云汉 . 2008. 以煤气化为基础的多联产技术创新 . 中国煤炭，34（11）：11-15.
辛林，王作棠，段天宏，等 . 2012. 节能减排新技术——煤炭地下气化 . 矿山机械，8：7-11.
徐昕，罗方涛，路学红 . 2010. 煤气化多联产系统研究现状与进展 . 广东化工，7：85-86.
郑楚光 . 2000. 温室效应及其控制对策 . 北京：中国电力出版社：1-119.
朱德志，宁亚东 . 2010. 我国钢铁工业节能减排技术的实现途径 . 山西财经大学学报，13（3）:92-96.
International Energy Agency. 2007. World Energy Outlook 2007：China and Indian Insights. The IEA Online Bookshop：241-281.

第 5 章　水污染治理

5.1　水污染概述

5.1.1　天然水的组成与性质

1. 天然水的组成

在自然界中，不存在完全纯净的水。在循环过程中，天然水不断地与环境中的各种物质相接触，并且或多或少地溶解它们，所以天然水实际上是一种成分极其复杂的溶液。通过分析，发现天然水中含有的物质包括元素周期表中绝大多数的化学元素。下面仅将天然水中的溶质成分概略地分成以下几类。

（1）主要离子组成。天然水中常见的八大离子为：K^+、Na^+、Ca^{2+}、Mg^{2+}、HCO_3^-、NO_3^-、Cl^-、SO_4^{2-}，它们占天然水中离子总量的 95%～99%。这些主要离子在水中的分类，常用来作为表征水体主要化学特性的指标（表 5-1）。

表 5-1　天然水中的主要离子组成

指标	离子种类	指标	离子种类
硬度	Ca^{2+}、Mg^{2+}	碱度	CO_3^{2-}、OH^-、HCO_3^-
酸	H^+	酸根	SO_4^{2-}、Cl^-、NO_3^-
碱金属	K^+、Na^+		

（2）溶解性气体。水中溶解的主要气体有 N_2、O_2、CO_2、H_2S；微量气体有 CH_4、H_2、He 等。

（3）微量元素：I、Br、Fe、Cu、Ni、Pb、Zn、Mn 等。

（4）生源物质：NH^+、NO_2^-、NO_3^-、HPO_4^{2-}、PO_4^{3-} 等。

（5）胶体：$SiO_2 \cdot nH_2O$、$Fe(OH)_2 \cdot nH_2O$、$Al_2O_3 \cdot nH_2O$ 以及腐殖质等。

（6）悬浮物质：铝硅酸盐颗粒、沙粒、黏土、细菌、藻类及原生动物等。

人类活动会影响的水体的物质数量、种类、结构，使之与天然水体产生不同。以天然水中所含的物质作为背景值，可以判断人类活动对水体的影响程度，以便及时采取措施，提高水体水质，使之朝着有益于人类的方向发展。

2. 天然水的性质

1）碳酸平衡

CO_2在水体中以 CO_2、H_2CO_3、HCO_3^-和 CO_3^-四种化合态的形式存在，它可以与岩石中的碱性物质发生反应，并且可以通过沉淀反应变为沉积物而从水中除去。CO_2在水和生物体之间的生物化学交换中，占有独特的地位，溶解的碳酸盐化合态与大气圈、岩石圈进行均相、多相的交换反应和酸碱反应，对于调节天然水的组成起着重要的作用。

一般把 CO_2和 H_2CO_3统称为 H_2CO_3。因此，水中 H_2CO_3、HCO_3^-、CO_3^{2-}体系可用下面的反应表示：

$$H_2O+CO_2 \longrightarrow HCO_3^- \quad (5\text{-}1)$$

$$H_2CO_3 \longrightarrow HCO_3^- + H^+ \quad (5\text{-}2)$$

$$HCO_3^- \longrightarrow CO_3^{2-} + H^+ \quad (5\text{-}3)$$

2）天然水中的碱度和酸度

碱度（alka-linity）是指水中能与强酸发生中和作用的全部物质，即能接受质子 H^+的物质总量。组成水中碱度的物质可以归纳为三类：①强碱，如 NaOH、Ca$(OH)_2$等，它们在水溶液中可以全部电离生成 OH^-；②弱碱，如 NH_3、$C_6H_5NH_2$等，它们在水中部分发生反应生成 OH^-；③强碱弱酸盐，如各种碳酸盐、重碳酸盐、硅酸盐、磷酸盐、硫化物和腐殖酸盐等，它们可以水解生成 OH^-或者直接接受质子 H^+。弱碱及强碱弱酸盐在中和过程中不断继续产生 OH^-，直到全部中和完毕。

与碱度相对应，酸度（acidity）是指水中能与强碱发生中和作用的全部物质，即放出 H^+或经过水解能产生 H^+的物质的总量。组成水中酸度的物质也可归纳为三类：①强酸，如 HCl、H_2SO_4、HNO_3等；②弱酸，如 CO_2、H_2CO_3、H_2S、蛋白质以及各种有机酸类等；③强酸弱碱盐，如 $FeCl_3$、$Al_2(SO_4)_3$等。

3）天然水体的缓冲能力

天然水体的 pH 一般在 6～9，而且对某一固定的水体，其 pH 几乎保持不变，这表明天然水体具有一定的缓冲能力，是一个缓冲体系。一般认为，各种碳酸化合物是控制水体 pH，使水体具有一定缓冲作用的主要因素。但最近的研究表明，水体与周围环境之间发生的多种物理、化学和生物化学反应，对水体的 pH 也有着重要的作用。尽管如此，碳酸化合物仍是水体缓冲作用的重要因素。因此，人们通常根据碳酸化合物的存在情况来估算水体的缓冲能力。

5.1.2　水体污染及重要污染物

1. 水体污染

1）水体

水体一般是指河流、湖泊、沼泽、水库、地下水、海洋的总称，而在环境学领域中，水体则被当作包括水中的悬浮物、溶解物质、底泥和水生生物等完整的生态系统或完整的综合自然体来看。

水体可按类型和区域进行划分。其中按类型可分为海洋水体和陆地水体（地表水体、地下水体）。按区域划分则是按某一具体的被水覆盖的地段而言。如巢湖、洞庭湖、鄱阳湖，按类型划分，它们同属于陆地水体中地表水体中的内地湖泊；按区域划分，它们是三个区域的三个不同的水体。又如长江、黄河、澜沧江，按类型划分，它们同属于陆地水体中地表水体内的河流；但按区域划分，它们是分属三个流域的三条水系。

区分“水”与“水体”的概念在对水环境污染的研究中是十分重要的。例如，重金属污染物易于从水中转移到底泥中，水中重金属污染物的含量一般都不高，若仅仅着眼于水，似乎未受污染，但从水体上看，可能受到较严重的污染，使该水体成为长期的初生污染源。

2）水体污染

水体污染是指当污染物进入河流、湖泊、海洋或地下水等水体后，其含量超过了水体的自净能力，使水质和底质的物理、化学性质或生物群落组成发生改变，从而降低了水体的使用价值与使用功能的现象。

从卫生学角度，水体污染的类型可分为化学性污染、物理性污染和生物性污染；从化学角度，可分为无机有毒物质污染、无机有害物质污染、有机有害物质污染和病原体污染等类型；环境工程学基本上是按照污染物或能量（如热污染）所造成的环境问题以及不同的治理措施，将水体污染类型分为需氧物质污染、植物营养物质污染、病原体污染、石油污染、盐污染、有毒化学物质污染、放射性污染和热污染等；按水体划分污染类型可分为湖泊污染、可流污染、海洋污染、地下水污染等。

3）水质指标

水体污染有时可以直接察觉到，例如，颜色的改变，水体变得混浊，散发出难闻的气味，某些生物的减少或死亡，某种生物的出现或骤增等。但有时水体污染是直观察觉不出的，需要借助仪器观察分析或调查研究。通常采用水质指标衡量水质的好坏和水体被污染的程度。水质指标项目繁多，大致可以分为三大类。

第一类，物理性水质指标。包括：①感官物理性状指标，如温度、色度、嗅和味、浑浊度、透明度等；②其他物理性状指标，如总固体、悬浮固体、可见固体、电导率等。

第二类，化学性水质指标。包括：①一般的化学性水质指标，如 pH、碱度、酸度、硬度、各种阳离子、各种阴离子、总含盐量、一般有机物质等；②有毒的化学性水质指标，如重金属、氰化物、多环芳烃、各种农药等；③有关氧平衡的水质指标，如溶解氧（DO）、化学需氧量（COD）、生化需氧量（BOD）、总需氧量（TOD）等。

第三类，生物学水质指标。主要包括细菌总数、总大肠杆菌群数、各种病原菌、病毒等。

下面是对污染防治工作中常用的一些水质指标的简要说明。

（1）悬浮物。

悬浮物指水中呈固体状的不溶解物质，如水中各类矿物微粒，含铝、铁、锰、硅水合氧化物等无机物质，以及腐殖质、蛋白质等有机大分子物质。它是水体的污染基本指标之一。

（2）有机物含量。

由于水体中有机物种类繁多，组成复杂，难以分别对其进行定量、定性分析。因此，一般不对它们进行单项定量测定，而是利用其共性，用某种指标间接地反映其质量或分类含量。在实际工作中，常用下列指标来表示水中有机物的含量，即化学需氧量（COD）、生化需氧量（BOD）、总有机碳（TOC）和总需氧量（TOD）。

化学需氧量（chemical oxygen demand，COD）指用化学氧化剂氧化水中有机污染物时所需的氧量，以每升水消耗氧的毫克数来表示（mg/L）。其值越高，表示水中有机污染物污染越重。目前常用的氧化剂主要是高锰酸钾和重铬酸钾。高锰酸钾法（COD_{Mn}）适用于测定一般地表水，如海水、河流、湖泊等。重铬酸钾法（COD_{Cr}）对有机物反应较完全，适用于分析污染较严重的水样。目前，国际标准化组织（ISO）规定，化学需氧量指 COD_{Cr}，而称 COD_{Mn} 为高锰酸盐指数。化学需氧量所测定的内容范围是不含氧的有机物和含氧有机物中碳的部分，实际上是反映有机物中碳的耗氧量。另外，化学需氧量不仅氧化了有机物，而且对各种还原态的无机物（如硫化物、亚硝酸盐、氨、低价铁盐等）也具有氧化作用。

生物化学需氧量（biochemical oxygen demand，BOD）简称生化需氧量。BOD 可衡量水中有机物经微生物分解时所需的氧量，用单位体积的污水所消耗的氧量（mg/L）表示。BOD 越高，表示水中需氧有机物质越多。有机物经微生物氧化分解的过程一般可分为两个阶段：第一阶段为碳化阶段，主要是有机物被转化成为一氧化碳、氨和水；第二阶段为硝化阶段，主要是氨被转化为硝酸盐和亚硝酸盐。由于微生物的活动与温度有关，一般以 20℃ 作为测定的标准温度。当温度为 20℃时，一般生活污水中的有机物需要经过 20 天左右才能完成第一阶段的氧化分解过程，在实际工作中是比较困难的。为了使测定结果具有可比性，通常在 20℃的条件下培养 5 天，作为测定生化需氧量的标准时间，简称 5 日生化需氧量，用 BOD_5表示。

总需氧量（total oxygen demand，TOD）和总有机碳（total organic carbon，TOC）：TOD 是指水中被氧化的物质（主要是有机碳氢化合物，含磷、含硫、含氮等化合物）燃烧变成稳定氧化物所需的氧量。TOC 是指水中所有有机污染物质中的碳含量，耗氧过程是高温燃烧氧化过程，即把有机碳氧化成二氧化碳，然后测得所产生的二氧化碳的量就可计算出污水中有机碳的量。TOC 和 TOD 这两个指标都可用仪器快速测定，几分钟即可完成。由于用 BOD 和 COD 两个指标反映不出难以分解的有机物的含量，加上测定 BOD 和 COD 都比较耗时，不能快速测定水体被需氧有机物污染的程度，TOC 和 TOD 是目前国内外正在提倡的用作衡量水质有机物污染的指标。在水质状况基本相同的情况下，BOD_5与 TOC 或 TOD 之间存在一定的相关关系，特别是 TOC 和 BOD 与 TOD 之间，通过实验建立相关，则可快速测定出 TOC，从而推算出其他有机物污染指标。

（3）pH。

污水的 pH 对水中生物的生长和繁殖、污水处理及综合利用、排水管道等都有很大影响，被列为检验污水水质的重要指标之一。生活污水 pH 一般为 7.2 ~ 7.6，工业污水的 pH 则比较复杂，变化幅度较大。

（4）溶解氧。

水中溶解氧的量通常用 DO（dissolved oxygen）来表示。水中溶解的氧是水生生物生存的基本条件，一般来讲，当含量低于 4mg/L 时鱼类就会窒息死亡。DO 值高时，适于微生物生长，水体自净能力强。DO 值较低时，厌氧细菌能够较好生存，水体发臭。有时溶解氧是判断水体是否污染和污染程度的重要指标。

（5）有毒物质指标。

我国已制定了地面水中有害物质的最高允许浓度的标准，其中列出了铜、铅、铬、镉、汞、锌、砷、镍、硫化物、氰化物、氟化物、六六六、石油类、DOT、挥发性酚等 40 种有毒物质的最高允许浓度。

（6）细菌污染指标。

1mL 污水中的细菌数要以千万计。其中大部分是寄生在已丧失生活机能的机体上，这些细菌是无害的；另一部分细菌，如痢疾菌、伤寒菌、霍乱菌等则寄生在有生活机能的有机体上，它们对人畜是有害的。对污水进行细菌分析是一项很复杂的工作，在水处理过程中，用两种指标表示水体被细菌污染的程度：1mL 水中细菌（杂菌）的总数和水中大肠杆菌群的含量。当水中含有大肠杆菌时，水体即已被污染。

以上六个指标是表示水体污染情况的重要指标。除此之外，还有温度、颜色、放射性物质浓度等，也是反映水体污染情况的指标。

2. 水体中主要污染物的来源和危害

水体中污染物的种类繁多，可以根据不同的角度或用不同方法和标准将其分成不同的类型。20 世纪 60 年代美国学者曾经把水中污染物大体划分为 8 类：①耗氧污染物（一些能够较快被微生物降解成为二氧化碳和水的有机物）；②致病污染物（一些可使人类和动物患病的病原微生物与细菌）；③植物营养物；④无机及矿物质；⑤合成有机物；⑥放射性物质；⑦由土壤、岩石等冲刷下来的沉积物；⑧热污染。从环境保护的角度，根据污染物的物理、化学、生物性质及其污染特性，可将水体污染物分为以下几种类型。

1）无机无毒物质

无机无毒物质主要指排入水体中的酸、碱及一般的无机盐类。酸主要来源于工业废水（如农药、化肥、黏胶纤维、酸法造纸）及矿山排水。如美国水体中 70% 的酸来自矿山排水，主要由硫化矿物的氧化作用产生；碱主要来源于制碱、制革、化学纤维制造、碱法造纸等工业的废水。

酸、碱污染物使水体 pH 发生变化，破坏水体的自然缓冲作用，抑制或消灭细菌及微生物的生长，妨碍水体自净，还会对船舶造成腐蚀。若天然水体长期遭受酸、碱污染，将使水质逐渐酸化或碱化，从而对生态产生影响。瑞典的河湖，近年来因经常受酸雨污染而逐渐酸化，如维纳恩湖五年内 pH 平均下降了 0.5，韦特恩湖下降了 0.3，特拉伦湖下降了 0.2。酸、碱污染物不仅能改变水体的 pH，酸碱中和或酸、碱与水体中的矿物相互作用产生的某些盐类将增加水的硬度与水的渗透压，对淡水生物和植物生长有不良影响。世界卫生组织国际饮用水标准规定水中无机盐总量最大合适值是 500mg/L，极限值是 1500mg/L。对农业用水来说，一般以低于 500mg/L 为好。当用于灌溉干旱区的耐盐性作物时，可溶盐总量可以高到 2000 ~ 9000mg/L。

2）无机有毒物

这类物质具有强烈的生物毒性，它们排入天然水体，常会影响水中生物，并可通过食物链危害人体健康。这类污染物大都具有明显的累积性，会导致污染的持久性和扩大性。

根据物质的性质，此类污染物可分为两大类：重金属（Cr、Cd、Pb、Hg等）与非金属的无机毒性物质（硒、氰、砷化物等）。

（1）重金属毒性物质。

重金属是指相对密度大于或等于 5.0 的金属。它们是构成地壳的物质，在自然界分布非常广泛，在自然环境的各部分均存在着本底含量。在正常的天然水体中含量很低，如铬含量小于 0.01mg/L，汞的含量介于 0.001 ~0.1mg/L，在河流和淡水湖中铜的含量平均为 0.02mg/L，镍为 0.001mg/L，钴为 0.0043mg/L。

在环境污染方面所说的重金属污染物主要指铅、镉、汞、铬等生物毒性显著的重金属元素，还包括具有重金属特性的铜、锌、锡、镍、钴等。

汞：汞具有很强的毒性，有机汞比无机汞的毒性更大，更容易被吸收和积累，长期受毒性影响的后果严重。人的致死剂量为 1 ~2g。汞浓度为 0.01mg/L 时可抑制水体的自净作用，浓度达到 0.006 ~0.01mg/L 时可使鱼类或其他水生动物死亡。甲基汞能大量积累于脑中，引起乏力、精神错乱、动作失调甚至死亡。水体汞的污染主要来自有色金属冶炼、生产汞的厂矿和使用汞的生产部门排出的工业废水。尤以化工生产中汞的排放量最多。

铅：铅浓度为 0.1mg/L 时可破坏水体自净作用。当浓度为 0.1 ~0.3mg/L 时可以导致鱼类等水生生物的死亡。如铅摄取量每日超过 0.3 ~1.0mg，就可在人体内积累，引起肾炎、贫血、神经炎等症状。由于人类活动及工业的发展，几乎在地球的每个角落都能检测出铅。汽车废气、矿山开采、金属冶炼、涂料、油漆、燃煤等都是环境中铅的主要来源，岩石风化及人类的生产活动，使铅不断由岩石向水、大气、土壤、生物转移，从而对人体的健康构成潜在威胁。天然水中铅主要以 Pb^{2+} 状态存在。

镉：镉浓度为 0.1mg/L 时对水体的自净作用有害，浓度达到 0.2 ~1.1mg/L 时可使鱼类死亡。镉进入人体后，主要累积于肾、肝和脾脏内。能引起骨节变形，腰关节受损，有时还引起心血管病。大气镉尘的沉降，工业含镉废水的排放和雨水对地面的冲刷，都可使镉进入水体；镉是水迁移性元素，除了硫化镉外，其他镉的化合物均能溶于水。在水中镉主要以 Cd^{2+} 状态存在。进入水体的镉还可与无机和有机配位体生成多种可溶性配合物。

（2）非金属的无机毒性物质。

砷：土壤侵蚀、火山作用、岩石风化以及人类活动都能使砷进入天然水中。淡水中砷含量为 0.2 ~230μg/L，平均为 1.0μg/L。天然水中砷的存在形式主要有 AsO_4^{3-}、H_2AsO_4、$HAsO_4^{2-}$、$H_2AsO_4^-$ 等。

砷是传统的剧毒物，As_2O_3 即砒霜，对人体有很大毒性。长期饮用含砷的水会慢性中毒，主要表现是神经衰弱、呕吐、肝痛、腹痛、肝大等消化系统障碍。

并常伴有皮肤癌、肺癌、肾癌、肝癌等发病率增高的现象。

氰化物：氰化物是剧毒物质，一般人只要误服0.1g左右的氰化钾或氰化钠便立即死亡。含氰废水对鱼类有很大毒性，鱼类的致死量为0.3~0.5mg/L。世界卫生组织订出了鱼的中毒限量为游离氰0.03mg/L；生活饮水中氰化物不许超过0.05mg/L；地面水中最高容许浓度为0.1mg/L。

水体中的氰化物主要来源于工业企业排放的含氰废水，如化工厂的含氰废水、焦炉和高炉的煤气洗涤冷却水、电镀废水以及选矿废水等。在常见的电镀液配方中，镀铜液含NaCN 12~18mg/L，镀银液含NaCN 40~60mg/L，镀锌液含NaCN 80~120mg/L。当电镀完毕进行漂洗时，粘在镀件上的含氰液便随漂洗水排出，进入附近水体中。

水体对氰化物有较强的自净作用，天然水体中氰化物的净化过程主要有两个途径：一是挥发排出，即通过下述反应转变为可挥发的氰酸：

$$CN^- + CO_2 + H_2O = HCN + HCO_3^- \quad (5\text{-}4)$$

该过程可以占到水体对氰化物总净化量的90%左右，另一过程是氧化分解：

$$2CN^- + O_2 \longrightarrow 2CNO^- \quad (5\text{-}5)$$

$$CNO^- + 2H_2O \longrightarrow NH_4^+ + CO_3^{2-} \quad (5\text{-}6)$$

一般在天然水条件下，微生物氧化过程所造成的氰自净量只占水体对氰化物总自净量的10%左右，夏季（温度高，光照良好）微生物氧化过程的自净量可以达到30%左右。

3）有机无毒物

有机无毒物主要指需氧有机物。天然水中的有机物一般是水生生物生命活动的产物。某些工业废水和生活污水中所含的碳水化合物、脂肪、蛋白质和木质素等有机化合物可在微生物作用下最终分解为简单的无机物质、水和二氧化碳等。这些有机物在分解过程中需要消耗大量的氧，所以又称需氧污染物。在一般情况下，分解1分子碳水化合物需要消耗6分子氧，即

$$C_6H_{10}O_5 + 6O_2 \longrightarrow 6CO_2 + 5H_2O \quad (5\text{-}7)$$

污染水体中的需氧污染物主要来自牲畜污水、生活污水及印染、食品、制革、造纸、焦化、石油化工等工业废水。从排水量上看，需氧污染物的最主要来源是生活污水，目前国外不少城市生活污水平均每人已达到600L/d。未经处理的生活污水的生化需氧量为300~500mg/L。流经世界上大城市的河流的污染，相当一部分是来自城市生活污水的需氧有机物。

未经处理的生活污水的生化需氧量为1~2mg/L，天然营养化的水体和起源于寒温带沼泽地带的河流，生化需氧量较高。一些工业废水和城市污水中的BOD_5、COD含量监测见表5-2。

表 5-2　一些工业废水和城市污水中的 BOD_5 与 COD 含量（mg/L）

废水种类		BOD_5	COD	备注
油页岩石油厂			700 ~ 7000	
焦化厂		1420 ~ 2070	5245 ~ 7778	北京焦化厂
皮革厂		220 ~ 2250		
造纸厂			2077 ~ 2767	苏州东方红造纸厂出水口
腈纶生产厂	饱和塔	680	1856	山东淄博石油化工厂
	解吸塔	816	2660	
化纤厂	酸性废水	50	108	
	碱性废水	180	211	
印染厂		350	1100	武汉印染厂
城市污水		38 ~ 207	395 ~ 828	北京东、西城区污、废水
		83 ~ 65	111 ~ 162	北京北城区污、废水

有机污染物排入水体后，主要引起两个方面的影响，一是溶解氧效应，二是生态效应。

溶解氧效应指水体中溶解的分子态氧（DO）数量的变化。水体中的溶解氧主要来自大气和水体界面上的气体交换。水体的复氧过程主要包括大气中的氧进入水体，水中藻类的光合作用所排出的氧补充水体的氧。同时，水体中还经常发生氧化作用，消耗溶解氧，特别是有机物降解时，会消耗大量的溶解氧，这就是耗氧过程。因此，水体中溶解氧的含量是复氧和耗氧两个过程共同作用的结果。正常水体中的溶解氧应达到当时温度下饱和浓度。该温度下实际的溶解氧浓度与饱和浓度的差值称为缺氧量，也称氧亏。若在河流某点连续排入同定量的有机污染物，在稳定流动状态下沿河道不同距离测定水中的溶解氧浓度，则可得到一条溶解氧变化曲线，也就是缺氧量变化曲线，又称氧下垂曲线，如图 5-1 所示。图中曲线 A 为累积耗氧曲线，B 为累积复氧曲线，C 为氧下垂曲线。C_p是溶解氧最低点，称为临界点。C_p点以前，耗氧作用超过复氧作用，溶解氧逐渐下降，是水质恶化过程。C_p点以后，耗氧量已低于复氧量，溶解氧含量逐渐提高，水质逐渐好转，直至完全恢复。若临界点的溶解氧大于 4 ~ 5mg/L，表明排入的有机耗氧物未超过水体自净能力。若 C_p点溶解氧小于 4 ~ 5mg/L 则表明排入污染物量超过了水体的自净能力，此水体已不适于水生生物生存，水体受到了较重污染。若 C_p点溶解氧等于零，表示此时水体达到无氧状态，出现厌氧分解，水质腐化发臭。按照上述净化过程，可划分为清洁区、水质恶化区和恢复区。对于某一区段，可根据其生物种类及数量和溶解氧浓度作指标，判断其水体污染状况。

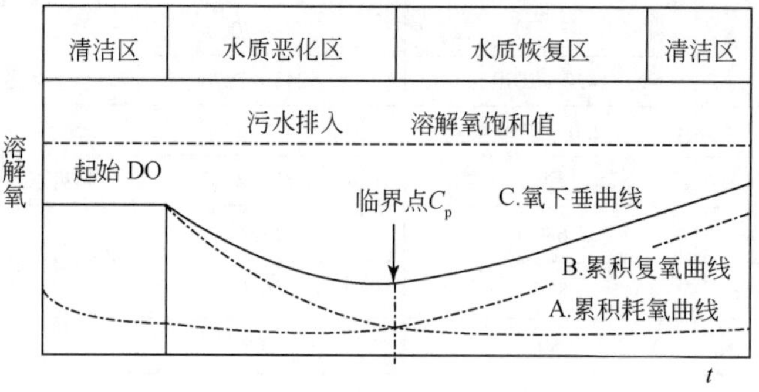

图 5-1　耗氧、复氧和溶解氧下垂曲线

生态效应指水生生物在种类和数量上的变化。一般将生物分为自养生物和异养生物两大类。自养生物是指能够进行光合作用的生物如各种藻类和绿色植物等，它们靠光能和无机营养物质生长繁殖。有机污染物在降解前会使水浑浊或带有有害物质，使自养生物的生长繁殖受到抑制和损害，而降解后产生的无机物可作为它们的无机营养物质，促使其生长。这种自养生物在水中能产生溶解氧。异养生物是只能进行单线呼吸作用的生物，如各类细菌、原生动物等。它们靠有机物和溶解氧生长繁殖，有机物是它们生长繁殖的促进因素。这类异养生物在水体破坏有机物和消耗溶解氧。随着污染物在河流中的变化，生物的种类和数量也会相应地发生一系列的变化。

4）有机有毒物

这一类物质多属于人工合成的有机物质，这些有机物往往含量低，异构体多，毒性大小差别悬殊。此外，这些有机物种类繁多，现仅举几种作简单介绍。

（1）酚类化合物。

水体中酚的来源主要是煤气、炼焦、冶金、石油化工、塑料等工业排放的含酚废水。由于各自的原料、工艺、产品不同，各种含酚废水的成分、浓度、水量都有较大的差异。

焦化厂含酚废水量大（按经验系数酚水量为 0.35m^3/t 干煤）、水质成分复杂、含酚量高，如回收氨工段的出水含不挥发酚可达 300～500mg/L，含挥发酚可达 1600～3600mg/L。城市煤气站含酚废水分高浓度和低浓度两种。前者主要来自煤气初冷器集气管的冷凝水，后者主要来自煤气终冷塔，如上海某煤气厂前者含挥发酚 2300～3000mg/L，含不挥发酚 70～2000mg/L，后者含挥发酚 40～60mg/L，含不挥发酚 10～20mg/L。石油加工厂含酚废水含酚量一般较低，通常为 50mg/L 左右。

另外，由于含氮有机物和粪便的分解过程中也会产生少量酚类化合物，所以城市生活污水也是酚污染物的来源。

水体遭受酚污染后严重影响水产品的产量和质量。水体中的酚浓度低时能影响鱼类的洄游繁殖，酚浓度为 0.1 ~ 0.2mg/L 时鱼肉有酚味，浓度更高会时引起鱼类的大量死亡，甚至绝迹。酚有毒性，但人体对酚类有一定的解毒能力。如经常摄入的酚量超过解毒能力时，人会慢性中毒，发生腹泻、呕吐、精神不安、头痛头晕等症状。酚含量超过 0.002 ~ 0.003mg/L 时，如用氯法消毒，消毒后的水会有氯酚臭味，影响饮用。根据酚在水中对人的感官影响，一般规定饮用水中挥发酚浓度为 0.001mg/L，水源的水中最大容许浓度为 0.002mg/L，地面水最高容许浓度为 0.01mg/L。酚类属于可被天然分解的有机物，其中挥发性酚易被分解为无毒化合物。

（2）农药。

水中常见的农药概括起来主要为有机磷和有机氯农药，此外还有氨基甲酸酯类农药。一般通过地表径流、喷施农药及农药工厂的废水排入水体中。

有机氯农药由于难以被化学降解和生物降解，在环境中的滞留时间很长，同时，其水溶性低而脂溶性高，易在动物体内累积，对动物和人造成危害。

氨基甲酸酯农药和有机磷农药与有机氯农药相比，能轻易被生物降解，它们在土壤和地表水中降解速度较快，在环境中的滞留时间较短，杀虫力较高，目前在地表水中能检出的不多，污染范围较小。

此外，除草剂可用来杀死杂草和水生植物，近年来的使用量逐渐增加。它们具有较低的蒸汽压和较高的水溶解度，通常不易发生沉积物吸附、生物富集和从溶液中挥发等反应。这类化合物的残留物通常存在于地表水体中。除草剂及其中间产物，是地下水、土壤以及周围环境的主要污染物。

（3）多环芳烃。

多环芳烃（PAH）是由木材、煤、石油及天然气，在高温处理或不完全燃烧条件下所产生的。排入大气中的悬浮粉尘经沉降和雨洗等途径到达地表，加之各类废水的排放引起地表水和地下水的污染。多环芳烃是环境中重要的致癌物质之一。现已证实，多环芳烃化合物中有许多种类具有致癌或致突变作用，致癌物有苯并芘、苯并蒽、芘、二苯并蒽、二苯并芘等。

在天然水中，一般 PAH 浓度在每升微克以下，在饮用水中也可发现 0.001 ~ 0.01μg/L。PAH 难以降解，易于吸附在颗粒物上。

（4）表面活性剂。

表面活性剂是指能显著降低水的表面张力的物质。表面活性剂在工业上和生活中用途极为广泛，诸如家用的各种洗涤剂，食品行业和畜产品工厂对废油（脂）类物质的清洗程序中和汽车冲洗行业中都要大量使用的清洗剂等。这些含一定浓度洗涤剂的生活和工业污水，排入地面水体，会造成水体的污染。

表面活性剂对水体的影响主要是：合成洗涤剂中有一定量的磷（焦磷酸三钠）和氮（阳离子型季铵盐类），排入江、湖易发生水体富营养化。据报道，日本琵琶湖水中磷量的1/5来自合成洗涤剂。当水体含洗涤剂达到0.5mg/L时，水面上将浮起一层泡沫，这不仅破坏自然景观，而且影响着大气中的氧向水中溶解交换；水体中的洗涤剂大于10mg/L时鱼类就难以生存；若达45mg/L时，水稻生长就会受到严重危害，甚至死亡。洗涤剂中的表面活性剂会使水生动物的感官功能减退，甚至丧失觅食或避开有毒物质的能力，即可以使水生动物丧失生存本能。

（5）多氯联苯。

多氯联苯（PCB）是联苯分子中一部分或全部氢被氯取代后所形成的各种异构体混合物的总称。PCB广泛用于工业生产中，有剧毒，化学性质十分稳定，难与氧化剂、酸、碱等作用，耐高温，难以燃烧，脂溶性大，易被生物吸收。在天然水和生物体中很难降解，所以一旦侵入肌体就不易排泄，而易聚集在脂肪组织、脑和肝中，引起肝脏和皮肤损害。随着水体水分循环，PCB污染已成为引起环境污染最具代表性的物质，不仅污染地表水还会引起海洋污染。

3. 水体的自净作用

自然环境（包括水环境）对污染物都具有一定的承受能力，即环境容量。水体的自净作用是指水体能够在其环境容量的范围以内，经过水体的物理、化学和生物作用，使排入污染物的浓度和毒性随着时间的推移在向下游流动的过程中自然降低。水体自净作用往往需要一定范围的水域，一定的时间以及适当的水文条件。另外，水体的自净作用还取决于污染物的浓度、性质以及排放方式等。水体自净能力是有限的，如果排入的污染物数量超过自净能力，水体就不能恢复到正常的水平，从而危及水的使用和水生生态系统，形成水体污染。

水体的自净过程是非常复杂的，它包括扩散、稀释、沉降等物理过程，沉淀、氧化还原、吸附凝聚、分解化合等化学和物理化学过程以及降解、生物吸收等生物化学过程。各种过程在水体中同时发生并相互影响。各自所起的作用大小随环境和水文条件的不同而不同。一般来讲，物理和生物化学过程在水体自净中占主要地位。因此，按作用机理，水体自净过程可分为物理自净、化学自净和生物自净三个方面。

1）物理自净

物理自净是指污染物进入水体后，由于扩散、稀释、沉淀等作用，使水中污染物的浓度降低，使水体得到一定的净化。其中稀释作用是一项重要的物理净化过程，水体物理自净能力强弱的重要因素主要有水体的物理条件如温度、流速、流量等，以及污染物自身的物理性质如形态、密度、粒度等。物理自净对海洋和容量大的河段等水体的自净起着重要作用。

2）化学自净

化学自净是指污染物在水体中以简单或复杂的离子或分子状态迁移，并发生了化学性质或价态、形态上的转化，使水质也发生了化学性质的变化，但未参与生物作用。如酸碱中和、氧化–还原、分解–化合、胶溶–凝聚、吸附–解吸等过程，这些过程能改变污染物在水体中的迁移能力和毒性大小，也能改变水环境化学反应条件。影响化学自净的环境条件有氧化还原电势、酸碱度、化学组分、温度等。另外污染物自身的形态和化学性质对化学自净也有很大影响。

3）生物自净

生物自净是指水体中的污染物经过生物吸收、降解作用而发生浓度降低或消失的过程，如污染物的生物富集、生物转化和生物分解等作用。水体生物自净作用也称狭义的自净作用。淡水生态系统的生物净化以细菌为主。需氧微生物在溶解氧充足时，能将溶解和悬浮在水中的有机物分解成简单、稳定的无机物，如水、二氧化碳、硝酸盐和磷酸盐等，使水体得到自净。水中一些特殊的微生物种群和高等水生植物如凤眼莲、浮萍、水花等，能吸收并浓缩水中的镉、汞等重金属元素或难降解的人工合成有机物，使水逐渐得到净化。

影响水体生物净化作用的主要因素是水中的溶解氧含量，温度和营养物质的碳氮比例。水中溶解氧是维持水生生物生存和净化能力的基本条件，因此它是衡量水体自净能力的主要标志。

5.1.3　污染物在水体中的转化

污染物进入水体后会发生各种反应，根据污染物的性质不同会产生不同的污染过程。有机污染物在水环境中的迁移转化主要取决于有机污染物本身的性质以及水体的环境条件。有机污染物一般通过水解作用、挥发作用、吸附作用、光解作用、生物降解和生物富集作用等过程进行迁移转化，一些重金属污染物在水体中可发生形态或状态的转化。

1. 水体中需氧有机物的降解

有机物在水体中的降解主要通过化学氧化、光化学氧化和生物化学氧化来实现，其中生物化学氧化作用具有最重要的意义。

需氧污染物在水体中发生生物降解的问题可以从微观和宏观两方面来考察：从微观看，就是考虑微生物的生活行为和污染物在微生物的作用下发生逐步降解的反应机理；从宏观看，就是考虑水体本身如何通过生物因素而达到自净结果。

1）生化需氧过程中的生物系统和生化反应

生化需氧过程中的生物系统可用图 5-2 表示。微生物中的细菌在降解有机物过程中所起的作用最大，这主要是由于它们在水体中的数量多、繁殖能力强。其次是原生动物。

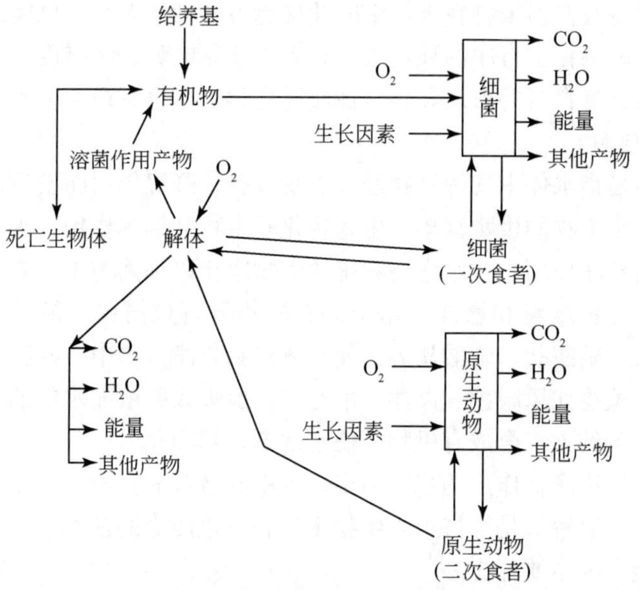

图 5-2　存在于 BOD 过程中的生物组成系统

在生化需氧过程三阶段中发生的反应有氧化反应、合成反应和内源呼吸反应，其中氧化反应在好氧、厌氧条件下皆能发生，而且细菌生长和能量利用情况也很相似，但反应产物却是不同的。在三阶段发生的典型反应举例如下。

（1）有机物氧化（呼吸）反应：

$$C_xH_yO_z+O_2\longrightarrow CO_2+H_2O+\text{能量} \tag{5-8}$$

（2）无机物氧化（呼吸）反应：

$$NH_4^++2O_2\longrightarrow NO_3^-+H_2O+2H^++\text{能量} \tag{5-9}$$

（3）合成细胞原生质（合成）反应：

$$C_xH_yO_z+NH_3^++O_2+\text{能量}\longrightarrow C_5H_7NO_2+H_2O \tag{5-10}$$

$$C_xH_yO_z+H^++NO_3^-+能量\longrightarrow C_5H_7NO_2+N_2+CO_2+H_2O \tag{5-11}$$

（4）细菌原生质氧化（内源呼吸）反应：

$$C_5H_7NO_2+5O_2\longrightarrow 5CO_2+2H_2O+NH_3^++能量 \tag{5-12}$$

细菌的呼吸是在生活的原生质中进行的一种生物化学过程，由此产生的能量可供细菌的各种生命活动用；另外，细菌的内源呼吸导致细胞物质的自身破坏和内耗。实际上，细菌发挥正常活动功能（如体内酶的激活、在水体中运动）只需很少的能量，这一份额的能量单靠内源呼吸也已足够提供。按专业研究人员提出的假说，微生物的生长是同化外来营养物质和内耗体内细胞物质两种相反过程竞争的结果。即使环境中所含营养物质并不缺乏，细菌体内破坏原生质的过程也还是发生着的。对外来营养物质发生同化过程的速率正比于细胞的外表面积和细胞中原生质的质量，内源呼吸的速率则最先取决于外界环境条件。

2）需氧有机物的生物降解

有机化合物降解过程中所发生的一系列反应经常按一定程式演变，这种演变称为径路；有一些径路是循环进行、周而复始的，进入循环的有机物在演变中完成降解，这种形式可称为循环，如具有普遍意义的二羧酸循环。

（1）营养物质的生物降解机理。

包括脂肪、糖类、蛋白质在内的这几类有机物主要来自于动植物废料和人体的排泄，是城市污水中的主要成分。

糖类、脂肪、蛋白质这三类物质在有氧条件下能进行生物降解。多糖类从水解开始，经二糖而转化为单糖（如葡萄糖），单糖在无氧条件下酵解生成丙酮酸，丙酮酸再在有氧条件下进入三羧酸循环而达到彻底氧化的结果。

脂类水解可生成甘油和相应的各种长链脂肪酸。长链脂肪酸发生数次β-氧化，由每一次β-氧化脱去一个乙酸分子，所以原先的脂肪酸链长逐渐缩短，而甘油则经过一个复杂的磷酸化径路转化为丙酮酸。在有氧条件下，所生成的丙酮酸和乙酸分子都进入三羧酸循环，最后达到完全氧化。

蛋白质在外酶作用下，水解产生氨基酸，氨基酸经脱氮基、脱羧基反应后生成小分子脂肪酸，其最后结果也相似于碳化合物，即在有氧条件下可完全氧化为CO_2和H_2O。

（2）污染物的生物降解机理。

这里主要讨论碳水化合物的生物降解。碳水化合物是由 C、H、O 组成的不含氮的有机物，一般以通式$C_x(H_2O)_m$表示。这类化合物一般具有呈高度还原状态和疏水性这两方面的特性，从而对渗入细胞过程及微生物生理特性、增殖动力学和氧化机构等产生很大影响。如由于分子呈还原状态，降解反应都属氧化反应一类，且在反应中必须有氧存在并有氧化酶作催化剂引发。碳水化合物根据分子构造的特点通常分为三类：单糖、二糖、多糖。单糖包括己糖（$C_6H_{12}O_6$）和戊糖（$C_5H_{10}O_5$）。戊糖以木糖和阿拉伯糖为代表；己糖的主要代表有葡萄糖、果糖等；蔗糖、乳糖、麦芽糖等是二糖（$C_{12}H_{22}O_{11}$）的主要代表；多糖是己糖的产物和其他单糖凝聚而成，以淀粉、纤维素最具代表性。

细菌或其他微生物首先在细胞外通过水解使碳水化合物从多糖至少转化为二糖后，才能透入细胞膜内。例如，淀粉可由淀粉糖化酶参与水解转化成为乳糖，纤维素可由纤维素水解酶参与转化为纤维二糖等。其通式为

$$(C_6H_{10}O_5)_n + n/2\ H_2O \longrightarrow n/2\ C_{12}H_{22}O_{11} \tag{5-13}$$

这个过程的能量变化很小。

在细胞外部或内部，二糖可以再水解为单糖。例如，纤维二糖和乳糖都可以转化为葡萄糖。其通式为

$$C_{12}H_{22}O_{11} + H_2O \longrightarrow 2C_6H_{12}O_5 \tag{5-14}$$

这个过程的能量变化也很小。

碳水化合物通过水解从多糖至少转化为二糖后才能进入细胞膜内。在细胞内部或外部二糖可以水解成为单糖，在细胞内部，单糖可作为能源而被利用。

进一步的变化，无论是在有氧还是无氧的条件下，单糖都首先被转化为丙酮酸，此过程可统称为糖解过程。在有氧条件下，丙酮酸在乙酰辅酶 A 的作用下进入三羧酸循环，最终被完全氧化为二氧化碳和水。而在无氧条件下，丙酮酸的氧化不能充分进行到底，丙酮酸本身作为受氢体，反应的最终产物是各种酸、醇、酮等，这样的过程称为发酵。碳水化合物发酵分解会产生大量有机酸，时常会超过水体的缓冲能力，使 pH 下降，甚至会抑制细菌的生命活动，称为酸性发酵。

2. 重金属在水体中的迁移转化

重金属在水体中不能被微生物降解，只能发生形态间的相互转化及分散和富集的变化过程，这些过程统称重金属迁移。重金属在水体中的迁移主要与吸附、螯合、络合、沉淀和氧化还原等作用有关。

1）溶解–沉淀作用

可以直观地用溶解度来衡量重金属化合物在水中的迁移能力。溶解度越小，迁移能力越小；溶解度增大，迁移能力也增大。

重金属在水中可通过水解反应生成氢氧化物，也可与相应的阴离子生成碳酸盐、硫化物等。而这些化合物的溶度积都很小，很容易生成沉淀。这一情况使得重金属污染物在水体中随水流扩散的范围有限，从水质自净方面来看，这是好的一面，但大量聚集于排水口附近底泥中的重金属却可能成为长期的次生污染源。

2）吸附作用

天然水体中的悬浮物和底泥中富含胶体，包括各种黏土矿物、水合金属氧化物和各种可溶性及不溶性的腐殖质。由于胶体具有巨大的比表面积、表面能和带电荷等性质，能强烈地吸附各种分子和离子，对重金属离子在环境中的迁移有重大影响。在自然界中，许多元素和化合物是以胶体状态进行迁移的。胶体的吸附作用是许多微量重金属从不饱和天然溶液中转入固相的最重要的途径。

（1）水体中胶体物质的种类。

在天然水体中，胶体一般可分为三大类：无机胶体、有机胶体和有机-无机胶体复合体，其中无机胶体包括各种次生黏土矿物和各种水合氧化物；有机胶体包括天然和人工合成的高分子有机物、蛋白质、腐殖质等。

（2）胶体物质对污染物的吸附作用。

①黏土矿物对重金属有吸附作用，但其吸附重金属离子的机制目前还未完全搞清，现在仅介绍两种黏土矿物吸附重金属离子的机理。

一种是离子交换吸附机理：黏土矿物微粒通过层状结构边缘的羟基氢和—OM 中的 M^+ 以及层状结构之间的 M^+，交换水中重金属离子而将其吸附：

$$m\,(\mathrm{Si{-}OH}) + \mathrm{M}^{n+} = (\mathrm{Si{-}O})_m\mathrm{M}^{(n-m)} + m\mathrm{H}^+ \quad (5\text{-}15)$$

重金属离子价数越高，水化离子半径越小，浓度越大，就越有利于和黏土矿物微粒进行离子交换而被大量吸附。

另一种机理为在溶液中先水解，而后吸附，即重金属离子先水解，然后夺取黏土矿物微粒结构边缘 OH^-，形成羧基络合物而被微粒吸附。

②水合金属氧化物对重金属离子也有吸附作用。一般认为，水合金属氧化物对重金属离子的吸附过程是重金属离子在这些颗粒表面发生配位化合的过程。

③腐殖质微粒对重金属离子的吸附主要是通过它的螯合作用和离子交换作用。由于腐殖质中活性羰基、酚基的氢可以质子化，所以能与重金属离子进行离子交换而将它吸附。腐殖质的离子交换吸附机制以及螯合吸附机制，可以用式（5-16）、式（5-17）表示：

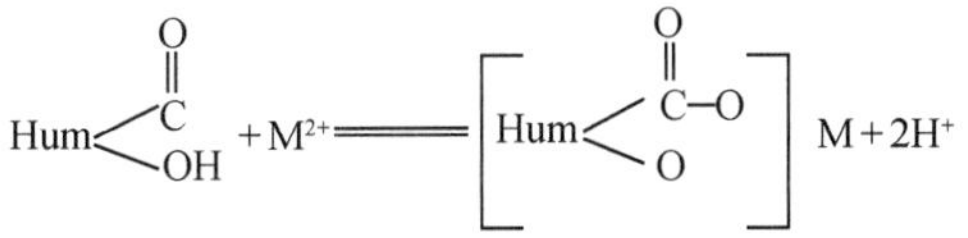

（5-16）

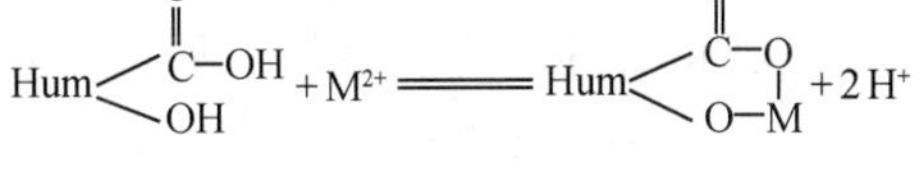

（5-17）

（3）水体中胶体微粒的凝聚。

天然水体中有机和无机胶体微粒都带有负电荷，外电层吸附阳离子。当溶液中存在大量某些其他阳离子时，会引起胶体发生凝聚作用。

重金属化合物被吸附在有机胶体、无机胶体和矿物微粒上以后，就随它们在水体中运动。如果这些胶体微粒能够相互聚集到一起，形成比较粗大的絮状物，就可能在水流中沉降下来，沉积在水体底部，最终成为沉积物。

3）络合与螯合作用

水体中存在着多种多样的天然和人工合成的无机与有机配位体，它们能与重金属形成稳定的络合物和螯合物，对重金属在水体中的迁移产生很大影响。天然水中最常见的无机配位体有 SO_4^{2-}、HCO_3^-、Cl^-、OH^- 等，在某些情况下还有 F^-、S^{2-} 和磷酸盐等，它们均能与重金属形成络合离子。例如，Cd^{2+} 在海水中与 OH^- 和 Cl^- 形成 $CdOH^+$、$Cd(OH)_2$ 等络合离子，使 $Cd(OH)_2$ 的溶解度增加 100 倍以上。天然水体中有机配位体主要是腐殖质。腐殖质是极为复杂的有机物，几乎能与所有的重金属形成可溶性螯合物，可以有效地阻止重金属生成难溶盐沉淀，也可以与底泥中的重金属结合形成可溶性螯合物而重新进入水层，对水体带来危害。

4）氧化、还原作用

重金属元素大都属于元素周期表中的过渡性元素，在不同条件下往往可以多种价态存在，能在较宽的幅度内发生电子得失的氧化还原反应。各价态变化反应要求不同的氧化还原条件，而在水体中存在缺氧的还原性区域和富氧的氧化性区域，这样就使得在不同条件下的水体中重金属元素以不同的价态存在。重金属元素的活性与毒性根据其价态的不同而不同。以铬为例，铬在水体中主要有两种价态：正三价和正六价，从毒性上看六价铬远大于三价铬，所以过去制定饮水卫生标准时均以六价铬为依据，但近年来研究证明，在正常 pH 的天然水中三价铬与六价铬可以相互转化。

水体中发生的氧化还原反应往往与 pH 有密切关系。因此常用 Eh-pH 图表示污染物存在形态的区域，图中的区域分界线表示两侧化合态的浓度在线上的数值相同。

各类天然水 Eh 及 pH 的情况如图 5-3 所示。该图可将天然水体分成三类：第一类是同大气接触富含溶氧高的氧化性水（河水、正常海水等）；第二类是同大气隔绝不含溶氧而富含有机物低的还原性水（富有机质盐水等）；第三类是介于前面两类之间，但偏向第二类的还原性水。这类水基本上不含溶氧，有机物比较丰富，如沼泽水等。在第二、三类天然水中，当硫酸盐含量较高时，将产生大量的硫化氢。其来源主要是厌氧细菌利用硫酸盐中的氧来氧化有机物，生成硫化氢的结果，除此之外水中含硫有机物的分解也会产生硫化氢。

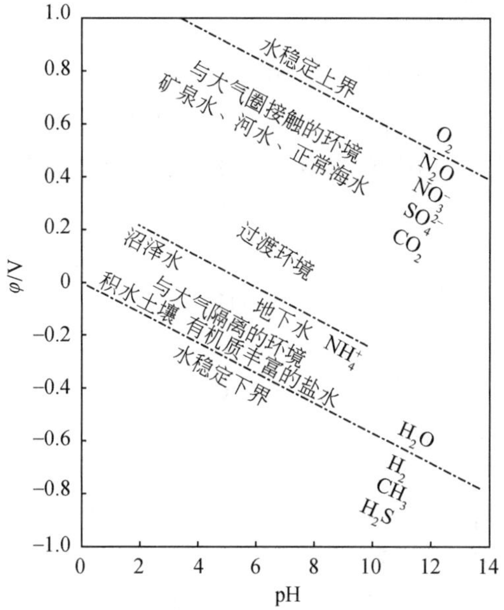

图 5-3 水体中一般的 pH-Eh 图解

3. 水体富营养化

在湖泊（还有港湾、海岸的河口、水库等）水流较缓的区域，最容易发生富营养化的问题，这是一种氮和磷的化合物过多排入水体后产生的二次污染。主要表现为水体中藻类大量繁殖，对水质产生较大的影响。现代湖沼学也把这一现象当作湖泊演化过程中逐渐衰亡的标志。

1）富营养化的发生

通过近二十年来各国科学家的研究，已基本弄清富营养化发生的原因主要是水体中氮、磷等营养元素的增多。从现象上看，富营养化现象的发生与水体中藻类的量密切相关。

在适宜的温度、光照、pH 和具备充足营养物质的条件下，天然水体中藻类进行光合作用，合成本身的原生质，其基本反应式可写为

$$106CO_2+16NO_3^-+HPO_4^{2-}+122H_2O+18H^++\text{能量}+\text{微量元素}\longrightarrow C_{106}H_{263}O_{310}N_{16}P+38O_2 \quad (5\text{-}18)$$

从反应式可以看出，在藻类繁殖所需要的各种成分中，氮和磷是最主要的限制性因素，所以藻类繁殖的程度主要取决于水体中这两种成分的含量，并且已经知道能被藻类吸收的是无机形态的含氮、磷的营养物。因此，水体中的氮、磷含

量的高低与水体富营养化程度有密切关系。

水体中氮、磷营养物质的最主要来源如下。

(1) 雨水。

众多统计资料表明，雨水中的硝酸盐氮含量为0.16～1.06mg/L，氨氮含量为0.04～1.70mg/L；磷含量在0.10mg/L至不可检测的范围内。由此可见，大面积湖体或水库中，从雨水中受纳氮营养物质的数量是相当大的。

(2) 农业排水。

首先是由于天然固氮以及农用氮、磷肥的作用，使土壤中累积了相当数量的营养物质，它们随农田排水流入邻近的水体。当庄稼生长期很短而没有充分吸取农田中的肥料或农田有很大坡度时，这种流失更为严重。此外，饲养家畜过程中所产生的废物中也含有相当高浓度和相当数量的营养物质，这些营养物质有可能通过排水系统进入邻近水体。

(3) 生活污水。

生活污水含有丰富的氮、磷等营养物质，经济发达国家的调查显示，每人每天排入生活污水中的磷、氮量分别为1.3～5.0g和12～14g。生活污水中的营养物浓度与生活水平有关，我国目前生活水平还较低，排入生活污水的磷、氮量相对发达国家也较少。据测定，城市居民每人每天排入生活污水的磷、氮量约为0.5g和10g。

在污水处理厂，通过厌氧处理污泥的方法，可除去污水中20%～50%的氮。在水处理厂中未能除去的污水中的氮和磷就随排出水流入附近的水体中。

氮、磷污染物的其他来源还包括城镇和乡村的径流、工业废水、地下水等。

2）湖水的营养化程度判断标准

在湖泊水体中，生产者、还原者、消费者达到生态平衡的属于调和型的湖泊，这种类型的湖泊又可依据湖水营养化程度分为贫营养化湖、低营养化湖、中营养化湖和富营养化湖。在非调和型的湖泊中，不存在能生产有机物质的生产者。非调和型湖泊又可分为腐殖质营养湖和酸性湖两类，前者湖水呈弱酸性，水质褐色透明，含大量难分解腐殖质；后者是由于火山活动及酸雨等影响，湖水呈较强酸性，导致水中大部分生物死亡或外逃。调和型湖泊的营养化程度可用磷含量、总氮含量、叶绿素含量和透明度等指标来度量。

一般来说，总磷和无机氮分别超过20mg/m^{3}和300mg/m^{3}就可认为水体处于富营养化状态。

3）富营养化的危害与防治

(1) 富营养化的危害。

藻类本身会阻塞水道，使鱼类生存空间减小，水体生色，透明度降低，其分泌物还会引起水臭、水味，在给水处理中造成各种困难。更重要的是富营养化还可能破坏水体中原有生态系统的平衡。藻类繁生将使有机物生产速度远远超过消耗速度，从而使水体中有机物积蓄，所产生的后果是：促进细菌类微生物繁殖，一系列异养生物的食物链都会有所发展，使水体耗氧量大大增加；生长在光照所不及的水层深处的藻类因呼吸作用也大量耗氧；沉于水底的死亡藻类在厌氧分解过程中促使大量厌氧菌繁殖；富氨氮的水体开始使硝化细菌繁殖，在缺氧状态下又会转向反硝化过程。

综合上述作用，富营养发生后，将先引起水底有机物消耗速度超过其生长速度，处于腐化污染状态，并逐渐向上层扩展。在严重时可使部分水体区域完全变为腐化区。由富营养而引起有机体大量生长的结果，倒过来又走向其反面，植物及水生物、鱼类趋于衰亡甚至绝迹。这些现象可能周期性地交替出现，破坏水体的生态平衡并且加速湖泊等水域的衰亡过程。

（2）富营养化的防治。

主要的防治方法有：对废水做深度处理以去除 N、P；排水改道引流（如引作灌溉水）；改变水体的水文参数（流速、含水量、温度等）；不用含磷洗涤剂等。

主要的治理方法有：使用化学药剂或引入病毒杀藻；打捞水藻；人工曝气；疏浚底泥；引水（不含营养物）稀释。

5.2 水污染治理方法

5.2.1 水污染治理方法概述

1. 水污染控制的基本原则

水污染控制的基本原则，首先是从清洁生产的角度出发，改革生产工艺和设备，减少污染物，防止污水外排，进行综合回收和利用。其次，对于必须外排的污水，其处理方法随水质和要求而不同。

2. 水污染控制的方法

水污染控制的方法按对污染物实施的作用不同，大体上可分为两类：一类是分离法，即通过各种外力作用，把有害物质从废水中分离出来；另一类是转化法，是通过化学或生化的作用，使其转化为无害的物质或可分离的物质，后者再经过分离予以去除。

习惯上可以按处理的原理不同，将水污染控制的方法分为物理处理法、化学处理法、物理化学处理法和生物处理法四类。

1）按对污染物实施的作用不同

（1）分离法。

废水中的污染物以各种形式存在，大致可分为分子态、离子态、悬浮物和胶体。存在形式的多样性和污染物特性的不同，决定了分离方法的多样性。主要的分离方法有混凝法、气浮法、吸附法、离心分离法、磁力分离法、筛滤法等。

（2）转化法。

转化法可分为化学转化和生化转化两类。

现代废水处理技术，按处理程度可划分为一级处理、二级处理和三级处理。

一级处理：主要是去除废水中的漂浮物质和悬浮固体，同时还通过中和或均衡等预处理过程对废水进行调节以便排入受纳水体或二级处理装置。

二级处理：主要是采用各种生物处理方法来去除废水中呈胶体态和溶解态的有机污染物。

三级处理：是在一级、二级处理的基础上，对难降解的有机物、氮、磷等营养性物质进行进一步处理。

废水中的污染物组成相当复杂，往往需要采用几种方法的组合流程才能达到处理要求。对于某种废水，采用哪几种处理方法组合，一般要根据废水的水质、水量，回收其中有用物质的可能性，经过技术和经济的比较后才能决定，必要时还需进行实验。

2）按处理原理不同

（1）物理处理法。

物理处理法是通过物理作用，分离、回收污水中不溶解的呈悬浮态的污染物质（包括油膜和油珠）的污水处理法。根据物理作用的不同，又可分为重力分离法、离心分离法和筛滤法等。

（2）化学处理法。

化学处理法是通过化学反应来分离、去除废水中呈溶解态、胶体态的污染物质或将其转化为无害物质的污水处理法。

（3）物理化学处理法。

物理化学法处理是利用物理化学作用去除污水中的污染物质的污水处理法。主要有吸附法、离子交换法、膜分离法、萃取法、气提法和吹脱法等。

（4）生物处理法。

生物处理法是通过微生物的代谢作用，使废水中呈溶解态、胶体态以及微细悬浮状态的有机污染物转化为稳定物质的污水处理方法。根据起作用的微生物不同，生物处理法又可分为好氧生物处理法和厌氧生物处理法。

废水中的污染物一般以三种形态存在：悬浮（包括漂浮）态、胶体态和溶解态，可以采用不同的方法来处理不同形态的污染物。一般情况下，对悬浮态（>100μm）污染物，采用于物理方法可以较快地去除；对于胶体态和超胶体态（0.08～100μm）污染物，较容易用过滤、化学混凝等方法去除；而对于溶解态（<0.08μm）污染物，生物降解处理法是较适用的方法，而用物理、化学等预处理方法则不太容易被去除。因此应根据不同的污染形式分别选用物理、化学或生物法处理不同的污染物。

5.2.2　废水的物理处理法

废水物理处理的对象主要是悬浮态和部分胶体态的污染物。废水的物理处理一般又称废水的固液分离处理。主要分为两大类：一类是悬浮固体受到一定的限制，通过废水的流动从而将悬浮固体抛弃，如格栅、筛网和各类过滤过程；另一类是污水受到一定的限制，悬浮固体在水流动过程中被去除，如离心沉淀、重力沉淀和气浮等。显然，前者能否去除污染物主要取决于阻挡（限制）悬浮固体的（过滤）介质，后者能去除污染物的前提是悬浮固体与水之间存在密度差。

1. 污水的过滤分离处理

过滤分离处理工艺的原理是污水在处理过程中，悬浮固体受到一定的限制，随着污水的流动，悬浮固体逐渐被抛弃。其分离效果取决于限制固体的过滤介质。根据过滤介质的不同，污水的过滤分离分为粗滤、微滤、膜滤和粒状材料过滤四种类型。粗滤（格栅、筛网等）可以截留污水中较粗的悬浮固体；微滤截留污水中粒度为 0.1～100μm 的悬浮固体；膜滤是采用各种人工膜作为过滤介质；粒状材料过滤是水处理中最常用的分离方法，采用的过滤材料一般称为滤料，它们可以去除几十微米到胶体级的污染颗粒。

筛滤是去除废水中粗大的悬浮物和杂物，以保护后续处理设施能正常运行的一种预处理方法。筛滤的构件包括平行的棒、条、金属丝织物、格网或穿孔板。其中由平行的棒和条构成的称为格栅；由金属丝织物、格网或穿孔板构成的称为筛网。它们所去除的物质则称为筛余物。其中格栅去除的是可能堵塞管道阀门及水泵机组的较粗大的悬浮物；而筛网去除的是用格栅难以去除的呈悬浮态的细小纤维。

格栅是一种最简单的过滤设备，用来截留污水中粗大的悬浮物和漂浮物。它通常由一组或多组平行金属栅条制成的框架组成，倾斜或直立地设立在进水泵站集水井的进口处。格栅按不同的方法可分为不同的类型，例如，按形状不同可分平面格栅和曲面格栅两种；按格栅栅条间的间距可分粗格栅、中格栅和细格栅三种；在应用中可分固定格栅和活动格栅两种；按清渣方式不同又可分为人工清渣格栅和机械清渣格栅等。表 5-3 为我国常用的几种机械格栅。

表 5-3　我国常用的几种机械格栅

类型	适用范围	优点	缺点
链条式机械格栅	深度不大的中小型格栅。主要清除长纤维、带状物	构造简单，制造方便；占地面积小	杂物进入链条和链轮之间时，容易卡住；套筒滚子链造价高，耐腐蚀差
移动式伸缩臂机械格栅	中等深度的宽大格栅。适用于污水除污	不清污时，设备全部在水面上，维护检修方便；可不停水检修；钢丝绳在水面上运行，寿命较长	需三套电动机、减速器，构造较复杂；移动时，耙齿与栅条间隙的对位较困难
圆周回转式机械格栅	深度较浅的中小型格栅	构造简单，制造方便；动作可靠，容易检修	配置圆弧形格栅，制造较困难；占地面积较大
钢丝绳牵引式机械格栅	分固定式和移动式。固定式适用于中小型格栅，深度范围较大。移动式适用于宽大格栅	适用范围广泛；无水下固定部件的设备，检修维护方便	钢丝绳干湿交替，易腐蚀，宜用不锈钢丝绳；有水下固定部件的设备，设备检修时需停水

筛网广泛应用于造纸、纺织、化纤等的工业废水的处理。按网眼尺寸分为初筛网络（≥1mm）、中筛网（0.05～1mm）和微筛网（≤0.05mm）。筛网的形式主要有振动筛网和水力筛网等。采用筛网的主要优点有：可截留所有对后续净化处理构成困难的纤维状污染物，从而减少对后续设备的维护工作量；可截留大颗粒的有机污染物，从而减少对初次沉淀池的污泥量，同时还可使后续净化处理中的污泥更为均匀，既利于污泥的农用，也利于污泥的消化。

2. 污水的沉淀处理工艺

污水中许多悬浮固体的密度比水大，在水中它们可以自然地下沉，沉淀法是利用重力原理进行的污水固液分离过程，它是水污染治理中最基本的物理处理方法之一。沉淀法利用水在悬浮颗粒中的沉降性能，在重力作用下产生下沉作用，以达到固液分离的效果。污水处理的重力固液分离（沉淀）装置一般分为两类：一类是以沉淀无机固体为主的装置，统称为沉砂池，另一类是以沉淀有机固体为主的装置，统称为沉淀池。

按照所要求的净化处理程度与污水的性质不同，沉淀处理工艺（重力固液分离工艺）可以是整个水污染治理过程中的一个共享，也可以作为唯一的净化处理方法。在水污染治理过程中，有下列四种典型方法。

（1）用于污水预处理。沉砂池是典型的例子。沉砂池用于去除污水中的无机易沉物，如沙粒、煤渣等。

（2）用于污水进入生物处理构筑物前的初步处理（初次沉淀池）。用初次沉淀池去除悬浮有机物，以减轻后续生物处理构筑物的有机负荷。

（3）用于生物处理后的固液分离（二次沉淀池）。二次沉淀池主要用来分离生物处理工艺中产生的活性污泥、生物膜等，使净化处理后的水变得澄清。

（4）用于污泥处理阶段的污泥浓缩。污泥浓缩池将来自初次沉淀池及二次沉淀池的污泥进一步浓缩，以减小体积，降低后续构筑物的尺寸及处理费用等。

沉砂池的工作原理是以重力或离心力分离为基础，将进入沉砂池的污水流速控制在只能使密度大的无机颗粒下沉，而有机悬浮颗粒则被水流带走。它一般位于泵站之前或沉淀池之前，用以去除、分离污水中密度较大的无机颗粒，如砂子、煤渣等，以免这些渣子影响后续净化处理构筑物的正常进行，使管道、水泵免受阻塞和磨损，减轻沉淀的无机物负荷；增加污泥的流动性，以便排放和运输。

按水流形式的不同，一般将沉砂池分为离心式、竖流式、平流式、旋流式（曝气式）、环流式（离心）等几种形式。由于旋流式（曝气式）沉砂池和环流式（离心）沉砂池对流量变化的适应能力较强，沉砂效果较稳定，在条件许可时，可尽量采用此两种沉砂池。

沉淀池是分离悬浮物的一种常用构筑物，一般由进水区、出水区、沉淀区、污泥区及缓冲区五部分组成。进水区、出水区的功能是使水流进入与流出保持平稳，以提高沉淀效率；沉淀区完成悬浮物的沉淀；污泥区起到浓缩、储存与排放污泥的作用；缓冲区避免水流带走沉在池底的污泥。图 5-4 为沉淀池组成。沉淀池的沉淀率仅与颗粒沉速或沉淀池的表面负荷有关，而与池深和沉淀时间无关。在可能的条件下，应该把沉淀池建得浅些，表面积大些，这就是颗粒沉淀的浅层理论。

沉淀池按运行方式的不同可分为间歇式和连续式两种。间歇式沉淀池的工作过程大致分为进水、静置和排水三步。污水中可沉淀的悬浮物在静置时完成沉淀过程，污水由设置在沉淀池壁不同高度的排水管排出。连续式沉淀池中，污水是连续不断地流入和排出的。污水中悬浮物和可沉颗粒的沉淀是在污水流过水池时完成的，这是可沉颗粒受到由重力所造成的沉降速度和水流流动速度的双重作用，水流流动的速度对颗粒的沉降有重要的影响。

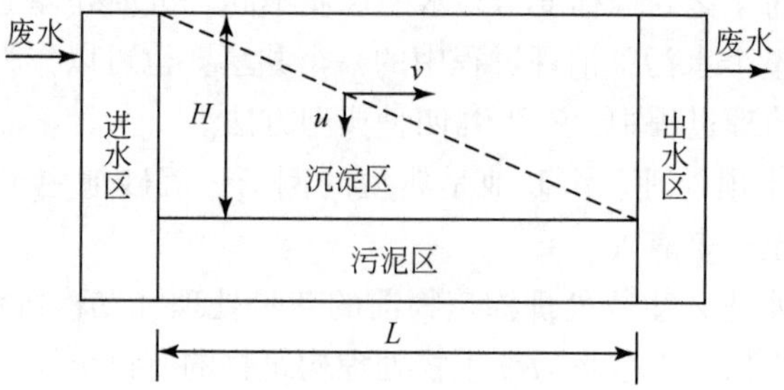

图 5-4　沉淀池组成示意图

L-沉淀池宽度；*H*-沉淀池深度；*u*-颗粒沉降速度；*v*-流速

3. 水质水量均和调节

污水的水质和水量一般都随时间的变化而变化。污水的水质和水量的变化对排水设施及污水处理设备，特别是生物处理设备正常发挥其净化功能是不利的，甚至还可能破坏这些设备。为此，在污水处理前要设置调节池，对污水的水量、水质进行均衡和调节，使污水处理效果更好。调节池是调节水质和水量的构筑物。调节池按功能不同可以分为均量池、均质池、均化池和事故池。

（1）水质调节池。

水质调节的任务是将不同时间或不同来源的污水进行混合，使流出的水质比较均匀。水质调节池是为水质均匀以避免净化处理构筑物受过大的冲击负荷而设置的。

（2）水量调节池。

均量池的主要作用是均化水量。通常污水净化处理构筑物按日平均流量进行设计，但污水排放时其水量可能每小时都有变动，因而需设置水量调节池来储存大于平均流量的污水，以便在排放量小于平均流量时使用。水量调节池通常设计成以进水为重力流，出水用泵抽升。

5.2.3　废水的化学处理法

化学处理法是通过化学反应来分离、去除废水中呈溶解态、胶体态的污染物质或将其转化为无害物质的污水处理法。常用的化学处理法有中和法、化学混凝法、化学沉淀法以及氧化还原法等。

1. 中和法

污水的中和就是通过向污水中投加化学药剂，使其与污染物发生化学反应，调节污水的酸碱度（pH），使污水呈中性或接近中性，适宜下一步处理或排放。如果同一工厂或相邻工厂同时有酸性污水或者碱性污水，可以先让两种污水相互中和，然后再加中和剂来中和剩余酸或碱，从而达到以废治废，降低处理成本的目的。

中和剂能制成溶液或浆料时，可用投加法；中和剂为块料时，可用过滤法。用烟道气中和碱性污水时，可在塔式反应器中接触中和。常用的酸性中和剂有粗制酸、废酸和烟道气等，常用的碱性中和剂有电石渣、石灰、石灰石和白云石等。

1）投加法

投加法是应用广泛的一种中和方法。此法可处理各种酸性污水。投加法的工艺过程主要包括：中和药剂的制备与投配、混合与反应、中和产物的分离、泥渣的处理与利用，酸性污水投加法流程如图 5-5 所示。

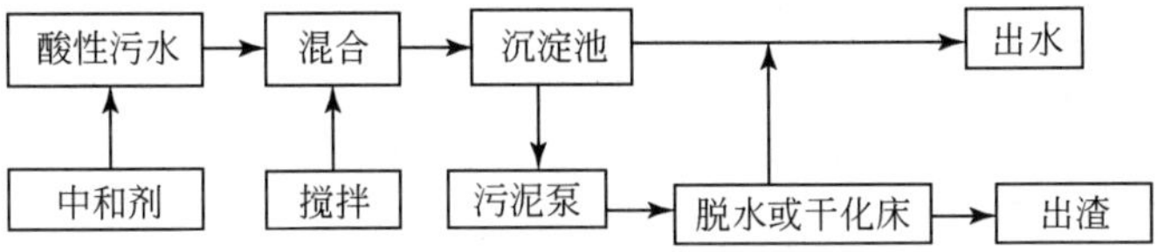

图 5-5　投加法流程图

酸性污水在进行投加法处理之前，有时需要进行预处理。预处理包括悬浮杂质的澄清、水质及水量的均和。前者可以减少投加量，后者可以创造稳定的处理条件。碱性药剂中和法的缺点是劳动卫生条件差，操作管理复杂，制备溶液、投配药剂需要较多的机械设备。采用石灰药剂时，其明显的缺点是质量难于保证，灰渣较多，沉渣体积大，占处理水量的 2%，且不易脱水。

2）过滤法

过滤中和法是指用碱性滤料形成的滤床处理酸性污水，当酸性污水流过滤床的碱性滤料时，酸性污水即被中和。这种方法适用于含酸浓度不大于 2 ~ 3mg/L 并且生成易溶盐的各种酸性污水的中和处理。当污水含有大量油脂、悬浮物、重金属盐和其他毒物时，不宜采用过滤中和法。

2. 氧化还原法

在处理一些特殊污水时可以采用氧化还原法，如电镀污水处理中除去铬酸根和氰根可用氧化还原法。含汞污水也可用氧化还原法回收汞。有色污水也可用氧化法脱色。按照污染物的净化原理，氧化还原法包括电解法、药剂法、光化学法三类，在选择药剂和方法时，应遵循以下法则。

（1）处理费用合理，所需药剂与材料来源广、价格低廉。

(2) 处理效果好，反应产物无毒无害，最好不需要进行二次处理。

(3) 操作方便，在常温和较宽的 pH 范围内具有较快的反应速率。

3. 化学混凝法

胶体颗粒在水中能长期保持分散状态而不下沉的特性称为胶体颗粒的稳定性。污水中投入某些混凝剂后，胶体因 ζ 电位降低或消除而脱稳。脱稳的颗粒便相互聚集为较大颗粒而下沉，此过程称为凝聚，此类混凝剂称为凝聚剂。化学混凝法就是通过向水中投加一些药剂（混凝剂）使水中难以沉淀的细小颗粒及胶体颗粒脱稳并互相聚集成粗大的颗粒而沉淀，从而实现与水分离，达到水质净化的方法。但有些混凝剂可使未经脱稳的胶体也形成大的絮状物而下沉，这种现象称为絮凝，此类混凝剂称为絮凝剂。整个混凝沉淀处理工艺过程包括混凝剂的配制与投加、混合、反应及沉淀分离几个部分。其流程如图 5-6 所示。

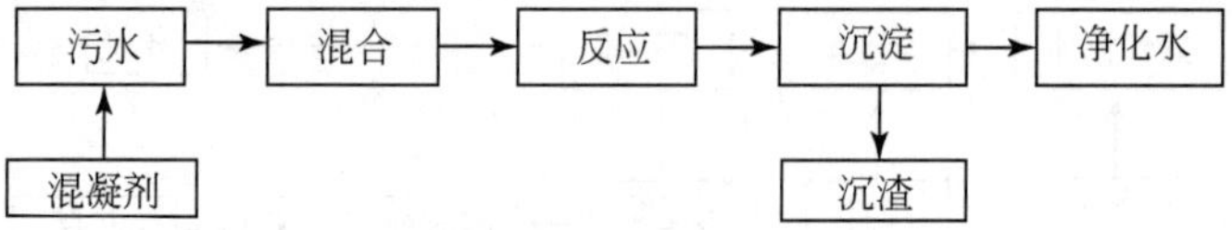

图 5-6　化学混凝法流程图

4. 化学沉淀法

化学沉淀法就是用易溶的化学药剂（可称为沉淀剂），使污水中的某种离子以其难溶盐或氢氧化物的形式从污水中析出，从而使污水达到净化的方法。

化学沉淀法的基本原理为：难溶盐和难溶氢氧化物在溶液中的离子的浓度的积（称为溶度积 K_{sp}）是常数。当能结合成难溶盐或难溶氢氧化物的两种离子的浓度的积超过这种盐或氢氧化物的溶度积时，就会析出这种盐或氢氧化物，而这两种离子的浓度将下降，需要去除的离子就与污水分离，从而减少这两种离子在水中的浓度。生成的难溶盐或氢氧化物经絮凝沉淀后，可通过压滤实现泥水分离。滤渣必须妥善处理，一般采用安全填埋方式处理。

污水净化处理中，常用化学沉淀法除去的有害离子有 PO^{3-}、Cr^{6+}、Cu^{2+}、Pb^{2+}、Zn^{2+}、Cd^{2+}、SO_4^{2-}、Hg^{2+}等。

5.2.4　废水的物理化学处理法

物理化学法是利用物理化学作用去除污水中的污染物质的污水处理法，主要有吸附法、离子交换法、膜分离法、萃取法、气提法和吹脱法等。

1. 吸附法

吸附是一种物质附着在另一种物质表面上的过程，它可以发生在气-固、气-液、液-固两相之间。在污水处理中，吸附是用多孔性固体吸附剂吸附污水中的一种或多种污染物，达到污水净化的过程。固体吸附剂与吸附质之间的作用力有静电引力、分子间力（范德华力）和化学键力，根据固体表面吸附力的不同，吸附分为如下三个基本类型。

（1）物理吸附。

物理吸附是吸附质与吸附剂之间的分子引力产生的吸附，其特征为吸附时放热量小，约为 42kJ/mol，吸附时表面能降低。吸附没有选择性，对于各种物质来说，只不过是分子间力的大小有所不同，分子引力随相对分子质量的增大而增加，在同类化合物中，吸附能力随相对分子质量的增大而增大。

（2）化学吸附。

化学吸附是吸附质与吸附剂之间由于化学键力的作用，发生了化学反应，形成牢固的吸附化学键。其特征为吸附时放热量大，与化学反应的反应热相近，为 84～420kJ/mol。吸附有选择性，一种吸附剂只对某种或特定几种物质有吸附作用，一般为单分子层吸附。

在低温时，吸附速度较慢，通常需要一定的活化能。吸附质分子不能在吸附剂表面上自由移动。再生较困难，必须在高温下才能脱附，脱附下来的物质可能是原吸附质，也可能是新的物质。

（3）离子交换吸附。

吸附质的离子由于静电引力聚集到吸附剂表面的带电点上，并置换出原先固定在这些带电点上的其他离子的过程称为离子交换吸附。离子所带电荷越多，吸附能力越强。

在污水处理中大多数的吸附现象往往是上述三种吸附作用的综合结果，即几种造成吸附作用的力常常相互作用。

在污水处理过程中，吸附法处理的主要对象是污水中用生化法难于降解的有机物或一般氧化法难于氧化的溶解性的有机物。这些难分解的有机物包括洗涤剂、木质素、杂环化合物、氯或硝基取代的芳烃化合物、合成染料、杀虫剂、DDT 等。

当采用粒状活性炭对这些污水进行处理时，不但能够吸附这些难分解的有机物，降低 COD，还能使污水脱色、脱臭，把污水处理到可以回用的程度。所以吸附法在污水的深度处理中得到了广泛应用。

2. 离子交换法

离子交换法是一种借助于离子交换剂上的离子和污水中的有害离子进行交换

反应而除去污水中有害离子的方法。离子交换过程的主要特点在于，它主要吸附水中的离子，并与水中的离子进行等量交换。

具有离子交换作用的物质，称为离子交换剂。目前水处理中广泛采用离子交换树脂，它具有交换容量高、化学稳定性好、成本低等优点。离子交换树脂的结构如图 5-7 所示，它是由骨架和活性基团两部分组成。

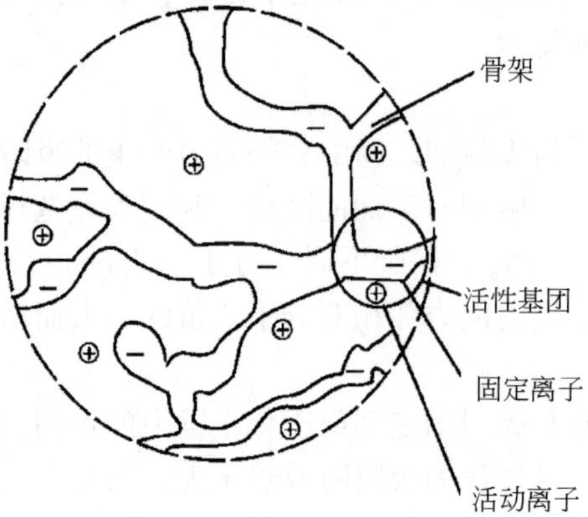

图 5-7　离子交换树脂结构图

骨架又称母体，是形成离子交换树脂的结构主体。它是以一种线形结构的高分子有机化合物为主，加上一定数量的交换剂，通过架桥作用构成的空间网状结构。活性基团由固定离子和活动离子组成。固定离子固定在树脂骨架上，活动离子则依靠静电引力与固定离子结合在一起，两者电性相反、电荷相等，处于电性中和状态。活动离子遇水离解并能在一定范围内自由移动，可与其周围水中的其他同性离子进行交换反应，又称可交换离子。能与溶液中阳离子交换的树脂称为阳离子交换树脂；能与溶液中阴离子交换的树脂称为阴离子交换树脂。

3. 膜分离法

膜分离法是利用特殊的薄膜对液体中某些成分进行选择性透过的方法。溶剂透过膜的过程称为渗透，溶质透过膜的过程称为渗析。在溶液中凡是一种或几种成分不能透过，而其他成分能透过的膜，称为半透膜。膜分离法是将溶液用半透膜隔开，使溶液中某种溶质或者溶剂（水）渗透出来，从而达到分离溶质的目的。常用的膜分离法有反渗透、电渗析、微滤、超滤等。近年来，膜分离技术发展速度极快，在污水处理、生化、医药、化工、造纸等领域广泛应用。膜分离法的优点是其操作在常温下进行；分离过程不发生相变；膜分离技术适用范围广(不仅适用于有机物而且适用于无机物)；装置简单，便于维修且分离效率高，操作容易且易控制。主要的缺点是处理能力较低，耗能大。

（1）电渗析。

电渗析是在直流电场的作用下，利用阴、阳离子交换膜对溶液中阴、阳离子的选择透过性（阳膜只允许阳离子通过、阴膜只允许阴离子通过），使溶液中的水与溶质分离的一种物理化学过程。电渗析法最早应用于海水淡化制取饮用水及工业用水。在污水处理中，根据污水组成和处理目的的不同，浓水室和淡水室可以进不同组成的溶液。例如，用电渗析法从酸洗废液中回收硫酸和铁时，在正极与负极之间放置阴膜，阴极室进含硫酸及硫酸亚铁的酸洗废液，阳极室进稀硫酸。利用电极反应生成的氢离子与透过阴膜的硫酸根离子结合成纯净的硫酸；阴极板上则可以回收纯铁。如阴膜两侧都进酸洗废液则得不到纯净的硫酸。

（2）反渗透。

渗透是指用一张半透膜将淡水和某种溶液隔开，如图 5-8 所示，该膜只让水分子通过，而不让溶质分子通过。淡水会自然地透过半透膜进入溶液中的现象称为渗透。相应浓溶液的液面上升，淡水液面下降，直至两侧液面不再变化时达到渗透平衡。此时两液面之间的高度差为这种溶液的渗透压。如果在溶剂一侧施加大于渗透压的压力 P，则溶液中的水分子就会通过半透膜流向淡水，使盐水浓度增加，这种现象称为反渗透，其中的半透膜称为反渗透膜。

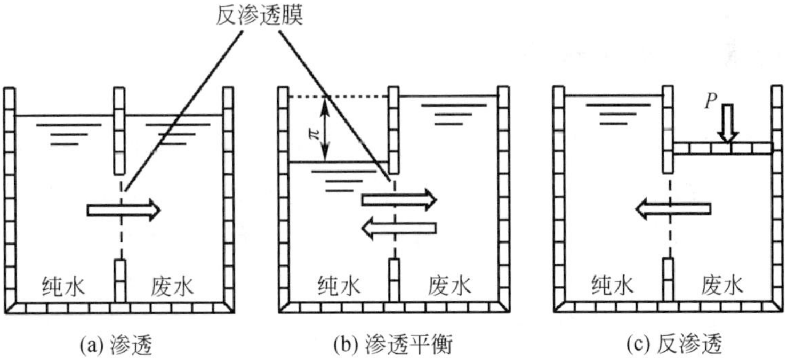

图 5-8　反渗透原理图

（3）超滤。

超滤与反渗透设备相似，也是依靠压力和膜进行工作的。超滤的机理除了有小孔的筛分作用，超滤不受渗透压力的阻碍之外，对于高分子溶质，还与溶质-水-膜之间的相互作用有关。膜对物质的拒斥性，取决于它们的分子大小、形状与性质。超滤一般用来分离相对分子质量大于 500 的物质，如颜料、蛋白质、细菌、油类等。

（4）微滤。

微滤又称微孔过滤，所分离的组分直径为 0.03 ~ 15μm，主要除去微粒、亚微粒和细微粒物质。微孔过滤是以静压力为推动力，利用筛网状过滤介质膜的“筛分”作用进行分离的膜过程，又称精密过滤。微孔滤膜的截留机理大体可分为以下几种：机械截留作用、物理作用、吸附截留作用、架桥作用、网络型膜的网络内部截留作用。

4. 吹脱法

吹脱是指将气体（载气）通入水中，使之相互充分接触，使水中溶解的气体和挥发性物质穿过气液界面，向气相转移，从而达到脱除污染物的目的的水污染处理方法。水和污水中会含有溶解气体，这些物质可能会对系统产生侵蚀，或者对后续处理有不利影响，或者本身有害，因此必须除去。吹脱法的基本原理是气液相平衡及传质速度理论，在气液两相体系中，溶质气体在气相中的分压与该气体在液相中的浓度成正比。传质速度正比于组分平衡分压与气相分压之差。气液相平衡关系及传质速度与物系、温度、两相接触状况有关。对给定的物系，通过提高水温，使用新鲜空气或者采用负压操作，增大气液接触面积和时间，减少传质阻力，均可起到降低水中溶质浓度，增大传质速度的作用。在工程上一般采用的吹脱设备有吹脱池和吹脱塔等。

5.2.5 废水的生物处理法

废水的生物处理法就是利用微生物新陈代谢作用，并采取一定的人工技术措施，创造有利于微生物生长繁殖的良好环境，加速微生物的增殖及其新陈代谢生理功能，从而使污水中的污染物得以转化、去除、降解和稳定，使之无害化的净化处理方法。在自然界中，存活着大量众多种类的依靠污染物而生活的微生物，微生物通过其本身新陈代谢的生理功能，氧化分解环境中的有机、无机污染物并将其转化为稳定的无机物。根据参与新陈代谢的微生物种类，污水的生物材料方法可分为好氧处理和厌氧处理两大类，其中好氧生物处理法包括生物膜法、活性污泥法和稳定塘法等。在城市污水处理领域，主要使用好氧法。厌氧法则主要用于处理高浓度的有机（工业）废水和污泥。

污水生物处理出现于19世纪，现已成为世界各国处理工业废水和城市污水的主要手段。它相对于物理、化学等水污染治理方法而言，具有高效、经济等优点，而且水污染治理过程可以达到无害化，所以长期以来得到了广泛的利用。

1. 水处理中的微生物

微生物是所有形体微小，借助显微镜才可看见的微小生物的统称。主要分为病毒和类病毒、原核微生物、真核微生物。微生物大都具有个体极小、分布广、种类繁多、繁殖快等特点。

微生物呼吸作用的本质是氧化与还原的统一以及这个过程中的能量的产生和能量的转移。微生物的呼吸过程可分为发酵、好氧呼吸和无氧呼吸。

1）发酵

发酵是指在无外在电子受体时，微生物氧化一些有机物，有机物仅发生部分氧化，以它的中间代谢产物（即分子内的低分子有机物）为最终电子受体，释放少量能量，其余的能量保留在最终产物中的过程。

2）好氧呼吸

当存在外在的最终电子受体——分子氧（O_2）时，底物可全部被氧化成 CO_2 和 H_2O，并产生 ATP。这种有外在最终电子受体（O_2）存在时对能源的氧化称为好氧呼吸（或呼吸作用）。

3）无氧呼吸

在电子传递体系中，最终电子受体不是氧气，而是氧气以外的无机化合物，如 SO_4^{2-}、NO_3^-、NO_2^-、CO_3^{2-} 及 CO_2 等。这种对能源的氧化称为无氧呼吸。

2. 活性污泥法

如果向一定量的生活污水中不断鼓入空气，维持水中有足够的溶解氧，那么经过一段时间后，水中就会出现一种褐色的絮凝体。里面充满着各种各样的微生物，这种污泥絮凝体就称为活性污泥。通过生物学和化学分析，活性污泥由活性微生物、微生物内源呼吸残余物、吸附在活性污泥上的惰性的不可降解的有机物和虽可降解但尚未降解的有机物及惰性无机物组成。活性污泥具有很大的比表面积，对水中的有机物具有很强的吸附凝聚和氧化分解能力，同时，在适当的条件下，具有良好的自身凝聚和沉降性能。活性污泥法就是利用活性污泥净化废水中有机污染物的一种方法。它也是污水好氧生物处理中使用最广泛的一种方法。

1）活性污泥法的基本流程

活性污泥法的基本流程如图 5-9 所示。

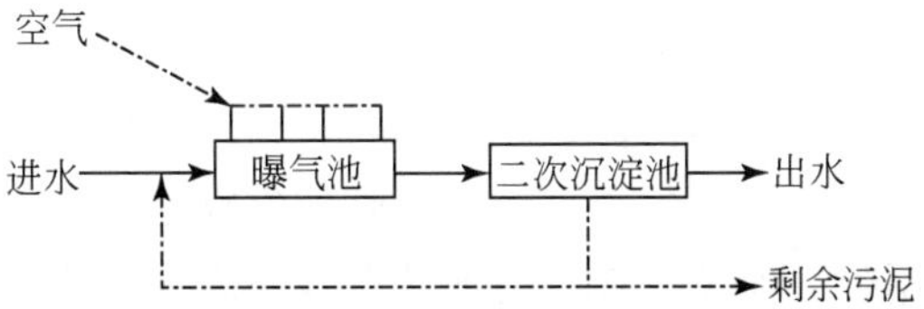

图 5-9　活性泥法基本流程示意图

有机废水经初次沉淀池（无悬浮物时可不设）预处理后，进入曝气池，在曝气池中要不断进行曝气，以充分提供曝气池内的微生物降解有机物所需要的溶解氧。曝气池中的混合液不断排出，进入二次沉淀池，经固液分离后，处理后的水不断从二次沉淀池排出。沉降下来的活性污泥一部分要不断回流到曝气池，以保持曝气池内有足够的微生物来氧化分解废水中的有机物。同时将增殖的多余的活性污泥不断地从二次沉淀池中通过剩余污泥排放系统排出。

曝气除了起供氧作用外，还起搅拌混合作用，使活性污泥在曝气池中保持悬浮状态，使废水中的有机物、活性污泥和溶解氧三者能均匀混合。对曝气设备的要求及衡量曝气设备性能的指标主要有：供氧能力强；搅拌均匀；能耗少；构造简单；价格低廉；不产生噪声及其他公害；性能稳定，故障少；对某些工业废水耐腐蚀性强。曝气方法可分为三种：一是鼓风曝气；二是机械曝气；三是鼓风-机械曝气。

2）活性污泥法净化污水过程

活性污泥法净化污水的工艺过程主要分为以下几个阶段。

（1）吸附阶段。

由于活性污泥具有巨大的比表面积且表面有多糖类黏性物质，在污水与活性污泥混合接触后很短的时间（10～40min）内，污水中的有机污染物（主要是胶体态和悬浮态的有机污染物）就会被活性污泥吸附。在吸附阶段，同时也进行有机物的氧化及细胞合成，但吸附作用是主要的。

（2）氧化及合成阶段。

在有充足的溶解氧的条件下，活性污泥微生物将吸附的有机物中的一部分进行氧化分解，其最终产物是CO_2和H_2O等稳定物质，并获得合成新细胞所需要的能量；而另一部分有机物则用于合成新的细胞物质。在这一阶段，活性污泥还要继续吸附污水中残存的有机物。这一阶段进行得很缓慢，所需时间也比第一阶段长得多。实际上曝气池主要是在进行有机物的氧化分解和微生物细胞的合成。

（3）絮凝体的形成与凝聚沉淀阶段。

水中能形成絮凝体的微生物很多，可形成大块菌胶团；微生物摄食过程释放的黏性物质促进凝聚。在不同的条件下，细菌内部的能量不同，当外界营养不足时，细菌内部能量降低，表面电荷减少，细菌颗粒间的结合力大于排斥力，形成绒粒，而当营养充足时，细菌内部能量增大，表面电荷增大，形成的绒粒重新分散。沉淀是混合液中固相活性污泥颗粒同污水分离的过程。固液分离的好坏，直接影响出水水质，活性污泥法的处理效率同其他生物处理方法一样，应包括二次沉淀池的效率，即用曝气池及二次沉淀池的总效率表示。除了重力沉淀外，也可用气浮法进行固液分离。

3. 生物膜法

生物膜法是利用固着生长在载体上的微生物降解水中有机污染物的一种生物处理方法。污水通过滤池时，滤料截留了污水中的悬浮物质，并把污水中的胶体物质吸附在自己的表面上，它们中的有机物使微生物很快繁殖起来，这些微生物又进一步吸附了污水中呈胶体、悬浮和溶解状态的物质，填料表面逐渐形成了一层生物膜。

生物膜主要由细菌的菌胶团和大量的真菌丝组成，其中还有许多原生动物和较高等动物。生物膜中的细菌也很多，菌胶团仍是主要的，但与活性污泥不同的是，在生物膜中丝状菌很多，有时还起主要作用，因为它净化有机物的能力很强，而且它的存在使生物膜形成了立体结构，结构疏松，增大了比表面积。滤料表面的生物膜可分为好氧层和厌氧层，在好氧层表面是一层附着水层，这是由生物膜的吸附作用形成的。

生物膜去除有机物的过程包括：有机物从流动水中通过扩散作用转移到附着水层中去，同时氧也通过流动水层、附着水层进入生物膜的好氧层中；生物膜中的有机物进行好氧分解；代谢产物如 CO_2、H_2O 等无机物沿相反方向排至流动水层及空气中；内部厌氧层的厌氧菌用死亡的好氧菌及部分有机物进行厌氧代谢；代谢产物，如有机酸等转移到好氧层或流动水层中。在生物滤池中，好氧代谢起主导作用，是有机物去除的主要过程。

4. 厌氧生物处理

厌氧生物处理是在无分子氧的条件下，通过厌氧微生物（包括兼氧微生物）的作用，将污水中的各种复杂有机物分解转化为二氧化碳和甲烷等物质的过程，也称厌氧消化。厌氧微生物降解有机物过程如图 5-10 所示。

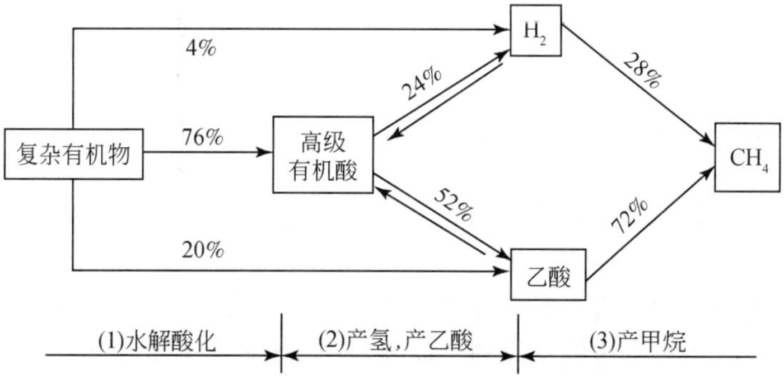

图 5-10　厌氧微生物降解有机物过程示意图

第一阶段为水解酸化阶段。复杂的大分子、不溶性有机物先在细胞外酶的作用下水解为小分子、溶解性有机物，然后渗入细胞体内，分解产生挥发性有机酸、醇、醛等。这个阶段主要产生高级脂肪酸。

第二阶段为产氢产乙酸阶段。在产氢产乙酸细菌的作用下，第一阶段产生的各种有机酸被分解转化成乙酸和 H_2，在降解有机酸时还形成 CO_2。

第三阶段为产甲烷阶段。产甲烷细菌将乙酸、乙酸盐、CO_2 和 H_2 等转化为甲烷。

虽然厌氧消化过程分为以上三个阶段，但是在厌氧反应器中，三个阶段是同时进行的，并保持某种程度的动态平衡，这种动态平衡一旦被 pH、温度、有机负荷等外加因素破坏，则首先使产甲烷阶段受到抑制，其结果会导致低级脂肪酸的积存和厌氧进程的异常变化，甚至会导致整个厌氧消化过程停滞。

5.3 典型过程工业的污水治理技术

过程工业大规模生产、高资源利用、高能源消耗的特点决定了在生产过程中会产生大量的工业废弃污染物，废水、废气、废渣均不能直接排放或搁置而造成环境污染和破坏，发展清洁环保的工艺路线和开发污染物防治技术成为过程工业稳定可持续发展的需要和必然。

水是过程工业正常生产所必需的资源和原料，高耗水量也是过程工业的重要特点之一，因而往往产生大量以水为载体的废弃排放物，即形成通常所说的工业污水。过程工业涵盖部门广泛，各行业的污水特点千差万别，这也造成了污水治理方法的多层次性和多样性，同时也促进了污水治理技术的迅速发展。

本节以石油开采和煤化工为例介绍针对特定行业污水的治理技术和处理工艺，同时对近年来国内新发展的过程工业污水治理技术做简要介绍。

5.3.1 油田污水治理技术

1. 油田污水的产生

高油污水主要是在油田开发过程中产生，其来源为油田采出水。

油田采出水主要是原油在生产处理过程中脱出的污水。油田采出水的处理根据排放或回用的不同要求有多种方式。当油田需要注水时，油田采出水经处理后回注地层，此时要对水中的悬浮物、油等多项指标进行严格控制，防止其对地层产生伤害。如果是作为蒸汽发生器或锅炉的给水，则要严格控制水中的钙、镁等易结垢的离子含量、总矿化度以及水中的油含量等。如果处理后排放，则根据当地环保要求，需要将采出水处理到排放标准。我国一些干旱地区的水资源严重缺乏，如何将采油过程中产生的污水变废为宝，具有十分重要的现实意义。

采用注水开采的油田，从注水井注入油层的水，其中大部分通过采油井随原油一起回到地面，这部分水在原油外运和外输前必须加以脱除。脱出的污水中含有原油，因此称为油田采出水。随着油田开采年代的增长，采出液的含水率不断上升，有的油田已达到 90% 以上，这些含油污水已成为油田的主要注水水源。随着油田外围低渗透油区的连续开发，对油田注水水质的要求更加严格。

2. 油田污水的特点

由于油田地层差异等，各油田污水不仅水质差异大，而且水质变化大，这为油田污水的处理带来困难。若不及时处理、利用，任意排放将会给人类的生活和生产带来严重的危害。表 5-4 为油田污水主要污染物和排放标准。

表 5-4　油田污水主要污染物及排放标准（mg/L）

污染物	石油类	COD	BOD	硫化物	挥发酚	悬浮物	氨氮
含量	20 ~ 200	10 ~ 1200	50 ~ 100	20 ~ 60	0. 1 ~ 0. 5	2 ~ 400	4 ~ 30
排放标准	10	150	30	1. 0	0. 5	250	25

油田污水中含有原油、各种盐类、有机物、无机物及微生物等。油田污水具有如下特点：水温较高；矿化度较高；含有大量细菌，特别是 SRB、TGB；表面张力大，残存有化学药剂及其他的杂质。主要污染物由浮油、分散油、乳化油及微量的溶解油所组成，其中乳化油的处理难度较大。

3. 油田污水的主要治理技术

国内外油田含油污水处理技术的发展经历了排放—自然蒸发—回灌—生化处理—综合利用的发展历程，开发出了多种污水处理技术。炼油厂污水处理技术按治理程度分为三级。1 级处理所用的方法包括格栅、沉砂、调整酸碱度、破乳、隔油、气浮、粗粒化等；2 级处理方法主要是生物治理，如活性污泥、生化曝气池、生物膜法、生物滤池、接触氧化、氧化塘法等；3 级处理方法有吸附法、化学耗氧法、膜分离法等。

常规工艺油田废水经隔油、浮选等处理后，出水油含量一般仍高达 20 ~ 30 mg/L，由于废水中还有破乳剂等溶解性有机物，COD 和 BOD 也很高，都达不到国家规定的排放标准，尚需进行 2 级处理，炼厂污水一般经 2 级处理可达标排放。

国内采用 3 级处理的企业极少，而国外炼油厂污水一般都有 3 级或深度处理工艺。从20世纪90年代起，我国部分油田开始进行生物污水处理技术工程化应用和试验研究。胜利、大港油田进行了生物接触氧化加污泥回流处理技术，粉煤灰吸附加生物氧化塘技术的工程应用，取得了成效。河南油田、冀东油田开展了厌氧、好氧的A/O新型处理工艺技术的现场小试，取得了初步成效。目前矿化度小于10 000mg/L的含油污水生物处理技术已基本成熟，处理后的污水达到国家污水外排标准，但不能达到生活用水水质标准。

目前，可处理高油污水的主要方法以下几种。

1）物理分离法

物理分离法是高油污水1级处理的常用方法，其最主要的目的是油水分离。物理分离法又分重力分离法、离心分离法和过滤器分离法三种。

重力分离法依靠油水密度差进行重力分离，是油田废水治理的关键。沉淀时间越长，从水中分离浮油的效果越好。自然沉降除油罐、重力沉降罐、隔油池作为含油废水治理的基本手段，已被各油田广泛使用。粗粒化是指含油污水通过一个装有填充物的装置时油珠粒径由小变大的过程，所用的填充材料称为粗粒化材料。经粗粒化的污水，其含油量与污油性质并没有发生变化，油珠粒径变大，更容易用重力分离法将油去除，粗粒化是配合重力分离法的常用处理手段。目前常用的粗粒化材料有石英砂、无烟煤、蛇纹石、陶粒、树脂等材料。

离心分离是使装有污水的容器或容器内的污水高速旋转，形成离心力场，利用不同液体之间的密度差产生不同的离心力作用，密度大的受到较大离心力作用被甩向外侧，密度小的则停留在内侧，各自通过不同的出口排出，以达到分离污染物的目的。含油污水经离心分离后，油集中在中心部位，而水则集中在靠外侧的器壁上。

过滤器分离法是含油污水通过粒状滤料床层时，利用阻力截留、重力沉降、接触絮凝三方面的作用，将悬浮物和油分截留在滤料的表面和内部空隙中。过滤器是常见的过滤设备，有压力式和重力式两种，目前我国油田普遍采用的是压力式，有石英砂过滤器、核桃壳过滤器、双层滤料过滤器、多层滤料过滤器等。近年来，随着纤维材料的发展，以纤维材料为滤料发展起来的深床高精度纤维球过滤器，因其具有纤维细密、过滤时可形成上大下小的理想滤料空隙分布、纳污能力大、反洗滤料不流失等优点，发展迅速。

2）生物处理法

生物处理法属于高油污水2~3级处理技术，对高油污水中的有机物质具有显著处理效果，是油田废水处理的重要技术。生物法处理石油烃污染的研究始于20世纪90年代初期，因其具有费用低、效果好、无二次污染的特点，已成为研究的热点。生物处理法中生物氧化过程是污水处理系统的核心，是工艺设计的关键。好氧生物处理是在水中有充分溶解氧的情况下，利用好氧微生物的活动，将废水中的有机物分解为 CO_2、H_2O、NH_3 和 NO_3^- 等。一般好氧反应器分为活性污泥法、生物膜法（生物滤池、生物转盘、生物氧化塔）、接触氧化池、好氧塘等。厌氧生物处理的主要特点是可以在厌氧反应器中稳定地保持足够的厌氧生物菌体，使废水中的有机物降解为 CH_4、H_2O 和 CO_2 等。厌氧反应器主要有厌氧活性污泥法、厌氧滤池、升流式厌氧污泥床（UASB）、内循环反应器（IC）和膨胀颗粒污泥床（EGSB）等。虽然油田废水 COD 大多在 300 ~ 500mg/L，但由于其可生化性差，且含有难降解的有机物，因此目前国内普遍采用 A/O 法，即用先厌氧后好氧的方法进行处理。序批间歇式活性污泥法（SBR）是融厌氧、好氧为一体的处理方法，因此在研究中用得较普遍。这些方法都不同程度地提高了对含油废水的处理效率。

（1）活性污泥法。

活性污泥法是借助曝气或水力搅拌（厌氧情况下），使活性污泥均匀分布于曝气池内，微生物壁外的黏液将污水中的有机污染物吸附，并在生物酶的作用下对有机物进行代谢转化，微生物得到良好生长繁殖，同时污水也得到无害化处理。SBR 工艺是一种新型高效废水处理技术。它集进水、反应、沉淀于一池，是传统活性污泥法的改进。该方法具有固液分离效果好，工艺简单，占地少，建设费用低，耐冲击负荷强，温度影响小（5 ~ 65℃），活性污泥好及处理能力强等优点。充分考虑含油废水的特点，其开发在含油污水领域的应用前景看好。

（2）生物滤池法。

生物滤池法与活性污泥法不同之处在于微生物附着于滤料的表面。形成一层生物膜。当废水与滤料接触时，在充分供氧的条件下，微生物就可摄取废水中的有机物作为营养，从而使废水得以净化。与此同时，微生物在滤料表面生长繁殖。生物滤池法属于膜处理技术的范畴，综合了生物处理和膜分离技术的特点，是一种新的高效油田污水处理技术，具有耗能低，无二次污染，简单易行的优点。

（3）生物接触氧化法。

生物接触氧化法是一种介于活性污泥法与生物滤池之间的生物膜法工艺，其特点是在池内设置填料，池底曝气对污水进行充氧，并使池体内污水处于流动状态，以保证污水与污水中的填料充分接触，避免生物接触氧化池中存在污水与填料接触不均的缺陷。该法克服了活性污泥法易出现的污泥膨胀和超标排污事故的缺点，具有有机负荷高、抗冲击能力强、对废水中毒物忍耐力较大等优点，而且对氨氮也有较好的去除效果。生物接触氧化法用于含油废水深度处理，其技术关键在于对进水可生化性地控制，这就要求在综合工艺中有完善、有效的接触氧化前处理工序。

(4) 生物流化床。

生物流化床处理技术是借助流体使表面生长着微生物的固体颗粒呈流态化，同时进行去除和降解有机污染物的生物膜法处理技术。

图 5-11 为三相内循环生物流化床示意图，其工艺原理是，将对废水中主要污染物有降解作用的好氧生物通过一定的方式固定在一定粒度的载体上，空气和待处理的废水从反应器底部同向进入，通过控制气、液两相的流速，使流化床反应器内载有生物体的固相呈流化状态。废水中的污染物与生长在载体上的好氧微生物接触反应，降解去除废水中的污染物。在反应器顶部，通过分离装置实现三相分离，澄清的废水从溢流槽排出。由于空气的搅动使生物膜及时脱落，控制载体上生物膜的厚度，因此不需另设专门的脱膜装置。在流化床内，填料流态化的同时，还具有氧的吸收和有机物的降解两项功能，因此这种工艺的难点在于正确地确定气、液比例和控制气、液、固三相协调的操作条件。生物流化床的载体一般为小颗粒的聚苯乙烯球、活性炭、砂和无烟煤等，载体的表面附着一层生物膜。当流化床流化时，载体与废水充分接触，吸附废水中的有机物，使有机物氧化分解，废水得以净化。影响其处理效果的因素有载体的选择、菌种的筛选等。

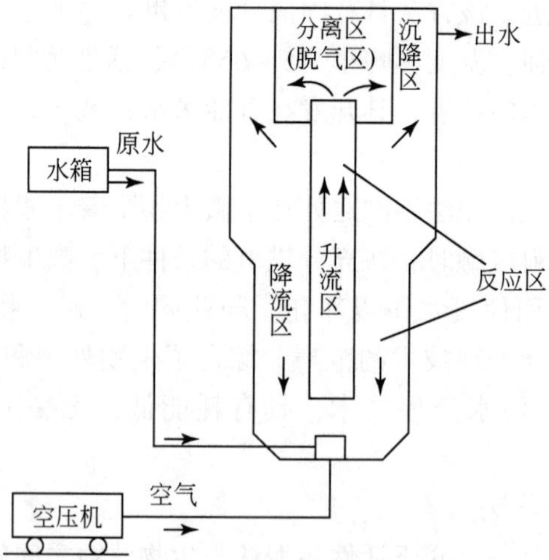

图 5-11　三相内循环生物流化床示意图

综合而言，生物处理法在石油化工企业中已有较成熟的工艺。对稠油废水生物处理进行研究，结果表明生物处理法的关键是对优势复合菌种的培养和选择，活性污泥法和生物膜法结合进行处理比单一使用效果更佳。生物处理法具有不产生二次污染、自然净化、水质稳定、处理成本低等优点。针对采油污水的 BOD、COD 值严重偏高，可生化性较低，微生物不易生长繁殖的特点，在生物处理前需对其进行预处理，投加絮凝剂、诱导剂、营养物质，使含油污水的可生化性提高。

3）其他治理技术

其他治理技术主要为 3 级或深度处理技术。

（1）化学氧化法。

化学氧化法是转化污水中污染物的有效方法，能将污水中呈溶解状态的无机物和有机物转化为微毒、无毒物质或转化成容易与水分离的形态。该法分为化学氧化法、电解氧化法和光化学催化氧化法三类。化学氧化法是指利用强氧化剂（如 O_2、O_3、Cl_2、H_2O_2、$KMnO_4$、K_2FeO_4等）氧化分解废水中的油和其他还原性污染物质以达到净化废水的一种方法。电解氧化法是指在污水中插上电极，通以一定的直流电，废水中的油和其他还原性污染物在阳极发生电氧化作用或与电解产生的氧化性物质（如 Cl_2、ClO^-、Fe^{3+}等）发生化学氧化还原作用，以达到净化污水的一种方法。光化学催化氧化法是指以半导体材料（如 TiO_2、Fe_2O_3等）利用太阳光能或人造光能（如紫外灯、日光灯等）使废水中的油和其他还原性污染物质降解以达到净化废水的一种方法。目前常用的处理含油污水的方法包括超临界水氧化、湿式空气氧化、臭氧氧化、TiO_2电极氧化、Fenton 试剂氧化等。

（2）电解处理法。

根据油田污水特点可采用电解法对油田污水进行处理。含油废水在电解过程中，一般可产生四种效应，即电解氧化、电解还原、电解絮凝和电解气浮。

电解氧化：电解过程中的氧化作用可以分为直接氧化和间接氧化，直接氧化即污染物直接在阳极失去电子而发生氧化；间接氧化是利用溶液中电极电势较低的阴离子，如 OH^-、Cl^-，在阳极失去电子生成新的较强的氧化剂的活性物质 Cl_2等。利用这些活性物质使污染物失去电子起氧化分解作用，可以降低原液中 BOD、COD、NH_3等。

电解还原：电解过程中的还原作用也可以分为两类。一类是直接还原，即污染物直接在阴极上得到电子而发生还原作用。另一类是间接还原，污染物中的阳离子首先在阴极得到电子，使得电解质中高价或低价金属阳离子在阴极得到电子，直接被还原为低价阳离子或金属沉淀。

电解絮凝：可溶性阳极如铁、铝等，通以直流电，阳极失去电子后，形成金属阳离子 Fe^{2+}、Al^{3+}，与溶液中的 OH^-生成金属氢氧化物胶体絮凝剂。该絮凝剂吸附能力极强，可将废水中的污染物质吸附共沉而去除。

电解气浮：电解气浮是对废水进行电解，当电压达到水的分解电压时，在阴极和阳极上分别析出氢气和氧气。气泡尺寸很小，分散度高，可作为载体黏附水中的悬浮固体而上浮，这样很容易将污染物质去除。电解气浮既可以去除废水中的疏水性污染物，也可以去除废水中的亲水性污染物。

（3）微滤膜技术。

微滤主要用于从气相和液相悬浮液中截留微粒、细菌及其他污染物，以达到净化、分离和浓缩等目的。微孔滤膜孔径一般在0.01～10μm，多为对称性多孔膜。其特征主要表现为具有高度均匀的孔径分布，分离效率高；孔隙率高，一般可达到70%以上，每平方厘米有100～1000个孔。同时绝大多数微孔滤膜的厚度在90～105μm，较薄，使其过滤速度大大提高，同其他过滤过程相比微孔滤膜为均一的连续体，过滤时没有介质脱落，不会造成二次污染。

随着世界各国对环境保护要求的不断提高和水资源的日趋紧张，各国都在努力开发高效、低耗的废水治理技术和设备。油田废水处理后回注是废水处理的一种方法，油田注水开发方式是提高驱油效率、保护油层能量、稳定油井生产能力的重要措施。对于不同性质的油田采出的含油废水和不同特征的油层进行回注，采用的水质标准、治理工艺又不尽相同。然而受到地质条件、水质要求、开发注水指标、回注成本等因素制约，还有相当一部分油田废水需要排入水体。目前，处理这种含油废水时各种方法都有局限性，在实际应用中通常是两三种方法联合分级使用，使出水水质达到排放标准。

5.3.2 煤化工污水处理工艺

1. 煤化工污水的来源及组成

煤化工是典型的过程工程行业。煤化工建设项目产生的污水主要污染因子为COD和氨氮，其他污染物相对较低，主要产生来源为煤的气化、气体净化和产品合成。

一般污水COD浓度为300mg/L左右，氨氮浓度为100mg/L左右，由于生产工艺和控制环节的不同，污染物浓度会有较大不同。焦化污水成分复杂多变，有机物含量高，其组成取决于原煤的性质、炭化温度及焦化产品回收的程序和方法，污水中主要含有油、酚、氰、氨氮、苯及衍生物等污染物。

2. 煤化工污水的主要危害

煤化工污水的主要危害体现在以下几方面。

（1）污水COD浓度较高，排向水体后，会消耗水体中的氧。水体中溶解氧降低后水生生物在水体中不能生存。

（2）污水中氨氮浓度较高，会造成藻类异常繁殖，引起水体富营养化。当大量藻类繁殖，水中光线透射度降低，光合作用产生的氧量降低，而消耗的氧量增加时，会造成大量藻类死亡。藻类死亡会消耗水中的氧，从而引起鱼类大批死亡，水体发黑、发臭。

（3）污水中主要含有油、酚、氰、苯及衍生物等污染物，在这些污染物分解过程中，会消耗水中的氧，这些污染物还对水体生物有直接的毒害作用，同时在水体生物中蓄积。这些被污染的水体生物被人类食用后，会引起蓄积和中毒，对人类健康产生较大的危害。

3. 主要污水处理工艺

同石油开采相比较，煤化工过程具有规模化、集中化的特点。因此，同油田污水治理按具体处理技术介绍的工程视角不同，煤化工污水治理的介绍主要从过程工艺层面来考虑。其实污水治理的基本方法无非是 5.2 节中介绍的各种单一技术，然而在实际过程工业生产中，多种技术合成的处理工艺设计，往往更具意义，更能有针对性地解决行业内复杂污水治理的需要。煤化工建设项目的主要污水处理工艺有以下几种。

1）A/O 工艺

A/O 工艺分为两类，一类是厌氧/好氧工艺，另一类是缺氧/好氧工艺。厌氧状态和缺氧状态之间存在着根本的差别：在厌氧状态下，既无分子态氧，也没有化合态氧，而在缺氧状态下则存在微量的分子态氧（DO 浓度<0.5mg/L），同时还含有化合态氧，如硝酸盐。A/O 工艺在去除水中碳污染的同时，能有效去除氮和磷的污染。生物脱氮是通过硝化和反硝化两个生化过程完成的。污水中含氮化合物经厌氧性氨化细菌作用分解成氨氮，在好氧条件下，通过亚硝酸菌和硝酸菌作用，将氨氮氧化为亚硝酸盐氮（NO_2^--N）和硝酸盐氮（NO_3^--N）的过程称为硝化反应。在硝化过程中，1g 氨氮转化为硝态氮时需氧 4.57g，硝化过程中释放的 H^+消耗水中的碱度，每氧化 1g 氨氮，将消耗碱度（以 $CaCO_3$计）7.14g。影响硝化过程的主要因素有温度（适宜温度为 30～35℃，在同时去除有机物和进行硝化反应的系统中尽量不低于 15℃）、pH（20℃时最佳范围为 8.0～8.4）、污泥停留时间、溶解氧（2～3mg/L 以上）、BOD 负荷。在缺氧条件下，由于兼性脱氮菌（反硝化菌）的作用，在氢供给体充分的条件下，将亚硝酸盐氮（NO_2^--N）和硝酸盐氮（NO_3^--N）还原成氮气排入空气中，同时有机物分解的过程称为反硝化过程。在反硝化过程中，还原 1g NO_3^--N 的供氧量约为 2.6g，反硝化过程提供一定的重碳酸盐碱度，约为 3.47g（$CaCO_3$）/g（NO_3^--N）。影响反硝化过程的主要因素有温度（20～40℃适宜）、pH（最佳范围为 7～8）、溶解氧（活性污泥法控制在 0.5mg/L 以下，生物膜法控制在 1mg/L 以下）、有机碳源（甲醇一般为

NO_3^--N 的 3 倍)。

将 BOD 去除与反硝化脱氮在同一池完成的系统，又称前置反硝化系统。这种工艺特征为：反硝化池在前，硝化池在后；反硝化池以原污水中的有机物为碳源；硝化池中的水回流到反硝化池进行硝化脱氮反应；在反硝化过程中产生的碱度可补偿硝化碱度的一半左右，投加碱量减少；经硝化池后，反硝化残留的有机污染物得以进一步去除，无需建曝气池。

A/O 工艺的不足之处为：沉淀池不能及时排泥，易污泥上浮；脱氮效率一般为 85% 以下；提高脱氮率必须加大内循环比，可导致运行费用增高，同时可能影响反硝化过程。

2）SBR 工艺

SBR 工艺是序批式（间歇）活性污泥法，是一种简易、高效、经济、可靠，管理简便，适合中小量污处理的污水生物处理工艺。

序批式活性污泥法工艺是由按一定顺序间歇操作运行的 SBR 反应器组成的。SBR 工艺的一个完整的操作过程包括以下五个阶段：进水、反应、沉淀、出水、闲置。由于污水排放大都是连续排放且流量波动很大，SBR 反应器至少为两个或多个池，多个 SBR 反应器并联运行，可以做到连续排污。

SBR 的工艺操作过程如下。

（1）进水期。进水期是反应池接纳污水的过程。由于充水之前是上一个周期的闲置期，所以此时反应器中剩有高浓度的活性污泥混合液，这相当于活性污泥法中污泥回流的作用。SBR 的进水过程，不仅是水位的升高，同时进行着重要的生化反应。在进水期可考虑对 SBR 反应器曝气或静止。

（2）反应期。反应期是在进水期结束后或 SBR 反应器充满水后，进行曝气或搅拌以达到处理的目的（去除 BOD、硝化、脱氮除磷）。反应时间跟污染物浓度的变化规律有关。为了保证沉淀工序的效果，在反应工序后期需进行短暂的微量曝气，去除附在污泥上的氮气。

（3）沉淀期。沉淀工序相应于传统活性污泥法的二沉池。在停止曝气和搅拌后，活性污泥絮体进行重力沉降和上清液分离，沉淀时间一般为 1 ~ 2h。

（4）排水排泥期。排除活性污泥沉淀后的上清液，作为处理出水，一直排放到最低水位。反应池底部沉降的活性污泥大部分作为下周期的回流污泥使用，过剩污泥引出排放。一般 SBR 反应器中的活性污泥数量占反应器容积的 30% 左右。

（5）闲置期。闲置期的作用是通过搅拌、曝气或静置使微生物恢复活性，并起到一定的反硝化作用而进行脱氮，为下一个运行周期创造良好的初始条件。

SBR 工艺的主要性能特点主要有以下几点。

（1）工艺简单、造价低。SBR 工艺的主体工艺设备只有 SBR 反应器，与普通活性污泥法工艺流程相比，它不需要另设二沉池及污泥回流设备，一般情况下不需设调节池，多数情况下可省去初沉池。由于流程简单、相应基建费用和运行费用会减少。

（2）时间上具有理想的推流式反应器的特性。SBR 反应器的运行是一个典型的非稳态过程，在整个反应过程中，其底物和微生物浓度的变化是不连续的，但是在连续曝气的反应阶段，其底物和微生物浓度的变化是连续的。在此期间，虽然反应器内的混合液呈完全混合状态，但是底物与微生物浓度的变化在时间上是一个推流过程，并且呈现出理想的推流状态。

（3）运行方式灵活，脱氮除磷效果好。SBR 法为了不同的净化目的，可以通过不同的控制手段，灵活地运行。在时间上的灵活控制，为其实现脱氮除磷提供了极有利的条件。它不仅很容易实现好氧、缺氧与厌氧状态交替的环境条件，而且很容易在好氧条件下增大曝气量、反应时间与污泥龄，来强化硝化反应与脱磷菌过量摄取磷过程的顺利完成；也可以在缺氧条件下方便地投加原污水或提高污泥浓度等方式，提供有机碳源作为电子供体使反硝化过程尽快完成；还可以在进水阶段通过搅拌维持厌氧状态，促进脱磷菌充分地释放磷。

（4）良好的污泥沉降性能。污泥膨胀问题是传统活性污泥法运行过程中经常发生且难以杜绝的问题。污泥膨胀绝大多数是由丝状菌的过度生长造成的。但由于反应器中存在较大的浓度梯度，缺氧和好氧状态并存，反应器中有较高的底物浓度，泥龄短、比增长速率大，对进水水质水量的波动具有较好的适应性，所以污泥沉降性能较好，不易膨胀。

3）焦化污水处理工艺

焦化污水的水量主要来自煤中水分，反应生成水，焦化产品精馏、洗涤加入的蒸汽和新鲜水，在与煤气和产品接触后冷凝或分离出来的污水。焦化污水成分复杂多变，有机物含量高，污水中不但含有非常高的氨氮（200～400mg/L），而且还含有大量的其他有机物，如酚、吲哚、吡啶等芳烃类化合物。焦化污水是一种危害性很大的高浓度、难生物降解的有机污水，必须处理后外排，否则将产生多方面的危害。焦化污水处理方法主要有以下几步。

（1）预处理。污水在进行生物处理之前要进行预处理，目前预处理主要是回收高浓度的酚和氨，并隔除焦油，为生物处理创造条件。高浓度酚的回收有两种方法，即蒸汽脱酚和溶剂萃取脱酚。氨的回收采用蒸氨法回收液氨或硫酸铵。焦油及油类物质的去除可采用重力分离法和空气浮上法分离重油或溶解性油以及乳化油。

（2）生物处理。生物处理采用强化好氧生物处理法，根据水质情况可分别采用缺氧-好氧生物脱氮法（A/O 工艺）、厌氧-缺氧-好氧生物处理工艺（A_2/O 工艺）。A_2/O 工艺比 A/O 工艺增加了一个厌氧反应器，其主要作用是利用厌氧分解作用使污水中难生物降解的有机物得到部分降解，提高其可生物降解性，改善去除 COD 的效果，也有利于后续 A/O 系统中反硝化的进行及提高生物脱氮效果，所以 A_2/O 工艺流程是处理焦化厂污水的一种比较理想的方法。

4）深度处理工艺

（1）活性炭过滤。活性炭吸附过滤处理法常被用作煤化工污水深度处理，活性炭能有效去除污水中的 COD，一般可降低到 100mg/L 以下，酚降低到微量，但对氨氮去除效果差。

（2）超滤、反渗透工艺。超滤的分离机理一般认为是筛分作用，但超滤的分离是分子级的，即它可截留溶液中溶解的大分子溶质，而透过小分子溶质。反渗透的分离传质现象常用溶解扩散机理来解释，即透过组分选择性溶解在膜的料液侧，然后在膜两侧静压差推动下，扩散透过膜。超滤可用于清洗水的回用，反渗透可有效除盐，产水可用于锅炉补给水或小规模饮用水；超滤+反渗透可作为生物处理后的深度处理，产水可作为循环水的补充水和锅炉用水。

（3）消毒技术。煤化工生产中多数生活污水和工业污水汇集在一起，生活污水中含有大量的大肠杆菌和粪便链球菌等致病菌。任意排放这类未经消毒的污水，会引起严重的卫生问题，消毒对于污水的安全排放或回用具有非常重要的作用。现在一般采用紫外线、二氧化氯和臭氧消毒法。

5.3.3　我国过程工业污水治理技术新进展

随着国家环境政策的严格要求和过程工程行业自身环保意识的加强，近年来我国污水治理技术取得了很多新进展，这里重点介绍在污水治理领域中的高难废水治理、石化废水治理以及污水零排放和再生回用等技术新发展。

1. 高难废水治理

1）微波处理高浓度氨氮废水

由武汉五月花环保科技有限公司、华中科技大学环境科学研究所和武汉钢铁集团有限责任公司联合研制的高浓度氨氮工业废水微波处理装置，将有效解决我国钢铁、焦化、化工、制药等行业处理高浓度氨氮废水成本高的难题。该设备已经在武钢焦化公司完成了中试，结果显示，废水处理效果良好，运行过程稳定，运行费用低。经湖北省环境保护厅测试，焦化工业废水中高浓度氨氮的处理效率达到 70% 以上。

2）ABFT 技术治理高氨氮废水

兰州捷晖生物环境工程有限公司研发的治理高氨氮废水的曝气生物流化床（ABFT）工艺技术，适用于炼油、化工、印染、味精、造纸等高浓度有机污水、城市生活污水的处理，老旧污水处理厂脱氮除磷改造以及污染水体原位就地修复，尤其对治理高氨氮废水具有显著优势。

该技术是继流化床技术在化工领域广泛应用之后发展起来的，采用了微生物与载体的自固定化技术。与固定床相比，该流化床工艺具有比表面积大、接触均匀、传质速度快、压损低等突出的优点。此外，由于该工艺采用的高效微生物是根据不同的废水水质特定培养、固化的，内含大量菌种和酶，呈粉末状或稳定的液体状，产品中菌的数量极高，所以投放量少，能最大限度地降低运行费用。

兰州石化公司在生产催化剂过程中排放的高氨氮废水、添加剂生产和产品精制过程中产生的高浓度乳化废水和碱渣废水，通过原有的污水处理厂处理后的出水水质长期达不到排放标准。为了解决这两个高难度有机废水的治理问题，兰州石化公司多方寻求方案，最终采用了 ABFT 工艺进行改造，使 1.6 万 t/d 高浓度有机废水的出水水质达到国家排放标准。

兰州捷晖生物环境工程有限公司以 ABFT 工艺为核心，已开发出与之配套的全系列产品，如 JHE 型生物载体、JADS 曝气系统、JW 型拦截网等。

3）生物技术处理高浓度有机废水

哈尔滨工业大学成功开发出高效处理有机废水的生物技术、设备及组合工艺，建立起高浓度废水处理过程智能化和可控制化的有效方法，并选取印染、制药、化工、发酵等有行业代表性的高浓度废水分别开展小试、中试和生产性试验，取得了创新性研究成果，该技术获得国家科学技术进步奖二等奖。硫酸盐废水处理中微生物代谢类型的工程控制法、变速升流式厌氧处理方法、SBR 工艺模糊控制法及装置、硫酸盐有机废水乙醇型发酵生物脱硫法、厌氧颗粒污泥菌种的保存方法、硫酸盐废水“生物-物化”法制备高纯度单质硫的设备等 7 项高浓度废水处理技术、方法与设备申请了中国发明专利，具备高效性、先进性、灵活性、经济性和实用性等特点。同时开发出组合式两相厌氧-交叉流好氧法处理高浓度难降解有机废水技术与设备、水解酸化-好氧工艺处理染料废水技术、UASBAF 处理高浓度工业废水技术、内循环水解-好氧法处理啤酒废水技术、间歇式活性污泥法的自动控制系统等 5 套核心技术。

该技术已分别在太湖流域、淮河流域、辽河流域和松花江流域建立了 15 个有影响力的高浓度有机废水治理示范工程，累计创产值 1.85 亿元，建设投资节省 15% ~30%，占地面积减少 20% ~40%，运行费用降低 10% ~25%，吨水运行费用控制在 0.6 ~1.4 元，为我国纺织印染、染料、化学、制药、中药、精细化工、食品加工、啤酒等高浓度难降解有机废水治理探索出了一条新路。

4）一体化生物处理技术处理高浓度有机废水

厦门大学开发的高浓度有机废水水解–好氧循环一体化生物处理技术，可实现高浓度有机废水的高效生物处理。该技术采用间歇操作的水解–好氧循环一体化装置，可降低工业有机废水处理的投资成本和运行费用，快速有效地处理企业间歇排放的小流量高浓度难降解有机废水，实现水资源的可持续利用。

该技术目前已取得处理对苯二甲酸废水、2，4–二氯苯酚废水、聚乙二醇废水、活性染料废水、淀粉废水、餐饮含油废水的各项工艺运行参数、优化条件、处理效果及降解特性等各项小试的试验结果，并已开发出处理高浓度难降解有机废水的中试装置及配套设备。该技术可应用于化工、印染、纺织、食品、机电、酿造、制药等行业间歇排放的高浓度难降解有机废水的处理，实现工业废水的高效处理、重复利用和循环使用，具有投资少、运行成本低、管理操作简单、占地面积少的特点。采用该技术回收水的水质接近纯水标准，回收成本为每吨0.45～0.5元，每年可回收废水约4000万t，创造效益约2000万元。此外，通过对废水处理后的污泥的回收利用，使原本需焚烧的符合农用标准的湿污泥回用于市区环境绿化，既避免了因焚烧污泥而造成的大气污染，又节省了燃油能源，具有广阔的应用前景。

5）膜技术助炼油废水实现深度处理

膜技术等废水深度处理技术，为我国六大节能减排重点行业之一的石化行业找到了有效降低水耗的出路。炼化废水的种类繁多，成分复杂，有机物含量高，生物降解较困难。炼化废水若要深度处理回用，就必须降低其COD、油、无机盐等的含量。使用传统生化方法进行处理，炼化废水的COD值仍然很高，或者是出水BOD高、氨氮含量高，难以担当炼化废水深度处理的重任。而膜技术中的微滤膜、超滤膜和膜生物反应器可以降低水的浊度、油脂、COD、淤泥沉积指数等指标，纳滤膜和反渗透膜可以降低水的硬度、碱度和含盐量。因此，具有出水水质好、易于实现自控、占地面积小、节水环保等特点的双膜法（超滤+反渗透）水处理工艺成为了石化废水处理的一种理想选择。

2004年6月，燕山石油化工公司在国内首次采用双膜技术进行化工废水深度处理，实现了用污水脱盐作为锅炉补水的在实践上的突破，使从污水达标排放向水资源循环再利用转变不再是梦想。之后，巴陵石化、惠州大亚湾石化工业园、克拉玛依石化、大庆炼化、齐鲁石化、独山子石化等多家公司也采用了膜法水处理装置，实现了污水深度净化处理。污水经处理后可以直接进入炼油冷却塔和换热器，做到了水资源的有效回用。

6）膜蒸馏技术消除浓水排放

天津工业大学生物化工研究所在国内率先将膜蒸馏技术用于市政污水、工业废水净化以及海水淡化后的“后患”——浓水处理，有望使废水排放量大大降低，甚至只有固形沉降物排出。该技术现已完成实验室规模实验，准备进行中试及工业化前期实验。

目前国内多采用反渗透技术处理市政污水和工业废水，该技术虽然高效节能，但实际产水率一般在 70% 左右，仍有大量浓水排放，对环境十分不利。而针对淡水资源短缺开发的多种海水淡化技术，在应用中也只能实现约 50% 的淡水收率，另一半浓海水也需排海，会对近海海域的生态环境造成危害。

虽然国内目前尚无相关法规限制浓水排放，但伴随国家节能环保战略的不断深化，清除这一痼疾势在必行，为此该单位在国内率先介入该领域，开发出了适用的膜蒸馏技术。膜蒸馏技术是传统蒸馏工艺与膜分离技术相结合的一种化工分离技术，可在较低温度下实现蒸馏过程，可利用工业废热等廉价能源处理高含盐浓度的废水。该单位针对反渗透浓水设计了新的膜集成高盐度废水处理过程，将减压膜蒸馏过程与浸没式膜反应器相结合，并辅以化学絮凝的废水处理过程，最终使反渗透浓水可被浓缩 100 多倍，显著降低对环境的污染，提高水资源的利用率。

针对海水淡化，该单位采用聚偏氟乙烯中空纤维疏水膜，设计了膜蒸馏-化学除硬-超滤-膜蒸馏耦合处理工艺过程。该技术应用于天津近海海水淡化项目时，实现海水脱盐率大于 99.99%；投加石灰乳，可以获得浆状氢氧化镁产品；海水中溴离子浓度则从初始的 71mg/L 富集至 612mg/L，淡化水回收率达到 80% 以上，实现了海水淡化与海洋化学品资源综合利用的双重效益。

7）基于新型树脂吸附法解决难降解有机污染物治理

吸附法是有机污染物治理与资源化的有效方法之一。然而我国农药、染料、医药等有机化工行业所排放的工业废水种类繁多、组分复杂，废水中的绝大部分有机污染物是水溶性有机物。基于单一疏水作用的大孔和超高交联吸附树脂及活性炭等其他吸附剂，对该类污染物吸附容量低、吸附选择性差，无法实现有效治理与资源化。同时，该法对挥发性芳烃类有机污染物、超高交联吸附树脂等吸附剂虽具有较高的吸附容量，但用蒸汽吹脱易塌孔，需用有机溶剂进行再生，设备投资与处理成本高。

南京大学环境学院通过自行设计与制备对水溶性有机污染物具有疏水作用与氢键（或静电）作用的复合功能吸附树脂及耐温吸附树脂，并发明以新型树脂吸附技术为核心的有机污染物治理与资源化集成工艺，解决了超高交联吸附树脂等吸附剂对水溶性有机污染物吸附容量低、吸附选择性差、蒸汽吹脱再生时易塌孔等技术难题，实现了水溶性、难降解有机污染物的治理与资源化。

该成果的主要创新点在于：发明了在高盐分化工废水体系中选择性分离与回收水溶性有机污染物的方法，开发出以树脂吸附技术为核心的高浓度、高盐分、难降解有机工业废水治理与资源化集成工艺，解决了这类废水长期以来不能被经济、有效处理的技术难题；发明了在强酸（碱）性水溶液中，高效分离回收挥发性、难降解芳烃污染物，以及用水蒸气脱附再生树脂的方法，实现了氯苯行业的清洁生产。该技术已成功应用于江苏扬农化工集团有限公司等 8 家企业，建成了 12 套工业废水处理装置并投入运行；削减 COD 约 1 万 t/a，回收化工产品约 4 万 t/a，近三年累计新增利税和节支约 1.1 亿元。

8）促进剂 NS 废水治理获突破

促进剂废水是橡胶助剂生产中最难治理的废水。从结构上看，促进剂 NS（*N*-叔丁基-2-苯并噻唑次磺酰胺）是替代有毒促进剂 NOBS［*N*-(氧化二亚乙基)-2-苯并噻唑次磺酰胺］的良好选择，但因采用常规次氯酸钠氧化工艺，生产 1t NS 要产生 8～10t 高含盐量、高有机物含量的废水，且这些废水成分复杂、色度高、COD 含量高，难以生化降解。

国家橡胶助剂工程技术研究中心开发的多效蒸发加复合生化的方法，不仅使困扰橡胶助剂行业多时的优质促进剂 NS 的废水治理问题得以解决，废水达标排放，并且实现了水资源的综合利用。据介绍，促进剂 NS 废水通过三效蒸发，COD 值可降到 300～400mg/L；之后利用压力生化将 COD 值再降低 60%～70%，然后通过水解酸化将废水中的大分子有机物水解为易于生物降解的小分子，最后进行接触氧化处理及催化氧化脱色处理。处理后的废水 COD 值在 40～80mg/L，色度在 20～40，硫、氨氮、挥发酚、苯胺含量等指标均达标；同时，蒸发水还可用作生产中的工艺用水，回收的无机盐和部分有机物经净化处理后，也可实现再利用。

该方法具有以下几个创新点：蒸发加热器采用了耐腐蚀性和传热性良好的钛合金，解决了高盐分废水强腐蚀性造成设备寿命过短的问题；采用的盐净化技术，对无机盐和有机物进行了有效分离，处理后的氯化钠满足了氯碱行业的要求；工业废水和生活废水同时处理，既有利于工业废水回用，又降低了成本；复合生化选用的菌种，选择性强，处理效率高。橡胶助剂行业现已确定了行业整体废水处理目标：采用多效蒸发、生化处理、膜技术处理等技术来建设橡胶助剂工业促进剂废水处理示范工程。其日处理废水量要达到 1000t，水资源重复利用率达到 92%，COD<60mg/L。

2. *石化废水治理*

1）炼油污水组合处理技术

中石油系统内首次应用的无药气浮和自助力式纤维束过滤组合技术，在大庆石化公司炼油厂污水处理厂应用成功。这一技术使污水排放指标合格率达到

100%，污水处理厂每年可节省药剂费用和电耗费用 200 多万元。无药气浮法先进技术是在不加任何浮选药剂的条件下，去除污水中表面不带电荷的悬浮物及部分分散油、乳化油，可使一级浮选池出水油含量降至 30mg/L。该技术通过在污水中产生大量的微细气泡，形成气、水及污染物质三相非均一体系，在界面张力、气泡上浮力和静水压力差的作用下，使气泡和污染物的结合体上浮至水面，实现与水的分离。该技术适用于去除水中相对密度接近 1g/cm^3 的物质，用于含油废水处理时具有占地面积少、基建投资省、浮渣含水率低（96% 以下）、出水水质好等多项优点，且因为浮渣不含任何药剂，便于回收利用。该技术配套的基建设施主要包括浮选池和溶气系统等。

自助力式高效纤维束过滤技术可显著提高排放水质，其滤速是石英砂过滤技术的 2～3 倍，过滤效率高，设备占地面积小且维护方便。此外，高效纤维束过滤技术中的滤元可以使用 15 年以上，在运行期间基本上不需维护费用。采用这两项组合技术优化了污水处理工艺，减少了污染物排放量，外排水 COD 小于 100mg/L，同时进一步提高了装置的抗冲击能力及应对突发性事件的能力。

此外，该组合技术大幅度降低了污水处理运行成本，每年节省的絮凝剂复合聚氯化铝铁和磷酸氢二钠价值近 75 万元；鼓风机功率降低 180kW，年节省费用 122.4 万元；回收废油年节省费用 18.24 万元；年节省排污费用 23.5 万元。

2）生物法脱除氨氮技术

由中国石化抚顺石油化工研究院研究开发的生物法脱除废水中氨氮技术，可有效脱除炼油化工生产废水的氨氮污染物，目前已申请中国发明专利 9 项。该技术包括硝化菌的高效富集、亚硝化菌群的扩大培养、氨氮废水处理方法和设备、氨氮废水处理的快速启动工艺等，解决了菌体生长缓慢、耐受冲击能力差等问题。其中氨氮废水的处理工艺采用新型菌体截留方法，有效地提高了反应效果，克服了现有工艺中存在的菌体流失问题。该技术针对催化裂化催化剂和加氢裂化催化剂的生产废水，进行了菌种筛选、分离和优化培养，在连续实验装置上获得了预期结果。抚顺石化研究院开发的工艺和培养的菌群，可以将催化剂生产废水中 500～1200mg/L 的氨氮降至 10mg/L 以下，将炼油生产废水中 100～500mg/L 的氨氮降至 10mg/L 以下。

采用该技术，在实验室处理氨氮浓度为 1500mg/L 的水样时，水力停留时间为 14h，连续试验装置启动 3 天即可达到稳定运行，氨氮脱除率可达 99% 以上。在连续试验装置上处理催化剂生产含氨氮废水，水力停留时间达 18h，稳定运行后氨氮脱除率在 99% 以上，出水氨氮浓度低于 10mg/L，可以将石化行业含氨废水处理到符合《污水综合排放标准》中所规定的一级排放标准。

随着国家对外排废水达标排放和总量控制的日趋强化，采用环保安全的生物脱氮新工艺及新技术将越来越重要。目前对于生产分子筛类催化剂和合成氨等过程产生的含氨废水，缺乏经济、成熟的处理技术，因此废水生物脱氮已成为水污染控制的重要研究课题。生物法脱除废水中的污染物通常是污水处理的最后一道工序，其装置投资少、操作费用较低，具有十分广阔的推广和应用前景。

3）二段式含油污水处理技术

近年来，聚合物驱油技术在一些油田得到了广泛应用，但对于承担胜利油田孤东采油厂含油污水处理的东二联合站，由于回注水含油量和杂质浓度较高，每天大量未被脱出的原油随着回注入污水而白白流失，而且极易堵塞地层，不仅造成了很大的浪费，而且对油藏开发极为不利。

针对东二联合站遇到的含油污水处理难题，孤东采油厂与北京宏瑞世嘉科技有限公司及清华大学联合攻关，通过将化学药剂与除油工艺相结合，按照含油污水性质研究合成出优质化学药剂，达到了低成本高效处理含油污水的目的，处理后外输污水含油量低于100mg/L、外输污水杂质含量低于50mg/L。在现场试验中，采用了磁性活化器+波纹板除油罐+纤维球过滤器构成的二段式除油工艺，处理水量为4m^3/h。试验进水含油在1000mg/L左右，出水含油量稳定地控制在30mg/L以下，去除率为98.48%，杂质含量控制在30mg/L以下，去除率为72.74%。通过前期的研究和现场试验，确定的工艺技术较好地解决了胜利油田孤东采油厂含油污水的处理问题，达到了预期效果。

目前该技术已投入现场应用。从实际应用效果来看，东二联合站日处理水量为3.6万m^3，污水含油量为500mg/L，经工艺处理后的污水含油量低于100mg/L，每天回收原油量约为14.4t，一年可回收原油的价值达778万元。以不加絮凝剂情况下的处理成本0.16元/t计算，年可节约处理药剂费用210万元。经处理后的原油回收至原油脱水系统，达到了减排增产的效果，同时对于提高注水油田油藏开发具有重要意义，为油田的可持续开发提供了有力保障。

4）微生物处理油田污水技术

微生物采油技术作为三次采油中的一个重要部分，还具有环保优势。微生物技术在处理环境污染物方面区别于其他技术的最根本特点是分离、消除污染物，而不是转移污染物，并具有速度快、能耗低、效率高、成本低、反应条件温和、无二次污染等显著优点。

胜利油田采油院在开展微生物采油技术研究的同时，还成功地将微生物技术应用于油田环境污染治理中。应用污水生化处理技术处理后的水质达到国家A1级标准；在联合站污水外排生化处理中，经过90多天的中试运行，处理后的污水水质达到国家一级排放标准。针对胜利渤南低渗透油田水质不达标，严重影响开发的问题，胜利油田采油院应用自主研发的微生物处理污水技术现场试验，将日处理水量由原来的 $100m^3$ 上升为 $200m^3$，水质达到国家 A1 级标准。此技术有望全面提升渤南油田水质，大大促进产能建设。

微生物处理油田污水技术的主要特点是处理效率高，没有二次污染，不仅可解决污水含油、含硫酸盐、还原菌量超标等关键问题，而且可为后续精细处理工艺的应用起到良好的预处理作用。

5）超稠油加工污水处理技术

石油大学（北京）化学科学与工程学院开发的超稠油加工污水的油品回收及预处理技术，解决了稠油加工污水的油品回收和预处理问题，为炼化企业稠油和超稠油的污水处理提供了技术支撑。

该项目针对超稠油加工所产生的高浓度难处理污水特性展开研究，研制出旋流油水分离器、溶气浮选机等关键设备及其专用水处理剂。中石油辽河石化分公司采用该技术建设了 $60m^3/h$ 超稠油加工污水的油品回收及预处理工业装置，运行结果表明：该装置石油类物质回收率高达 95% 以上，污染物负荷降低 90%。

6）高活性微生物和微生物活化技术处理聚氯乙烯废水

新疆天业公司采用高活性微生物和微生物活化技术处理聚氯乙烯（PVC）聚合离心母液废水，废水治理效果达到世界先进水平。这项技术成功运用于聚合离心母液废水的循环再利用，在国内外尚属首例。

电石法生产 PVC 树脂要消耗大量的淡水资源，同时释放出相当数量含有害物质的生产废水，即 PVC 聚合离心母液废水。新疆天业公司 20 万 t/a PVC 生产装置的聚合离心母液废水处理设施投用仅半年，就出现了接触氧化池填料上附着大量污泥和绿藻、微生物活性差、COD 分解效率降低等一系列问题。针对这些问题，技术人员创新性地采用了高活性微生物和微生物活化技术，通过在接触氧化池中定量添加经培养、驯化后的高活性微生物和微生物活化剂，有效去除了沉积在填料上的污泥，建立起了新的高活性微生物膜，并维持了生物膜的活性厚度，从而极大提高了原废水处理设施的处理效率，达到了在不改变现有设备和设施的条件下处理能力提高 1 倍的目的。最终废水 COD 浓度降低到 40mg/L 以内，远低于国家排放标准，处理后的出水可全部用作电厂的循环冷却水，实现了废水的闭路循环，达到零排放。经测算，新疆天业公司运用该技术每年可减少废水排放 $2.85\times10^6m^3$，节约水费开支 427.5 万元；每年减少 COD 排放量 1710t，降低了 60%，节省排污费用 199.5 万元。

在 2007 年 11 月底的全国循环经济工作试点会议上，专家们对新疆天业公司的 PVC 生产废水处理技术给予了高度评价，认为将传统电石法 PVC 高污染、高消耗、限期淘汰类工艺转变成为了清洁生产、资源合理利用、有广阔发展前景的先进工艺，为做大做强我国 PVC 产业提供了环保技术支撑。

7）PVC 离心母液废水处理及回用工艺技术

担纲中国化工集团废水零排放试点项目的杭州水处理技术研究开发中心完成了 PVC 离心母液废水处理及回用工艺技术的工业化设计。这一创新成果如获推广，将推动聚氯乙烯行业全面实现废水零排放。

PVC 母液废水是 PVC 生产过程中的主要废水，其回收利用潜力较大，该废水的回收利用也是困扰氯碱行业多年的环保难题。因此，中国化工集团将该技术的研究列为打造零排放品牌的“破题之作”。杭州水处理技术研究开发中心和四平昊华化工有限公司成立了联合攻关小组，通过大量试验，将膜分离技术和工业水处理技术组合，开发出了 PVC 母液水处理与回收新技术，实现了 PVC 母液废水最优化回收。

四平昊华化工有限公司的示范装置优化回用达满意效果：控制废水排放直至减少到零。经过该系统处理后，65% 的回用水达到回釜水指标，可用于聚合釜工艺入釜水；其余回用水可用于循环冷却水系统补充水，实现 PVC 母液废水零排放。由于运行成本较低，应用该技术还可以大大降低 PVC 的生产成本，实现了回收树脂和热能的综合效益。以年产 20 万 t PVC 规模计算，每年将可节约成本 500 余万元，其中还不包括循环水回用的效益以及排污费减少带来的效益。中化化工科技研究总院、中国科学院大连化学物理研究所、中国膜工业协会等单位的专家认为，该技术为国内氯碱行业开辟了循环经济的新途径，建议其尽快实现产业化，开发工程软件包，便于在行业内推广。据测算，该技术如果在国内氯碱行业推广，每年将减排废水 0.4 亿 m^3，减排 COD 1.6 万 t，并节约水资源 0.4 亿 m^3。

杭州水处理技术研究开发中心和四平昊华化工有限公司将加快该技术的工业化进程，目前每小时 $130m^3$ 以上的 PVC 母液回收工程工艺设计方案已经完成。

3. 污水零排放和再生回用

1）电吸附技术实现污水高端再生利用

目前我国石化、化工等高耗水行业的污废水回用工程，还仅停留在将处理后的水回用作景观水或绿化灌溉等低端用途上，但一项名为电吸附除盐的水再生回用技术却将改变这一现状。其原理是，污水经常规二次处理后再通过电吸附单元进行除盐处理，出水全面满足再生水要求，可直接作为循环冷却水等工业用水，真正实现了污废水高端再生回用。

由常州爱思特净化设备有限公司研发的污废水再生回用与除盐路线——电吸附除盐水净化与水回用技术被重点推介。电吸附除盐技术是利用带电电极表面吸附水中离子的现象，将水中溶解的盐类在电极表面富集浓缩实现除盐/淡化的新型水处理技术。相对于传统除盐技术，电吸附技术具有很好的技术经济性。目前许多国家都在开展此项研究，但由于在关键技术上未能取得突破，迄今仍停留在实验室阶段，一直未能实现产业化应用。2000 年，常州爱思特净化设备有限公司在国内率先开展电吸附技术的研发工作，经过 7 年多的艰难探索，终于形成了具有自主知识产权的饮用水深度处理、城市污水与工业废水回用处理及苦咸水淡化处理除盐工艺技术，并在化工、石化和饮用水领域实现工业应用。齐鲁石化研究院通过与常州爱思特净化设备有限公司的技术合作，成为电吸附技术的首个实践者，2006 年年底率先建成世界首例千吨级炼油废水再生装置，其污水再生回用规模为 $2400m^3/d$，平均除盐率为 62.3%，达到循环水补水水质要求。经估算，该装置的吨水处理成本仅为 0.72 元。太原化工集团对废水再生回用也十分重视，建成了万吨级废水再生处理装置，其回用水水质也达到了化工用水标准，每吨优质再生水的成本为 1.95 元，远低于 4 元/t 左右的工业用水价格。据介绍，电吸附技术除了在污废水再生回用方面的应用外，在饮用水水质改善、海水淡化领域也都有着十分广阔的应用前景。

2）硝酸生产实现废水零排放

目前，我国有稀硝酸生产厂 70 多家，总产能约为 750 万 t/a（折 100%）。其中浓硝酸生产厂 35 家，总产能为 275 万 t/a，浓硝酸生产中 90% 的装置都采用硝镁法生产工艺，生产过程中会产生 2% 左右的酸性水。长期以来，对于国内酸性水的排放问题一直没有很好的解决方法，除少部分用于稀硝酸吸收回用及生产脱盐水外，大部分都采用加入石子和液碱的中和法进行处理。以国内平均水平计算，全国浓硝酸企业年外排酸性废水总量约 122 万 t，折合硝酸 3.05 万 t，因此每年造成的经济损失在 5000 万元以上。

由济南双硝技术开发有限公司与山东华阳迪尔化工有限公司共同开发的酸性水回收处理技术，利用装置本身热源，实现了硝酸工艺酸性水零排放。12 万吨硝酸装置运行一年多来，年创造效益 268 万元，且折合每万吨硝酸一次性投资仅 10 万元左右，运行费用低，投资回收期只需 6 个半月。

据介绍，使用酸性水回收处理技术可以全部回收硝酸生产废水中的硝酸和脱盐水，实现了酸性水零排放。该技术分为硝酸回收和脱盐水回收两道工艺。首先以自身蒸汽为热源，利用水和硝酸沸点不同进行酸汽分离，将 10% ~12% 的酸水加工成稀硝酸产品。剩余 0.03% 的酸水进入回收工序进一步处理后，达到脱盐水质量标准，随后进入吸收塔顶部作为工艺水，多余的水进入循环水池作为循环水使用。这在我国浓硝酸产业技术领域是一个新的突破，不仅使工业水得到充分利用，还优化了循环水的水质。同时该技术还为硝酸企业降低了生产成本，创造了较好的经济效益，为化工行业的节能减排作出了重要贡献。

3）蒸氨新工艺实现废氨水高效回用

焦化企业的焦油污水来源于炼焦煤带入水、炼焦化合水、粗苯分离水、精苯分离水、焦油加工分离水、煤气水封水、蒸汽冷凝水等。其中炼焦化合水通常被称为剩余氨水，剩余氨水中含有氨、硫化氢、氰化物、酚、煤焦油等多种化合物。这种污水在蒸氨处理过程中具有很强的腐蚀性，而且原有蒸氨工艺采用格栅塔板，分离效率低，蒸汽消耗大，每吨污水平均消耗蒸汽约0.2t（对应塔釜游离氨浓度为300mg/L）。

清华大学采用美国SLMSCI公司的PRO-Ⅱ软件进行蒸氨系统优化设计，利用自主开发的高效斜孔塔板代替传统栅板塔，提高了蒸氨的分离效率，降低了蒸氨热耗，在相同条件下比浮阀塔污水处理能力提高30%～40%；以焦炉煤气为燃料给导热油炉加热，代替原来采用的蒸汽加热，提高了蒸氨效率，降低了生产能耗；优化了工艺设备防腐设计，根据蒸氨过程中各种介质腐蚀性质的不同选择不同耐腐蚀材质，解决了蒸氨腐蚀严重的问题；利用蒸氨废水与原料氨水多级换热，充分利用余热降低能耗，解决环境污染问题。

该新工艺有助于剩余氨水等含氨废水的处理和回用。据介绍，某焦化厂蒸氨工序采用清华大学的优化蒸氨系统及复合斜孔塔板后，蒸氨的分离效率显著提高，蒸氨的蒸汽消耗由原来180～200kg/t剩余氨水降至120～150kg/t剩余氨水（对应进料游离氨含量为4～6g/L，实现塔釜游离氨含量为300mg/L），节能和环保效果显著。

4）微波无极紫外光催化氧化技术

武汉科技学院环境科学研究所开发了解决高温有色印染水的回收利用难题。其科研成果为微波无极紫外光催化氧化技术。需水量和废水排放量大一直是困扰印染行业的一大难题。从印染生产线上排放的高温废水，不仅带走了热能，还污染了环境。据武汉科技学院介绍，该院研发出了微波无极紫外光催化氧化技术，并运用这一技术研制出微波无极紫外光组合反应器，开创了高温纺织印染废水处理回用先例。这项成果使印染生产的废水回收率达90%、节水达90%以上。

随着国家设立“十一五”水专项，印染企业水污染治理也被列入其中。据测算，高温印染一般占到印染厂用水量的一半；一个小型的印染厂，每天用水量约为5000t。武汉科技学院的这项成果，能对高温有色印染废水进行有效脱色，高温水又可循环使用。如果这项成果在印染企业推广开，那么印染行业节能减排20%的目标就可以实现。武汉科技学院与武汉方圆环境股份有限公司合作，加快推进新技术在企业实际操作中的推广运用。

2007年，武汉方圆公司研制出成型设备，这既是国内第一台，也是世界上第一台用于纺织印染废水综合治理的工业化设备。

5）亚微米分离实现水重复利用

多年从事亚微米分离技术研究和装置生产的河北深州市净化设备器材厂，在河北科技大学等科研院校的协助下，研制开发出高性能亚微米分离技术，并生产出亚微米净水装置，从根本上解决了工业循环水水质不达标的难题，实现了中水的重复利用。

采用该技术生产的净化装置具有过滤介质孔径均匀、阻力系数小、机械性能高、耐酸碱等显著特点。装置运行过程中，完全达到了消除水质中亚微米固形物的目的，确保了水质质量。

部分石化企业应用结果证明，利用该技术，过滤精度能达到 0. 1μm。在悬浮物浓度为 600mg/L 的情况下，该技术对水中杂质的去除率为 98. 1%，过滤纯度比同类产品提高了 10 倍，滤速提高 4～11 倍。同时，由于该净水装置以高分子聚合物亚微米分离介质为主要原料，其滤板机械性能更趋优越，在−12～105℃的温度范围内可保持性能不变。

参考文献

柴振洪，姜海涛，李冰戈．环境污染控制．1993. 北京：中国环境科学出版社：89-201.
陈静生．1987. 水环境化学．北京：高等教育出版社：1-260.
陈英旭．2001. 环境学．北京：中国环境科学出版社：99-117.
陈志远．1997. 中国酸雨研究．北京：中国环境科学出版社：1-36.
成明泉．2006. 现代化污水处理技术及其应用．管理科学文摘，6：58-60.
戴树桂．1997. 环境化学．北京：高等教育出版社：100-198.
高廷耀，顾卫国．2002. 水污染控制工程．下册．北京：高等教育出版社：1-269.
何强，井文涌，王诩亭．1994. 环境学导论．2 版．北京：清华大学出版社：1-28，144-183.
侯傲．2007. 油田污水回注处理现状与展望．工业用水和废水，38（3）：9-12.
侯腱膨，陈东明，付晓．2010. 油田污水处理技术现状和新进展．内蒙古石油化工，10：55-59.
黄维菊，魏星．2008. 污水处理工程设计．北京：国防工业出版社：1-144.
蒋展鹏．1992. 环境工程学．北京：高等教育出版社：4-314.
李本高，王建军，傅晓泙．2003. 工业水处理技术．北京：中国石化出版社：19 277.
蔺爱国．2005. 含油污水膜滤处理技术新进展．油气田地面工程，24（1）：13-15.
刘载文，苏震，王小艺，等．2010. 生物流化床污水处理技术进展与展望．化工自动化及仪表，37（2）：1-6.
卢晓君，林海．2010. 难降解高含盐化工污水处理技术研究．广州化工，38（2）：157-162.
陆柱，郑士忠，钱滇子，等．1992. 油田水处理技术．北京：石油工业出版社：1-305.
莫祥银．2009. 环境科学概论．北京：化学工业出版社：53-81.
彭党聪．2011. 水污染控制工程实践教程．2 版．北京：化学工业出版社：24-124.
钱伯章，朱建芳．2009. 2008 年污水治理技术新进展．中国环保产业，2：16-25.
阮文权．2006. 废水生物处理工程设计实例详解．北京：化学工业出版社：23-361.
石金田．2009. 煤化工污水治理技术探讨．煤矿现代化，S1：139-140.

图影，徐颖 . 2009. 油田含油污水处理技术及发展趋势 . 能源与环境，2：97-99.
王宝贞，王琳 . 2004. 水污染治理新技术——新工业、新概念、新理论 . 北京：科学出版社：1-342.
王绍文，罗志腾，钱累 . 2003. 高浓度有机废水处理技术与工程应用 . 北京：冶金工业出版社：123-436.
王晓蓉 . 1997. 环境化学 . 南京：南京大学出版社：1-124.
杨根权 . 2010. 低能耗污水处理技术的应用 . 能源环境保护，24（2）：22-26.
张文 . 2010. 油田污水处理技术现状及发展趋势 . 油气地质与采收率，17（2）：108-111.
朱亮，张文研 . 2004. 水处理工程运行与管理 . 北京：化学工业出版社：1-50，108-215.
朱伟萍，张晶 . 2008. 水处理微生物学 . 北京：中国电力出版社：166-255.
朱亦仁 . 2002. 环境污染治理技术 . 北京：中国环境科学出版社：1-222.
Stumm W. 1992. Chemistry of the Solid-water Interface. Hoboken：John Wiley & Sons，Inc. 243-288.

第 6 章　大气污染治理

6.1　大气污染概述

6.1.1　大气的组成及结构

1. 大气与空气

国家标准化组织（ISO）对大气和空气的定义是：大气（atmosphere）是指环绕地球的全部气体的总和。环境空气（ambient air）是指人类、动物、植物和建筑物暴露在其中的室外空气。由上面的定义可知，“大气”和“空气”是作为同义词使用的，只是从范围上来讲，“大气”要比“空气”更大些，大气（或空气）污染控制工程的研究内容和范围，基本上就是环境空气的污染和防治，而且更侧重于和人类关系最密切的近地层空气，即使研究大环境的大气物理学、大气气象学等，其主要的研究范围也是对流层空气，很难将大气和空气区分开。本书在以后的内容中，除描述特定场所的空气时加定语界定外，无论“大气”或“空气”主要是指“环境空气”。

2. 大气的组成

大气是由多种气体混合而成的，其组成可以分为三部分：干燥清洁的空气（简称干洁空气）、水蒸气和悬浮微粒。干洁空气的主要成分是氮、氧、氩和二氧化碳气体，含量占全部干洁空气的 99.996%（体积分数）；氖、氦、氪、甲烷等次要成分只占 0.004% 左右。干洁空气成分的组成见表 6-1。

由于大气的垂直运动、水平运动、湍流运动及分子扩散，使得不同高度和地区的大气交换和混合，因而直到 90 ~ 100km 的高度，干洁空气的组成比例基本保持不变。另一种表述就是，在人类经常活动的范围内，地球上任何地方干洁空气的物理性质基本相同。例如，干洁空气的平均分子质量为 28.966，在标准状态下（273.15K，101 325Pa）密度为 1.293kg/m^3。在自然界大气的温度和压力条件下，干洁空气的所有成分都处于气态，不可能液化，因此可以看成是理想气体。

表 6-1　干洁空气的组成

成分	相对分子质量	体积分数/%	成分	相对分子质量	体积比/ppm
氮（N_2）	28.01	78.09	氖（Ne）	20.18	18
氧（O_2）	32.00	20.95	氦（He）	4.003	5.3
氩（Ar）	39.94	0.93	甲烷（CH_4）	16.04	1.5
二氧化碳（CO_2）	44.01	0.03	氪（Kr）	83.80	1.0
			一氧化二氮（N_2O）	44.01	0.5
			氢（H_2）	2.016	0.5
			氙（X）	131.30	0.08
			臭氧（O_3）	48.00	0.01～0.04

大气中的水蒸气主要来自海水的蒸发，少量来自江河、湖泊水的蒸发以及土壤、植被的蒸发作用。其含量平均不到 0.5%，而且随着时间、地点和气象条件等不同而有较大的变化，其变化范围可达0.01%～4%。虽然大气中的水蒸气少，但可导致各种复杂的天气现象，比如云、雾、雨、雪、霜、露等。大气湿度的变化和热能的输送交换等均是由这些现象引起的。同时，水蒸气又有很强的吸收长波辐射的能力，对地面的保温具有重要作用。

自然过程和人类生活排到大气中的各种悬浮微粒及气态物质是大气中各种杂质的主要来源。大气中的悬浮微粒，除水蒸气凝结物如云、雾滴、冰晶等，主要是有机和无机类的固体微粒。其中，有机微粒的数量较少，主要有植物花粉、微生物和细菌等；无机物微粒数量较多，主要来源是岩石或土壤风化后的微粒、流星燃烧后的灰烬、火山爆发时的尘埃等。它们的分布随着时间、地点和气象条件的变化而变化，通常是陆上多于海上，城市多于乡村，冬季多于夏季。它们的存在对辐射的吸收与散射，云、雾和降水的形成，大气的光电现象具有重要的作用，同时对大气污染有重要的影响。

3. 大气圈及其垂直结构

地球表面环绕着一层很厚的气体，称为环境大气或地球大气，简称大气。大气是自然环境的重要组成部分，是人类赖以生存的物质。自然地理学把受地心引力而随着地球旋转的大气称为大气圈。大气圈的厚度约为 10 000km。由于大气圈层与宇宙空间很难确切地划分，在大气物理学和污染气象学研究中，常把大气圈层上界定为 1200～1400km；1400km 以外，气体非常稀薄，就是宇宙空间了。

根据大气在垂直方向上的温度、化学成分等物理性质的差异，同时考虑到大气的垂直运动情况，可将大气圈分为五层：对流层、平流层、中间层、暖层和散逸层，如图 6-1 所示。

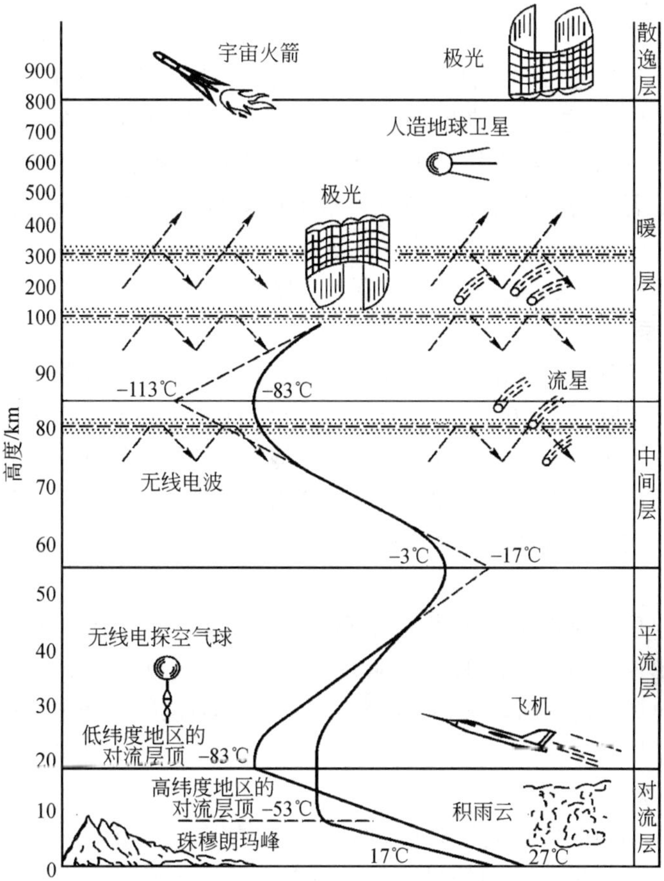

图 6-1　大气垂直方向上的分层

1）对流层

对流层（troposphere）是大气的最下层。它的高度因纬度和季节而异。就纬度而言，低纬度平均为 17～18km；中纬度平均为 10～12km；高纬度为 8～9km。就季节而言，对流层上界的高度，夏季大于冬季。通常所讲的大气污染主要发生在这一层，对流层和人类的关系最为密切。对流层的主要特征有：①气温随高度的增加而递减，平均每升高 100m，气温降低 0.65℃。②空气有强烈的对流运动。地面性质不同，因而受热不均，暖的地方空气受热膨胀而上升，冷的地方空气冷缩而下降，从而产生空气对流运动。③天气复杂多变。对流层集中了 75% 大气质量和 90% 的水汽，因此伴随强烈的对流运动，可产生水相变化，形成云、雨、雪等复杂的天气现象。④密度大。虽然相对于大气的总厚度而言对流层很薄，但其质量却占大气总质量的 3/4 以上。

2）平流层

自对流层顶向上 55km 高度为平流层（stratosphere）。其主要特征有：①温度随高度增加由等温分布变逆温分布。平流层的下层随高度增加气温变化很小。大约在 20km 以上，气温又随高度增加而显著升高，出现逆温层。这是因为 20 ~ 25km 高度处，臭氧含量最多。臭氧能吸收大量太阳紫外线，从而使气温升高。②垂直气流显著减弱。平流层中空气以水平运动为主，空气垂直混合明显减弱，整个平流层比较平稳。③水汽、尘埃含量极少。由于水汽、尘埃含量少，对流层中的天气现象在这一层很少见。平流层天气晴朗，大气透明度好。

3）中间层

从平流层顶到 85km 高度为中间层（mesosphere）。其主要特征有：①气温随高度增高而迅速降低，中间层的顶界气温降至-113 ~ -83℃。因为该层臭氧含量极少，不能大量吸收太阳紫外线，而氮、氧能吸收的短波辐射又大部分被上层大气所吸收，所以气温随高度增加而递减。②出现强烈地对流运动。该层大气上部冷、下部暖，致使空气产生对流运动。

4）暖层

从中间层顶到 800km 高度为暖层（thermosphere）。其主要特征有：①随高度增高，气温迅速升高，据探测，在 300km 高度上，气温可达 1000℃ 以上。②空气处于高度电离状态，所以又称电离层，电离层具有反射无线电波的能力，对无线电通信有重要意义。

5）散逸层

散逸层（outerlayer）处于暖层顶以上，称为外大气层。它是大气的最外一层，也是大气层和星际空间的过渡层，但无明显的边界线。这一层空气极其稀薄，大气质点碰撞机会很小。气温也随高度增加而升高。由于气温很高，空气粒子运动速度很快，又因距地球表面远，受地球引力作用小，所以一些高速运动的空气质点不断散逸到星际空间，散逸层由此而得名。

6.1.2 大气污染及重要污染物、污染源

1. 大气污染概述

人们常讲水是生命之源，但是动物赖以生存的空气是比水更重要的物质资源，人类生存离不开空气，发展工农业生产离不开空气，燃料燃烧也离不开空气。人类时刻都要呼吸，健康的身体需要新鲜清洁的空气，不少调查表明，肺癌等疾病与大气污染有着重要的关系。

大气污染是指由于人类活动或自然过程引起某些物质进入大气中，呈现出足够的浓度，达到足够的时间，并因此危害了人体的舒适、健康和福利或引起环境污染的现象。人类活动不仅包括生产活动，还包括生活活动，如做饭、取暖、交通等。自然过程指火山活动、山林火灾、海啸、土壤和岩石的风化以及大气圈中空气运动等。一般来说，由于自然环境所具有的物理、化学和生物机能（即自然环境的自净作用），会使自然过程造成的大气污染经过一段时间后自动消除，所以可以说，大气污染主要是人类活动造成的。

大气污染对人体的舒适、健康的危害，包括对人体的正常生活环境和生理机能的影响，可引起急性病、慢性病甚至死亡等；而福利是指与人类协调共存的生物的、自然资源以及财产、器物等给人类带来的福利。

按照大气污染的范围来分，大气污染大致可以分为四类：①局部地区污染，局限于小范围的大气污染，如受到某些烟囱排气的直接影响；②地区性污染，涉及一个地区的大气污染，如工业区及其附近地区或整个城市受到的大气污染；③广域污染，涉及比一个地域或大城市更广的地区的大气污染；④全球性污染，涉及全球范围（或国际性）的大气污染。

2. 全球性大气污染问题

全球性大气污染问题包括温室效应、臭氧层破坏和酸雨等问题。

1）温室效应

大气中某些气体对来自太阳的短波辐射吸收很少，而对地面向太空辐射的长波都强烈吸收，使地面及低层大气变暖，这种作用称为温室效应，这些气体即温室气体。现发现的主要有二氧化碳、氟利昂（含氯氟烃化合物）、氧化亚氮和甲烷等。全球性气候变暖发展下去将会对人类生存环境产生如海平面上升等一系列不可逆转的后果。一直以来，CO_2被认为是最重要的温室气体，但有专家研究指出，21 世纪二氧化碳在温室效应中所起的作用可能退居次要地位，原因是其他温室气体在逐渐增加。

2）臭氧层破坏

大气中臭氧的含量占一亿分之一，主要集中在离地面 20 ~ 25km 的平流层，具有强烈吸收紫外线的功能，从而保护地球上各种生命的生存、繁衍和发展。人类活动产生的大量氮氧化物排入大气，超音速飞机在臭氧层高度内飞行，特别是人们生活活动产生的大量氟利昂进入低层大气后溶入臭氧层，与臭氧发生化学反应而降低臭氧浓度。臭氧层的破坏将使过量的紫外线辐射到达地面，危害人类健康；使大气平流层温度发生变化，导致地球气候异常。

3）酸雨

pH 小于 5.6 的降水称为酸雨。酸雨成分复杂，我国的酸雨主要是由大气中二氧化硫造成的。酸雨会引起土壤、湖泊与河流的酸化，加速建筑物和纪念碑的侵蚀，降低能见度。在国外，酸雨有“空中死神”之称。由于大气污染物能够远程传输，所以酸雨成了全球性的环境问题。

3. 大气污染物

大气污染物是指由于人类活动或者自然过程中排入大气并对人或环境产生有害影响的物质。大气污染物的种类很多，按照其存在的状态可以分为两大类：气溶胶状态污染物、气体状态污染物。

1）气溶胶状态污染物

在大气污染中，气溶胶指固体、液体粒子或它们在气体介质中的悬浮体。从大气污染控制的角度，按照气溶胶的来源和物理性质，可将其分为以下几种。①粉尘（dust）：指悬浮于气体介质中的细小固体粒子。通常是由固体物质的破碎、分级、研磨等机械过程或土壤、岩石风化等自然过程形成的。粉尘粒径一般在 1 ~ 200μm。大于 10μm 的粒子靠重力作用能在较短时间内沉降到地面，称为降尘；小于 10μm 的粒子能长期在大气中飘浮，称为飘尘。②烟（fume）：通常指由冶金过程形成的固体粒子的气溶胶。在工业生产过程中总是伴诸如氧化之类的化学反应，熔融物质挥发后生成的气态物质冷凝时便生成各种烟尘。烟的粒子是很细微的，粒径范围一般为 0. 01 ~ 1μm。③飞灰（fly ash）：指由燃料燃烧后产生的烟气带走的灰分中分散的较细的粒子。飞灰是含碳物质燃烧后残留的固体渣，在分析测定时假定它是完全燃烧的。④黑烟（smoke）：通常指由燃烧产生的能见的气溶胶，不包括水蒸气。在某些文献中以林格曼数、黑烟的遮光率、沾污的黑度或捕集的沉降物的质量来定量表示黑烟。黑烟的粒径范围为 0. 05 ~ 1μm。⑤雾（fog）：工程中，雾一般指小液体粒子的悬浮体。它可能是由于液体蒸气的凝结、液体的雾化以及化学反应等过程形成的，如水雾、酸雾、碱雾、油雾等，水滴的粒径范围在 200μm 以下。

按照大气气溶胶中各粒子的直径可以将其分为总悬浮颗粒物（TSP）和可吸入颗粒物。总悬浮颗粒物指大气中粒径小于 100μm 的所有固体颗粒。这是为适应中国目前普遍采用的低容量滤膜采样法而规定的指标。可吸入颗粒物指悬浮在空气中，空气动力学直径小于 10μm 的颗粒物。

2）气体状态污染物

气体状态污染物（简称气态污染物）是在常态、常压下以分子状态存在的污染物。气态污染物的种类很多，总体上可以分为以下五大类：以 SO_2 为主的含硫化合物、以 NO 和 NO_2 为主的含氮化合物、碳氧化合物、碳氢化合物及卤素化合物（表 6-2）。

表 6-2　气态污染物的分类

污染物	一次污染物	二次污染物
含硫化合物	SO_2、H_2S	SO_3、H_2SO_4、MSO_4
碳氧化合物	CO、CO_2	无
含氮化合物	NO、NH_3	NO_2、HNO_3、MNO_3
碳氢化合物	C_1 ~ C_{10} 化合物	过氧化乙酰基硝酸酯、酮、醛
卤素化合物	HF、HCl	无

气态污染物又可以分为一次污染物和二次污染物。

一次污染物是指直接从污染源排到大气中的原始污染物质。在大气污染控制中受到普遍重视的一次污染物有硫氧化物、氮氧化物、碳氧化物以及碳氢化合物等。

二次污染物是指由一次污染物与大气中已有组分，或几种一次污染物之间经过一系列化学或光化学反应而生成的与一次污染物性质不同的新污染物质。二次污染物有硫酸烟雾和光化学烟雾。

上述主要污染物的性质、来源及其危害性主要如下。

(1) 含硫化合物。

硫通常以二氧化硫和硫化氢的方式进入大气，也有一部分以亚硫酸及硫酸(盐)的微粒形式进入大气。大气中的硫约有 2/3 来自天然源，其中以细菌活动产生的硫化氢最为重要。人为源产生的硫排放形式主要是 SO_2。

SO_2 是一种无色、有刺激性气味的不可燃气体，是目前大气污染物中数量较大、影响范围广的一种气态污染物。SO_2 和飘尘具有协同效应，两者结合起来对人体的危害很大。大气中 SO_2 的来源很广，几乎所有工业企业都可能产生。它主要来自化石燃烧过程，以及硫化物矿石的焙烧、冶炼等热过程。火力发电厂、有色金属冶炼厂、硫酸厂、炼油厂以及所有烧煤或油的工业炉窑等都排放 SO_2 烟气。

(2) 碳氧化合物。

碳氧化合物主要有两种，即 CO 和 CO_2。CO 和 CO_2 是各种大气污染物中发生量最大的一类污染物，主要来自燃烧和机动车排气。

CO 是一种窒息性气体，进入大气后，由于大气的扩散稀释作用和氧化作用，一般不会造成危害。但在城市冬季采暖季节或在交通繁忙的十字路口，当其难排气扩散稀释时，CO 的浓度有可能达到危害人体健康的水平，冬季居室内 CO 中毒的事例也屡见不鲜。CO 主要是由含碳物质的不完全燃烧产生的，天然源较少。CO_2 是无毒气体，但当其在大气中的浓度过高，使氧气含量相对减小时，也会对人类产生不良影响。地球上 CO_2浓度的增加，能产生温室效应，迫使各国政府实施控制。

（3）含氮化合物。

氮和氧的化合物有 NO、NO_2等，总体称为氮氧化物。其中造成大气污染的主要污染物是 NO 和 NO_2。NO 的毒性不大，但是进入大气后可以被慢慢地氧化成 NO_2，当大气中有 O_3存在时或在催化剂的作用下，其氧化速度会加快。NO_2的毒性约为 NO 的 5 倍。当 NO_2参与大气中的光化学反应形成光化学烟雾后，其毒性更强。人类活动产生的 NO_x，主要来自火力发电厂、各种窑炉、机动车和采油机的排气，其次是硝酸生产、硝化过程、炸药生产及金属表面处理等过程，其中由燃料燃烧产生的 NO_x约占 83%。NO_x对环境的损害作用极大，是形成酸雨的主要物质之一，也是形成大气中光化学烟雾的重要物质和消耗臭氧的一个重要因子。

（4）碳氢化合物。

碳氢化合物主要来自机动车船排气和燃料燃烧，以及炼油和有机化工企业。除甲烷等直链碳氢化合物外，还有芳香烃等复杂的碳氢化合物，多数有毒有害，有的甚至致癌、致畸，导致遗传因子变异。其中比较典型的苯并芘和蒽衍生物都是致癌物质。其他碳氢化合物，如多氯联苯、乙烯进入大气后会导致植物生长发育异常，环境中的氯乙烯是致癌物质，可以诱发肝脏血管瘤。

（5）卤素化合物。

大气中以气态形式存在的卤素化合物大致可以分为以下几类：卤代烃、其他含氯化合物、氟化物。大气中的卤代烃包括卤代脂肪烃和卤代芳烃，其中一些高级的卤代烃，如有机氯农药 DDT、六六六以及多氯联苯（PCB）等以气溶胶的形式存在，2 个碳原子或 2 个碳原子以下的卤代烃呈气态。其主要的人为源三氯甲烷、二氯乙烷、四氯化碳、氯乙烯、氟氯甲烷等是重要的化学溶剂，也是有机合成工业的重要原料和中间体。在生产过程中因挥发而进入大气，海洋也排放相当的三氯甲烷；其他含氯化合物主要是氯气和氯化氢，氯气主要由化工厂、塑料厂、自来水净化厂等产生，火山活动也排放一定量的 Cl_2，氯化氢主要来自盐酸制造、废水焚烧等，在空气中可以形成盐酸雾，也是构成酸雨的成分；含氟废气主要是指 HF 和 SiF_4的废气，主要来源于炼铝工业、钢铁工业以及黄磷、磷肥和氟塑料生产等化工过程。

4. 大气污染源

大气污染源通常是指向大气排放出足以对大气环境产生有害影响的有毒或有害物质的生产过程、设备或场所。按污染物质的来源可分为天然污染源和人为污染源，其主要来源为三大方面：燃料燃烧；工业生产过程；交通运输。前两类污染源统称为固定源，交通运输工具（机动车、火车、飞机等）则称为流动源。

1）燃料燃烧

煤、石油、天然气等燃料的燃烧过程是向大气输送污染物的重要发生源。煤是主要的工业和民用燃料，它的主要成分是碳，并含有氢、氧、氮、硫及金属化合物。煤燃烧时除产生大量烟尘外，在燃烧过程中还会形成一氧化碳、二氧化碳、二氧化硫、氮氧化物、有机化合物及烟尘等有害物质。家庭炉灶排气是一种排放量大、分布广、排放高度低、危害性不容忽视的空气污染源。

2）工业生产过程排放

工业生产过程中排放到大气中的污染物种类多、数量大，是城市或工业区大气的重要污染源。

工业生产过程中排放废气的工厂很多。例如，石油化工企业排放二氧化硫、硫化氢、二氧化碳、氮氧化物；有色金属冶炼工业排出二氧化硫、氮氧化物以及含重金属元素的烟尘等。总之，工业生产过程排放的污染物的组成与工业企业的性质密切相关。

3）交通运输过程中排放

汽车排气已构成大气污染的主要污染源。汽油车排放的主要污染物是 CO、NO_x、碳氢化合物和铅（如果使用含铅汽油）；柴油车排放的污染物主要有 NO_x、PM（细微颗粒物）、碳氢化合物、CO 和 SO_2。

5. 污染物在大气中的转化

从污染源排放到大气中的污染物，在扩散、传输过程中，由于其自身的物理化学性质受到阳光、温度、湿度等因素的影响，污染物之间，以及它们与空气原有组分之间发生化学反应，形成新的二次污染物，这一反应过程称为大气污染的化学转化。它包括光化学过程和热化学过程，其中有发生在气相或液相的均相反应，发生在气相、液相、固气界面上的非均相反应。

下面介绍几类化学反应过程：氮氧化物的化学转化、硫氧化物的转化及硫酸烟雾型污染、光化学烟雾的生成反应、酸雨形成反应。

1）光化反应基础

对流层大气中所进行的化学反应往往是以穿过平流层后的太阳辐射所产生的化学反应作为原动力。现在，光化学和光谱学已经成为研究大气化学反应机制和反应速率的基础。光化学的基础内容如下。

（1）光化学反应过程。

原子、分子、自由基或离子吸收光子所引发的化学反应称为光化学反应。化学物种吸收光量子后可以产生光化学的初级过程和次级过程。

初级过程包括化学物种吸收光量子形成激发态物种，基本步骤如下。

$$A + h\nu \longrightarrow A^* \tag{6-1}$$

式中，A^*为物种 A 的激发态；$h\nu$ 为光量子。

随后激发态 A^*可能发生如下几种反应：

$$A^* \longrightarrow A + h\nu \tag{6-2}$$

$$A^* + M \longrightarrow A + M' \tag{6-3}$$

$$A^* \longrightarrow C1 + C2 + \cdots \tag{6-4}$$

$$A^* + B \longrightarrow D1 + D2 + \cdots \tag{6-5}$$

式（6-2）为辐射跃迁，即 A^*失去能量回到基态而发光（荧光或磷光），式（6-3）为无辐射跃迁，即 A^*与其他化学惰性分子（M）碰撞而失去活性，式（6-4）为光离解，即 A^*离解产生新物质（C1，C2，…），式（6-5）为 A^*与其他分子（B）反应产生新物质（D1，D2，…）。这两种过程均为光化学过程。受激态物种会在什么条件下解离成新物种，以及与什么物种反应可产生新物种，对于描述大气污染物在光作用下的转化规律很有意义。

次级过程是指在初级反应过程中的反应物、生成物之间进一步发生的反应。如大气中氯化氢的光化学反应过程：

$$HCl + h\nu \longrightarrow H\cdot + Cl\cdot \tag{6-6}$$

$$H\cdot + HCl \longrightarrow H_2 + Cl\cdot \tag{6-7}$$

$$Cl\cdot + Cl\cdot \xrightarrow{M} Cl_2 \tag{6-8}$$

式（6-6）为初级过程，式（6-7）为初级过程产生的 H · 与 HCl 反应，式（6-8）为初级过程所产生的 Cl · 之间的反应，该反应必须有其他物种（如 O_2或 N_2等）存在才能发生，式中用 M 表示。式（6-7）和式（6-8）均属于次级过程。

大气中气体分子的光解往往可以引起许多大气化学反应。气态污染物通常可参与这些反应而发生转化，因而有必要对光解离过程给予更多注意。

(2) 大气中重要的自由基。

自由基在其电子壳层的外层有一个不成对的电子，倾向于得到一个电子达到稳定结构，因而有很高的活性，具有强氧化作用。

自由基在清洁大气中的活性很低，仅为 10^{-12}（ppt 级），但是由于对流层含有较多人类排放的污染物，能够发生光化学作用而形成自由基，因此自由基反应在对流层光化学领域具有极为重要的作用。大气中存在的重要自由基有 HO ·、HO_2 ·、R ·（烷基）、RO ·（烷氧基）和 RO_2 ·（过氧烷基）等。其中以HO · 和 HO_2 · 最为重要。凡是有自由基生成或由其诱发的反应都称为自由基反应。这里主要介绍大气中 HO · 和 HO_2 · 的来源。

对于清洁大气，O_3的光解是大气中 HO · 的重要来源。

波长大于 315nm 时，

$$O_3 + h\nu \longrightarrow O_2 + O\cdot(\text{基态原子氧})\quad(\text{光分解}) \tag{6-9}$$

$$O_2 + O\cdot + M \longrightarrow O_3 + M \tag{6-10}$$

波长小于 315nm 时，

$$O_3 + h\nu \longrightarrow O_2 + O^*(\text{激发态原子氧})\quad(\text{光分解}) \tag{6-11}$$

$$O^* + H_2O \longrightarrow 2HO\cdot \tag{6-12}$$

对于污染大气，如有 HNO_2和 H_2O_2存在，它们的光离解也可产生 HO ·，

$$HNO_2 + h\nu \longrightarrow HO\cdot + NO\cdot \tag{6-13}$$

$$H_2O_2 + h\nu \longrightarrow 2HO\cdot \tag{6-14}$$

其中 HNO_2的光解是大气中 HO · 的重要来源。

大气中的 $HO_2\cdot$ 主要来源于醛的光解，尤其是甲醛的光解：

$$H_2CO + h\nu \longrightarrow H\cdot + HCO\cdot \tag{6-15}$$

$$H\cdot + O_2 + M \longrightarrow HO_2\cdot + M \tag{6-16}$$

$$HCO\cdot + O_2 \longrightarrow HO_2\cdot + CO \tag{6-17}$$

任何光解过程只要有 H · 或 HCO · 自由基生成，它们都可与空气中的 O_2结合而生成 $HO_2\cdot$。其他醛类也有类似反应，但它们在大气中的浓度远比甲醛低，因而不如甲醛重要。

另外，亚硝酸酯和 H_2O_2的光解也可导致生成 $HO_2\cdot$：

$$CH_3ONO + h\nu \longrightarrow CH_3O\cdot + NO\cdot \tag{6-18}$$

$$CH_3O\cdot + O_2 \longrightarrow HO_2\cdot + H_2CO \tag{6-19}$$

$$H_2O_2 + h\nu \longrightarrow 2HO\cdot \tag{6-20}$$

$$HO\cdot + H_2O_2 \longrightarrow HO_2\cdot + H_2O \tag{6-21}$$

如体系中有 CO 存在：

$$HO\cdot + CO \longrightarrow CO_2 + H\cdot \tag{6-22}$$

$$H\cdot + O_2 \longrightarrow HO_2\cdot \tag{6-23}$$

大气中存在最多的烷基自由基是甲基，其主要来自乙醛和丙酮的光解：

$$CH_3CHO + h\nu \longrightarrow \cdot CH_3 + HCO\cdot(\text{乙醛光解}) \tag{6-24}$$

$$CH_3COCH_3 + h\nu \longrightarrow \cdot CH_3 + CH_3CO\cdot(\text{丙酮光解}) \tag{6-25}$$

HO · 自由基和 O · 自由基与烃类发生脱氢反应时，也能生成烷基自由基：

$$RH + HO\cdot \longrightarrow R\cdot + H_2O \tag{6-26}$$

$$RH + O\cdot \longrightarrow R\cdot + HO \tag{6-27}$$

大气中甲氧基（$CH_3O\cdot$）主要来自甲基亚硝酸酯和甲基硝酸酯的光解：

$$CH_3ONO + h\nu \longrightarrow CH_3O\cdot + NO\cdot(\text{甲基亚硝酸酯光解}) \tag{6-28}$$

$$CH_3ONO_2 + h\nu \longrightarrow CH_3O\cdot + NO_2\cdot \text{（甲基硝酸酯光解）} \tag{6-29}$$

大气中过氧烷基（$RO_2\cdot$）主要由烷基与空气中的氧分子结合得到：

$$R\cdot + O_2 \longrightarrow RO_2\cdot \tag{6-30}$$

2）氮氧化物在大气中的化学转化

氮氧化物（NO_x）在大气光化学反应过程中起着很重要的作用。NO_x通常主要指 NO 和 NO_2，NO_2经光离解而产生活泼的氧原子，它与空气中的 O_2结合生成 O_3。O_3又可把 NO 氧化成 NO_2，因而 NO、NO_2与 O_3之间存在着的化学循环是大气光化学反应过程的基础。

当阳光照射到含有 NO 和 NO_2的空气时，便有如下基本反应发生：

$$NO_2 + h\nu \longrightarrow NO + O\cdot \tag{6-31}$$

$$O\cdot + O_2 + M \longrightarrow O_3 + M \tag{6-32}$$

$$O_3 + NO \longrightarrow NO_2 + O_2 \tag{6-33}$$

在大气中无其他反应干预的条件下，O_3的浓度取决于［NO_2］/［NO］。氮氧化物的转化包括气相转化与液相转化。

（1）NO_x 的气相转化。

NO 是燃烧过程中直接向大气排放的污染物。NO 可通过许多氧化过程氧化成 NO_2，氧化剂包括 O_3、$RO_2\cdot$、$HO_2\cdot$、$RO\cdot$、$HO\cdot$。

$$O_3 \text{ 为氧化剂：} NO + O_3 \longrightarrow NO_2 + O_2 \tag{6-34}$$

$$RO_2\cdot \text{ 为氧化剂：} NO + RO_2\cdot \longrightarrow NO_2 + RO\cdot \tag{6-35}$$

$$HO_2\cdot \text{ 为氧化剂：} NO + HO_2\cdot \longrightarrow HO + NO_2\cdot \tag{6-36}$$

$$RO\cdot \text{ 为氧化剂：} NO + RO\cdot \longrightarrow RONO \tag{6-37}$$

$$HO\cdot \text{ 为氧化剂：} NO + HO\cdot \longrightarrow HNO_2 \tag{6-38}$$

HNO_2和 RONO 都极易光解。

NO_2可以引发大气中生成 O_3的反应。此外，NO_2能与一系列自由基，如 $HO\cdot$、$O\cdot$、$HO_2\cdot$、$RO_2\cdot$和 $RO\cdot$等反应，也能与 O_3和 NO_3反应。其中比较重要的是与 $HO\cdot$、NO_3以及 O_2的反应。NO_2与 $HO\cdot$反应可生成 HNO_3：

$$NO_2 + HO\cdot \longrightarrow HNO_3 \tag{6-39}$$

此反应是大气中 HNO_3的主要来源，同时对酸雨和酸雾的形成起重要作用。NO_2也可与 O_3反应：

$$NO_2 + O_3 \longrightarrow NO_3 + O_2 \tag{6-40}$$

NO_3可与 NO_2进一步反应：

$$NO_2 + NO_3 \overset{M}{\rightleftharpoons} N_2O_5 \tag{6-41}$$

（2）NO_x的液相转化。

NO_x是大气中的重要污染物，可溶于大气的水中，并构成一个液相平衡体系。在这一体系中 NO_x 有其特定的转化过程。

NO_x 在液相中的平衡比较复杂。NO 和 NO_2 在气液两相间的关系为

$$NO(g) \xrightleftharpoons{M} NO(aq) \tag{6-42}$$

$$NO_2(g) \xrightleftharpoons{M} NO_2(aq) \tag{6-43}$$

溶于水中的 NO（aq）和 NO_2（aq）按照式（6-44）和式（6-45）进行反应：

$$2NO_2(aq) + H_2O \xrightleftharpoons{K_1} 2H^+ + NO_2^- + NO_3^- \tag{6-44}$$

$$NO(aq) + NO_2(aq) + H_2O \xrightleftharpoons{K_2} 2H^+ + 2NO_2^- \tag{6-45}$$

上述反应式表明，可以通过两种途径产生 NO_2^- 和/或 NO_3^-。因此，对于 NO-NO_2 体系存在着如下平衡关系：

$$2NO_2(g) + H_2O \xrightleftharpoons{K_1} 2H^+ + NO_2^- + NO_3^- \tag{6-46}$$

$$NO(g) + NO_2(g) + H_2O \xrightleftharpoons{K_2} 2H^+ + 2NO_2^- \tag{6-47}$$

（3）NO_x 的液相反应。

NO_x 的液相反应主要有以下反应：通过非均相反应可形成 HNO_3 和 HNO_2。NO_2 也可能经过在湿颗粒物或云雾液滴中的非均相反应而形成硝酸盐。

3）硫氧化物在大气中的转化

（1）二氧化硫的气相氧化。

大气中 SO_2 的转化首先是 SO_2 氧化成 SO_3，随后 SO_3 被水吸收而生成硫酸，从而形成酸雨或硫酸烟雾。硫酸与大气中的 NH_4^+ 等阳离子结合生成硫酸盐气溶胶。

SO_2 直接光氧化：在低层大气中 SO_2 吸收来自太阳的紫外线发生光化学反应，形成激发态 SO_2 分子，而不是直接离解。

$$SO_2 + h\nu(290 \sim 340nm) \rightleftharpoons {}^1SO_2(\text{单重态}) \tag{6-48}$$

$$SO_2 + h\nu(340 \sim 400nm) \rightleftharpoons {}^3SO_2(\text{三重态}) \tag{6-49}$$

能量较高的单重态分子可按以下过程跃迁到三重态或基态：

$${}^1SO_2 + M \longrightarrow {}^3SO_2 + M \tag{6-50}$$

$${}^1SO_2 + M \longrightarrow SO_2 + M \tag{6-51}$$

在环境大气条件下，激发态的 SO_2 主要以三重态的形式存在。单重态不稳定，很快按式（6-50）转变为三重态。大气中 SO_2 直接氧化成 SO_3 的机制为

$${}^3SO_2 + O_2 \longrightarrow SO_4 \longrightarrow SO_3 + O\cdot \tag{6-52}$$

或

$$SO_2 + SO_4 \longrightarrow 2SO_3 \tag{6-53}$$

SO_2 被自由基氧化：在污染大气中，由于各类有机污染物的光解及化学反应

可生成各种自由基，如 HO·、HO_2·、RO·、RO_2·和 RC(O)O_2·等。这些自由基主要来源于大气中一次污染物 NO_x的光解，以及光解产物与活性碳氢化物相互作用的过程，也来自光化学反应产物的光解过程，如醛、亚硝酸和过氧化氢等的光解均可产生自由基。这些自由基大多数都有较强的氧化作用。在光化学反应十分活跃的大气里，SO_2很容易被这些自由基氧化。HO·与 SO_2的氧化反应是大气中 SO_2转化的重要反应：

$$HO\cdot + SO_2 \xrightarrow{M} HOSO_2\cdot \tag{6-54}$$

$$HOSO_2\cdot + O_2 \longrightarrow HO_2\cdot + SO_3 \tag{6-55}$$

$$SO_3 + H_2O \xrightarrow{M} H_2SO_4 \tag{6-56}$$

反应过程中所生成的 HO_2·，通过反应

$$HO_2\cdot + NO \longrightarrow HO\cdot + NO \tag{6-57}$$

使得 HO·再生，于是上述氧化过程再次循环进行。这个循环过程的速率决定步骤是 SO_2与 HO·的反应。

SO_2与其他自由基的反应：在大气中 SO_2的另一个重要反应是它与二元活性自由基的反应。如

$$CH_3C\cdot HOO\cdot + SO_2 \longrightarrow CH_3CHO + SO_3 \tag{6-58}$$

另外，HO_2·、CH_3O_2·以及 $CH_3(O)O_2$也易与 SO_2反应，而将其氧化成 SO_3：

$$CH_3O_2\cdot + SO_2 \longrightarrow CH_3O\cdot + SO_3 \tag{6-59}$$

$$CH_3C(O)O_2\cdot + SO_2 \longrightarrow CH_3C(O)O\cdot + SO_3 \tag{6-60}$$

(2) 二氧化硫的液相氧化。

大气中存在着少量的水和颗粒物质。SO_2可溶于大气中的水，也可被大气中的颗粒物所吸附，并溶解在颗粒物表面所吸附的水中。于是 SO_2便可发生液相反应。

SO_2在水中的液相平衡反应为

$$SO_2 + H_2O \rightleftharpoons SO_2\cdot H_2O \tag{6-61}$$

$$SO_2\cdot H_2O \rightleftharpoons H^+ + HSO_3^- \tag{6-62}$$

$$HSO_3^- \rightleftharpoons H^+ + SO_3^{2-} \tag{6-63}$$

SO_2可以被 O_3、H_2O_2等氧化生成 H_2SO_4。

$$O_3 + SO_2\cdot H_2O \longrightarrow 2H^+ + SO_4^{2-} + O_2 \tag{6-64}$$

$$O_3 + HSO_3^- \longrightarrow HSO_4^- + O_2 \tag{6-65}$$

$$O_3 + SO_3^{2-} \longrightarrow SO_4^{2-} + O_2 \tag{6-66}$$

$$HSO_3^- + H_2O_2 \longrightarrow SO_2OOH^- + H_2O \tag{6-67}$$

$$SO_2OOH^- + H^+ \longrightarrow H_2SO_4 \tag{6-68}$$

（3）硫酸烟雾型污染。

硫酸烟雾也称伦敦烟雾，最早发生在英国伦敦。主要是指大气中的 SO_2 等硫化物在有水雾、含有重金属的飘尘或氮氧化物存在时，发生一系列化学或光化学反应而生成硫酸雾或硫酸盐气溶胶。这种污染多发生在冬季，气温较低、湿度较高和日光较弱的气象条件下，如 1952 年 12 月在伦敦发生的一次硫酸烟雾型污染事件。当时伦敦上空受冷高压控制，高空中的云阻挡了来自太阳的光，地面温度迅速降低，相对湿度高达 80%，于是就形成了雾。由于地面温度低，上空又形成了一逆温层，大量家庭的烟囱和工厂排放出来的烟就积聚在低层大气中，难以扩散，这样在低层大气中就形成了很浓的黄色烟雾。

在硫酸型烟雾的形成过程中，SO_2 转变为 SO_3 的氧化反应主要靠雾滴中锰、铁及氨的催化作用而加速完成。当然 SO_2 的氧化速度还会受到其他污染物、温度以及光强等因素的影响。

4）光化学烟雾

（1）光化学烟雾现象。

含有氮氧化物和碳氢化合物等一次污染物的大气，在阳光照射下发生光化学反应而产生二次污染物，这种由一次污染物和二次污染物的混合物所形成的烟雾污染现象，称为光化学烟雾。

光化学烟雾首先出现在美国的第三大城市洛杉矶，以后陆续在世界其他地区出现。一般多发生在中纬度（亚热带）车辆高速机动化的城市，如蒙特利尔、渥太华、波恩、悉尼、东京等。

光化学烟雾成分很复杂，它现在被确认是 NO_x、HC、CO 等在阳光下发生系列化学反应而产生的生成物与反应物的特殊混合物。其中有一次污染物，也有二次污染物，主要成分是臭氧、过氧乙酰硝酸酯（PAN）、高活性游离基，以及某些醛、酮，总称为光化学氧化剂。

光化学烟雾对人体有很大的刺激和毒害作用，浓度达 0.1mg/m^3 时，眼睛流泪、发疼，0.25～1mg/m^3 时伴有头痛、呼吸困难，50mg/m^3 时能导致死亡。此外还可使橡胶制品老化、龟裂，建筑物损坏变旧。

（2）光化学烟雾形成的简化机制。

光化学烟雾形成的反应机制可概括为以下 12 个反应。

引发反应：

$$NO_2 + h\nu \longrightarrow NO + O\cdot \tag{6-69}$$

$$O_2 + O\cdot + M \longrightarrow O_3 + M \tag{6-70}$$

$$NO + O_3 \longrightarrow NO_2 + O_2 \tag{6-71}$$

自由基传递反应：

$$O_2 + RH + HO\cdot \longrightarrow RO_2\cdot + H_2O \tag{6-72}$$

$$O_2 + RCHO + HO\cdot \longrightarrow RC(O)O_2\cdot + H_2O \tag{6-73}$$

$$2O_2 + RCHO + h\nu \longrightarrow RO_2\cdot + HO_2\cdot + CO \tag{6-74}$$

$$HO_2\cdot + NO \longrightarrow NO_2 + HO\cdot \tag{6-75}$$

$$O_2 + RO_2\cdot + NO \longrightarrow NO_2 + R'CHO + HO_2\cdot \tag{6-76}$$

$$O_2 + RC(O)O_2\cdot + NO \longrightarrow NO_2 + RO_2\cdot + CO_2 \tag{6-77}$$

终止反应：

$$HO\cdot + NO_2 \longrightarrow HNO_3 \tag{6-78}$$

$$RC(O)O_2 + NO_2 \longrightarrow RC(O)O_2NO_2 \tag{6-79}$$

$$RC(O)O_2NO_2 \longrightarrow RC(O)O_2 + NO_2 \tag{6-80}$$

光化学烟雾是高浓度氧化剂的混合物，因此也称氧化烟雾。相比之下，硫酸烟雾型污染物，从化学上看属于还原性混合物，所以又称还原烟雾。这两种烟雾在许多方面具有相反的化学行为。它们发生污染的根源不同，伦敦烟雾主要由燃煤引起，光化学烟雾则主要是由汽车排气引起的。目前已发现两种类型烟雾污染可交替发生。例如，广州夏季是以光化学烟雾为主，而冬季则以硫酸烟雾为主。

5）酸性降水

酸性降水是指通过降水，如雨、雪、雾、冰雹等将大气中的酸性物质迁移到地面的过程。最常见的就是酸雨，这种降水过程称为湿沉降。与其相对应的还有干沉降，是指大气中的酸性物质在气流的作用下直接迁移到地面的过程。这两种过程共同称为酸沉降。这里主要讨论湿沉降过程。

酸性降水的研究始于酸雨问题出现之后。21 世纪 50 年代，英国的 R. A. Smith 最早观察到酸雨，并提出“酸雨”这个名词。之后发现降水酸性有增强的趋势，尤其是欧洲以及北美洲均发现酸雨对地表水、土壤、森林、植被等有严重的危害之后，酸雨问题受到普遍重视，进而成为全球性的环境问题。自从人们发现这一问题，各国相继大力开展酸雨的研究工作，纷纷建立酸雨监测网站，制订长期研究计划，开展国际间合作，近年来这方面研究工作发展相当迅速。

我国酸雨研究工作始于 21 世纪 70 年代末期，在北京、上海、南京、重庆和贵阳等城市开展了局部研究，发现这些地区不同程度上存在着酸雨污染，以西南地区最为严重。1982 ~ 1984 年在国家环境保护局领导下开展了酸雨调查，为了弄清我国降水酸度及其化学组成的时空分布情况，1985 ~ 1986 年在全国范围内布设了 189 个监测站，523 个降水采样点，对降水数据进行了全面、系统的分析。结果表明，降水年平均 pH 小于 5.6 的地区主要分布在秦岭—淮河以南地区，而秦岭—淮河以北仅有个别地区。降水年平均 pH 小于 5.0 的地区主要在西南、华南以及东南沿海一带。我国酸雨的主要致酸物是硫化物，降水中SO_4^{2-}的含量普遍都很高。因此，酸雨污染问题在我国是值得注意的。国家很重视我国的酸雨问题，在“七五”、“八五”计划中均将酸雨列为攻关重点课题，其中酸沉降的化学过程也是重要研究内容。

多年来国际上一直把 pH 5.6 作为判断酸雨的界限，将 pH<5.6 的降雨称为酸雨。在未被污染的大气中，可溶于水且含量较大的酸性气体是CO_2，如果只把CO_2作为影响天然降水 pH 的因素，根据CO_2的全球大气浓度（330mL/m^3）与纯水平衡，计算可得水的 pH 为5.6。

近年来通过对降水的多年观测，研究者已经对 pH 5.6 作为酸性降水的界限以及判别人为污染的界限提出异议。因为大气中除CO_2外，还存在着各种酸、碱性气态和气溶胶物质。它们的量虽少，但对降水的 pH 也有贡献。即未被污染的大气降水的 pH 不一定正好是5.6。同时，作为对降水 pH 影响较大的强酸，如硫酸和硝酸，也有其天然产生的来源，因而对雨水的 pH 也有贡献。此外，有些地域大气中碱性尘粒或其他碱性气体，如NH_3含量较高，也会导致降水 pH 上升。因此，pH 5.6 不是一个判别降水是否受到酸化和人为污染的合理界限，有人提出了降水 pH 背景值问题。

6. 污染物在大气中的迁移和扩散

污染物从污染源排放到大气中，只是一系列复杂过程的开始，污染物在大气中的迁移、扩散是这些复杂过程的重要方面。大气污染物在迁移、扩散过程中对生态环境产生影响和危害，因此大气污染物的迁移、扩散规律为人们所关注。

1）影响大气污染的气象因子

大气污染物的行为都是发生在千变万化的大气中，大气的性状在很大程度上影响污染物的时空分布，世界上一些著名大气污染事件都是在特定气象条件下发生的。影响大气污染的气象因素中最重要的是流场和温度层结。

（1）风和大气湍流的影响。

污染物在大气中的扩散取决于三个因素：风可使污染物向下风向扩散，湍流可使污染物向各方向扩散，浓度梯度可使污染物发生质量扩散，其中风和湍流起主导作用。湍流具有极强的扩散能力，它比分子扩散快10^5～10^6倍，风速越大，湍流越强，污染物的扩散速度就越快，污染物浓度就越低。自由大气中的乱流及其效应通常极微弱，污染物很少到达这里。

根据湍流形成的原因可分为两种湍流，一种是动力湍流，它起因于有规律水平运动的气流遇到起伏不平的地形扰动，它们主要取决于风速梯度和地面粗糙度等；另一种是热力湍流，它起因于地表面温度与地表面附近的温度不均一，近地面空气受热膨胀而上升，随之上面的冷空气下降，从而形成垂直运动。它们有时以动力湍流为主，有时动力湍流与热力湍流共存，且主次难分。这些都是使大气中污染物迁移的主要原因。

(2) 温度层结和大气稳定度。

大气中的温度层结有四种类型：气温随高度增加而递减，即 $\gamma>0$，称为正常分布层结或递减层结；气温直减率等于或近似等于绝热直减率，即 $\gamma=\gamma_d$，称为中性层结；气温不随高度变化，即 $\gamma=0$，称为等温层结；气温随高度增加而增加，即 $\gamma<0$，称为逆温层结。其中 γ 为温度垂直递减率。

污染物在大气中的扩散与大气稳定度有密切关系，大气稳定度是指在垂直方向上大气稳定的程度。假如一空气块由于某种原因受到外力的作用，产生了上升或下降运动后，可能发生三种情况：当外力去除后，气块就减速并有返回原来高度的趋势，称这种大气是稳定的；当外力去除后，气块加速上升或下降，称这种大气是不稳定的；当外力去除后，气块静止或做等速运动，称这种大气是中性的。这种大气静力稳定度和大气中污染物的扩散有密切的关系，当大气处于不稳定状态时，对排放到大气中的污染物扩散作用强烈。反之，大气处于稳定状态时，扩散作用微弱。大气静力稳定度可根据温度垂直递减率 γ 和干绝热垂直递减率来判断。

当 $\gamma > \gamma_d$ 时，大气处于不稳定状态。

当 $\gamma = \gamma_d$ 时，大气处于中性平衡状态。

当 $\gamma < \gamma_d$ 时，大气处于稳定平衡状态。

逆温时 $\gamma<0$，因此 $\gamma<\gamma_d$，这种大气处于稳定状态，是一种最不利于污染物扩散的温度层结，在大气污染问题研究中特别引人注目。对流层逆温按其形成原因可分为以下几类。

辐射逆温：辐射逆温经常发生在晴朗无风或小风的夜晚，由于强烈的有效辐射，地面和近地层大气强烈冷却降温，上层降温较慢而形成上暖下冷的逆温现象，辐射逆温全年都可出现，但冬、秋季更易产生，且强度也大，高度也高。

平流逆温：主要发生在冬季中纬度沿海地区，由于海陆之间存在温差，海上暖空气平流到陆地上空时形成。

下沉逆温：由于空气下沉压缩引起的增温作用，下沉运动终止的高度上出现逆温，一般多发生在高压区。

此外还有峰面逆温、湍流逆温等。实际逆温情况是很复杂的，地形对逆温的形成和分布也有明显影响。通过一定方式了解各高度温度分布，就可以得知上空有无逆温、逆温高度、强度等。目前用于探测逆温的手段主要有低空探空仪、系留气球、铁塔观测、遥感等。

2）影响大气污染的地理因素

地形地势对大气污染物的扩散和浓度分布有重要影响。地形地势千差万别，但对大气污染物扩散的影响，其本质上都是通过改变局部地区（流场和温度层结等）气象条件来实现的。下面主要讨论三种典型地形地势条件对大气污染的影响。

（1）山区。

山区地形复杂，局地环流多样，最常见的局地环流是山谷风，它是由山坡和谷底受热不均匀引起的。晴朗的白天，阳光使山坡首先受热，受热的山坡把热量传给其上的空气，这一部分空气比同高度谷底上空的空气暖，密度小，于是就上升。谷底较冷的空气来补充，形成从山谷指向山坡的风，称为谷风。夜间，情况正好相反，山坡冷却较快，其上方空气相应冷却得比同一高度谷底上空的空气快，较冷空气沿山坡流向谷底，形成山风。山谷风对污染物输送有明显的影响。吹山风时排放的污染物向外流出，若不久转为谷风，被污染的空气又被带回谷内。特别是山谷风交替时，风向不稳，时进时出，反复循环，空气中污染物浓度不断增加，造成山谷中污染加重。山区辐射逆温因地形作用而增强。夜间冷空气沿坡下滑，在谷底聚积，逆温发展的速度比平原快，逆温层更厚，强度更大。并且因地形阻挡，河谷和凹地的风速很小，更有利于逆温的形成。因此山区全年逆温天数多，逆温层较厚，逆温强度大，持续时间也较长。

（2）海洋。

海陆风发生在海陆交界地带，是以 24 小时为周期的一种大气局地环流。海陆风是由陆地和海洋的热力性质的差异而引起的。在白天，由于太阳辐射，陆地升温比海洋快，在海陆大气之间产生了温度差、气压差，使低空大气由海洋流向陆地，形成海风，高空大气从陆地流向海洋，形成反海风，它们和陆地上的上升气流和海洋上的下降气流一起形成了海陆风局地环流。在夜晚，由于有效辐射发生了变化，陆地比海洋降温快，在海陆之间产生了与白天相反的温度差、气压差，使低空气大气从陆地流向海洋，形成陆风，高空大气从海洋流向陆地，形成反陆风。它们同陆地下降气流和海面上升气流一起构成了海陆风局地环流。在湖泊、江河的水陆交界地带也会产生水陆风局地环流，称为水陆风。但水陆风的活动范围和强度比海陆风要小。海陆风对空气污染的影响有如下几种作用。一种是循环作用，如果污染源处在局地环流中，污染物就可能循环积累达到较高的浓度，直接排入上层反向气流的污染物，有一部分也会随环流重新带回地面，提高了下层上风向的浓度。另一种是往返作用，在海陆风转换期间，原来随陆风输向海洋的污染物又会被发展起来的海风带回陆地。海风发展侵入陆地，下层海风的温度低，陆地上层气流的温度高，在冷暖空气的交界面上，会形成一层倾斜的逆温顶盖，阻碍了烟气向上扩散，造成封闭型和漫烟型污染。

（3）城市。

城市建筑密集，高度参差不齐，因此城市下垫面有较大的粗糙度，对风向、风速影响很大。一般城市风速小于郊区，但由于有较大的粗糙度，城市上空的动力湍流明显大于郊区。热岛效应是城市气象的一个显著特点。由于城市生产、生活过程中燃料燃烧释放出大量热，城市地表和道路易吸收太阳辐射使大气增温，而城市蒸发、蒸腾作用比郊外少，因此相变的潜热损耗小，加之城市污染大气的温室作用，城市气温一般比郊外高。夜间，城市热岛效应使近地层辐射逆温减弱或消失而呈中性，甚至不稳定状态；白天则使温度垂直梯度加大，处于更加不稳定状态，这样使污染物易于扩散。另外，城市和周围乡村的水平温差，导致热量环流产生。在这种环流作用下，城市本身排放的烟尘等污染物聚积在城市上空，形成烟幕，导致市区大气污染加剧。

6.2 大气污染治理技术

6.2.1 粉尘的控制与防治

控制和防治排放出的废气中的粉尘和污染物数量，是大气环境保护的重要内容。

1. 粉尘的控制与防治

关于粉尘的控制与防治工作，可以从不同的角度进行，也就是从不同的专业领域进行这方面的工作，目前有四个工程技术领域。

1）防尘规划与管理

防尘规划与管理的主要内容是：园林绿化的规划与管理，对有粉尘状物料加工过程和生产中产生的粉尘的过程实现密封化、自动化等。

2）通风技术

通风技术是指对工作场所引进清洁空气，替换含尘浓度较高的污染空气。通风技术分为人为通风和自然通风两类，人为通风又包括单纯换气技术及带有气体净化措施的换气技术。

3）防护罩具技术

防护罩具技术包括个人使用的防尘面罩、整个车间设置的防护措施。

4）除尘技术

除尘技术包括对原来悬浮在气体中的风尘进行捕集分离，以及对已落在地面或物体表面上的粉尘进行清除。前者可采用干式除尘和湿式除尘等方法，后者可采用各种定型的除（吸）尘设备进行处理。

上述几个方面的技术领域中，以除尘技术的进展最快，也最为重要，本小节将重点介绍除尘技术。

2. 粉尘的性质

粉尘的物理性质，对于确定采用的除尘方法有重要的影响。粉尘性质中最重要的是粉尘的颗粒大小和密度，此外还有导电性、附着性、比表面积、亲水性、摩擦角和爆炸性。

1）粉尘颗粒大小

粉尘通常是由大小不一的粒子组成，粉尘颗粒大小不同，不仅其物理、化学性质有很大差异，同时对除尘器的除尘机制和性能也有很大影响。若颗粒为球形，则可以用其直径作为表示其大小的代表性尺寸。粉尘颗粒的形状是不规则的，一般用当量直径或粒子的某一特征长度表征。

通常有三种形式的粒径：投影径、几何当量径和物理当量径。单个粉尘粒子的大小一般用单一粒径表示，粒子群的平均尺寸大小由平均粒径来描述。其中投影径是指尘粒在显微镜下所观察到的粒径，几何当量径取与颗粒的某一几何量（面积、体积等）相同时的球形粒子的直径，物理当量经取与颗粒的某一物理量相同时的球形粒子的直径。

2）粉尘的密度

粉尘的密度对于重力除尘及离心除尘等装置的性能，有很大的影响。一般将粉尘的密度分为真密度（ρ_p）和堆积密度（ρ_b）等不同的概念。真密度是指粉尘颗粒表面及内部的空气排除后得到的粉尘自身密度，堆积密度一般是指包括粉尘颗粒间空气在内的粉尘密度。真密度和堆积密度之间的关系是：$\rho_b=(1-\varepsilon)\cdot\rho_p$，式中 ε 为粉尘的孔隙率，即粉尘粒子间空隙体积与堆积体积之比。对于一定种类的粉尘，其真密度为一定值，而堆积密度随着 ε 的变化而变化，因为粉尘空隙率与粉尘的粒径、充填方式等多种因素有关。真密度用于粉尘气动传输，堆积密度用于仓储和灰头设计。

3）粉尘的电阻

粉尘的导电性在除尘工程中用比电阻（或称为视电阻）来表示，单位为 $\Omega\cdot cm$。它是自然堆积的断面为 $1.0cm^2$、高为 1.0cm 的粉尘圆柱，沿其高度方向测得的电阻值。

粉尘的比电阻与组成粉尘的各种成分的电阻有关，而且与粉尘的粒径、分散度、湿度、温度、空隙率以及空隙中气体的导电性等因素有关。对于电阻率高的粉尘，温度低时（<100℃），主要靠表面导电；温度比较高时（>200℃），主要靠容积导电。因此粉尘的电阻率与测定时的条件有关。比电阻对静电除尘器的除尘效率有着重要的影响。一般粉尘的比电阻值在 $10^4 \sim 2\times10^{10}\Omega\cdot cm$ 范围内能获得理想的电除尘效果。

4）粉尘的比表面积

粉尘的比表面积是指单位体积或质量的粉尘具有的总表面积，单位为 m^2/m^3 或 m^2/kg。比表面积表示粉尘粒子群总体的细度，通常影响粉尘的润湿性和黏附性，用于研究通过粉尘层的流体阻力以及化学反应、传质、传热等现象。粉尘粒子越细，比表面积越大，其物理和化学活性越显著，通过颗粒层的流体阻力也随之增大。在除尘技术中，对同一粉尘，比表面积越大越难捕集。

5）粉尘的润湿性

粉尘粒子与液体相互附着或附着的难易程度称为粉尘的润湿性。粉尘的润湿性取决于液体分子的表面张力，表面张力越小的液体对粉尘的润湿性越强。例如，水的表面张力比乙醇或煤油大，其对粉尘的润湿性就较差。因此各种粉尘对液体具有不同的亲和程度，当尘粒与液滴接触时，如果能扩大接触面而相互附着的粉尘称为亲水性粉尘，反之，接触面趋于缩小而不能相互附着的粉尘则称为疏水性粉尘。

粉尘的润湿性还与粉尘的粒径大小、理化性质及所处状态等因素有关。例如，石英的亲水性好，但粉碎成粉末后亲水能力就大为降低。一般小于 5μm，尤其是 1μm 以下的尘粒就难以被水润湿。这是由于细粉的比表面积大，对气体有很强的吸附作用，表面存在着一层气膜，只有当在尘粒与水滴之间以较高的相对速度运动而冲破气膜时，才会相互附着。此外，粉尘的润湿性还随液体表面张力增大而减小，随温度降低而增大，随压力升高而增强。

各种湿式技术中，粉尘的润湿性是选择除尘设备的主要依据之一。对于疏水性粉尘可加入某些浸润剂（如皂角素等），以减少固液之间的表面张力，增加粉尘的亲水性。对于某些遇水易形成不溶于水的硬垢的粉尘，如水泥、石灰、白云石砂等，会造成设备和管道结垢或堵塞，不宜采用湿式除尘技术。

6）粉尘的安息角

粉尘通过小孔连续落到水平板上，堆积成的锥体母线与水平面小于90°的夹角称为粉尘的安息角，也称静止角或堆积角。安息角是粉尘的动力特性之一，用于评价粉尘的流动特性。安息角越小，粉尘的流动性越好，多数粉尘的安息角的平均值在35°左右。影响粉尘安息角的主要因素有粉尘粒径、含水率、粒子形状、粒子的表面光滑程度以及粉尘的黏附性。一般情况下，粒径大、表面光滑、接近球形、湿度低及黏性小的粉尘，其安息角小。粉尘的安息角是设计除尘设备灰斗及管道倾斜度的主要依据。

7）粉尘的黏附性

粉尘粒子附着在固体表面上或它们之间相互凝聚的可能性称为粉尘的黏附性。从微观上看，粉尘之间产生的各种黏附力主要有分子力（范德华力）、毛细力和静电力（库仑力）。通常，颗粒细小、表面粗糙且形状不规则、含水量高，且润湿性好、含尘浓度高和荷电量大的粉尘，其黏附力较大。此外，粉尘黏附现象还与容器壁面粗糙度、周围介质性质及粉尘的气流运动状况有关，如在光滑无可溶性和黏性物质的固体表面上和低速气流中运动的粉尘粒子不易黏附，而气体中的尘粒黏附要比液体中强得多。

粉尘由于黏附力的作用，在相互碰撞中会导致尘粒的凝聚变大，有助于提高对粉尘的捕集。由于电除尘器或袋式除尘器的除尘效率在很大程度上依赖于收尘极或滤料上捕集粉尘的能力，因此黏附力的影响尤为突出。但在除尘设备或含尘气流管道中，粉尘黏附在器壁上会造成装置和管道的堵塞或引起故障，需要加以防范。

8）粉尘的爆炸性

可燃物形成粉尘（如硫矿粉、煤尘等）后，由于总表面积增加，粉体的表面自由能相应增加，提高了粉尘的化学活性。粉尘达到自燃温度时，在一定的条件下会转化为燃烧状态。如果在封闭空间内，可燃性悬浮粉尘的剧烈氧化燃烧会在瞬间产生大量的热量和燃烧产物，当粉尘的放热反应速率超过系统的排热速度时，将在空间内造成很高的压力和温度，形成化学爆炸。可燃性粉尘的浓度只是在一定的范围内才会发生爆炸，这一浓度称为爆炸极限。能发生爆炸的粉尘最低浓度称为爆炸下限，而其最高浓度称为爆炸上限。低于爆炸下限或高于爆炸上限时的粉尘无爆炸危险，处于两者之间的粉尘均属于爆炸危险性粉尘。除尘装置中通常只需考虑爆炸下限，因为一般粉尘的爆炸上限值很大，多数场合下难以达到。

影响粉尘自燃和爆炸的因素很多。一般颗粒细小、分散度高、惰性尘粒（不燃尘粒）少、湿度低以及含有挥发性可燃气体的粉尘，其自燃和爆炸的可能性增大。此外，有些粉尘（如镁粉、碳化钙粉尘）与水接触后会引起自然爆炸，对于这种粉尘不能采用湿式除尘方法，还有一些粉尘互相接触或混合后（如溴与磷、锌粉与镁粉）也会发生爆炸。对于有爆炸和火灾危险的粉尘，在进行除尘设计时，必须充分考虑粉尘自燃和爆炸性能，并对爆炸危险性粉尘采取必要的防范措施。

6.2.2　除尘装置的性能及分类

从含尘气流中将粉尘分离出来并加以捕集的装置称为除尘装置或除尘器。

1. 除尘装置的性能

作为除尘系统中的主要组成部分，除尘器的性能直接影响整个系统的运行效果。除尘装置的性能用技术指标和经济指标来评价。技术指标主要有除尘装置的处理能力、除尘效率、压力损失，经济指标主要有设备投资及运行管理费用、占地面积及设备可靠性和使用寿命等。设计或选用除尘器时，要综合这些指标。

1）处理能力

除尘装置的处理能力为除尘装置在单位时间内所能处理的含尘气体流量，一般用通过除尘器的气体体积流量 Q 表示，单位为 m^3/s 或 m^3/h，实际运行的除尘装置由于漏气等原因，进出口的气体流量往往并不相同，因此用进口流量和出口流量的平均值表示处理能力。

2）除尘效率

除尘装置的除尘效率是装置捕集粉尘效果的重要技术指标。捕集效率可以定义为被捕集的粉尘量与进入装置的粉尘量的比。除尘器的除尘效率包括总除尘效率、分级除尘效率、透过率等。

（1）总除尘效率 η。

除尘器的总除尘效率简称除尘效率，是指在同一时间内，装置捕集粉尘量与进入装置的粉尘量之比。设除尘器进口处的气体流量为 Q_i（m^3/s），粉尘流量为 M_i（g/s），气体含尘浓度为 C_i（g/m^3），相应出口处的参数分别为 Q_o、M_o、C_o，除尘器中捕集的粉尘流量为 M_c（g/s）。对粉尘流量有 $M_i = M_o + M_c$，$M = C \cdot Q$。同一时间内除尘器捕集的粉尘质量与进入的粉尘质量之比的质量分数为总除尘效率 η：

$$\eta = \left(1 - \frac{C_o Q_o}{C_i Q_i}\right) \times 100\% \tag{6-81}$$

若除尘器完全密闭，稳态等温操作，则进出除尘器气体量不变，$Q_o = Q_i$，式（6-81）可变为

$$\eta = \left(1 - \frac{C_o}{C_i}\right) \times 100\% \tag{6-82}$$

实际上除尘装置经常有些漏风，这时除尘效率可表示为

$$\eta = \left(1 - \frac{C_o}{C_i} \cdot K\right) \times 100\% \tag{6-83}$$

式中，K 为漏风系数，$K = Q_o / Q_i$。

（2）分级除尘效率 η_d。

总除尘效率是除尘器在一定运行工况下对某种特性粉尘的总除尘效果。但是，对粒径分布不同的粉尘和同一特性粉尘中不同粒径的粒子，除尘器具有不同

的除尘效率。为了正确评价除尘器对不同粒径粉尘的除尘效果，采用分级除尘效率的概念。

分级除尘效率是指除尘器对某一粒径 d_p 或某一粒径范围 Δd_p 的粉尘的除尘效果。假设进入除尘器的粉尘总量 M_i 中，粒径 d_p 或某一粒径范围 Δd_p 的粉尘 M_{id} 的频率分布为 $\omega_{id}=\Delta M_{id}/M_i$；在被捕集的粉尘总量 M_c 中，粒径 d_p 或某一粒径范围 Δd_p 的粉尘 ΔM_{cd} 的频率分布 $\omega_{cd}=\Delta M_{cd}/M_c$，则除尘器对粒径 d_p 或某一粒径范围 Δd_p 的粉尘的分级除尘效率 η_d 为

$$\eta_d=\frac{\Delta M_{cd}}{\Delta M_{id}}=\frac{M_c\cdot\omega_{cd}}{M_i\cdot\omega_{id}}=\eta\frac{\omega_{cd}}{\omega_{id}}\times 100\% \tag{6-84}$$

分级效率 η_d 与粒径 d_p 的关系，一般以指数函数形式表示：

$$\eta_d=1-e^{\alpha d_p^m} \tag{6-85}$$

式中，α 和 m 为由实验确定的系数。分级效率 η_d 随 α 和 m 值的增大而提高，α 值越大，粉尘逃逸量越小；而 m 值越大，表明 d_p 对 η_d 的影响越大。m 值一般在 0.33～1.20。

（3）透过率 P。

一些除尘器的除尘效率非常高，可达 99% 以上，总效率的变化难以判断除尘效果及排放对环境效应的影响。有时用从除尘器中逃逸的粉尘质量与进入的粉尘质量之比的质量分数，即透过率 P 来表示：

$$P=\frac{M_o}{M_i}\times 100\%=1-\eta \tag{6-86}$$

例如，除尘器的除尘效率从 99.0% 提高到 99.8%，看来只提高了 0.8%，但是从透过率来看，则由 1.0% 降到了 0.2%，即污染物的排放量降低了 80%。

设 η_1，η_2，…，η_n 分别为第 1，2，…，n 级除尘器的除尘效率，则 n 级除尘器串联后的总除尘效率为

$$\eta=1-(1-\eta_1)(1-\eta_2)\cdots(1-\eta_n) \tag{6-87}$$

3）压力损失

气体流经除尘器的压力损失为除尘装置的进口和出口气流的全风压之差 Δp，它是代表装置消耗能量大小的一项重要技术经济指标。压力损失的大小不仅与除尘装置的种类和结构有关，还与处理气体流体性质和流速大小有关。一般表示为

$$\Delta p=\zeta\frac{\rho w_0^2}{2} \tag{6-88}$$

式中，ζ 为阻力系数；ρ 为气体密度，kg/m^3；w_0 为除尘器进口气体平均流速，m/s。

2. 除尘装置的分类

除尘器按照除尘机理不同，习惯上可分为以下四类。

1）机械式除尘器

它是在质量力（重力、惯性力、离心力）的作用下，使粉尘与气流分离沉降的装置，如重力沉降室、惯性分离器、旋风除尘器等。其特点是除尘效率不是很高，但结构简单、成本低廉、运行维修方便，在多级除尘系统中作为前级预除尘。

2）过滤式除尘器

它是利用含尘气流体通过多孔滤料层或网眼物体进行分离的装置，包括颗粒层过滤器、袋式过滤器等。这类除尘器的特点是除尘效率很高，袋式除尘器的效率可高达99.9%以上，但流动阻力也很大，能耗高。

3）电除尘器

它是以静电分离作为除尘的机理，利用高压电场使尘粒荷电，在电场力的作用下使粉尘与气流分离的装置。有干法清灰和湿法清灰两种。其特点是除尘效率高（特别是湿法清灰），流动阻力小，能耗低，但消耗钢材多，投资高。

4）湿式除尘器

它是利用含尘气流与液滴或液膜接触，使粉尘与气流分离的装置，也称湿式洗涤器，包括各种喷雾洗涤器、旋风水膜除尘器和文丘里洗涤器等。它既可用于除尘，也可用于气态污染物的吸收净化。其特点是除尘效率高，特别是对微细粉尘的捕集效果显著，但产生的污水会形成二次污染，需要进行处理。

以上是按除尘器的主要除尘机理进行分类，但实际的除尘器，为了提高除尘效率，往往采用多种除尘机理。

6.2.3 气态污染物净化技术

气态污染物的净化，就是利用化学、物理及生物等方法，将污染物从废气中分离或转化。气态污染物的净化有多种方法，广泛采用的有吸收法、吸附法、燃烧及催化转化法，其他的方法还有冷凝、生物净化、膜分离及电子辐射-化学净化等。气态污染物的净化可采用一种净化方法，或多种方法联合使用。下面介绍几种主要的净化方法。

1. 气态污染物的净化方法

1）气态污染物的吸收净化方法

（1）物理和化学吸收方法。

吸收是利用气态污染物对某种液体的可溶性，将气态污染物（溶质）溶入液相（吸收剂或溶剂），又称湿式净化。吸收分为物理吸收和化学吸收，前者是简单的物理溶解过程，后者在吸收过程中其气体组分与吸收剂还发生化学反应。由于工业废气往往气量大、气态污染物含量低、净化要求高，物理吸收难于满足要求，化学吸收常常成为首选的方案。化学吸收是指溶质被吸收时，选择溶剂中某些活性组分进行明显的化学反应，如用碱溶液吸收 CO_2、SO_2、H_2S 或用各种酸溶液吸收 NH_3 等。化学吸收过程既服从气液相平衡关系，同时也服从化学平衡关系。它的吸收速率除了与物理吸收过程中被吸收组分在气膜和液膜中的扩散速率有关外，还与化学反应速率有关。

（2）吸收装置。

吸收装置主要是塔式容器，应满足下列基本要求：气液接触面大，接触时间长；气液之间扰动强烈，吸收效率高；流动阻力小，工作稳定；结构简单，维修方便，投资和运行维修费用低；具有抗腐蚀和防堵塞能力。常用的吸收装置有填料塔、板式塔、湍流塔、喷淋塔等。

填料塔：气体由塔底进入向上流动，喷淋的吸收液经填料逆流向下，吸收过程在填料的湿润表面进行。填料种类很多，如拉西环、鲍尔环、鞍形、波纹填料等，通常采用陶瓷、塑料、金属等材料。填料塔直径一般不超过 800mm，空塔气速一般为 0.3 ~ 1.5m/s，单层填料层高度在 3 ~ 5m 以下，压降通常为 400 ~ 600Pa/m，液气比为 0.5 ~ 2.0，液体喷淋密度在 $10m^3/(h \cdot m^2)$ 以上。填料塔由于结构简单、气液接触效果好，压降较小而被广泛应用。不足之处是填料容易堵塞、损失大。

板式塔：内装有若干层塔板，吸收液自塔顶向下流动，并在塔板上保持一定厚度的液层，气体从塔底向上逐级穿过塔板，以鼓泡状态或喷射状态与液体相接触，进行传质、传热及化学反应。塔板结构形式有多种，如孔板、筛板、旋流板等，板上设有溢流堰，以保持约 30mm 厚度的液层。与填料塔相比，板式塔空塔速度较高，处理能力大，但压降损失也较大。

湍流塔：湍流塔是为了强化传质、传热过程，应用流化床技术的一种特殊填料塔。聚乙烯或聚丙烯制作的球形填料由筛板支撑，加大气速使填料处于悬浮状态。运动小球的湍动旋转和相互碰撞，使球面液膜不断更新，强化传质过程，提高了吸收效率。湍流塔体积小，风速高，处理量大，吸收效率高，塔内不会堵塞。但塑料小球的湍动有返混现象，不能承受高温，磨损严重，需经常更换。

喷淋塔：液气比较小，适用于极快或快速反应的化学吸收过程。其特点是结构简单，压降低，不易堵塞，气体处理能力较大，投资费用低；但占地面积大，效率较低，常用于规模较大的锅炉烟气湿法脱硫以及作预冷却器。

2）气态污染物的吸附净化方法

吸附净化是利用多孔固体表面的微孔捕集废气中的气态污染物，可用于分离水分、有机蒸气（如甲苯蒸气、氯乙烯、含汞蒸气等）、恶臭、HF、SO_2、NO_x等，尤其能有效地捕集浓度很低的气态污染物。

(1) 吸附现象和吸附剂。

吸附现象也分为物理吸附和化学吸附两种。物理吸附是由固体吸附剂分子与气体分子间的静电力或范德华力引起的，两者之间不发生化学作用，是一种可逆过程。化学吸附是由固体表面与被吸附分子间的化学键力所引起，两者之间结合牢固，不易脱附。该吸附需要一定的活化能，所以又称活化吸附。物理吸附与化学吸附往往同时发生，但以某一种吸附为主。如在低温下，主要是物理吸附，而在较高的温度下，就可能转为以化学吸附为主。

工业吸附剂应具备的条件为：具有巨大内表面积、较大吸附容量的多孔性物质；对不同的气体分子具有很强的吸附选择性；吸附快且再生特性良好；具有足够的机械强度，对酸、碱、水、高温具有良好的适应性；用于物理吸附时要有化学稳定性；价格低廉，来源广泛。工业上常用的吸附剂有活性炭、硅胶、活性氧化铝、分子筛、沸石等。通常，污染物分子较小的选用分子筛，分子较大的应选用活性炭或硅胶；对无机污染物宜用活性氧化铝或硅胶，对有机蒸气或非极性分子则用活性炭。

当吸附剂达到吸附饱和后需要再生，即清除被吸附的物质，恢复吸附剂的吸附能力，以便重复使用。再生的方法一般有：①加热解吸再生（变温吸附）。等压下，一般吸附容量随温度升高而减少，所以可在低温下吸附，然后在高温加热下吹扫脱附。②降压或真空解吸（变压吸附）。恒温下，吸附容量随压力降低而减少，则可采用加压吸附，减压或真空下脱附。③溶剂置换再生（变浓度吸附）。对不饱和烯烃类等某些热敏性吸附质，可以采用亲和力较强的解吸溶剂进行置换，使吸附质脱附，然后加热床层脱附解吸剂，使吸附剂再生，并利用吸附质与解吸剂之间的沸点不同，采用蒸馏的方法分离。

(2) 吸附装置。

吸附装置有固定床、移动床、流化床、旋转床吸附器等。其中，固定床结构简单，操作方便，使用历史最长，应用最广。立式固定床吸附器多为圆柱形立式结构，内置格板或孔板，其上放置吸附剂颗粒。废气由格板之下通入，向上从颗粒层穿过，净化后的气体由吸附器上部排出。立式固定床适用浓度高、气体量小的废气，对于浓度低、气体量大的废气可采用卧式固定床。如果只有一台吸附器，需经吸附-脱附-干燥冷却的循环，吸附间歇进行。一般可采用两台或更多的固定床轮换进行吸附与再生操作，当一台吸附器正在进行吸附时，另一台同时进行脱附、干燥与冷却。

3）气态污染物的催化净化方法

催化净化是在催化剂作用下，将废气中气态污染物转化为无害物质排放，或者转化成其他更易除去的物质的净化方法。催化转化有催化氧化和催化还原两种。催化氧化法，如废气中的SO_2在催化剂（V_2O_5）作用下可氧化为SO_3，用水吸收变成硫酸而回收，再如各种含烃类、恶臭物的有机化合物的废气均可通过催化燃烧的氧化过程分解为H_2O与CO_2向外排放。催化还原法，如废气中的NO_x在催化剂（铜铬）作用下与NH_3反应生成无害气体N_2。

（1）催化作用和催化剂。

能够进行化学反应的分子应是具有足够能量的活化分子。处于活化状态的分子所具有的能够进行反应的最低能量与普通分子平均能量之差称为活化能。催化反应中催化剂的催化作用是，能大幅度降低分子活化能，使更多的反应分子成为活化分子，从而增大反应速率常数，加快化学反应速率。

气体污染物与固体催化剂的催化反应通过下列连续步骤完成：①反应物从气体主流向固体催化剂外表面扩散；②反应物向催化剂微孔内表面扩散，到达可进行吸附反应的活性中心；③反应物在催化剂内表面被吸附；④反应物在表面进行化学反应；⑤生成物从表面脱附；⑥生成物从催化剂内表面扩散到外表面；⑦生成物从催化剂外表面向气流主流扩散。其中，①、⑦称为外扩散，②、⑥称为内扩散，两种扩散都是物理过程；③～⑤称为表面催化过程，又称化学动力学过程，是化学过程。通常，表面化学反应阻力最大，过程进行最慢，即化学动力学过程对催化过程起控制作用。若改变反应条件，如提高反应温度，化学动力学过程控制作用减弱，扩散控制作用增强。

催化剂（或称触媒）是指能够改变化学反应速率和方向而质量和化学性质在化学反应前后都没有发生改变的物质。在废气净化中，一般使用固体催化剂。催化剂的主要性能指标如下。

活性：活性是指催化剂对反应物的转化能力，是衡量催化剂效能大小的指标，通常以一定条件下单位物量的催化剂单位时间内所得到的生成物的数量来表示。

选择性：专门对某一种化学反应起加速作用的性能，称为催化剂的选择性。

机械强度：用于固定床反应器中的催化剂要保证在操作条件下不会因上层重力挤压而粉碎，以免增加气流阻力；而在流动床中的催化剂则要有高度的耐磨性能，以免因磨损而被气流带出，使活性组分流失和管道堵塞。

化学稳定性：不允许催化剂在反应条件下产生变形、分解或与通过的气体发生化合等现象。

应根据操作条件、不同种类催化剂的性能选用合适的催化剂以在使用时具有足够的活性，较强的选择性和热、化学稳定性，并具有强的广泛的抗毒性能。

（2）催化装置。

常用的气固催化装置有固定床和流化床两类。其中固定床是净化气态污染物所用的主要催化反应器，如图 6-2 所示。反应器圆筒下部装有孔板，孔板和催化剂层上部各铺厚 20 ~ 300mm 的石英砂，上层石英砂可以避免气流直接冲击催化剂，下层石英砂防止细小催化剂被气流携带。预热后的气体从反应器顶部进入，经均气板均匀通过床层进行反应后由底部引出。由于反应器内没有热交换装置，除了筒壁的散热，筒体与外界无热交换，所以称为绝热反应器。它适用于反应过程热效应小、允许温度波动大的反应体系。一般废气中气态污染物的浓度低，反应放热量小，因此可适用。

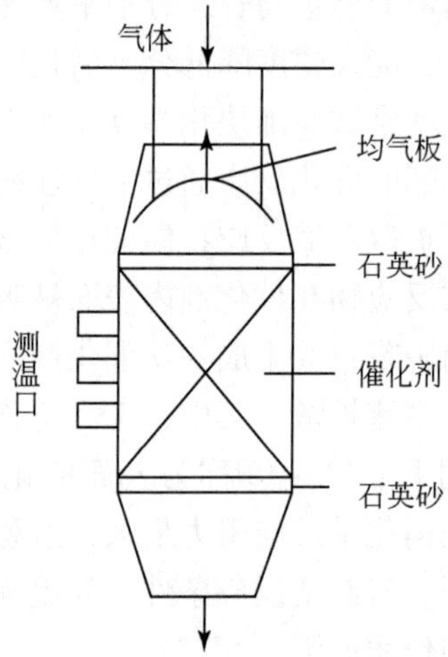

图 6-2　固定催化反应器示意图

固定床结构简单、造价低廉、体积小、空间利用率高、催化剂耗量少。床中静止的催化剂不易磨损、寿命长，并可严格控制气体的停留时间。但固定床传热性能差，床内温度分布不匀；催化剂更换不便。

固定床的另一种形式是径向反应器。将催化剂装载于空心圆柱状空间，反应气体沿径向流动通过催化剂床层，这样可以增大气体流通截面积，减小床层阻力。

(3) 催化燃烧。

催化燃烧是在催化剂作用下，利用空气使废气中的气态污染物在较低温度 (250 ~ 450℃) 下发生氧化分解的方法。而直接燃烧法则是将各种有机物在高温 (600 ~ 800℃) 下完全氧化为 CO_2、H_2O 和其他氧化物，这对于流量大、有机组分含量低的废气，不仅需要增添燃料，而且要在高温下处理，所以不常用。虽然吸附法装置简单、操作容易，但吸附容量有限、吸附剂耗量高、吸附和脱附的切换使设备庞大。

催化燃烧法与直接燃烧法和吸附法相比较有许多优点。①起燃温度低。含有机物质的废气在通过催化剂床层时，能在较低温度下迅速完全氧化分解成 CO_2 和

H_2O，能耗小，甚至在有些情况下还能回收净化后废气带走的热量。②适用范围广。催化燃烧可以适用于浓度范围广、成分复杂的几乎所有含烃类有机废气及恶臭气体的治理，例如，有机硫化物、氮化物、烃类、有机溶剂、酮类、醇类、醛类和脂肪酸类等，它们多来源于石化厂、制药厂、肉类和食品加工厂、制革厂及污水处理厂等。③基本不产生二次污染。因为有机物氧化后分解成 CO_2 和 H_2O，且净化率一般都在 95% 以上，此外，低温燃烧能大量减少 NO_x 的生成。因此国内外正在大力研究燃烧催化治理有机废气的装置和催化剂，现已进入实用阶段。我国于 1972 年开始催化燃烧技术的研究，在漆包机烘干炉废气治理、有机化工、印铁制罐等行业及汽车尾气治理等方面获得广泛应用。催化燃烧的装置是一具有换热结构的催化剂反应器，废气通过已达起燃温度的催化床层，迅速发生氧化反应。

2. 主要气态污染物的治理技术

大气的主要气态污染物有硫化合物、含氮化合物、碳氧化合物、碳氢化物、卤素化合物、硫酸烟雾、光化学烟雾等。

控制 SO_2 污染的方法有燃料脱硫、燃油脱硫、燃烧脱硫和烟气脱硫（FGD）四种。目前，烟气脱硫仍被认为是控制 SO_2 污染最行之有效的途径，应用最广泛，其次是循环流化床燃烧脱硫，该方法目前正在推广应用。其他脱硫技术尚未达到商业广泛应用的程度。

1）燃料脱硫

原煤脱硫技术可分为物理法、化学法和微生物法。主要有下列几种。

（1）煤的洗选。

洗选的目的是减少原煤中所含的硫分、灰分等杂质。目前我国广泛采用物理选煤方法，主要利用清洁煤、灰分、黄铁矿的密度、磁性、电性等不同，以除去部分灰分和无机硫。化学法是利用某些化学药品与煤中的硫反应而将硫脱除，能同时脱除无机硫和有机硫，一般用于高硫煤。

（2）煤的气化。

煤的气化是指用水蒸气、氧气或空气作气化剂将煤进行热分解，转化为 H_2、CO、CH_4、CO_2 等小分子的可燃气体。硫在煤气中主要以 H_2S 形式存在，可在吸收塔中与 Na_2CO_3 或 $Fe(OH)_2$ 等溶液反应脱除。

（3）煤的液化。

煤可用各种方法加氢制取液化油。制取过程中有机硫在加氢时转变为 H_2S，在去除酸性气体的环节中脱除。

（4）水煤浆。

水煤浆是把煤研磨成细微煤粉，按煤水的合理比例，加入分散剂和稳定剂配制而成，可以像燃料油一样运输、储存和燃烧。

2）燃油脱硫

原油通过常压蒸馏，分离出汽油、煤油、柴油后，在塔底得到重油，重油再经减压蒸馏分油得到渣油。原油中的大部分（80% ~90%）硫分以苯环状的有机硫化物残留在重油或渣油中，对其可采用加氢脱硫。脱硫方法是以钼、钴、镍等金属的氧化物作为催化剂，通过高压加氢反应，切断 C—S—C 化学键，以氢置换碳，反应生成 H_2S 和烃，再从中吸收分离硫。

加氢脱硫有直接脱硫和间接脱硫两种工艺。直接脱硫是对重油加氢脱硫，脱硫效率可达75%，但需用抗毒性较强的催化剂；间接脱硫是对渣油进行加氢脱硫，脱硫率约为40%。石油脱硫已有实用的工艺，不存在技术上的问题。

3）燃烧脱硫

以石灰石（$CaCO_3$）或白云石（$CaCO_3 \cdot MgCO_3$）粉作脱硫剂，它们在燃烧过程中受热分解生成 CaO、MgO，与烟气中 SO_2 结合生成硫酸盐后被排除。$CaCO_3$在氧化性气氛中的基本脱硫反应为

$$CaCO_3 \longrightarrow CaO + CO_2\uparrow \tag{6-89}$$

$$CaO + SO_2 + 1/2\ O_2 \longrightarrow CaSO_4 \tag{6-90}$$

燃烧过程脱硫包括型煤固硫、流化燃烧脱硫、炉内喷钙等技术。

（1）型煤固硫。

用石灰、沥青、电石渣、造纸黑液等作固结剂，再掺入一定的黏结剂，将粉煤拼压成型即为型煤。在型煤燃烧过程中，黄铁矿和有机硫被氧化为 SO_2，与石灰反应生成硫酸盐，则硫被固定于灰渣之中，因此同时起到脱硫、减少细煤灰飞扬及提高锅炉效率的作用。温度和反应时间是型煤固硫的主要影响因素。

（2）流化燃烧脱硫。

流化燃烧脱硫是把粒径 3mm 左右的煤屑、煤粒和脱硫剂（<1mm 的石灰石粉）送入燃烧室，从炉底鼓风使床层处于流化状态而进行燃烧和脱硫反应。

（3）炉内喷钙。

这种方法是把干细粉或浆液状的钙基或钠基脱硫剂喷入炉膛、炉膛出口或尾部烟道等不同位置，由此得到不同的脱硫效率。

4）电子束脱硫

电子束脱硫技术是一种物理方法与化学方法相结合的高新技术。它利用电子加速器产生的等离子体氧化烟气中的 SO_2（NO_x），并与注入的 NH_3反应，生成硫铵和硝铵化肥，实现脱硫、脱硝的目的。在辐射场中，燃煤烟气中的主要成分 O_2、H_2O（g），吸收高能电子的能量，生成大量反应活性极强的活性基团和氧化性物质，如 O、OH、O_3、H_2O。这些氧化性物质与气态污染物进行各种氧化反

应，如

$$SO_2 + 2OH \longrightarrow H_2SO_4 \tag{6-91}$$

$$NO + O \longrightarrow NO_2 \tag{6-92}$$

$$NO_2 + OH \longrightarrow HNO_3 \tag{6-93}$$

生成的 H_2SO_4和 HNO_3与加入的 NH_3发生如下反应：

$$H_2SO_4 + 2NH_3 \longrightarrow (NH_4)_2SO_4 \tag{6-94}$$

$$HNO_3 + NH_3 \longrightarrow NH_4NO_3 \tag{6-95}$$

反应生成的硫铵和硝铵气溶胶微粒带有电荷，很容易被捕集。

电子束法脱硫效率≥90%，可同时脱硫脱硝，投资较低，副产物可用作肥料，无废渣排放，但运行电耗高，运行成本还受到肥料市场的直接影响。

5）烟气脱硫

烟气脱硫是目前技术最成熟，能大规模商业化应用的脱硫方式。烟气脱硫工艺按脱硫剂和脱硫产物是固态还是液态分为干法和湿法，脱硫剂和脱硫产物分别是液态和固态的脱硫工艺为半干法。干法用固态脱硫剂脱除废气中的 SO_2，气固反应速率慢，脱硫率和脱硫剂的利用率一般较低，但脱硫产物处理容易，投资一般低于传统湿法，有利于烟气的排放和扩散。湿法是用溶液吸收烟气中的 SO_2，气液反应传质效果好，脱硫率高，技术成熟，但脱硫产物难处理，投资较大，且烟温降低不利于排放，烟气需再次耗能加热。下面介绍一些主要的烟气脱硫方法。

（1）干法烟气脱硫。

干法烟气脱硫技术包括电子束法、脉冲电晕法、荷电干粉喷射法、催化氧化法、活性炭吸附法和流化床氧化铜法等。

干式气相催化氧化已实际应用于有色金属冶炼和锅炉烟气脱硫。除尘净化后的含 SO_2烟气进入催化转化器，在一定温度下通过催化剂作用，将 SO_2氧化为 SO_3，继而转化为硫酸加以收集。SO_2的氧化反应为

$$SO_2 + 1/2\ O_2 \xrightarrow{V_2O_5} SO_3(\text{放热}) \tag{6-96}$$

（2）半干法烟气脱硫。

半干法烟气脱硫技术包括旋转喷雾干燥法、炉内喷钙-炉后增湿活化法、增湿灰循环脱硫技术等。

旋转喷雾干燥法。旋转喷雾干燥法脱硫率一般为 85%，高者可达 90% 以上，多用于低硫煤烟气脱硫，其工艺流程如图 6-3 所示。

将熟石灰［$Ca(OH)_2$］或 Na_2CO_3等制成的浆液喷入雾化干燥反应器，雾化后的碱性液滴吸收烟气中的 SO_2，同时烟气的热量使液滴干燥形成石膏固体颗粒，再用袋式除尘器将固体颗粒分离。$Ca(OH)_2$吸收 SO_2的总反应为

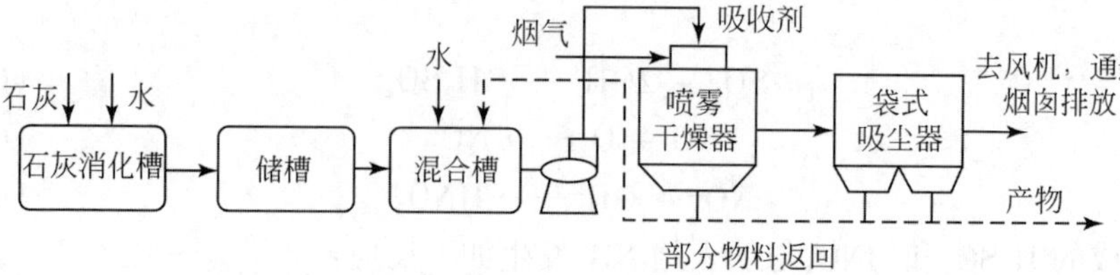

图 6-3　旋转喷雾干燥法脱硫工艺示意图

$$Ca(OH)_2 + SO_2 + H_2O \longrightarrow CaSO_3 \cdot 2H_2O \tag{6-97}$$

$$CaSO_3 \cdot 2H_2O + 1/2\ O_2 \longrightarrow CaSO_4 \cdot 2H_2O \tag{6-98}$$

炉内喷钙-炉后增湿活化脱硫。其特点是除了将石灰石粉喷入炉膛中的烟温区（850～1150℃），完成 $CaCO_3 \longrightarrow CaO+CO_2\uparrow$ 和 $CaO+SO_2+1/2O_2 \longrightarrow CaSO_4$ 反应之外，在空气预热器后增设了一个独立的活化反应器，在这里喷雾化水或蒸汽使烟气中未反应的 CaO 增湿活化，进行水合反应生成 $Ca(OH)_2$，接着与烟气中的 SO_2 反应生成 $CaSO_3$，部分 $CaSO_3$ 进一步氧化成 $CaSO_4$，总反应可表示为

$$CaO + H_2O + SO_2 + 1/2\ O_2 \longrightarrow CaSO_4 + H_2O \tag{6-99}$$

（3）湿法烟气脱硫。

已商业化或完成中试的湿法脱硫工艺包括石灰（石灰石）法、双碱法、氨吸收法、磷铵复肥法、稀硫酸吸收法、海水脱硫、氧化镁法等十多种。

石灰（石灰石）法。该工艺以熟石灰［$Ca(OH)_2$］或石灰石（$CaCO_3$）浆液吸收烟气中的 SO_2，脱硫率达到 95% 以上。吸收过程的主要反应为

$$CaCO_3 + SO_2 + 1/2\ H_2O \longrightarrow CaSO_3 \cdot 1/2\ H_2O + CO_2\uparrow \tag{6-100}$$

$$Ca(OH)_2 + SO_2 \longrightarrow CaSO_3 \cdot 1/2\ H_2O + 1/2\ H_2O \tag{6-101}$$

$$CaSO_3 \cdot 1/2\ H_2O + SO_2 + 1/2\ H_2O \longrightarrow Ca(HSO_3)_2 \tag{6-102}$$

废气中的氧或送入氧化塔内的空气可将脱硫产物亚硫酸钙和亚硫酸氢钙氧化成石膏：

$$2CaSO_3 \cdot 1/2\ H_2O + O_2 + 3H_2O \longrightarrow 2CaSO_4 \cdot H_2O \tag{6-103}$$

$$Ca(HSO_3)_2 + 1/2\ O_2 + H_2O \longrightarrow CaSO_4 \cdot H_2O + SO_2\uparrow \tag{6-104}$$

回收式石灰或石灰石脱硫工艺流程如图 6-4 所示。吸收塔内的吸收液与除尘后进入的烟气反应后，被送入氧化塔内制取石膏。烟道气脱硫常用的吸收塔有湍球塔、板式塔、喷淋塔和文丘里/喷雾洗涤塔等。

双碱法。双碱法是针对石灰或石灰石法易结垢和堵塞的问题发展的一种脱硫工艺，又称钠碱法。首先采用钠化合物（NaOH、Na_2CO_3 或 Na_2SO_3）溶液吸收烟气中的 SO_2，生成 Na_2SO_3 和 $NaHSO_3$，接着用石灰或石灰石使吸收液再生为钠溶液，并生成亚硫酸钙或硫酸钙沉淀。由于吸收塔内是以溶于水的钠化合物作为吸收剂，不会结垢。然后将离开吸收塔的溶液导入一开口反应器，加入石灰或石灰

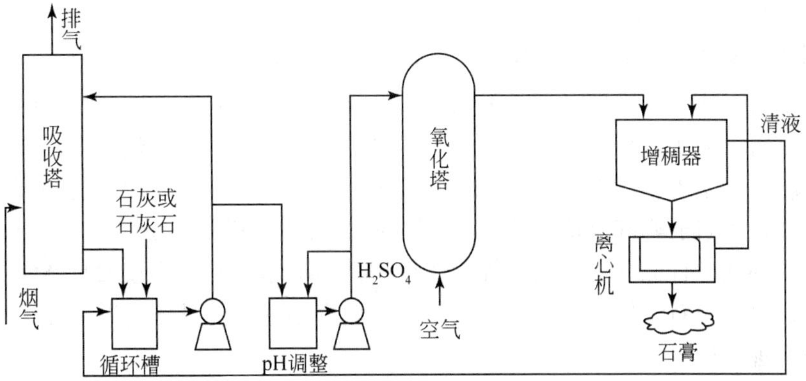

图 6-4　石灰或石灰石脱硫工艺

石进行再生反应，再生后的钠溶液返回吸收塔重新使用。吸收反应为

$$Na_2CO_3 + SO_2 \longrightarrow Na_2SO_3 + CO_2\uparrow \tag{6-105}$$

$$2NaOH + SO_2 \longrightarrow Na_2SO_3 + H_2O \tag{6-106}$$

$$Na_2SO_3 + SO_2 + H_2O \longrightarrow 2NaHSO_3 \tag{6-107}$$

反应器中的再生反应为

$$Na_2SO_3 + Ca(OH)_2 + 1/2\ H_2O \longrightarrow 2NaOH + CaSO_3 \cdot 1/2\ H_2O\downarrow \tag{6-108}$$

$$2NaHSO_3 + Ca(OH)_2 \longrightarrow CaSO_3 \cdot 1/2\ H_2O\downarrow + 3/2\ H_2O + Na_2SO_3 \tag{6-109}$$

$$2NaHSO_3 + CaCO_3 \longrightarrow CaSO_3 \cdot 1/2\ H_2O\downarrow + 1/2\ H_2O + CO_2\uparrow + Na_2SO_3 \tag{6-110}$$

如果将亚硫酸钙进一步氧化，可回收石膏。此法的脱硫率也很高，可达 95% 以上。缺点是吸收过程中，生成的部分 Na_2SO_3 会被烟气中残余 O_2 氧化成不易清除的 Na_2SO_4，使得吸收剂损耗增加和石膏质量降低。电站锅炉烟气中，大约有 5% ~10% 的 Na_2SO_3 被氧化为 Na_2SO_4。如果溶液中的 OH^- 和 SO_4^{2-} 保持足够高的浓度，则可除去 Na_2SO_4。若吸收塔采用稀硫酸来除去硫酸钠，这也要增加硫酸消耗。

$$Na_2SO_4 + Ca(OH)_2 + 2H_2O \longrightarrow 2NaOH + CaSO_4 \cdot 2H_2O \tag{6-111}$$

$$Na_2SO_4 + H_2SO_4 + 2CaSO_3 + 4H_2O \longrightarrow 2CaSO_4 \cdot 2H_2O + 2NaHSO_3 \tag{6-112}$$

控制 NO_x 排放的重点是对燃料燃烧过程及其排放物的治理，主要方法有改变燃烧条件和废气脱硝两种。

6）低 NO_x 燃烧技术

用改变燃烧条件的方法来降低 NO_x 的排放，通称为低 NO_x 燃烧技术。根据燃烧过程中 NO_x 的生成机理，低 NO_x 燃烧技术降低 NO_x 的主要途径有：选用 N 含量较低的燃料；减少过量空气及降低燃烧区域的氧浓度；降低燃烧温度；对热力型 NO_x，缩短在高温区的停留时间，而对燃料型 NO_x，在氧浓度较低的情况下，增加可燃物在火焰前峰和反应区中的停留时间。具体的措施有分级燃烧、再燃烧、烟气再循环和各种低 NO_x 燃烧器等。在组织低 NO_x 燃烧时，不仅要使 NO_x 尽可能降低，还要避免对燃烧设备产生负面影响，应根据不同的具体情况选用不同的方法。下面主要以锅炉为对象进行讨论。

（1）分级燃烧法。

将燃烧所需的空气分成两级送入，使燃烧分两级完成，燃烧室分级燃烧如图 6-5 所示。一级空气与燃料一起送入燃烧室，燃煤、燃油时约为所需空气总量的 80%，燃气时约为 70%。由于燃料先在缺氧的富燃料条件下燃烧，燃烧区内的燃烧速度和温度水平降低，同时抑制了燃料型 NO_x 和热力型 NO_x 的生成。完全燃烧所需的二级空气在燃烧器附近适当位置送入，形成贫燃料的二级燃烧区，此时虽然空气量多，但燃烧温度已经降低，NO 生成量不大。分级燃烧的实质是偏离化学当量比的燃烧，NO 可比常规燃烧降低 20%～40%。

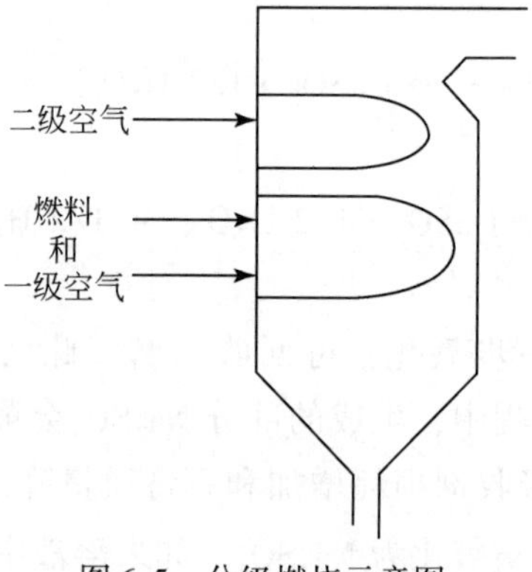

图 6-5　分级燃烧示意图

（2）再燃烧法。

再燃烧法就是使燃料分级燃烧，如图 6-6 所示。各自都分两级送入的燃料与空气将燃烧分成三个区域：初燃区送入 80%～85% 的一次燃料，在 $\alpha>1$ 的氧化性气氛下进行燃烧，生成 NO、CO_2、H_2O、SO_2、O_2 和灰分等；再燃区送入其余 15%～20% 的二次燃料，在 $\alpha<1$ 的还原性气氛下燃烧，产生的碳氢基团 CH 与部分 NO 反应形成 HCN、NH_3 等中间产物，中间产物再与 NO 反应生成 N_2；燃尽区

将二级空气送入，完成全部燃烧，同时把残余的中间产物部分还原成 N_2，部分氧化成 NO。一般情况下，采用再燃烧法可使 NO 的排放浓度降低 50% 以上。

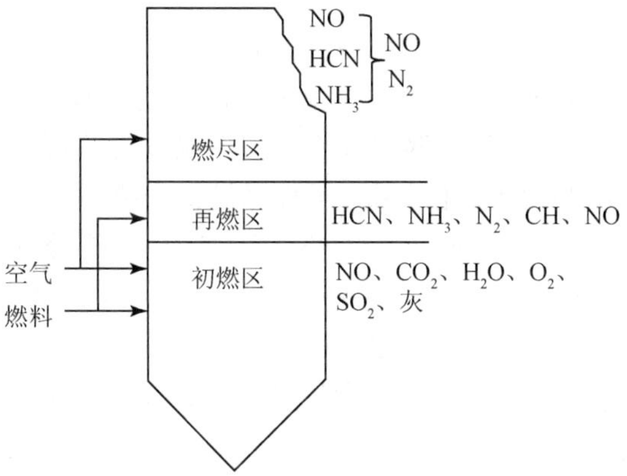

图 6-6　再燃烧原理示意图

（3）烟气再循环法。

烟气再循环法从锅炉尾部抽取一部分温度较低的惰性烟气送入炉膛燃烧区，使炉内温度和氧的浓度降低，从而抑制了热力型 NO_x 的生成。其主要原因是减少了 N_2 和 O_2 的高温分解，以及增强了燃烧区的还原性气氛。

（4）废气脱硝。

废气脱硝是 NO_x 控制措施中最重要的方法。废气脱硝技术可分为干法和湿法两类，与 NO_x 的氧化、还原和吸附的特性有关。干法有气相还原法、分子筛或活性炭吸附法等，湿法有采用各种液体（水、酸、碱液等）的氧化吸收法。

（5）催化还原法。

催化还原工艺是一种广泛用于废气脱硝的成功技术。

选择性催化还原法是以氨（NH_3）作为还原剂喷入废气，在较低温度和催化剂的作用下，将 NO_x 还原成 N_2 和 H_2O。选择性是指 NH_3 具有选择性，它只与 NO_x 进行反应，而不与氧发生反应。基本的放热还原主反应如下：

$$8NH_3 + 6NO_2 \longrightarrow 7N_2 + 12H_2O \tag{6-113}$$

$$4NH_3 + 6NO \longrightarrow 5N_2 + 6H_2O \tag{6-114}$$

$$2NH_3 + NO + NO_2 \longrightarrow 2N_2 + 3H_2O \tag{6-115}$$

非选择性催化还原法是在贵金属铂、钯等催化剂作用下，反应温度为 550 ~ 800℃时，用 H_2、CH_4、CO 或由它们组成的燃料气作为还原剂，将废气中的 NO_x 还原为 N_2，同时还原剂发生氧化反应生成 CO_2 和 H_2O。选择性非催化还原法是在无催化剂作用下，利用 NH_3 或尿素［$(NH_2)_2CO$］等氨基还原剂，在 950 ~

1050℃这一狭窄的温度范围内，可选择性地还原烟气中的 NO_x，而基本上不与烟气中 O_2反应，该技术的关键是对温度的控制。

（6）液体吸收法。

用水或其他溶液吸收 NO_x的方法较多，在硝酸厂和金属表面处理行业中应用广泛。湿法工艺及设备简单、投资少，能够以硝酸盐等形式回收 NO_x中的氮，但由于 NO 极难溶于水或碱溶液，吸收效率一般不是很高。可以采用氧化、还原或络合吸收的办法提高 NO 的净化效果。下面做简要介绍。

水吸收法：水吸收 NO_x时，水与 NO_2反应生成硝酸（HNO_3）和亚硝酸（HNO_2）。生成的 HNO_2很不稳定，快速分解后会放出部分 NO。常压时 NO 在水中的溶解度非常低，0℃时为 7.34mL/100g 水，沸腾时完全逸出，它也不与水发生反应。因此常压下该法效率很低，不适用于 NO 占总 NO_x 95% 的燃烧废气脱硝。提高压力（约 0.1MPa）可以增加对 NO_x的吸收率，通常作为硝酸工厂多级废气脱硝的最后一道工序。

酸吸收法：普遍采用的是稀硝酸吸收法。由于 NO 在 12% 以上硝酸中的溶解度比在水中大 100 倍以上，可用硝酸吸收 NO_x废气。硝酸吸收 NO_x以物理吸收为主，最适用于硝酸尾气处理，因为可将吸收的 NO_x返回原有硝酸吸收塔回收为硝酸。此法工艺流程简单，操作稳定，可以回收 NO_x为硝酸，但气液比较小，酸循环量较大，能耗较高。由于我国硝酸生产吸收系统本身压力低，至今未用于硝酸尾气处理。

碱液吸收法：该法的实质是酸碱中和反应。在吸收过程中，首先，NO_2溶于水生成硝酸（HNO_3）和亚硝酸（HNO_2）；气相中的 NO 和 NO_2生成 N_2O_3，N_2O_3也将溶于水而生成 HNO_2。然后 HNO_3和 HNO_2与碱（NaOH、Na_2CO_3等）发生中和反应生成硝酸钠（$NaNO_3$）和亚硝酸钠（$NaNO_2$）。对于不可逆的酸碱中和反应，可不考虑化学平衡，碱液吸收效率取决于吸收速度。

6.3 典型过程工业大气污染治理

6.3.1 氧化铝工业的大气污染治理

铝工业是国民经济发展的重要基础原料产业，同时也是高能耗产业。历经几十年的发展，我国已经成为铝生产、消费大国，但铝工业资源配置、产业集中度、技术装备水平、产品竞争力、技术创新等方面与国外相比仍有差距。

国外氧化铝生产主要采用低能耗、污染小的拜尔生产工艺。因为矿石类型和品位特点，我国普遍采用烧结法和联合法生产工艺。近几年，我国铝生产企业经技术改革，普遍采用国际先进技术和设备，如间接加热管道化溶出、多效降膜蒸发、流态化焙烧、赤泥干法输送及堆存等。

氧化铝生产以铝土矿为原料，主要是采用碱法，其生产工艺有烧结法、拜尔法和联合法三种。烧结法适用于处理铝硅比低（氧化铝与氧化硅质量比为 Al：Si>3）、碱浸出性能较差的铝土矿；拜尔法适用于处理铝硅比高（Al：Si>10）的铝土矿；联合法居中（Al：Si≈6～8）。联合法又可以分成并联合和串联合两种：前者是拜尔法和烧结法两种流程并行；后者是用拜尔法提取氧化铝后，残渣再用烧结法处理。在串联法中，拜尔法流程中产生的赤泥，添加一部分铝硅比约为 4 的铝土矿再进行烧结；从烧结法流程中取出部分原液加入拜尔法流程中，以补充拜尔法流程的碱损耗。这就是具有我国特色的混联合法，兼有烧结法和拜尔法的特点，能同时处理铝硅比高或低等不同性质的铝土矿石，适用于我国特有的高硅、难溶的水硬铝石型资源。其氧化铝实收率、碱耗和生产成本达到国际先进水平，产品质量水平与拜尔法相当。烧结法是处理铝硅石矿最经济的方法。联合法适用于中等品味铝土矿或兼有高、低品位的铝土矿处理。混联合法是拜尔法流程与烧结法流程间彼此独立，但又有物料交换，彼此补充，相对完善的联合法。

1. 氧化铝生产过程中的主要污染物

烧结法和联合法工艺的大气污染来源主要是熟料烧成窑，其次是氢氧化铝焙烧炉。拜尔法没有熟料烧成窑，氢氧化铝焙烧炉是其主要污染来源。此外，物料破碎、筛分、运输等加工过程也会散发大量粉尘，如石粉、碱粉、煤粉和煤粉灰等。每生产 1t 氧化铝排放各类粉尘 30～70kg。一个年产 4×10^5t 的氧化铝厂每小时有组织排放含尘废气 150×10^4～250×10^4 m^3。氧化铝厂的主要污染源产尘量和粉尘的排放量见表 6-3。

表 6-3　氧化铝生产中大气污染物产生及排放状况（kg/t）

污染物名称（Al_2O_3/排放废气）	颗粒物排放量	SO_2 排放量
熟料烧成窑	1.6～2.0	0.55
氢氧化铝焙烧炉	0.15～0.43	0.77～2.6
原料制备及运输	0.13～1.2	

除此之外，无论是采用烧结法还是拜尔法，其基本原理均是采用碱液浸出铝土矿中的氧化铝，在溶出工段中要消耗大量高温高压蒸汽，因此氧化铝生产企业在建设中均要配套建设以原煤为燃料的热电厂，以提供氧化铝生产中所必需的高温高压蒸汽。

近年来，由于国内氧化铝厂在竞相引进国外先进技术工艺及装备的同时，强化对氧化铝各生产工艺工序的管理，减少碱性污水的排放，赤泥采用运输法和堆存技术，基本解决了环境污染问题。而配套建设的热电锅炉排放的 SO_2 对周围环境造成的污染，已日益引起社会关注。

2. 氧化铝工业大气污染物危害

氧化铝工业大气污染物主要有粉尘和 SO_2。

粉尘危害：降低能见度，遮挡阳光，使云雾、雨水增加，影响气候；吸附大气中某些致癌物质，如苯并[a]芘，增加肺癌发病率；粒径为 0.1 ~ 1μm 的微细颗粒可直进入肺泡，诱发呼吸道疾病和癌症。

SO_2 危害：长期接触低质量浓度 SO_2 会出现乏力、鼻炎，尿中硫酸盐、酸浓度增高等症状。当 SO_2 的体积分数为 $(1 \sim 10) \times 10^{-6}$ 时，对人有刺激；当 SO_2 的体积分数为 $(10 \sim 100) \times 10^{-6}$ 时，开始出现流泪和胸闷等症状；当 SO_2 的体积分数为 $(400 \sim 500) \times 10^{-6}$ 时人会出现严重中毒，甚至窒息而亡；SO_2 可以使森林生长率下降，农作物减产，造成巨大的经济损失；SO_2 是形成酸雨的重要原因。

3. 氧化铝工业大气污染物治理

1）氧化铝精炼过程中的粉尘控制

从铝土矿开采到铝锭产出装运，从变化极大、含灰量很高或潮湿和黏性的矿石，变成平均粒径为 800 ~ 100μm 的干的含尘产物，产物中大约有 10% 的粒径小于 44μm，必须加以控制的主要排放源是氧化铝熔烧炉和石灰熔烧装置。

（1）氧化铝厂氢氧化铝焙烧炉的排放控制。

氢氧化铝焙烧炉烟气是采用旋风除尘器回收物料后，再经过电除尘器除尘。随着生产技术的改进和达标排放、总量控制加强，近年来氧化铝单位产品排污状况有了明显改善。

（2）氧化铝熔烧炉的排放控制。

氧化铝冶炼中主要污染来源是熔烧炉（熟料窑、熔烧窑、水泥窑）。废气尘的质量浓度高，除尘装置可采用旋风除尘器及静电除尘器。一般用三电场新型板式阳极、框架式阴极，电场面积可达 $100m^2$ 以上的电除尘器，配备可控硅自动跟踪调压装置，选择合理的收尘极比表面积及通过电场的烟气速度，最佳收尘效率可达 99.5%。近年来，随悬浮预热、窑外分解和沸腾熔烧等新工艺投入使用，生产炉窑利用率得到提高，废气温度降低，电除尘器的效率可达 99.9%，排尘质量浓度可降至 $60 \sim 100mg/m^3$，符合排放标准要求。

（3）通风除尘系统。

在生产与运输过程中，要注意控制搅动氧化铝产品所产生的粉尘排放（捕捉的粉尘仍是原料，一般直接返回流程）。转运点及存储都需要除尘装置，以防止氧化铝粉尘排入大气。通风除尘系统普遍采用布袋除尘器，效率可达 99%，达到排放标准。熟料粉尘因温度高，研磨性强，捕集比较困难，利用熟粉料水性的特点，可采用大直径的水浴除尘器。也可以采用电除尘器捕集熟料粉料技术，应用效果更为明显。目前我国氧化铝厂除原料堆场、物料输送扬尘控制仍然存在较严重的无组织排放问题外，其他工序产尘点基本得到控制。尤其是 20 世纪 90 年代较为棘手的熟料中碎除尘和石灰炉除尘问题均已得到完善解决。

2）含硫烟气的治理

目前各国研究烟气脱硫的方法已有上百种，大体可以分为干法（固体吸收法）和湿法（液体吸收法）两类。每类吸收剂又分为若干种（表 6-4）。烟气脱硫是世界上唯一被大规模商业应用的烟气脱硫方法，是控制酸雨和 SO_2 污染的最为有效和主要的手段。除了表 6-4 列举的脱硫方法外，另外还有循环流化床旋转喷雾法、电子束辐射法等新型脱硫方法。

表 6-4　烟气脱硫方法分类表

脱硫方法	脱除剂类别		中间阶段	最终产品
液体吸收法	碱土金属	石灰和石灰石浆	无	亚硫酸钙泥浆
			氧化	硫酸钙
		碱性飞灰泥浆	无	泥浆
		氧化镁泥浆	热再生	二氧化碳
	碱金属	氢氧化钠、碳酸盐、亚硫酸盐	无	亚硫酸钠
			氧化	硫酸钠
			双碱	亚硫酸钙
			热再生、结晶	二氧化硫
		碳酸钠（干喷）	无	亚硫酸钠
			还原再生	硫
		柠檬酸钠、磷酸盐、乙酸	双碱	亚硫酸钙
			还原	硫
	氨化合物	氨水、亚硫酸盐	热再牛	二氧化硫
			氧化	硫酸铵
			双碱	亚硫酸钙
			自氧化	硫酸铵、硫
	酸溶液	稀硫酸	氧化、沉淀	硫酸钙
	有机碱	二甲铵、二甲代苯胺	热再生	二氧化硫
	熔盐	碱金属碳酸盐	还原	硫化氢或硫
固体吸收法	反应	石灰石/苏打溶液	无	钙盐/钠盐
		金属氧化物	还原	二氧化硫
		碱、氧化铝	还原	硫化氢或硫

典型的脱硫技术主要有以下几种。

(1) 石灰石/石灰-石膏法。

石灰石/石灰-石膏法脱硫系统主要用于大型电站锅炉烟气的脱硫，它包括烟气换热系统、吸收塔脱硫系统、脱硫剂浆液制备系统、石膏脱水系统以及辅助的水系统和控制系统。图6-7是喷淋洗涤式石灰石/石灰-石膏法脱硫工艺流程。该烟气脱硫系统通常位于烟道的末端，置于除尘器之后，后处理的烟气经烟囱排出。

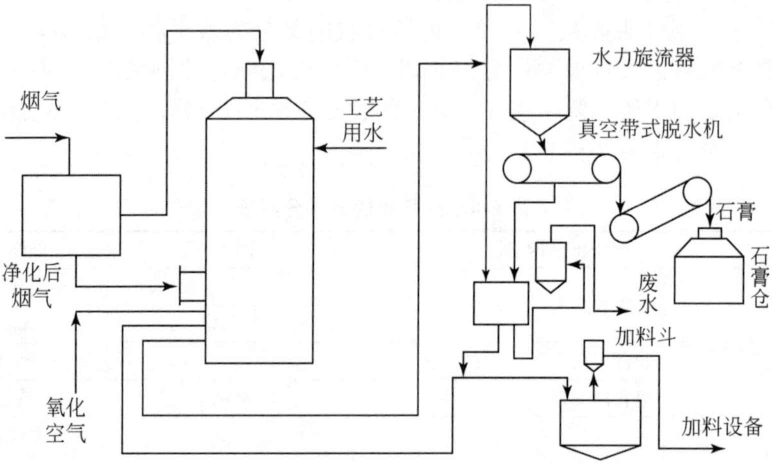

图6-7　石灰石/石灰-石膏脱硫工艺流程

从锅炉出来的烟气约120℃，进入脱硫吸收塔（预先经过除尘及换热降温），与吸收塔内石灰石浆料接触，烟气中的SO_2与石灰石反应生成亚硫酸钙和硫酸钙，在吸收塔底部鼓入大量空气，使亚硫酸钙氧化成硫酸钙。受石灰石溶解度及活性的限制，采用石灰石为脱硫剂的脱硫率一般在85%以上，适用于SO_2浓度中等偏低的烟气脱硫。吸收塔底部的石膏浆先在水力旋流器中稠化至含固量约为40%，然后排出反应塔，经带式真空脱水机过滤，脱出其中的大部分水分，得到含水量小于10%的石膏。该产品既可作为副产品也可抛弃。

(2) 旋转喷雾法。

旋转喷雾法烟气脱硫是利用喷雾干燥原理，在对吸收剂进行喷雾干燥的过程中完成对烟雾中SO_2的脱除。

旋转喷雾法烟气脱硫工艺流程如图6-8所示。将制备好的石灰乳用泵送至高位给料箱，然后流至喷雾干燥吸收塔，其中的高速旋转的雾化轮（转速为15 000～20 000 r/min）在离心力的作用下喷射均匀的伞状雾滴，烟气则沿雾化轮进入塔内，形成一个向下的旋涡气流，保证了吸收剂雾滴在被烟气蒸发干燥的同时完成

对烟气中 SO_2 的吸收。由于喷雾高速旋转，吸收浆料在雾化轮出口处的线速度可达到 150m/s 以上，在离心力作用下分散成极微小的颗粒（直径<100μm）。这些具有很大比表面积的分散颗粒，经同烟气接触，就能发生强烈的热交换和化学反应，迅速将自身的绝大部分水分蒸发掉，形成水分很少的固体灰渣。如果吸收剂颗粒没有完全干燥，则在吸收塔的烟道及后续除尘设备中继续反应。旋转喷雾法烟气脱硫工艺流程可以分为三个部分：吸收浆料液制备、喷雾脱硫塔、脱硫后的气固分离。

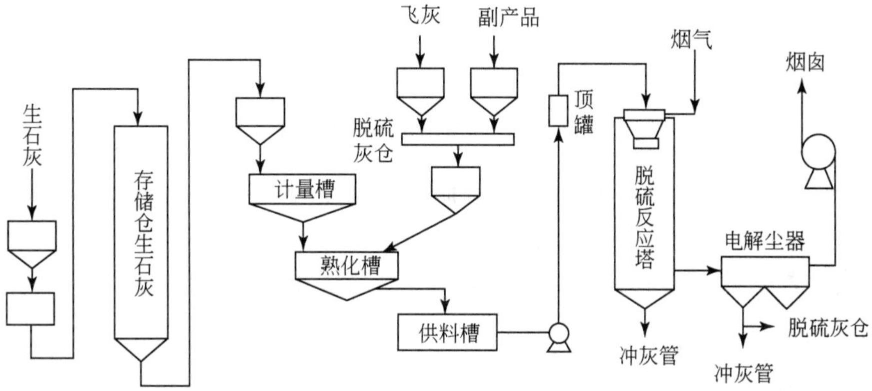

图 6-8　旋转喷雾法烟气脱硫工艺

（3）电子束辐射法。

电子束辐射法是一种从高能物理角度提出的方法。这种发生器由直流高压电源和电子束管组成，两者之间用高压电缆连接。在高真空下，由加速管端部灯丝发射出热电子，在高压电场的作用下，热电子被加速。高速电子束的有效照射空间可以通过调节 X、Y 方向的磁场作用来控制，高速电子束通过照射窗进入反应器内，使废气中的 SO_2 和 NO 强烈氧化。

电子束辐射法脱硫工艺流程如图 6-9 所示。烟气经除尘器后送至冷却塔，在冷却塔喷射冷却水降温至湿后，送至反应器中辐照处理，同时喷入氨，在电子束的作用下，烟气中的 SO_2 和 NO 同氨反应生成硫酸铵和硝酸铵。处理后的烟气被输送至副产品收集装置，其中的硫酸铵和硝酸铵被副产物收集装置收集。处理后的烟气由烟囱排出。电子束法工艺流程由烟气冷却工序、氨气充入工序、电子照射工序和副产品分离工序组成。

（4）NADS 氨-肥法。

NADS 氨-肥法是由华东理工大学开发的一种新的脱硫方法。它采用氨吸收烟气中的 SO_2 生成亚硫酸氢铵和亚硫酸铵，结合化肥生产将烟气中的 SO_2 回收生成硫铵、磷铵和硝铵化肥，并生产高浓度的工业浓硝酸。

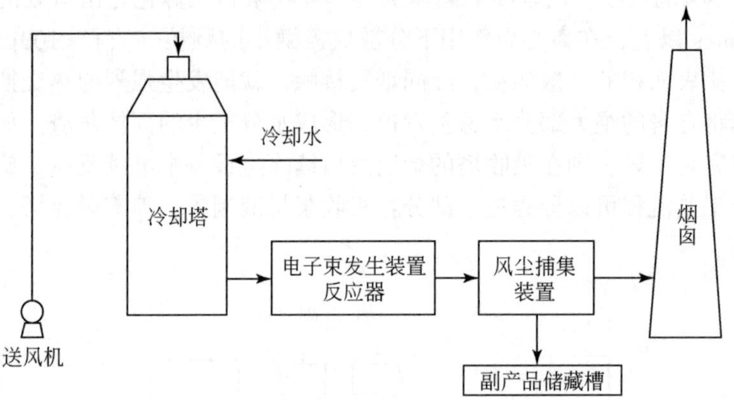

图 6-9　电子束辐射法脱硫工艺流程

NADS 氨-肥法工艺流程如图 6-10 所示（硫铵-硫酸），整个工艺流程分为两大部分：一是二氧化硫吸收部分；二是硫酸-硫铵部分。硫酸-硫铵部分主要包括三套装置：亚硫铵溶液酸解装置、硫酸生成装置和硫铵生产装置。

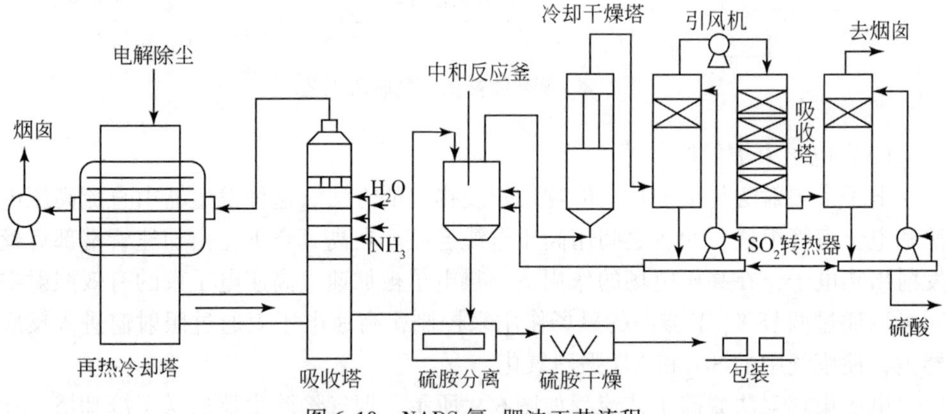

图 6-10　NADS 氨-肥法工艺流程

由电除尘器出来的 SO_2 烟气（温度为 140 ~ 160℃）经过再热器回收吸收热量后，温度降为 100 ~ 120℃，再经过水喷淋冷却到低于 80℃，进入 SO_2 吸收塔。吸收塔的温度为 50℃左右，吸收率大于 95%，烟气出口氨的质量浓度小于 20mg/m^3。吸收后的烟气进入再热器，升温到 70℃以上，进入烟囱排放。吸收塔为多级循环吸收，一般为 3 ~ 5 级。出自吸收塔的亚硫铵溶液经过离心分离除尘后，进入硫酸中和反应釜，得到硫铵溶液和高浓度的 SO_2 气体。硫铵溶液经过结晶、干燥、包装，得到商品硫铵化肥。SO_2 气体进入硫酸装置生产质量分数为 98% 的硫酸，其中 70% ~ 80% 返回中和反应釜，20% ~ 30% 作为商品出售。

6.3.2　稀土金属生产中的大气污染及治理

我国稀土产业规模连续扩大，行业实力明显增强。稀土生产量居世界第一位，同时污染物的量也大幅度增加。

1. 稀土金属大气污染物来源及危害

稀土生产中产生的有害废气可分为两类：一类是火法生产稀土硅铁合金及硫酸焙烧法处理稀土精矿时，产生的含固体颗粒和灰尘的气体；另一类是酸法处理稀土精矿、氯化法处理混合型稀土精矿及电解法生产稀土金属过程中，产生的含氟、氯和氯化氢等有害物质的废气。稀土生产中排出的主要废气见表 6-5。稀土生产过程中产生的含尘废气、含氟废气、含氟氯废气、含氯废气、含氯化氢废气，对人体健康、植物、器物和材料以及大气能见度皆有着重要的影响。

表 6-5　稀土金属生产中排出的主要废气

废气名称	废气含有害物质状况				来源
	尘/(g/m^3)	氟/(g/m^3)	氯/(g/m^3)	氯化氢/(g/m^3)	
含尘废气	2.10	0.38			稀土硅铁合金生产
含氟废气	微量	14.00			酸法处理混合型稀土矿
含氟氯废气	微量	6.45	17.36		氯化法处理混合型稀土矿
含氯废气	微量		0.20	微量	电解法生产稀土金属
含氯化氢废气				6.00	酸法处理离子型稀土矿

2. 稀土金属生产过程中含氯废气治理

用混合氯化稀土作为原料，在熔盐电解槽中生产稀土金属时，由电解槽上部排出的大量含氯废气，可选用喷淋或冲击式吸收法对废气进行净化处理。

1）水吸收法

水吸收含氯废气的有利条件是增加氯气分压和降低吸收温度。国外有高压低温下水吸收含氯废气，然后在加热或减压条件解吸并回收氯气的应用，如英国的加压水吸收–减压解吸系统，水的温度维持在 10～100℃，二氧化碳的分压小于 0.15MPa，系统在大于大气压的压力下，含氯和二氧化碳的混合废气与水接触，形成氯–水溶液，然后以减低系统压力的方法从氯–水溶液中释放出氯气，残余的氯–水溶液返回吸收系统循环利用。美国将含氯废气以 1t/h 的速率（P_{Cl_2} = 20 kPa）与 757m^3/h 的循环水于填料塔中逆流接触以吸收氯气，其后在（0.14～

0.053)×10^5Pa 压力下，加热回收氯气。据西班牙报道，将含氯废气通过 0~8℃ 的水，使氯形成 $Cl_2 \cdot 6H_2O$ 形式的水合物，随后用加热的方式解吸氯气。

氯-水系统带压操作，对设备要求较高，腐蚀较为严重，技术水平要求较高。水吸收法一般适合低浓度含氟废气的处理，常压水洗，由于氯的溶解度有限，而且易逸出，若不回收吸收液中的氯，则会造成二次污染。

2）碱液吸收法

碱液吸收法是目前处理含氯废气的主要方法，采用的吸收剂有 NaOH、$NaCO_3$、$Ca(OH)_2$等碱性溶液或浆液，碱性吸收剂能使废气中的氯气有效地转化为副产品次氯酸盐。氯气溶于水后，雨水发生可逆反应，生成 HCl 与 HOCl，继而电离出 H^+，碱液加入后，OH^-即与 H^+中和生成不容易电离的 H_2O 分子，平衡向右移动。因此，碱液吸收含氯废气的化学反应方程式为

$$Cl_2 + H_2O \rightleftharpoons HOCl + HCl \tag{6-116}$$

$$HOCl + HCl + 2NaOH \longrightarrow NaOCl + NaCl + 2H_2O \tag{6-117}$$

两式合并为

$$Cl_2 + 2NaOH \longrightarrow NaOCl + NaCl + H_2O \tag{6-118}$$

当用 $Ca(OH)_2$、$NaCO_3$作为吸收剂时，反应方程式为

$$2Cl_2 + 2Ca(OH)_2 \longrightarrow Ca(OCl)_2 + CaCl_2 + 2H_2O \tag{6-119}$$

$$Cl_2 + Na_2CO_3 \longrightarrow NaOCl + NaCl + CO_2\uparrow \tag{6-120}$$

只要有足够的 OH^-，氯的溶解和吸收就将继续进行下去，因而碱液吸收含氯废气效率一般较高，能达到 99.9%。

碱液吸收设备有填充塔、喷淋塔、波纹塔、旋转吸收器和鼓泡吸收器等。吸收后的出口氯气体积分数小于 1×10^{-5}，随着 pH 降低，溶液中次氯酸盐和金属氯化物浓度提高，应定期抽出次氯酸盐溶液，补充新鲜的碱液，保证较高的 pH，防止吸收液结晶而堵塞管道。

碱液吸收效率高、吸收速度快、工艺简单、价格低廉，能回收废气中的氯，该方法得到了广泛的应用，但次氯酸盐易分解，造成二次污染。

碳酸钠溶液吸收含氯废气制取次氯酸钠，采用 Na_2CO_3溶液在波纹吸收塔内逆流吸收，生成副产品次氯酸钠。其流程如图 6-11 所示。含氯废气从塔底部进入与自上而下的喷淋水逆流洗涤，除去含尘的固体和盐酸雾，并降低温度。将经过洗涤的含氯废气送入波纹板吸收塔底部与自上而下的 Na_2CO_3溶液逆流吸收，Na_2CO_3溶液在塔内通过循化泵进行循环，制成成品次氯酸钠和氯化钠。可用 Ca（OH）$_2$乳液与含氯废气制取漂白粉、漂白液和漂白精。

3）氯化亚铁溶液吸收和铁屑反应法

用铁屑或氯化亚铁吸收含氯废气可以制得三氯化铁，同时消除了含氯废气的

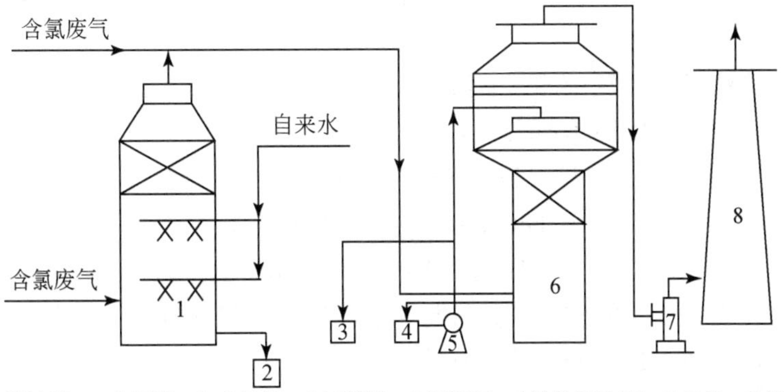

1.淋洗塔；2.水封槽；3.成品槽；4.碱液槽；5.循环泵；6.波纹吸收塔；7.风机；8.烟囱

图 6-11　碳酸钠溶液吸收含氯废气工艺流程

污染。

（1）两步氯化法。

两步氯化法是先用铁屑与浓盐酸或 $FeCl_3$ 溶液在反应槽中反应生成产品氯化亚铁水溶液，再用氯化亚铁溶液吸收含氯废气的方法。其化学反应方程式为

$$2FeCl_3 + Fe \longrightarrow 3FeCl_2 \tag{6-121}$$

$$2HCl + Fe \longrightarrow FeCl_2 + H_2\uparrow \tag{6-122}$$

$$2FeCl_2 + Cl_2 \longrightarrow 2FeCl_3 \tag{6-123}$$

反应过程中产生的氢气和逸出的水汽、氯化氢气体等在洗涤塔中用水洗涤后，由鼓风机排入大气。$FeCl_2$ 溶液经砂滤器除去悬浮物后，经储槽被送到串联的三个废氯吸收塔中吸收氯气，基本上可全部转化成 $FeCl_3$ 溶液。

$FeCl_3$ 溶液流到储槽，可作为产品销售。

（2）一步氯化法。

两步氯化法工艺流程过于复杂，消耗了大量盐酸，反应中排出的氢气不能回收。同时由于 $FeCl_2$ 易结晶，必须消耗蒸汽加热，因此研究出了一步氯化法的新工艺。其原理是将含氯废气直接通入装有水和铁屑的反应塔，将铁、氯和水一步合成 $FeCl_3$ 溶液，其化学反应方程式为

$$2Fe + 3Cl_2 \longrightarrow 2FeCl_3 + Q \tag{6-124}$$

此反应为强烈的放热反应，温度可升到 120℃左右，致使溶液沸腾。该反应速度很快，一般氯气经过 2 ~ 3m 高的水浸泡铁屑的反应塔层后，作用已结束，当塔顶有残余的氯出现时，表明铁屑反应完毕，应停止通入含氯废气，放出产品后即可进行下一次生产，因此操作和设备都极为简单。

在反应开始时，溶液出现沉淀物 FeOCl 和 $Fe(OH)_3$，这是由于温度升高极快，含氯废气供应速度小，使得溶液中未能保持足够的酸度，发生了 $FeCl_3$ 水解

作用。因而在一段时间内，必须保持较低温度（80℃以下不会发生水解），$FeCl_3$的初始浓度为10%左右。

一步氯化法是一个复杂的气、液、固的三相化学反应，在不发生水解的情况下，反应的主要过程可简单地表示为

$$Fe + Cl_2 \longrightarrow FeCl_2 \tag{6-125}$$

$$FeCl_2 + Cl_2 \longrightarrow 2FeCl_3 \tag{6-126}$$

$$FeCl_3 + Fe \longrightarrow FeCl_2 \tag{6-127}$$

反应的速度、产品的质量及数量与含氯废气中氯气的纯度、流量、压力、介质的酸度、铁屑加入量和分散状况有关。

（3）火法。

除了在水溶液中用铁屑与含氯废气反应制取三氯化铁外，还有用铁屑直接在氯化炉中与含氯废气作用制取三氯化铁的方法，称为火法。氯化炉反应的温度一般为600～800℃，可生成气态三氯化铁，其化学反应方程式为

$$2Fe + 3Cl_2 \longrightarrow 2FeCl_3 \uparrow \tag{6-128}$$

氯化炉有水冷夹套，三氯化铁蒸气在两个串联的水冷器中冷凝。冷凝器内的转刮板，连续将凝集于器壁上的三氯化铁刮下，得到粉状三氯化铁并用铁桶包装。从冷凝器出来的尾气中还含有氯，再用三个串联的尾气吸收塔用$FeCl_2$溶液加以吸收。

氯化亚铁溶液吸收或铁屑反应法原料便宜、设备少、工艺简单、操作方便。国外有采用高温空气氧化三氯化铁，使三氯化铁转化为三氧化二铁和氯气的方法，三氯化铁的转化效率为95%左右，氯气浓度在80%以上。回收的纯氯气可返回氯化过程循环使用。从综合利用的观点看，采用氯化亚铁溶液吸收含氯废气中的氯和三氯化铁生成三氧化二铁并回收氯的联合法处理含氯废气的工艺是比较先进的，也很合理。

（4）溶液吸收法。

溶液吸收法净化含氯废气，指的是用除水以外的有机或者无机溶剂洗涤含氯废气，吸收其中的氯气，然后将吸收了氯的溶剂加热或减压，解吸出纯氯气，解吸后的溶液可循环使用，或者将含氯溶剂作为生产原料用于生产过程。

溶剂有苯、二氯化硫、四氯化碳、氯磺酸和二氯化碘水溶液等。溶剂应溶氯量大，吸收氯气后易解吸或再生，价格便宜，无毒或者毒性小于氯气。目前的溶剂还不能同时满足以上条件。S_2Cl_2具有窒息气味，对人体伤害较大，但它对氯的溶解量很大，与氯反应可生成SCl_2，在低温下又生成SCl_4。产物在高温下释放氯气，溶剂还原为S_2Cl_2，处理含氯废气的回收率可接近100%。其原理为，吸收液用泵压缩至6.86×10^5Pa，送至解吸塔，在塔下部沸腾器加热至230℃流出，经

冷却器降温送至吸收塔。解吸塔中部是填料，吸收塔来的 SCl_2 在此分解，大部分 S_2Cl_2 流入沸腾器，少部分上升到塔上部的活性炭层，用回收的液氯回收。解吸的 S_2Cl_2 在上端被冷却，常温液化流出。解吸塔上端的氯气用水冷却或空气冷却，在操作压力下冷却至 25℃液化。

S_2Cl_2 与 Cl_2 结合很好，吸收剂用量少，消耗动力少，可直接得到液氯。S_2Cl_2 和 SCl_2 是刺激性物质，泄露难防，操作难度大。

（5）其他方法。

氢氧化钙-硫酸法。此法的原理是用硫酸分解由石灰乳吸收含氯废气所得到的次氯酸钙和氯化钙混合液，释放出纯氯气。其化学反应方程式为

$$Ca(ClO)_2 + CaCl_2 + 2H_2SO_4 + 2H_2O \longrightarrow 2Cl_2 + 2CaSO_4 \cdot 2H_2O \tag{6-129}$$

含有千分之几到百分之几的氯废气首先在气体洗涤器中用含有 2% ~20% 氢氧化钙（质量计）的石灰乳逆流洗涤，循环吸收到洗浆中，留下少量的氢氧化钙，然后进入澄清器中澄清。含有次氯酸钙、氯化钙和少量氢氧化钙的澄清液（占液体 90% 以上）经溢流管进入反应器。反应器中加入硫酸与澄清液，按照式（6-129）作用分解出氯气和二水硫酸钙悬浮物。反应器内以桨形搅拌器进行搅拌，控制最终的 pH 为 1.5 左右，反应时的温度最好为 30 ~60℃。整个浆液中固体悬浮物的体积分数保持在 20% ~40% 范围内。释放的氯气经管道引到液化工序。反应器中的二水硫酸钙浆液到硫酸钙澄清器中澄清。其中的浓浆（含 30% ~50% 的悬浮固体 $CaSO_4 \cdot 2H_2O$）由泵将一部分返回反应器，以保持其中 20% ~40% 的悬浮物，另一部分浓浆和溢出的稀浆以及来自澄清器的不溶物一起送到废物场。

燃烧-水吸收和燃烧-水吸收-电解法。此方法使含氯废气与氢气燃烧生成 HCl 气体，然后用水洗涤回收盐酸，最后电解盐酸回收高质量浓度的氯气。此流程使氯得以循环利用，电解时产生的氢气可以返回燃烧含氯废气。采用此方法往往要副产含 HCl 气体，其中一部分为未转化的游离氯气。这种尾气有两种方法进行处理：一是先用水洗涤其中的 HCl 气体，再用其他方法处理残余的游离氯；二是将含氯废气引入盐酸合成炉，加入氢气，燃烧后得到 HCl 气体，用水吸收成盐酸。氢气、含氯废气分别通入阻火器，含氯废气通过缓冲罐送入燃烧炉烧嘴的环形管隙中，含氯废气居于中心，其外层为氯气，最外层被氢气包围。烧嘴由异径的三重石英管黏结在钢座上组成，以耐腐蚀和高温。三种气体通过扩散混合，进行有焰燃烧。其燃烧温度为 1000 ~1200℃，生成的 HCl 气体通过炉壁散热冷却，炉内温度冷却到 170℃左右，进入吸收塔，被水吸收成盐酸。吸收塔分为两段，合成气先进入下段的隔膜吸收塔，其中同时进行传质和传热；再进入到上端的填料塔进行吸收。水由填料塔顶端通过瓷分布器加入，最终得到成品酸。

冷凝-淋洗-压缩冷冻法。用氯化法从钛铁矿、高钛渣和金红石等物料中提取四氯化钛的过程中，会产生含有二氧化碳、氯气、光气和四氯化钛等废气。对于这种有害废气，可以采用低温冷凝、四氯化钛液淋洗（低温高压）和压缩冷冻的三步处理法。第一步，在-40～-20℃的低温下，于冷凝器中冷凝上述废气。光气、大部分氯气和四氯化钛气体从废气中液化出来。未凝废气中含有二氧化碳、少量的四氯化钛和氯气，送至第二步工序处理。第二步，在低温和高温下，用四氯化钛液淋洗，吸收废气中的氯和四氯化钛气体。然后用加热的方法从吸收液中解吸出游离氯。淋洗后的废气主要含有二氧化碳，可送至第三步工序处理。第三步，在-60℃和0.5MPa下冷冻，将废气中的二氧化碳冷冻为干冰。其余废气由烟囱排放。通过上述三步工序，把废气中的有害气体光气、氯气和二氧化碳都分离出来，达到了完全净化的目的，并将有害物质转变成了有用物质。这种方法对于含氯量高的废气可能更为适用。但是由于涉及低温和高压，需要考虑设备制造、操作和成本等技术及经济问题。

压缩冷冻法。此方法不涉及污染环境的介质，它是用动力换取氯气的一种方法。对于含氯量为5%的含氯废气，回收1t氯，需要10.01kW的电力。采用阶梯压缩冷冻法将含氯废气冷却到-100℃以下，氯的液化率可达90%左右。此方法的要点是：在第一阶段，用氨作高温的冷媒，把氨压缩到1.02MPa，含氯废气流入氨热交换器；在第二阶段，用乙烯作冷媒，把乙烯压缩到1.5MPa，然后把氨热交换器中流出的含氯废气引入乙烯热交换器，使废气的温度降低到-110℃左右，此时的氯被液化并从下部流出，得到纯氯。此方法的优点是，需要的动力不太高，同时不需要直接对含氯废气加压，从而避免了难以解决的泵的问题。其缺点首先是装置烦琐，设备昂贵；其次是该方法脱氯率不高，适合大气量和高浓度的场合。

吸附法。工业上用于吸附含氯废气的吸附剂主要是活性炭和硅胶。活性炭对含氯废气中的光气、氯气将优先吸附，对氮气、氧气等空气成分的吸附量比氯气少得多。一般在20℃以下吸附，105℃下解吸。该过程采用两个吸附器轮换操作，一台进行吸附操作，另一台进行解吸再生操作。由于吸附过程要放出吸附热，所以在吸附床内层设有蛇形管，吸附时用水将热量移走，以保证20℃左右的吸附温度。解吸时向蛇形管内鼓入150℃左右的热风，使床层在105～110℃下解吸，解吸出的氯气用纳氏泵抽出。假如含氯废气含氯5%，氨分压为5.065kPa，在20℃下每克活性炭的平衡吸附量为4.57mmol/g，而此时N_2、O_2等成分被吸附的容积仅为氯的1/30。在105℃下解吸时，残余氯分压为10.7kPa，对应的活性炭的平衡吸附量为1.8mmol/g，因而每克活性炭解吸出来的氯气的量为2.27mmol/g，解吸出来的氯气可送去制取液氯。用硅胶吸附含氯废气具有类似的流程。吸附法的优点是无需加压，无二次污染（与溶剂法比较），回收效率高，为 95% 左右，解吸气经进一步处理可得液氯制品。但活性炭吸附法需要严格控制解吸温度，因为高于 110℃时，氯气有可能在活性炭催化下生成少量的光气，而低于 105℃时，解吸速度过慢。若用硅胶吸附，含氯废气需要进行干燥脱水，避免硅胶吸水。由于吸附容量有限，吸附法只用于含氯废气量不大或质量浓度不太高的排放。

参考文献

柴振洪，姜海涛，李冰戈 . 1993. 环境污染控制 . 北京：中国环境科学出版社：1-88.

陈巧英，午新威，冯文洁 . 2003. 中铝山西分公司氧化铝厂粉尘治理 . 工业安全和环保，29（5）：6-8.

陈英旭 . 2001. 环境学 . 北京：中国环境科学出版社：121-142.

陈志远 . 1997. 中国酸雨研究 . 北京：中国环境科学出版社：1-36.

戴树桂 . 1997. 环境化学 . 北京：高等教育出版社：1-99.

邓海波，胡岳华 . 2002. 我国有色金属选矿的技术创新方向 . 中国矿业，11（1）：48-50.

关伯仁 . 1995. 环境科学基础教程 . 北京：中国环境科学教育出版社：1-83，147-161.

郝吉明，马广大 . 2002. 大气污染控制工程 . 北京：高等教育出版社：1-82，161-429.

何强，井文涌，王诩亭 . 1994. 环境学导论 . 2 版 . 北京：清华大学出版社：1-28，184-210.

蒋展鹏 . 1992. 环境工程学 . 北京：高等教育出版社：270-410.

李鸿 . 2004. 浅谈沥青烟气的危害及几种治理方法 . 有色金属设计，31（3）：73-75.

李清 . 2005. 大型预焙槽炼铝生产工艺与操作实践 . 长沙：中南大学出版社：1-87.

林河成 . 2008. 稀土生产中的废气处理 . 上海有色金属，29（2）：84-87.

林少宁，彭定一 . 1991. 大气污染及其控制 . 北京：中国环境科学出版社：1-291.

林肇信 . 1991. 大气污染控制工程 . 北京：高等教育出版社：1-127，224-549.

马广大 . 2010. 大气污染控制技术手册 . 北京：化学工业出版社：1-44，167-517，638-805.

莫祥银 . 2009. 环境科学概论 . 北京：化学工业出版社：21-52.

宁平，易红宏，周连碧 . 2007. 有色金属工业大气污染控制 . 北京：中国环境科学出版社：1-235.

蒲恩奇 . 1999. 大气污染治理工程 . 北京：高等教育出版社：1-314.

宋文彪 . 1985. 空气污染控制工程 . 北京：冶金工业出版社：1-42，109-307.

孙萍 . 2005. 氧化铝厂配套热电厂烟气脱硫技术探讨 . 湖南有色金属，21（3）：33-35.

孙雪梅 . 2005. 氧化铝熟料窑粉尘的特性和电收尘技术的应用 . 工业安全与环保，31（9）：23-24.

屠海令，赵国权，郭青蔚 . 2003. 有色金属冶金、材料、再生与环保 . 北京：化学工业出版社：1-523.

王吉坤，冯桂林，徐晓军 . 2000. 有色金属矿产资源的开发及加工技术 . 昆明：云南科技出版社：396-437.

王晓蓉 . 1997. 环境化学 . 南京：南京大学出版社：124-202.

徐光宪 . 1995. 稀土（下册）. 北京：冶金工业出版社：504-526.
张秋望，王秀芳 . 1992. 化工环境污染及治理技术 . 杭州：浙江大学出版社：20-160.
朱璐，关志坚 . 2004. 长袋低压脉冲袋式收尘技术在氧化铝厂石灰炉生产中的应用 . 铝镁通讯，1：20-21.
朱亦仁 . 2003. 环境污染治理技术 . 北京：中国环境科学出版社：1-15，224-328.
H. 布拉沃尔，Y. B. G 瓦尔玛 . 1985. 空气污染控制设备 . 赵汝林，等，译 . 北京：机械工业出版社：29-221.
Liu D K，Shen D Y，Chang S G. 1991. Removal of NO_x and SO_2 from flue gas using aqueous of yellow phosphorus and alkali. Environmental Science & Technology，25（1）：55-60.

第 7 章　固体废物处理与利用

7.1　固体废物概述

7.1.1　固体废物的含义及特点

固体废物是指在生产、生活和其他活动中产生的丧失原有利用价值或者虽未丧失利用价值但被抛弃或者放弃的固态、半固态和置于容器中的气态的物品、物质以及法律、行政法规规定纳入固体废物管理的物品、物质。根据《中华人民共和国固体废物污染环境防治法》中给出的定义，固体废物是指在生产建设、日常生活和其他活动中产生的污染环境的固态、半固态废弃物质，其中也包括悬浮在空中和液体中的悬浮物。

理解固体废物的含义，需要理解通常所说的“三废”的气、液、固三种形态是可以相互转化的，废气中的 NO_x、SO_x 升到空气中，经转化溶于雨水降落而形成液态的酸雨；废水中的颗粒或溶解态物质，经沉淀处理分离后形成的污泥又属于固体废渣；废渣中的可溶性成分被雨水淋洗后又能进入液体形成废水。另外，废物具有相对性，有一定的时空条件，一种过程的废物，往往可以成为另一种过程的原料，因而废物又被称为“在错误的时间放在错误地点的原料”。固体废物俗称废渣，本书第 2 章中谈到的矿产资源综合利用技术，在很大程度上就是指对工业废渣的循环和再利用方法。

在具体的生产和生活环境中，人们对自然资源和产品总是利用所需要的一部分或是只利用一段时间，而剩下的无用或失效的部分则被丢弃。由于原材料的性质、工艺设备、技术水平、使用目的各不相同，因而所丢弃的物质是多种多样的。这些物质在一定条件下从一段生产环节来看是无用的，即所说的废物，但随着时间的推移和技术的发展进步，或是人们的要求发生变化，对于另一个生产环节而言，它们往往可以转化成其他产品，即作为原材料。从这个特点和意义上来讲，它们又是不废之物，是一种资源，这就是固体废物的二重性。

固体废物主要有以下四个特点。

(1) 兼有废物和资源的双重性。

固体废物一般具有某些工业原材料所具有的物理化学特性，较废水、废气易收集、运输、加工处理，可回收利用。固体废物是在错误时间放在错误地点的资源，具有鲜明的时间和空间特征。

(2) 富集多种污染成分的终态，是污染环境的源头。

废物往往是许多污染成分的终极状态。一些有害气体或飘尘，通过治理，最终富集成为固体废物；废水中的一些有害溶质和悬浮物，通过治理，最终被分离出来成为污泥或残渣；一些含重金属的可燃固体废物，通过焚烧处理，有害金属浓集于灰烬中。这些“终态”物质中的有害成分，在长期的自然因素作用下，又会转入大气、水体和土壤，成为大气、水体和土壤环境的污染“源头”。

(3) 所含有害物呆滞性大、扩散性大。

固态的危险废物具有呆滞性和不可稀释性，一般情况下进入水、气和土壤环境的释放速率很慢。土壤对污染物有吸附作用，导致污染物的迁移速度比土壤水慢得多，大约为土壤水迁移速度的1/(1~500)。

(4) 危害具有潜在性、长期性和灾难性。

由于污染物在土壤中的迁移是一个比较缓慢的过程，其危害可能在数年以至数十年后才能发现，但是当发现造成的污染时已出现难以挽救的灾难性后果。从某种意义上讲，固体废物特别是危害废物对环境造成的危害可能要比水、气造成的危害严重得多。

7.1.2 固体废物的来源和分类

固体废物的来源同社会发展、技术进步是息息相关的。其实，从原始人类活动伊始，便有废渣产生。当粪便积累过多，恶化了当地生活环境和居住条件时，他们就利用迁徙更换活动区域。随着人类社会的进步，生产逐渐发展，同时也产生了许多新废渣。17~18世纪，工业生产方式主要是对自然物的机械加工，多用于改造物体的物理性质，这时的工业废渣主要为一些简单的生产碎屑。而从19世纪末到20世纪初的一段时间，随着化学和化学工业的逐步发展，人们开始改变物质的化学性能，于是出现了许多废渣，特别是含有汞、铅、砷、氰化物等有毒有害废渣。20世纪以来，人们的视野逐步深入微至原子核、广至宇宙星际，随着能源利用的范围和人类活动空间的增加，许多新的废物废渣产生出来，如放射性废渣、太空垃圾等。

因此固体废物来自人类开发和利用自然物的各种活动，主要包括人类对自然资源能源的开发活动和人类对资源能源的消费活动，即生产过程和生活过程的一些环节。表7-1列出了当前人类主要固体废物的来源。

表 7-1　固体废物及其主要来源

发生源	产生的主要固体废物
矿业	废石、尾矿、金属、废木、砖瓦和水泥、砂石等
冶金、金属结构、交通、机械等工业	金属、渣、砂石、模型、芯、陶瓷、涂料、管道、绝热和绝缘材料、黏结剂、污垢、废木、塑料、橡胶、纸、各种建筑材料、烟尘等
建筑材料工业	金属、水泥、黏土、陶瓷、石膏、石棉、砂、石、纸、纤维等
食品加工业	肉、谷物、蔬菜、硬壳果、水果、烟草等
橡胶、皮革、塑料等工业	橡胶、塑料、皮革、布、线、纤维、染料、金属等
石油化工工业	化学药剂、金属、塑料、橡胶、陶瓷、沥青、污泥油毡、石棉、涂料等
电器、仪器仪表等工业	金属、玻璃、木、橡胶、塑料、化学药剂、研磨料、陶瓷、绝缘材料等
纺织服装工业	布头、纤维、金属、橡胶、塑料等
居民生活	食物、垃圾、纸、木、布、庭院植物修剪物、金属、玻璃、塑料、陶瓷、燃料灰渣、脏土、碎砖瓦、废器具、粪便、杂品等
商业、机关	同居民生活，另有管道、碎砌体、沥青、其他建筑材料，含有易爆、易燃、腐蚀性、放射性废物以及废汽车、废电器、废器具等
市政维护、管理部门	脏土、碎砖瓦、树叶、死禽畜、金属、锅炉灰渣、污泥等
农业	秸秆、蔬菜、水果、果树枝条、糠秕、人和禽畜粪便、农药等
核工业和放射性医疗单位	金属、含放射性废渣、粉尘、污泥、器具和建筑材料等
造纸、林业、印刷等工业	刨花、锯末、碎木、化学药剂、金属填料、塑料等

固体废物分类方法很多，按组成可分为有机废物和无机废物；按形态可分为固体（块状、粒状、粉状）和泥状（污泥）废物；按来源可分为工业废物、矿业废物、城市垃圾、农业废物和放射性废物；按其危害状况可分为有害废物和一般废物。但最常用的分类方式是按照来源分类。

1. 工业固体废物

工业固体废物就是从工矿企业生产过程中排放出来的废物，是过程工业废弃物的主要来源，通常又称废渣。工业废渣主要包括以下几种。

（1）冶金废渣：金属冶炼过程中或冶炼后排出的所有残渣废物，如高炉矿渣、钢渣、有色金属渣、粉尘、污泥、废屑等。冶金废渣占工业废渣的比例很大。仅以钢铁厂为例，每炼 1t 生铁产生 300～900kg 高炉矿渣，每炼 1t 钢产生 200～300kg 钢渣。大量的炉渣从体积上看，等于钢铁产量所占体积的四倍多。我国每年排放的冶金废渣达 3800 多万吨。

（2）采矿废渣：在各种矿石、煤炭的开采过程中产生的矿渣数量是极其庞大的，包括范围很广，有矿山的剥离废渣、掘进废石、各种尾矿等。例如，每采1t 原煤要排煤矸石 0.2t 左右，若包括掘进矸石，则平均产矸石 1t。矿石精选精矿粉后，剩余的废渣成为尾矿，每选 1t 精矿粉要产生 0.5 ~ 1.0t 尾矿。我国每年排放的煤矸石达 1.1 亿 t，金属尾矿 1 亿 t。

(3) 燃料废渣：主要是工业锅炉，特别是燃煤的火力发电厂排出大量粉煤灰和煤渣。每 1 万 kW 发电机组每年产生的灰渣量为 0.9 万 ~ 1.0 万 t。我国每年排放的粉煤灰和煤渣达 1.15 亿 t。

(4) 化工废渣：化学工业生产中排出的工业废渣主要包括电石渣、碱渣、磷渣、盐泥、铬渣、废催化剂、绝热材料、废塑料、油泥等。这类废渣往往含大量有毒物质，对环境的危害极大。我国每年排放的化工废渣达 1700 多万吨。

(5) 建材工业废渣：建材工业生产中排出的工业废渣有水泥、黏土、玻璃废渣、砂石、陶瓷、纤维废渣等。

在工业固体废物中，还包括机械工业的金属切削物、型砂等；食品工业的肉、骨、水果、蔬菜等废弃物；轻纺工业的布头、纤维、染料；建筑工业的建筑废料等。

我国每年排放的上述废渣约达 1.3 亿 t。

2. 农业固体废物

农作物收割、畜禽养殖、农产品加工过程中要排出大量废弃物，主要是农作物秸秆和畜禽类粪便等。

3. 放射性固体废物

放射性固体废物包括燃料生产、加工，同位素应用，核电站、核研究机构、医疗单位、放射性废物处理设施产生的废物，如尾矿、污染的废旧设备、仪器、防护用品、废树脂、水处理污泥以及蒸发残渣等。

4. 城市垃圾

这类固体废物主要是由居民生活及机关团体和其他公共设施（如医院、公园、商店及市政部门）所产生的固体废物，主要是废纸、厨房垃圾（煤灰、食物残渣等）、废塑料、废电池、树叶、脏土、碎砖瓦、污水污泥等。这类固体废物与农业环境的关系较为密切。

5. 有害固体废物

有害固体废物，国际上称为危险固体废物（hazardous solid waste）。这类固体废物泛指除放射性废物以外，具有毒性、易燃性、反应性、腐蚀性、爆炸性、传染性，可能对人类的生活环境产生危害的废物。基于环境保护的需要，许多国家将这部分废物单独列出加以管理。1983 年，联合国环境规划署已经将有害废物污染控制问题列为全球重大的环境问题之一。

7.1.3　固体废物的主要危害

未经处理的工厂废物和生活垃圾简单露天堆放，占用土地，破坏景观，而且废物中的有害成分通过刮风进行空气传播，经过下雨侵入土壤和地下水源、污染河流，这个过程就是固体废物污染。固体废物污染的主要危害有以下几点。

1. 侵占土地

固体废物不像废气、废水那样到处迁移和扩散，因而累积堆存量越多，占地越多，这是国内外普遍存在的一个问题。例如，美国固体废物占地已达 3000 万亩，俄罗斯 1500 万亩，英国 90 万亩，波兰 75 万亩。日本在 20 世纪 60 年代末，煤矸石已累计堆存达 0.64 亿 t，占地 4.1 万亩。

截至 2006 年 8 月，我国固体废物堆存累积已近 80 亿 t，占用和损毁土地 200 万亩以上，平均每堆存 40 千 t 废物需占地 1 亩。

2. 污染土壤

土壤是许多细菌、真菌等微生物聚居的场所。这些微生物在土壤功能的体现中起着重要的作用，它们与土壤本身构成了一个平衡的生态系统，而未经处理的有害固体废物，经过风化、雨淋、地表径流等作用，其有毒液体将渗入土壤，进而杀死土壤中的微生物，破坏了土壤中的生态平衡，使之成为无腐解能力的死土，污染严重的地方甚至寸草不生。固体废物中的有害物质释入土壤，积累量过大，导致土壤破坏、废毁、无法耕种的实例有很多。

3. 污染水体

固体废物未经无害化处理随意堆放，将随天然降水或地表径流进入河流、湖泊，长期淤积，使水面缩小，其有害成分的危害将是更大的。固体废物的有害成分，如汞（来自红塑料、霓虹灯管、电池、朱红印泥等）、镉（来自印刷、墨水、纤维、搪瓷、玻璃、镉颜料、涂料、着色陶瓷等）、铅（来自黄色聚乙烯、铅制自来水管、防锈涂料等）等微量有害元素，如处理不当，能随溶沥水进入土壤，从而污染地下水，同时也可能随雨水渗入水网，流入水井、河流以至附近海域，被植物摄入，再通过食物链进入人体，影响人体健康。在我国个别城市的垃圾填埋场周围，地下水的浓度、色度、总细菌数、重金属含量等污染指标严重超标。

4. 污染大气

固体废物中的干物质或轻质随风飘扬，会对大气造成污染。目前焚烧法是处理固体废物较为流行的方式，但是焚烧将产生大量的有害气体和粉尘，一些有机固体废物长期堆放，在适宜的温度和湿度下会被微生物分解，同时释放出有害气体。

7.2 固体废物处理与利用

7.2.1 固体废物处理与利用的目标

20 世纪 60 年代中期以后，环保开始在国际上受到重视，污染治理技术迅速发展，从而形成了一系列固体废物的处理方法。70 年代以来，一些工业发达国家，由于废物处置场地紧张，处理费用巨大，也由于资源缺乏，提出了“资源循环”口号，开始从固体废物中回收资源和能源，逐步发展成为控制废物污染的途径——资源化。

我国固体废物污染控制工作起步较晚，开始于 80 年代初期。由于技术力量和经济力量有限，当时还不可能在较大范围内实现以资源化、无害化、减量化作为控制固体废物污染的技术政策，因此确定以后较长一段时间内应以无害化为主。

将固体废物中可利用的材料充分回收利用是控制固体废物污染的最佳途径，但它需要较大的资金投入，并需有先进的技术作先导。我国固体废物处理利用的发展趋势必然是从无害化走向资源化，资源化是以无害化为前提的，无害化和减量化则应以资源化为条件。

1. 无害化

固体废物无害化处理的基本任务是将固体废物通过工程处理，达到不损害人体健康，不污染周围的自然环境（包括原生环境与次生环境）的目的。

目前，废物无害化处理工程已经发展成为一门崭新的工程技术。例如，垃圾的焚烧、卫生填埋、堆肥、粪便的厌氧发酵，有害废物的热处理和解毒处理等。其中，高温快速堆肥处理工艺、高温厌氧发酵处理工艺在我国都已达到实用程度，厌氧发酵处理工艺用于废物“无害化”处理工程的理论也已经基本成熟，具有我国特点的粪便高温厌氧发酵处理工艺，在国际上一直处于领先地位。

在对废物进行无害化处理时，必须看到，各种无害化处理工程技术的通用性是有限的，它们的优劣程度往往不是由技术、设备条件本身所决定。以生活垃圾处理为例，焚烧处理确实不失为一种先进的“无害化”处理方法，但它必须以垃圾含有高热值和可能的经济投入为条件，否则便没有引用的意义。根据我国大多数城市生活垃圾平均可燃成分偏低的特点，早期内着重发展卫生填埋和高温堆肥处理技术是适宜的。特别是卫生填埋，处理量大，投资少，见效快，可以迅速提高生活垃圾处理率，以解决当前带有“爆炸性”的垃圾出路问题。至于焚烧处理方法，只能有条件地采用。就是在将来，垃圾平均可燃性提高了，卫生填埋也还是必不可少的方法，因此具有一定的长远意义。

2. 减量化

固体废物减量化的基本任务是通过适宜的手段减少固体废物的数量和体积。这一任务的实现，需从两个方面着手，一是对固体废物进行处理利用，二是减少固体废物的产生。

对固体废物进行处理利用，属于物质生产过程的末端，即通常人们所理解的废弃物综合利用，也称固体废物资源化。例如，生活垃圾采用焚烧法处理后，体积可减小80%～90%，余烬则便于运输和处置。固体废物采用压实、破碎等方法处理也可以达到减量并方便运输和处理处置的目的。

减少固体废物的产生，属于物质生产过程的前端，需从资源的综合开发和生产过程中物质资料的综合利用着手。从国际上资源开发利用与环境保护的发展趋势看，世界各国为解决人类面临的资源、人口、环境三大问题，越来越注意资源的合理利用。人们对综合利用范围的认识，已从物质生产过程的末端（废物利用）向前延伸了，即从物质生产过程的前端（自然资源开发）起，就考虑和规划如何全面合理地利用资源，把综合利用贯穿于自然资源的综合开发和生产过程中物质资料与废物综合利用的全程，即废物最小化与清洁生产。其工作重点包括采用经济合理的综合利用工艺和技术，制定科学的资源消耗定额等。

3. 资源化

固体废物资源化的基本任务是采取工艺措施从固体废物中回收有用的物质和能源。固体废物资源化是固体废物的主要归宿。

相对于自然资源，固体废物属于二次资源或再生资源范畴，虽然它一般不具有原始使用价值，但是通过回收、加工等途径，可以获得新的使用价值。

资源化应遵循的原则是：资源化技术是可行的；资源化的经济效益比较好，有较强的生命力；废物应尽可能在排放源就近利用，以节省废物在储放、运输等过程中的投资；资源化产品应当符合国家相应产品的质量标准，具有与之相竞争的能力。

固体废物资源化途径主要有三种：①废物回收利用：包括分类收集、分选和回收。②废物转换利用：即通过一定技术，利用废物中的某些组分制取新形态的物质。如利用垃圾微生物分解产生可堆腐的有机物生产肥料；用废旧塑料裂解生产汽油或柴油等。③废物转化能源：即通过化学或生物转换，释放废物中蕴藏的能量，并加以回收利用。如垃圾焚烧发电或填埋气体发电等。

综合来讲，固体废物的处理通常就是指用物理、化学、生物、物化及生化方法把固体废物转化为适于运输、储存、利用或处置的过程，无害化、减量化、资源化是其三个不同层次的目标。有人认为固体废物是“三废”中最难处置的一种，因为它含有的成分相当复杂，其物理性状（体积、流动性、均匀性、粉碎程度、水分、热值等）也千变万化，要达到无害化、减量化、资源化目标会遇到相当大的麻烦。一般防治固体废物污染首先是要控制其产生量，即减量化，然后力求资源化利用达到最为理想的途径，如果无法实现，那就退求无害化处理，通过适宜手段处置。例如，逐步改革城市燃料结构（包括民用工业）控制工厂原料的消耗，定额提高产品的使用寿命，提高废品的回收率等。其次是开展综合利用，把固体废物作为资源和能源对待，实在不能利用的则经压缩和无毒处理后成为终态固体废物，然后再填埋和沉海，目前主要采用的方法包括压实、破碎、分选、固化、焚烧、生物处理等。

7.2.2　固体废物处理与利用的方法

固体废物处理和利用的总的原则是先考虑减量化、资源化，以减少固体废物的产生量与排放量，后考虑适当处理以加速物质循环。不论前面处理得如何完善，总要残留部分物质，因此最终处置是不可少的。

1. 减量化实施方法

据粗略统计，目前我国矿物资源利用率仅为50%～60%，能源利用率为30%，大约有40%～50%没有发挥生产效益而变成废物，既污染环境，又浪费大量宝贵资源，其他行业也是如此。因此加强技术改造，提高资源的利用效率，减少固体废物产生大有可为。

减量化法一般有以下三种方法。

(1) 通过改变产品设计，开发原材料消耗少、包装材料省的新产品，并改革工艺强化管理，减少浪费，以减少产品物质的单位耗量。

(2) 提高产品质量，延长产品寿命，尽可能减少产品废弃的概率和更换次数。

(3) 开发可多次重复使用的制品，使制成品循环使用以取代只能使用一次的制成品，如包装食品的容器和瓶类。

2. 资源化实现方案

资源化法即通过各种方法从固体废物中回收或制取物质和能源，将废物转化为资源，即转化为同一产业部门或其他产业部门新的生产要素，同时达到保护环境的方法。其具体利用途径主要有以下几个方面。

(1) 作工业原材料：如从尾矿和废金属渣中回收金属元素。南京矿务局等单位利用含铝量高、含铁量低的煤矸石制作铝铵钒、三氧化二铝、聚合铝、二氧化硅等产品，从剩余滤液中提取锗、镓、铀、钒、钼等稀有金属。

(2) 回收能源：我国每年排放的煤矸石中，有 3000 多万吨热值在 6276kJ/kg 以上，可作沸腾炉燃料用于发电，全国已有 2000 多台沸腾炉，每年可节约大量优质煤。鹤岗、本溪等地还用煤矸石制造煤气，回收能源。此外，还有垃圾填埋、焚烧回收能源及从有机废物中分解回收燃料油、煤气及沼气等回收能源的方法。

(3) 作土壤改良剂和肥料：实践证明，用粉煤灰改良土壤，对酸性土、黏性土和弱盐碱地都有良好的效果，可使粮食增产 10% ~30% 。对水果、蔬菜也有增产效果。德国研究了用铜矿渣粉作肥料进行盆栽和大田的铜肥肥效试验，结果表明，凡施用铜矿渣粉的都增产。许多试验和实践表明：硫铁矿渣内含有多种有色金属，可作为综合微量元素肥料，同样具有明显的效果。

(4) 直接利用：如各种包装材料直接利用。

(5) 作建筑材料：利用矿渣、炉渣和粉煤灰等可制作水泥、砖、保温材料等各种建筑材料，也可作道路和地基的垫层材料。

我国传统的墙体材料是黏土砖，每生产 1 亿块砖需挖良地 100 亩，用煤 1 万 t。我国每年地砖产量达数千亿块。这对我国宝贵的耕地资源是一个不小的威胁，而各种固体废物大部分可以在建筑材料生产方面找到途径，这对于保护土地资源，改善环境具有重要意义。

3. 固体废物的处理利用技术

固体废物通过物理、化学、生物化学方法，使其减容化、无害化、稳定化和安全化，以加速物质在环境中的再循环，减轻或消除环境污染。

1）物理处理

物理处理是通过浓缩或相变化改变固体废物的结构，使之成为便于运输、储存、利用或处置的形态。物理处理方法包括压实、破碎、分选、增稠、吸附、萃取等。物理处理也往往作为回收固体废物中有用物质的重要手段。

2）化学处理

化学处理是采用化学方法破坏固体废物中的有害成分从而达到无害化，或将其转变成为适于进一步处理、处置的形态。由于化学反应条件复杂，影响因素较多，化学处理方法通常只用在所含成分单一或所含几种化学成分特性相似的废物处理方面。对于混合废物，化学处理可能达不到预期的目的。化学处理方法包括氧化、还原、中和、化学沉淀和化学溶出等。有些有害固体废物，经过化学处理还可能产生富含毒性成分的残渣，还需对残渣进行解毒处理或安全处置。

3）生物处理

生物处理是利用微生物分解固体废物中可降解的有机物，从而达到无害化和综合利用。固体废物经过生物处理，在体积、形态、组成等方面，均发生重大变化，因而便于运输、储存、利用和处置。生物处理方法包括耗氧处理、厌氧处理、兼性厌氧处理。与化学处理方法相比，生物处理在经济上一般比较便宜，应用也相当普遍，但处理所需时间较长，处理效率有时不够稳定。

(1) 堆肥化。

堆肥化是依靠自然界广泛分布的细菌、放线菌、真菌等微生物，人为地促进可生物降解的有机物向稳定的腐殖质转化的生物过程。堆肥化的产物称为堆肥，是一种具有改良土壤结构，增大土壤容水性、减少无机氮流失、促进难溶磷转化为易溶磷、增加土壤缓冲能力、提高化学肥料的肥效等多种功效的廉价、优质土壤改良肥料。

现代化堆肥生产通常由前处理、主发酵（一次发酵）、后发酵（二次发酵）、后处理、储藏等五个工序组成。其中主发酵是整个生产过程的关键，应控制好通风、温度、水分、C/N 比、C/P 比及 pH 等发酵条件。

(2) 沼气化。

沼气化也称厌氧发酵，是固体废物中的碳水化合物、蛋白质、脂肪等有机物在人为控制的温度、湿度、酸碱度的厌氧环境中经多种微生物作用生成可燃气体的过程。该技术在城市下水污泥、农业固体废物、粪便处理中得到广泛应用。它不仅对固体废物起到稳定无害的作用，更重要的是可以产生一种便于储存和有效利用的能源。据估计我国农村每年产农作物秸秆 5 亿多吨，若用其中的一半制取沼气，每年可生产沼气 500 亿 ~600 亿 m^3，除满足 8 亿农民生活用燃料外，还可剩余 60 亿 ~ 100 亿 m^3。由此可见，沼气化技术是控制污染、改变农村能源结构的一条重要途径。

（3）废纤维素糖化技术。

废纤维素糖化是利用酶水解技术使之转化成单体葡萄糖，然后可通过化学反应转化为化工原料或通过生化反应转化为单细胞蛋白或微生物蛋白。天然纤维素酶水解顺序如图 7-1 所示。

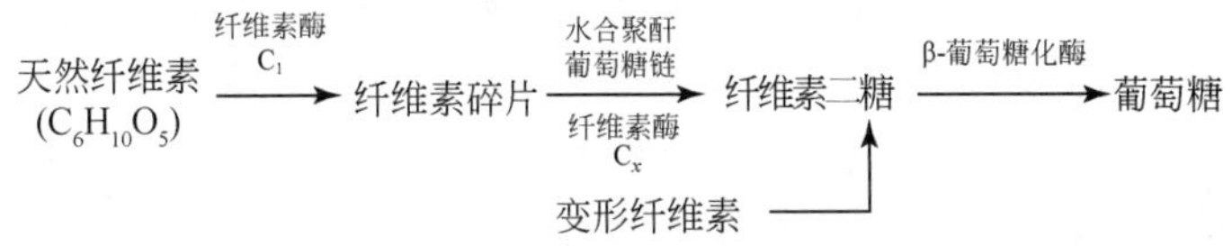

图 7-1　天然纤维素酶的水解顺序

结晶度高的天然纤维素在纤维素酶 C_1 的作用下分解成纤维素碎片（降低聚合度），经纤维素酶 C_x 的进一步作用而分解成聚合度小的低糖类，最后靠 β-葡萄糖化酶作用分解为葡萄糖。

据估算，世界纤维素年净产量约 1000 亿 t，废纤维素资源化是一项十分重要的世界课题。日本、美国已成功开发了纤维素糖化工艺流程。目前在技术上可行，但经济效果还需论证。如何开发成本低的处理方法，寻找更好的酶种，提高酶的单位生物分解能力，改善发酵工艺等有待进一步探索。

（4）废纤维素饲料化——生产单细胞蛋白技术。

该技术不需要糖化工序，而是将废纤维素经微生物作用，直接生产单细胞蛋白或微生物蛋白。目前，废纤维素饲料化——生产单细胞蛋白质在技术上是可行的，但要在经济上要具有竞争性，仍有许多课题有待解决。

（5）细菌浸出。

化能自养细菌将亚铁氧化为高铁、将硫及还原性硫化物氧化为硫酸从而取得能源，从空气中摄取二氧化碳、氧以及水中其他微量元素（如 N、P 等）合成细胞质。这类细菌可生长在简单的无机培养基中，并能耐受较高金属离子和氢离子浓度。利用化能自养细菌的这种独特生理特性，从矿物料中将某些金属溶解出来，然后从浸出液中提取金属的过程，通称为细菌浸出。该法主要用于处理如铜的硫化物和一般氧化物（Cu_2O、CuO）为主的铜矿和铀矿废石，回收铜和铀。对锰、砷、镍、锌、钼及若干种稀有元素也有应用前景。目前，细菌浸出在国内外得到了大规模工业应用。

4）热处理

热处理是通过高温破坏和改变固体废物组成和结构，同时达到减容、无害化或综合利用的目的。热处理方法包括焚烧、热解、湿式氧化以及焙烧、烧结等。

(1) 焚烧处理。

焚烧处理即在高温（800～1000℃）下，通过燃烧使固体废物中的可燃成分转化成惰性残渣，同时回收热能。这对于处于能源危机的世界无疑是有重要作用的，也是近年来这项技术在发达国家得以广泛应用的原因。通过燃烧，可使固体废物进一步减容，城市垃圾经燃烧后可减小体积80%～90%，质量将降低75%～80%，同时可以较彻底地消灭各种病原体，消除腐化源。相比之下，焚烧处理具有以下优点：焚烧占地小；焚烧对垃圾处理彻底，残渣二次污染危险较小；焚烧操作是全天候，不受天气影响；焚烧装置可安装在接近垃圾源的地方，节约运输费用；焚烧的适用面广，除城市垃圾以外的许多城市废物也可以采用焚烧方法进行净化。但是，焚烧处理也有明显缺陷：首先，仍然存在二次污染，焚烧仍然要排出灰渣、废气，特别是近年来出现的“二噁英”（dioxin，即两个氧键连接两个苯环的有机氯化物），其毒性比氰化物大一千倍；其次是单位投资和处理运转成本高；再次，对废物有一定要求，即要求其热值至少大于4000kJ/kg。因此，对于经济不发达国家，城市垃圾几乎都达不到此要求，所以很难推广使用。

焚烧一般要经历脱水、脱气、起燃、燃烧、熄灭等过程。控制此过程的因素主要有三个，即时间、温度和燃料与空气混合的湍流混合程度（习惯称“三T”）。一般认为，燃烧时间与固体废物粒度的平方近似成正比，粒度越细，其与空气的接触面积越大，燃烧进行就越快，废物停留时间就越短。另外，燃烧中氧气浓度越高，燃烧速度和质量就越高，因此必须使燃料中有足够的空气流动，燃料与空气的湍流混合度越高，对焚烧的进行就越有利。

焚烧的工艺一般包括固体废物的储存、预处理、进料系统、燃烧室、废气排放与污染控制、排渣、监控测试、能源回收等12大系统，如图7-2所示。

(2) 热解。

热解是将有机物在无氧或缺氧条件下高温（500～1000℃）加热，使之分解为气、液、固三类产物，气态的有氢、甲烷、碳氢化合物、一氧化碳等可燃性气体；液态的是含有甲醇、丙酮、乙酸、乙醛等成分的燃料油；固态的主要为固体碳。该法的主要优点是能够将废物中的有机物转化为便于储存和运输的有用燃料，而且尾气排放量和残渣量较少，是一种低污染的处理与资源化技术。

(3) 湿式氧化。

湿式氧化又称湿式燃烧法。它是指有机物料在有水介质存在的条件下，加以适当的温度和压力所进行的快速氧化过程。有机物料应为流动状态，可以用泵加入湿式氧化系统。由于有机物的氧化过程是放热过程，所以反应一旦开始，就会在有机物氧化放出的热量作用下自动进行，而不需要投加辅助燃料。排放的尾气中主要含有二氧化碳、氮、过剩的氧气和其他气体，液相中包括残留的金属盐类

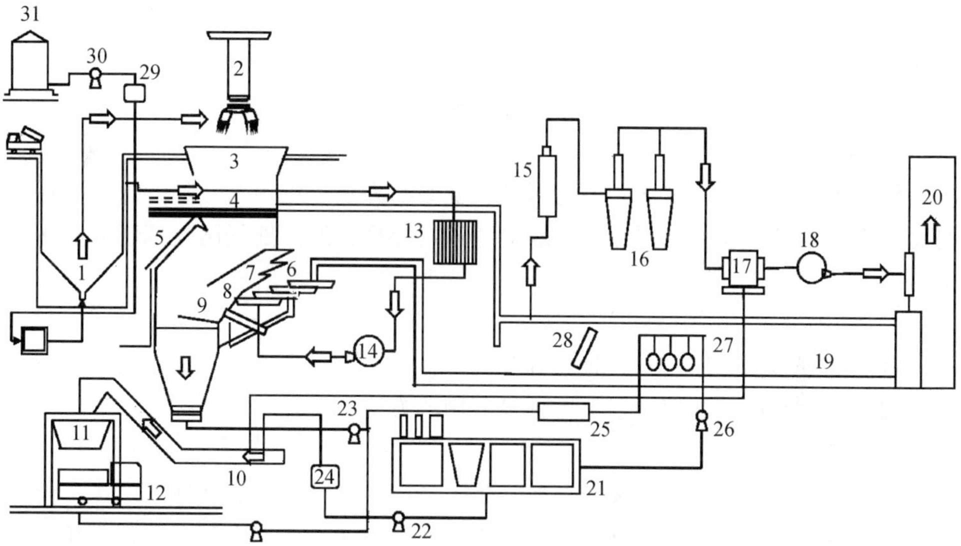

1.垃圾坑；2.抓斗；3.加料斗；4.传输皮带；5.加料推杆；6.干燥炉栅；7.水平炉栅；8.圆形炉栅；9.摇动炉栅；10.出灰输送机；11.灰斗；12.运灰车；13.空气预热器；14.鼓风机；15.冷却塔；16.集尘机；17.除尘器；18.排风机；19.烟道；20.烟囱；21.污水处理槽；22.污泥泵；23.污水泵；24.污泥脱水装置；25.药品槽；26.循环泵；27.净化装置；28.烟道阀；29.重油辅助槽；30.油泵；31.重油储槽

图 7-2　典型城市垃圾燃烧系统

和未完全反应的有机物。有机物的氧化程度取决于反应温度、压力和废物在反应器内的停留时间。增加温度和压力可以加快反应速率，提高 COD 的转化率，但温度最高不能超过水的临界温度。

5）微波处理

最新研究结果表明，微波技术在放射性废物处理、土壤去污、工业原油、污泥等的处理方面可以成功地应用。目前虽还处于实验室的研究阶段，但有关专家指出，微波技术在以后肯定能发挥其废物处理方面的潜力。

4. 固体废物处置方式

固体废物处置是指最终处置（final disposal）或安全处置，是固体废物污染控制的末端环节，是解决固体废物的归宿。一些固体废物经过处理和利用，总还会有部分残渣存在，而且很难再加以利用，这些残渣可能又富集了大量有毒有害成分；还有些固体废物，目前尚无法利用，它们都将长期保留在环境中，是一种潜在的污染源。为了控制其对环境的污染，必须进行最终处置，使之最大限度地与生物圈隔离。

以往，处置是指将废物排放、堆积、注入、倾倒、泄入任意的土地上或水体中，使这些废物进入环境，很少考虑其长期的不利影响。随着环境法规的完善，向水体倾倒和露天堆弃等无控处置被严格禁止，所以现代所说的处置是指安全处置。

固体废物处置方法包括海洋处置和陆地处置两大类。

1）海洋处置

海洋处置主要分为海洋倾倒与远洋焚烧两种方法。近年来，随着人们对保护环境生态重要性认识的加深和总体环境意识的提高，海洋处置已受到越来越多的限制。

2）陆地处置

陆地处置包括农用（如土地耕作）、工程库或储留池储存、土地填埋以及深井灌溉注等。其中土地填埋法是一种最常用的方法。

（1）农用。

农用是利用表层土壤的离子交换、吸附、微生物降解以及渗滤水浸出、降解产物的挥发等综合作用机制处置固体废物的一种方法。该技术具有工艺简单、费用适宜、设备易于维护、对环境影响很小、能够改善土壤结构、增长肥效等优点，主要用于处置含盐低、不含毒物、可生物降解的固体废物。例如，污泥和粉煤灰施用于农田作为一种处理方法已引起重视。生产实践和科学研究工作证明，施污泥、粉煤灰于农田可以肥田，起到改土和增产的作用。

（2）土地填埋处置。

它是从传统的堆放和填地处置发展起来的一项最终处置技术。因其工艺简单、成本较低，适于处置多种类型的废物，目前已成为一种处置固体废物的主要方法。

土地填埋处置种类很多，采用的名称也不尽相同。按填埋地形特征可分为山间填埋、平地填埋、废矿坑填埋；按填埋场的状态可分为厌氧填埋、好氧填埋、准好氧填埋；按法律可分为卫生填埋和安全填埋等。随填埋种类的不同其填埋场的构造和性能也有所不同。一般来说，填埋场主要包括废弃物坝、雨水给排水系统（含浸出液给排水系统、浸出液处理系统）、释放气处理系统、入场管理设施、入场道路、环境监测系统、分散防止设施、防灾设施、管理办公设施、隔离设施等。

卫生土地填埋适于处置一般固体废物。用卫生填埋处置城市垃圾，不仅操作简单、施工方便、费用低廉，还可同时回收甲烷气体，目前在国内外被广泛采用。在进行卫生填埋场地选择、设计、建造、操作和封场过程中，应着重考虑防止浸出液渗漏、降解气体释出控制、臭味和病原菌消除、场地开发利用等几个主要问题。

场地选择。场地选择一般要考虑容量、地形、土壤、水文、气候、交通、距离与风向、土地征用和废物开发利用等诸多问题。一般填埋场容量应满足 5 ~ 20 年的使用期。填埋地形要便于施工，避开洼地，地面泄水能力要强，要容易取得覆盖土壤，土壤要易压实，防渗能力强；地下水位应尽量低，距最下层填埋物至少 1.5m；避开高寒区，蒸发大于降水区最好；交通要方便，具有能在各种气候下运输的全天候公路，运输距离应适宜，运输及操作设备噪声要不至影响附近居民的工作和休息；填埋场地应位于城市下风向，避免气味、灰尘飘飞对城市居民造成影响，最好选在荒芜廉价地区。

填埋方法的控制。常用的填埋方法有沟槽法、地面法、斜坡法、谷地法等。土地填埋法的操作灵活性较大，具体采用何种方法，可根据垃圾数量以及场地的自然条件确定。

填埋场气体的控制。当固体废物（垃圾）进入填埋场后，微生物的生化降解作用会产生好氧与厌氧分解。填埋初期，由于废物中空气较多，垃圾中有机物开始进行好氧分解，产生 CO_2、H_2O、NH_3，这一阶段可持续数天；但当填埋区的氧被耗尽时，垃圾中的有机物开始转入厌氧分解，产生 CH_4、CO_2、NH_3、H_2O 以及 H_2S 等。因此应对这些废气进行控制或收集利用，以避免二次污染。在填埋气体控制方面，早期国外一般将填埋气体作为一种有害气体进行管理和处置。进入 20 世纪 70 年代以后开始将之作为一种有价值、尚待开发的再生资源，并对填埋气体产生、迁移规律进行了定性、定量研究。目前已开发出填埋气体回收利用的技术及设备，部分国家已发展到商业应用阶段，成功地将填埋气体应用于工业、民用燃料及发电。我国在这方面发展较缓慢，据悉杭州天子岭垃圾填埋场已通过回收沼气进行发电，总装机容量 1940kW，每年可削减填埋排放气达 1200 万 m^3。

浸出液的控制。填埋场浸出液一般源于降水、地表径流、地下水涌出、废物本身水分。渗出液成分较复杂，其 COD 高达 $4\times10^4 \sim 5\times10^4$mg/L，氨氮达 $7\times10^{-2} \sim 8\times10^2$mg/L。浸出液属高浓度有机废水，若不加以控制必然对环境造成严重危害。常用的措施是设置防渗衬里，即在底部和侧面设置渗透系数小的黏土或沥青、橡胶、塑料隔层，并设置收集系统，由泵把浸出液抽到处理系统进行集中处理。此外还应采用控制雨水、地表水流入的措施，减小浸出液的量。

然而自 20 世纪 70 年代以来，填埋处理主要遇到两大问题：一是填埋场容量有限，旧填埋场封闭以后，新填埋场的选择非常困难。填埋处理在世界各国都出现地荒，此外填埋设施难以受当地居民欢迎。新场址的选择往往遭到反对，因此现在世界各国填埋的主要潮流是尽量设法延长填埋场的寿命。填埋场由原始废物的直接填埋转向在填埋处理前先进行预处理，如先经过焚烧，对焚烧残渣再进行填埋，这样可以使填埋容积减少 80% 左右。

(3) 深井灌注处置。

此法是把液状废物注入地下与应用水和矿脉层隔开的可渗性岩层内。一般废物和有害废物都可以采用深井灌注方法处置。但主要还是用来处置那些经实践证明难以破坏、难于转化、不能采用其他方法处理或者采用其他方法费用昂贵的废物。深井灌注处置前，需使废物液化，形成真溶液或乳浊液。

深井灌注处置系统的规划、设计、建造与操作主要分废物的预处理、场地的选择、井的钻探与施工以及环境监测等几个阶段。

7.2.3　我国固体废物处理处置产业情况

1. 我国固体废物处理处置产业的发展现状

同国外发达国家相比，我国固体废物处理处置产业发展相对落后。目前，我国固体废物管理的重点是城市生活垃圾、工业固体废物和危险废物。农村生活垃圾、农业废物（包括禽畜养殖废物、林业废物、渔业废物等）的管理还处于空白状态。

1）城市生活垃圾

我国居民生活垃圾管理还没有形成完整的体系，其中农村和乡镇生活垃圾还没有纳入环境卫生管理体系，无论是收集、转运还是处理处置都没有相应的管理模式和管理体系，所以其处理处置不可能形成完整的产业。

我国城市生活垃圾产生量（以清运量计）在近年来增长速度趋缓，常年稳定在1.5亿t以上，但是城市生活垃圾的处理能力近年来出现较大程度的增长。到2010年，我国657个城市共有生活垃圾无害化处理场（厂）628座，日处理能力达38.8万t。其中共有卫生填埋场498座，焚烧厂104座，堆肥场11座。另外在生活垃圾清扫和收运方面，全国城市共有市容环卫专用车辆设备9万余台。除此之外，全国1 633个县城（人口约1.4亿）2010年产生生活垃圾6 317万t，其中进行无害化处理的为1 732.51万t，无害化处理率为27.4%。其中88.7%直接进行卫生填埋处置，6.68%进行焚烧处理，2.13%进行堆肥化处理。全国19 410个建制镇（人口约1.39亿）、13 735个乡和721个镇乡级特殊区域（人口约0.361亿）以及27.98万个自然村（人口约7.688亿）的生活垃圾管理和处理处置基本处于空白，还没有建立基本的管理体系。

2）危险废物

根据2010年中国环境统计年报，我国2010年共产生危险废物1586.8万t，其中综合利用量（含利用往年储存量）为976.8万t，储存量166.3万t，处置量512.7万t。危险废物的处理处置大部分是由产生单位自行处理处置和综合利用。

全国拥有危险废物集中处置厂 546 座，拥有处置能力 17 795t/d，其中焚烧处置能力为 13 147t/d，填埋处置能力为 3 768t/d；这些集中处置厂年处置利用危险废物总量为 331.32 万 t，占处置利用总量的 22.24%，占产生总量的 20.88%。其中焚烧处置 134.4 万 t，填埋占 42.1 万 t，综合利用 150.09 万 t。2010 年危险废物集中处置厂运行费用为 38.88 亿元，平均处置利用成本为 1 173 元/t。

全国危险废物集中处置能力的分布极为不平衡，在东部沿海发达地区具有较高的集中处置能力，而在其他地区则明显较低。特别是在有色金属矿采选和冶炼较为发达的西南地区，集中处置能力显然无法满足其需求。

3）工业固体废物

根据 2010 年国家环境统计公报数据，2010 年我国共产生工业固体废物 24.09 亿 t。但是第一次全国污染源普查公报显示，2007 年我国工业固体废物产生量为 38.52 亿 t。与危险废物相同，工业固体废物的不同统计渠道得出的数据显示出较大的差异。

由于我国产业发展的特点，工业固体废物的主要组成是冶炼废渣、粉煤灰、锅炉渣、煤矸石、采掘尾矿，其产生量占总产生量的 78.1%。工业固体废物的主要去向是综合利用，而工业固体废物综合利用的主要产品是建筑材料，如我国 2010 年水泥产量为 18.79 亿 t，而水泥熟料生产量为 11.88 亿 t，其差值 6.91 亿 t 主要为工业固体废物用作水泥混合材的数量，也就是说仅水泥混合材一项所利用的工业固体废物量就占其产生总量的 28.7%，综合利用总量的 42.7%。如果加上墙体材料、水泥骨料、路基材料等建筑材料生产所利用的固体废物，建筑材料工业所利用的工业固体废物可以占到其产生总量的 40% 以上。由此可以看出，一般工业固体废物的综合利用多依赖于其他行业的发展。

2. 我国固体废物处理处置产业的未来趋势

根据对我国固体废物处理处置产业现状的分析，结合发达国家这一产业发展的现状和发展经历，作者认为我国固体废物处理处置产业将会有如下几方面的明显趋势。

1）产业市场将有跳跃式发展

我国经济还处于发展阶段，相应固体废物处理处置产业的规模和能力还不能满足市场的需求。但是随着经济总量达到相应的程度及社会各界对生活环境改善需求的提高，随后几年，我国固体废物处理处置产业将出现跳跃式的发展。

根据国务院发布的《“十二五”全国城镇生活垃圾无害化处理设施建设规划》，我国到 2015 年，直辖市、省会城市和计划单列市生活垃圾将全部实现无害化处理，设市城市生活垃圾无害化处理率达到 90% 以上，县县具备垃圾无害化处理能力，县城生活垃圾无害化处理率达到70%以上，全国城镇新增生活垃圾无害化处理设施能力58万t/d，与“十一五”末现有设施相比，增加近150%。另外“十二五”期间还将增加生活垃圾转运能力45.7万t/d，运输能力45.7万t。因此，需要生活垃圾无害化处理设施建设投资1 730亿元，收运转运设施建设投资351亿元，而城镇生活垃圾无害化处理设施总投资将达到2 636亿元。与“十一五”相比，垃圾处理设施建设投资额将增加3.7倍。

与此相对应，我国生活垃圾处理处置产业规模将大幅提高。我国目前生活垃圾单位处理成本是77元/t，而日本为3.57万日元/t（约合人民币2 500元/t），是我国垃圾单位处理成本的32.5倍。日本垃圾处理设施运行维护总支出为1.52万亿日元，占当年日本GDP的0.32%。按照此比例（以2010年为基数）估算，我国用于生活垃圾处理处置的费用应该达到1 283亿元。当然由于社会经济发展水平不同，如此直接采用国外成本指数进行估算是不合理的，但是通过对比可以看出我国生活垃圾处理处置技术水平的差距。考虑到我国经济技术发展水平下的合理成本和污染控制成本的适度提高，到“十二五”末我国城镇生活垃圾处理处置设施运行维护总成本达到330亿元这一水平是可以接受的。这一垃圾处理处置总成本的估算规模与2010年实际支出相比提高了近2.5倍。如果考虑到其带动的产业上下游影响，市场规模会更大。

关于危险废物处理处置产业，到2010年，我国危险废物集中处置设施达546座，拥有处置能力17 795t/d（按照每年工作日300天折算，年处置能力为533万t/d），实际处置危险废物181.2万t，综合利用150.0万t，合计331.2万t，其运转负荷率为62%。集中处置设施的年运行费用为38.88亿元，单位成本为1 174元/t。如果现有处置能力运转负荷率达到90%，则这一行业的经济规模将达到56.3亿元。但是，环境统计的危险废物产生量约为1 587万t（2010年），而实际的产生量应该是5 000万~6 000万t。如果按照这一数字进行估测，危险废物集中处置能力应该达到4万t/d（1 200万t/a）左右。也就是说，我国危险废物处理处置产业市场还有较大的开发潜力。如果要达到这一处置能力，还需要投资230亿元，同时这一产业的营业规模（集中处置设施的年运行费）应该达到240亿元以上。这与2010年数字相比要增长5.2倍。

鉴于目前对于处置设施管理采用的是“危险废物经营许可证制度”，对于企业自行处置的设施还没有完备的管理手段。以上这些都没有考虑企业自行处置设施的改造和完善。随着危险废物环境管理的强化和许可证制度的改革，企业自行处置设施的建设和改造市场将会逐渐显现。如果按照企业自行处置危险废物量占总产生量的80%，总产生量按照6000万t/a计算，50%处理能力的建设和改造就需要1000亿元的投资。

2）产业将突破区域限制

目前无论是生活垃圾还是危险废物，其处理处置服务范围都还基本局限在所在的行政区划内。造成这一局面的是我国实行的行政首长负责制度和环境保护属地管理制度，另外社会各界，特别是行政管理决策者，都还没有将固体废物处理处置作为产业看待。还有就是处置能力严重不足，为保证本地区的基本需求，各地区所有的设施难以向其他地区开放。但是跨区域专业化集中处置正在逐步成为固体废物处理处置的趋势之一。2009 年美国专业处理企业处理危险废物 728 万 t，其中 384 万 t 是跨州处理，占总量的 52.7%；2009 年运输危险废物 614.5 万 t，其中 355.6 万 t 是跨州运输，占总量的 57.9%。这说明在美国跨州运输处理危险废物已经成为主要的处理方式。

同样日本也在开展“广域处分”的跨区（本都道府县外）最终处置。这是填埋场资源匮乏，有 18% 的地区没有填埋场造成的。2010 年日本全国共有 29.6 万 t 生活垃圾及其焚烧灰渣被送到本地区以外进行最终处置，占最终处置量的 6.1%。日本还实行了“广域再生利用指定制度”，2010 年认定了 187 家企业，跨区域收集利用了 50.2 万 t 工业固体废物。

在我国，由于各种原因，固体废物处理处置场所的选择和建设受到极大限制，如果局限于本地区处理处置所产生固体废物，将会出现很多障碍。因此将固体废物处理处置作为一个新兴产业处理较大区域内产生的生活垃圾和危险废物，将会成为一个新的动向，甚至可能成为发展趋势。如在我国南方某城市就在讨论将所产生的生活垃圾进行预处理后作为垃圾衍生燃料（RDF）运到另外地区进行焚烧并回收热能。实际上国外大部分利用生活垃圾生产 RDF 进行热能回收的项目大多是在异地进行处理。

除了设施建设的原因之外，通过专业化处理提高固体废物综合利用水平和无害化水平是进行固体废物跨区域处理的更好理由。特别是危险废物，由于其产生量小、成分复杂，如果局限在本地区内处理，将会造成处理成本高、再生利用水平低等后果。有些废物处理难度较大，产生量极小，无法在本地区内建设专用设施进行处置。如果欲提高综合利用水平，可以采用广泛建设收集、预处理和分类转运设施，将分类预处理后的废物运送至相应的再生利用工厂进行再生回收。这一做法已经出现了一些卓有成效的实践案例，如全国各地的多氯联苯（PCB）废物都运到天津和沈阳等地进行专业化处置。阻碍这一趋势发展的除了体制局限外，目前席卷全国的“邻避”（not in my back yard，NIMBY）思潮将是最大的制约因素。但是随着市场化开放程度的提高和污染控制水平的强化，这一趋势是有可能出现的。

3）同其他产业结合的共处置

共处置（或称协同处置）固体废物是解决固体废物处置难题的一个重要思

路，特别是利用建筑材料工业利用、消纳大宗工业固体废物是解决工业固体废物处置难题的最有效方法。同时利用生活垃圾和危险废物作为替代能源来处理利用也是其有效、无害化处置的重要方式。例如，水泥生产所用的各类原料、燃料都可以在固体废物中找到相应的替代物。从理论上讲，1t 水泥可以利用、消纳 1. 4t 固体废物作为替代原料，2011 年我国水泥产量已经超过 20 亿 t，相应就具有利用、消纳 28 亿 t 各类固体废物的能力。而水泥行业是耗煤大户，年消耗煤炭约 2 亿 t，如果其中 50% 由固体废物作为替代燃料，则可以处理利用 1 亿 t 包括危险废物在内的有机废物。虽然目前我国水泥的生产能力已经达到顶端，会出现下滑的趋势，但是其巨大的容量是无法忽视的。另外水泥行业竞争激烈，而处理各类固体废物将会成为水泥企业维持生存的重要筹码，甚至成为新的行业发展增长点。除了水泥工业，建材行业的其他领域，如墙体材料（砖瓦和石膏板）、骨料、基材等生产都可以利用、消纳各类固体废物。如果可以紧密合作，建筑材料制造业可以处理利用和消纳全国固体废物总量的一半以上。

除建筑材料外，很多行业都可以甚至已经开始利用本行业设施开展了固体废物利用处理。如利用炼铁高炉处理铬渣和废塑料、煤焦油、含铁矿渣和矿砂，利用电厂锅炉处理污水处理厂污泥等，已经取得了很好的效果。充分开发工业窑炉进行危险废物和有机废物共处置，将会是固体废物产生者、处理者和共处置设施拥有者的三赢局面。固体废物处理处置产业的发展过程中有关固体废物共处置的实践已经取得了良好的效果，可以期待未来有长足的发展。

3. 技术进展

随着我国经济的发展，固体废物的产生量正在逐年增加。因为我国经济的快速发展主要依赖于大量资源和能源的开采，原材料的过量消耗和能源的过量使用必将造成大量固体废物产生。固体废物中最为人们所关注的是一般工业固体废物、城市生活垃圾、危险废物、医疗废物、电子废物、城市污水污泥、重金属污染土壤和其他行业废物。2010 年中国环境统计年报采用时间序列分析法对我国固体废物产生量进行预测，结果表明，2015 年我国县及县以上企业固体废物产生量将达到 93 267 万 t，危险废物将达到 1 399 万 t。我国主要工业行业固体废物产生量预测表明，采掘业，电力、煤气及水的生产供应业，黑色金属冶炼及压延工业，化学原料及化学制品制造业，有色金属冶炼及压延工业，食品、烟草及饮料制造业，非金属矿物制造业，机械、电气、电子设备制造业等 8 个行业将继续占固体废物产生总量的 90% 以上。

1）大宗固体废物资源化技术进展

据初步统计，“十一五”期间，我国大宗工业固体废物综合利用的产出量从

2005 年的 13.4 亿 t 增加到 2010 年的 24 亿 t，固体废物总堆存量从 2005 年的 60 亿 t 增加到 2010 年的 110 亿 t。

“十一五”期间，我国大宗工业固体废物综合利用实现产值超过 1.5 万亿元，节约土地超过 20 万亩，减排二氧化碳达 11 亿 t 以上，其综合利用取得了明显成效。

2010 年我国工业固体废物综合利用量为 16 亿 t，其中大宗工业固体废物综合利用量达到 11 亿 t，比 2005 年增长 5 亿 t，综合利用率达到 40%，比“十五”末增加 7.2 百分点。其中，煤矸石、粉煤灰、冶炼渣、工业副产石膏综合利用率分别达到 65%、68%、60%、40%，分别增加 5、3、12 和 30 百分点；尾矿的综合利用率从不到 7% 增加到 14%，赤泥的综合利用率从 2% 增长到 4%。我国大宗工业固体废物基本实现了由“以储为主”向“以用为主”的转变。

在大宗固体废物资源化方面有如下技术取得进展：用粉煤灰制取活性炭；煤矸石似膏体自流充填技术；泵送矸石填充技术研究与应用；利用 100% 脱硫石膏生产纸面石膏板；高铝粉煤灰提取氧化铝联产活性硅酸钙；热管分子蒸馏及络合脱碳-低温吸附技术；20 万 t/a 废弃油脂制备生物柴油成套技术；BP 线控废全钢子午胎胶粉成套装备；稳定型橡胶改性沥青应力吸收层和稳定型橡胶改性沥青与沥青混合料应用技术；赤泥回收铁技术；转炉钢渣粒化工艺装备技术；有毒铬渣烧结炼铁无害化资源化处理技术；利用工业废渣研制陶瓷坯料；100 万 t/a 建筑垃圾资源化处置成套技术；利用建筑废弃物制造高强度烧结空心砖硬塑挤出技术等。

2）危险废物处理技术进展

2010 年，纳入统计的危险废物集中处置厂共 546 座，除西藏外，其余各省区均建立了危险废物集中处置厂。

目前在危险废物处理处置技术方面，我国已经掌握了行之有效的处理、处置手段和方法，如化学法、固化法、高温焚烧及安全填埋等。近年来，许多科研人员开始注意在处埋危险废物时，把综合利用放在重要的位置来考虑。如焚烧飞灰的资源化技术已有所突破。目前国内焚烧飞灰的处理技术研究主要集中在水泥固化和药剂稳定化技术研究两方面，且以水泥固化的设备为主。我国焚烧飞灰的高氯含量特性使得我国城市垃圾焚烧飞灰处理处置的技术难度远大于国外。焚烧飞灰中的氯化钠一般占飞灰总量的 20%～30%。利用水泥固化处理飞灰产生的体积增容，以及该项技术不能有效处理二噁英，使得该项技术难以长远发展。因而如何妥善处理飞灰并尽可能进一步降低处理费用是制约焚烧飞灰处理以及垃圾焚烧技术推广的重要因素。为了解决这个问题，我国科研人员开发了焚烧飞灰水泥窑煅烧资源化技术并建设了示范工程。

焚烧飞灰水泥窑煅烧资源化的工艺原理是：焚烧飞灰通过水洗去除氯离子，经脱水后固相直接进入水泥窑窑尾高温段煅烧，实现二噁英类物质在窑内碱性负压环境下迅速分解，重金属元素以类质同晶的方式固定在熟料矿物结构中。液体部分通过中和、螯合和絮凝三步反应，实现水洗液 pH 调节、重金属固定、絮凝沉淀作用，将可溶性重金属离子转化为难溶的重金属化合物，实现废水达标排放。

用水泥窑煅烧不但可以有效固化重金属，彻底破除二噁英，从而避免单独煅烧或熔融工艺的高能源消耗，降低了焚烧飞灰处理费用，同时可以替代日益短缺的水泥工业原材料。而且我国水泥企业众多，目前约有 5042 家，焚烧飞灰可以因地制宜，就地处理，并避免长途运输的高额运输费用以及可能引起的二次污染。因此该技术的推广在我国具有较大优势，是将来我国焚烧飞灰处理技术的重要发展方向之一。

3）餐厨垃圾处理技术进展

国内外现有的餐厨垃圾处理技术主要包括物理破碎、高温好氧堆肥、厌氧发酵、蚯蚓处理、干燥热处理、湿热处理。与其他技术相比，清华大学研究的餐厨垃圾湿热处理技术，在处理餐厨垃圾方面具有较大的优势。

湿热处理技术是一种使用较为普遍的有机废物处理技术。这种技术的特点是，将待处理的物料和水共置于密闭反应器中，在一定的温度和压力条件下使难降解有机物或固体有机物分解为小分子有机物或氧化降解为 CO、H_2O 等无机物。餐厨垃圾中的高含水量有利于通过加热实现湿热环境，可有效灭杀病原菌；通过湿热水解反应也可将其转变为肥料或制取肥料的原料。此外，由于餐厨垃圾的组成与常规饲料比较接近，控制湿热水解条件，有可能将餐厨垃圾中含有的固体脂肪熔化和把盐分离出来，得到回收价值很高的废油脂作为化工原料，并将剩余物转化为比肥料价值更高的饲料或制取饲料的原料。清华大学在对餐厨垃圾湿热水解制取饲料可行性研究的基础上，通过理论分析和实验研究，探索了餐厨垃圾湿热水解处理实现饲料化和肥料化，并从中分离回收废油脂的餐厨垃圾无害化资源化处理技术。

4）废油资源化处理技术进展

近年来，我国科研人员自行研发了 FMX 膜过滤法处理废油技术和分子蒸馏法处理废油技术，并建设了示范工程，取得了较好的经济效益和环境效益。FMX 膜过滤法处理废油是将废油经沉淀、除水、过滤颗粒物后通过 FMX 膜过滤设备使其再生。分子蒸馏技术是一种新型的物理法分离技术，其不仅避免了化学法的污染，而且克服了传统蒸馏技术的缺点，是精细化学品分离和提纯的理想方法。

（1）FMX 膜过滤法处理废油。

膜分离技术的基本原理是物质成分的物理分离过程，其具有高效、节能、过程易控制、操作方便、环境友好、便于放大、易与其他技术集成等优点。但其用于废矿物油的再生具有两大难点：一是一般的膜分离系统在高浓度、高黏性条件下很难正常运行；二是因膜污染需频繁进行膜清洗及膜更换，导致正常运行时间缩短以及运行维护费用增加。

FMX 膜过滤法克服了一般膜过滤技术所面临的所有问题，能用在一般膜分离技术无法应用的领域，例如，废弃酵母中的啤酒回收；沼气发电厌氧消化废液的处理。FMX 膜过滤法是在膜与膜之间放置涡流发生型旋转叶片，通过它的旋转在膜表面持续产生涡流，从而有效防止膜污染堵塞的新一代膜过滤技术。通过叶片旋转产生的涡流扰乱膜表面的污染层，从而将污染物随料液一起排出系统。

（2）分子蒸馏技术处理废油。

分子蒸馏技术是一种新型的物理法分离技术，它不仅避免了化学法的污染，而且克服了传统蒸馏技术的缺点，是精细化学品分离和提纯的理想方法。分子蒸馏分离则是利用液体分子受热时会从液面逸出，不同种类分子逸出后的运动平均自由程不同来实现物质分离。分子运动自由程就是一个分子在相邻两次分子碰撞之间所经过的路程。传统蒸馏操作真空压力一般在 200 ~ 7 000Pa，分子蒸馏操作真空压力在 0.1 ~ 3Pa；传统蒸馏受热时间较长，分子蒸馏只需几秒或几分钟时间就可实现分离。

7.3　典型固体废物的处理与案例

固体废物有其易造成环境污染的有害的一面，但其又有可利用的一面。固体“废”物只是相对于某一工艺或生产过程而言，实际上固体废物中仍然不同程度地含有可利用的物质，如可燃物质、有用的金属等。因此，研究开发固体废物的处理与综合利用途径，一方面可以变“废”为宝，开发新产品；另一方面又可以消除其中的有害物质，减轻对环境的污染。

同水体污染、大气污染不同，固体废物不仅主要由过程工业生产过程产生，生活消费领域也在固体废物的排放中占有较大比重，如城市垃圾、电子产品废弃物等，均是典型的固体废物代表。因此，固体废物处理利用技术，既涉及工业废渣的治理，也涵盖了生活领域废物的处理方法。

本节重点涉及生活领域的城市垃圾和过程工业领域煤、石油、化工、冶金等行业固体废物处理与利用技术；另外，还对固体废物资源化色彩浓郁的循环经济示范工程技术做简要介绍。

7.3.1　城市垃圾的处理与利用

世界上的垃圾处理方法很多，且因各国的具体情况不同而差异很大。目前，已有不少技术方法在世界各国研究成功并已应用，如填埋法、堆肥法、焚烧法、蚯蚓床法、热解法等。其中填埋法、焚烧法、堆肥法是最基本的方法。焚烧法具有显著的减量化、处理快速、消灭病原菌等特点。从目前世界上发展趋势来看，大多数人认为垃圾的焚烧法具有广阔的发展前景，是垃圾处理的必然发展趋势。然而该方法存在着较严重的大气污染问题，它排出的硫氧化物、氮氧化物、二噁英等对大气有一定的威胁，尤其是对二噁英的争议很大。堆肥制作及利用技术在国内外发展已比较成熟，对影响堆肥效果的若干因素如微生物、温度、湿度、pH 等都取得了一定的研究成果。此项技术的推广与应用需要与之相应的垃圾分类管理体系以及对有机农业应用的重视。填埋法具有投资少、不需对废物进行特别分选收集、可回收沼气的特点，这是一种比较经济的最终处理方法，所以在世界上应用较普遍。在今后一段时期内，很多国家尤其是环保资金不足、能源短缺的发展中国家将仍以填埋法为主导。1973 年的石油危机，使人们认识到能源的重要性，垃圾作为“放错了地方的资源”应该以技术的方法谋求资源化而加以有效利用。城市垃圾处理与利用模式如图 7-3 所示。

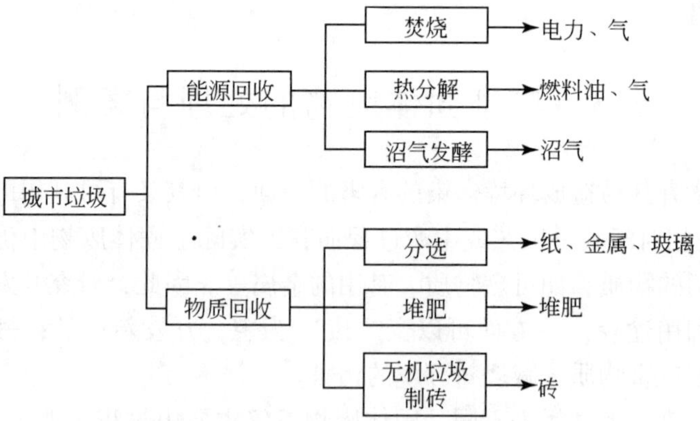

图 7-3　城市垃圾处理与利用模式

7.3.2　煤系固体废物的处理与利用

1. 粉煤灰

粉煤灰来自工厂的锅炉和煤气站，产生量很大。各厂所采取的利用方式及处置方法与锅炉渣相似，即生产建材、作燃料、外卖等。某工厂通过两年多试制，利用粉煤灰挤成煤棒后供本厂煤气站和锅炉房使用。有的厂则利用部分粉煤灰和酸性废水与土混合制砖。但是，也有一些工厂将粉煤灰露天堆放，已造成了风吹扬尘、雨淋流失的局面，严重污染了周围的空气和水体。因此，为避免粉煤灰对环境的污染，应尽量将其全部综合利用。

国内一些行业有许多粉煤灰的成熟技术可以借鉴。将粉煤灰分类，可以提高综合利用的成效。表 7-2 介绍的是国内几种较成熟、较先进并行之有效的粉煤灰综合利用技术。

表 7-2　粉煤灰综合利用技术和成效

利用技术	成效
粉煤灰作混凝土和砂浆的掺和料	可节省砂、石灰 20% ~30%
粉煤灰用于公路或道路的垫层、基层、承重层、面层及路堤等	路的板体结构性好，使用寿命长，且技术简单易行，工程造价低
粉煤灰用于酸性土、黏性土等地区的土壤改良	有肥效，可提高 10% ~30% 的作物产量
从粉煤灰中回收空心微珠漂珠	具有高强、耐磨、耐高温、绝缘等特性，是一种质优价廉、用途广泛的高效能材料，可用作塑料、涂料、油漆等的填料，也可用作保温、防火、灭火及耐热、耐磨材料等
从粉煤灰中回收炭粉	作活性炭原料或代替精煤使用
从粉煤灰中回收铁粉	可回炉炼铁或代替水泥配料

2. 煤矸石

煤矸石是采煤过程中产生的废渣，包括巷道掘进过程中的掘进矸石、采煤过程中从顶板、底板及夹层里采出的矸石以及洗煤过程中挑出的洗矸石，它是成煤过程中与煤层伴生的一种含碳量低、比较坚硬的黑色岩石，是由碳质页岩、碳质砂岩、页岩、黏土等组成的混合物。

煤矸石也是一种可用的资源。含碳量较高的煤矸石可直接供沸腾炉作燃料；含碳量较低的可用于砖瓦、水泥等建材的生产；含碳量极低的可填坑造地或用作路基材料。表 7-3 为煤矸石的利用技术。

表 7-3　煤矸石的利用技术

煤矸石的特点	用途
热值高于 6.279×10^6 J/kg	沸腾炉燃料

续表

煤矸石的特点	用途
热值在 $2.093\times10^6\sim6.279\times10^6$ J/kg	水泥配料、烧结矸石砖、耐火砖等的原料
热值低于 1.256×10^6 J/kg	水泥配料、混合材料或筑路、填方
含硫量高于 5%	回收硫铁矿。高硫矸石堆应用石灰浆、土浆等灌注其孔隙，以隔绝空气抑制自燃。自燃后的矸石成为一种多孔、质轻并有较高胶凝活性的材料。破碎筛分后，可作为轻质骨料使用，其保温、隔热、耐热性能都较好；磨细后可作为水泥、混凝土、砂浆等的掺和料
含碳量高于 20%	应进行洗选以回收煤炭

7.3.3 冶金废渣的处理与利用

1. 高炉渣

高炉渣即高炉炼铁过程中排出的废渣。高炉渣的产量随冶炼技术及矿石的品位不同而变化。高炉渣属于硅酸盐材料。它的化学性质稳定，并具有抗磨、吸水等特点，可供广泛应用。国内外对高炉渣的应用都很重视，美国、英国、法国、日本等国高炉渣的利用已达 100%，甚至出现了很多专营高炉渣商品的公司和工厂。我国高炉渣的利用率已达 85% 以上。为了适应不同的用途，高炉渣可分别被加工成水渣、矿渣碎石和膨胀矿渣等几类主要产品。

2. 钢渣

钢渣是炼钢过程中排出的固体废物，包括转炉渣、电炉渣等。

水渣就是将熔融状态的高炉渣用水或水与空气的混合物给予水淬，使其成为沙粒状的玻璃质物质。这也是我国处理高炉渣的主要方法。具体水淬的方式很多，常用的有过滤池法水淬工艺和搅拌槽泵送法水淬工艺等。

矿渣碎石是高炉熔渣在指定的渣坑或渣场自然冷却或淋水冷却形成较致密的矿渣后，再经过破碎、筛分等工序所得的一种碎石材料。近年来，德国、法国、英国、美国等国多采用薄层多层热泼法。该法具有操作容易、渣密度高等优点。

膨胀矿渣是用水急冷高炉熔渣而形成的多孔轻质矿渣。可用喷射法、喷雾器堑沟法、流槽法等生产。较新的工艺是加拿大矿渣有限公司发明的用流筒法生产膨胀矿渣珠，简称膨珠。炼钢过程中的排渣工艺，不仅影响到炼钢技术的发展，也与钢渣的综合利用密切相关。目前，炼钢过程中的排渣和钢渣处理工艺大体可分为如下四种。

(1) 冷弃法：钢渣倒入渣罐，待其缓冷后直接运往渣场堆成渣山，以往我国也多用此法。

(2) 热泼碎石工艺：用吊车将渣罐中的液态钢渣分层泼倒在渣床上（或渣坑内），同时喷水使其急冷碎裂，而后再运往渣场。

(3) 钢渣水淬工艺：排出的高温液态炉渣，被压力水切割击碎，加之遇水急冷收缩而破裂，在水幕中粒化。具体做法又有盘泼水冷法、炉前水冲法及倾翻罐水池法等多种方法。

(4) 风淬法：其主要优点是可回收高温熔渣所含的热量（约为 2 100 ~ 2 200MJ/t渣）的 41%，避免了熔渣遇水爆炸的问题，并改善了操作环境。钢渣可风淬成 3mm 以下的坚硬球体，可直接用作灰浆的细骨料。

迄今为止人们已开发了多种有关钢渣综合利用的途径，主要包括冶金、建筑材料、农业利用、回填等几个领域（图 7-4）。

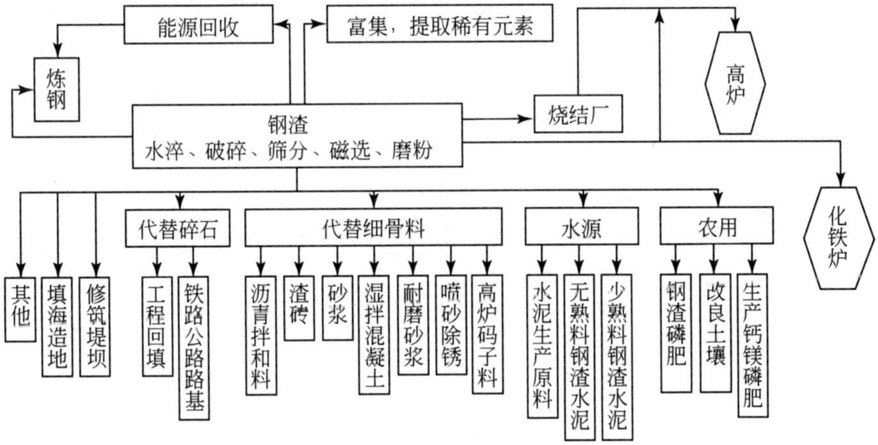

图 7-4　钢渣综合利用途径示意图

7.3.4　化工固体废物的处理和利用

化工固体废物种类繁多，成分复杂，治理的方法和综合利用的工艺多种多样，应重点抓好量大面广废物的治理和综合利用。表 7-4 列出了全国主要化工固体废物处理技术概况。

(1) 对硫铁矿烧渣，应根据其含铁量的不同确定其用途，铁含量高的应回炉炼铁；低铁、高硅酸盐的硫铁矿烧渣宜作水泥配料。

表 7-4　全国主要化工固体废物处理技术

化工行业	废物	废物处理与综合利用
无机盐工业	铬渣	铬渣干法解毒技术 铬渣制玻璃着色剂 铬渣制钙镁磷肥 铬渣制钙铁粉等
	磷泥	磷泥烧制磷酸
	电炉黄磷渣	掺制硅酸盐水泥
	氰渣	高温水解氧化法处理技术
氯碱工业	含汞盐泥	次氯酸钠氧化法处理技术 氯化硫化焙烧法处理技术
	非汞盐泥	盐泥制氧化镁技术 沉淀过滤法处理技术
	电石渣	电石渣生产水泥技术
		电石渣制漂白液技术
		电石渣作筑路基层技术
磷肥工业	电炉黄磷渣	制水泥技术
	磷泥	磷泥烧制磷酸技术
	磷石膏	制硫酸联产水泥技术 制α-半水石膏粉、球技术

化工行业	废物	废物处理与综合利用
氮肥工业	造气炉渣	制煤渣砖技术
	锅炉渣	制煤渣砖技术 制水泥技术 制钙镁肥技术
硫酸工业	硫铁矿烧渣	烧渣制砖技术 高温氯化法处理技术 氯化法提取金、银、铁技术
	废催化剂	从含钒催化剂中回收 V_2O_5 技术
有机原料及合成材料工业	废母液	分步结晶法回收季戊四醇母液
	蒸馏残液	缩合法处理甲醛废液 有机氟残液焚烧处理技术
	污泥	回转窑焚烧混合污泥技术
染料工业	含铜废渣	从含铜废渣中回收硫酸铜技术
	废母液	氯化母液中回收造纸助剂和废酸
感光材料工业	废胶片	废胶片和银回收技术

（2）铬渣可代替石灰石作炼铁溶剂。在冶炼过程中铬元素成为金属进入铁组分中，可彻底消除六价铬浸出的危害；根据铬渣在高温下能还原成低价态无毒铬的原理，可将铬渣掺入煤中用于发电、用铬渣作玻璃着色剂或钙镁磷肥和铸石。还可利用碳对铬渣进行干法还原除毒；用电解法处理铬酸、生产铬精盐、回收利用含铬硫酸氢钠等。电镀含铬废液应采用一步法处理，除铬后的水达标排放，其污泥可用化学方法制成铬黄、柠檬黄等化工产品。

（3）烧碱盐泥可采用抽滤法、沉淀过滤法进行处理，或用于制氧化镁等；含汞盐泥可用次氯酸钠氧化法、氯化-硫化-熔烧法进行处理，并回收金属汞。

（4）电石渣可制水泥或代替石灰作各种建筑材料、筑路材料等，还可用来生产氯酸钾等化工产品。

（5）其他化工废物。磷渣可烧制磷酸；甲醇废触媒可生产锌-铜复合微肥；溶剂厂母液可生产二甲基甲酰胺等；燃料废渣制硫酸铜等产品；胶片厂的废胶片和废液可回收银。

7.3.5　石油工业固体废物的处理与利用

石油工业固体废物种类繁多，成分复杂，治理方法和综合利用工艺多种多样。十几年来，国内外在这方面做了大量的研究工作，开发出一批技术成熟、经济效益高的处理和综合利用技术，目前主要采取的技术措施有化学反应、物理分离、焚烧、填埋等。

1. 化学反应法

该方法主要利用废物的某些化学特性，使用相应的化学药剂进行废物性质的改善或回收某些有用成分。例如，可以用硫酸或 CO_2 中和法处理石油炼制业中的废碱液，并从中回收环烷酸及其盐类或粗酚、Na_2CO_3 等，用硫酸中和法回收化纤工业废液中的对苯二甲酸，可以用烧碱或纯碱中和废酸液，用氨吸收法处理废酸液产生硫酸铵，利用硝酸溶解法从废催化剂中回收银等。

2. 物理分离法

这种方法主要是利用废物中某些成分之间的物理特性的差异达到分离目的。例如，用活性炭吸附法治理甲乙酮生产废酸，用热分解法从废酸液中回收硫酸，用蒸馏法从有机合成厂的有机氯化物废液中回收有机氯，从杂醇废液中回收甲醇等。

3. 填埋法

土地填埋是最终处理固体废物的一种较为经济的方法，其实质是将固体废物铺成有一定厚度的薄层，加以压实，并覆盖土壤。填埋仍是一个石油化工企业不可或缺的废弃物处理方法。

4. 焚烧法

石油化学固体废物大部分含有有机物，因此焚烧可使废物的质量和体积减少8%以上，同时可使各种有害成分转化为无害物质，还可回收热能。目前我国石油化工企业已建立了数十个固体废物焚烧炉，例如，长岭炼油化工厂选用顺流式回转焚烧炉处理“三泥”，总投资 90 万元，总费用为 42.6 万元/a（处理 250kg 滤饼/h）；燕山石化公司炼油厂用流化床焚烧炉处理“三泥” 20.5 万 t/a，总投资约 1 000 万元，处理成本为 53. 67 元/m^3，占地面积为 4 200m^2；荆门炼油厂用回转窑式焚烧炉处理污水场“三泥” 700kg/h，每焚烧 1t 滤饼运行成本为 16. 4 元，烟气出口温度达 700℃，另外正在考虑余热利用。

7. 3. 6　以循环经济理念支撑的固体废物资源化示范工程

目前我国解决环境问题的重要方式仍是末端治理。这种治理方式由于投资大、费用高、建设周期长、经济效益低，企业缺乏积极性，难以从根本上缓解环境压力。大量事实表明，固体废弃物污染的大量产生，与资源利用水平密切相关，同粗放型经济增长方式存在内在联系。据测算，固体废弃物综合利用率若提高 1 百分点，每年就可减少约 1000 万 t 废弃物的排放。因此大力倡导循环经济，推行清洁生产，发展绿色过程工业，可极大地降低固体废物的排放量，减少环境污染，从根本上解决经济发展与环境保护之间的矛盾。为全面推动循环经济在城市层面的研究，科技部在“十一五”国家科技支撑计划中设立了重大科技专项，以青岛和苏州为研究对象，探讨城市层面发展循环经济的共性技术。通过建设资源循环工业园区、发展固体废物的循环利用技术并推动其产业建立具有地区特色的循环经济发展模式。目前产业园示范工程已建成并取得了良好的经济、环境和社会效益。

1. 青岛市废物资源化规模化综合示范工程

青岛市建设了典型固体废物和典型资源化技术应用示范工程。固体废物资源化技术主要有资源再生、原料替代、伴生资源开发、热能回收、建材共处置等类型，示范工程选择电石泥、白泥、铬渣、尾矿（氰化尾渣）、废矿物油、社会源废物等固体废物进行了资源化技术研究与示范，利用 FMX 膜过滤技术使废矿物油得到再生，属于资源再生型技术；电石泥用于制碱、白泥用于烟气脱硫、铬渣用于高炉炼铁属于原料替代型技术，电石泥、白泥、铬渣在资源化过程中分别替代了石灰、石灰石和白云石；电石泥用于生产粉煤灰砖属于建材共处置类型的技术；社会源废物（废旧家电、报废汽车）拆解后部分进入危险废物焚烧系统，属于热能回收型技术。固体废物资源化示范工程的固体废物年处理能力超过 60 万 t，约占青岛市固体废物（含危险废物）产生量的 10%。通过上述示范工程的带动作用，逐步建设了青岛城市层面的物质生态循环网络，促进了青岛市固体废物的资源化。物质生态循环网络和示范技术可用于处置粉煤灰、高炉渣、锅炉渣、电石泥、白泥、钢渣、氰化尾渣、铬渣等青岛市典型的大宗固体废物，上述固体废物产生量约占青岛市固体废物产生量的 80%。

2. 苏州废物资源化规模化综合示范工程

该示范工程是苏州城市区域层面循环经济的典型模式。该项目针对电子废物、餐厨垃圾、废轮胎以及焚烧飞灰四类典型社会废物，依托刀具与材料及电子废物拆解、餐厨垃圾湿热水解综合资源化、常温破碎+精细粉碎的废轮胎资源化、基于水洗去氯与易溶重金属浸出控制的焚烧飞灰与水泥共处置等多项关键技术、工艺与成套设备的突破，建立了集收集、综合利用技术和管理于一体的四类城市典型废物资源化的规模化综合示范工程。

1） 电子废物资源化

研发了一批具有自主知识产权的高效拆解处理、破碎分选、产品高值利用关键技术和成套设备，包括基于热处理改性的电路板预处理资源化新工艺，基于热爆原理的 CRT 锥屏分离关键设备与基于机械研磨的玻璃表面清洁专用设备，具有高抗磨损能力的 Si_3N_4 和 WC 基体陶瓷刀具材料和涂层刀具材料。提高了破碎设备关键部件使用寿命并大幅增强了破碎效果，实现了 1mm 以上粒径范围高单体解离度，产出的玻璃原料可满足市场 CRT 再制造、制作琉璃产品和发泡玻璃的要求，提高资源化利用率 10% 以上。

建成了人工拆解辅助的资源化成套技术和装备，形成了 52.2 万台/a（约合 1.3 万 t/a）规模以上的废计算机类电子废物回收拆解处理能力和万吨/年级规模以上拆解产物高值化再生利用能力的规模化示范，实现了拆解产物全组分高值利用。

2） 餐厨垃圾资源化

针对我国餐厨垃圾的特点，在国内首次研发了餐厨垃圾湿热水解技术，在餐厨垃圾处理过程中实现彻底灭菌，饲料化产品富含营养肽、糖类，营养结构合理、口味好、价值高；同时优化了油脂界面特性，促进固相内部油脂高效浸出、液化、上浮，改善餐厨垃圾废油分离特件。通过餐厨垃圾湿热预处理、废油高效分离回收、油脂醇解、固性物饲料化、废液产沼回收利用等技术的优化集成，建立了一套 100t/d 的餐厨垃圾高效资源化示范工程。实现了废油回收率达 90% 以上，饲料回收率达 90% 以上。

3） 废轮胎资源化

针对废旧轮胎粉碎冷冻法工艺复杂、能耗高，常温法产品粒度较大、分离难度大的问题，研发了常温破碎+精细粉碎制备精细/塑化胶粉的成套技术，解决了精细粉碎分离中风水双冷温控、连续变量风选以及精细胶粉生产塑化胶粉等关键技术和设备。在国内建成了最大（2 万 t/a）的废旧轮胎常温破碎+精细粉碎生产精细/塑化胶粉的工程化示范项目。实现了产品中各种规格胶粉总量占废旧轮胎总量的60%以上及60～120目规格的胶粉占胶粉总量的60%以上；胶粉的纯度大于99%，设备全封闭、自动化运行，无大气污染，无噪声污染，污水零排放。

4）焚烧飞灰水泥窑煅烧协同资源化

针对生活垃圾焚烧飞灰具有碱金属氯化物含量较高的特点，创新性地研究开发了焚烧飞灰水洗去氯及控制易溶重金属浸出的专利技术和设备，成功解决了我国焚烧飞灰特有的高氯盐、高碱性、高钙硅比、高浸出毒性等技术难题，首次提出以水洗脱氯+高温煅烧为核心的资源化路线。通过飞灰水洗去氯及控制易溶重金属浸出的专利技术和设备开发，建成30t/a焚烧飞灰水泥窑煅烧协同资源化的示范工程。

参考文献

柴振洪，姜海涛，李冰戈. 1993. 环境污染控制. 北京：中国环境科学出版社：298-324.

陈英旭. 2001. 环境学. 北京：中国环境科学出版社：257-271.

傅大放. 1998. 固体废物处置向资源化方向发展. 国际学术动态，6：70-71.

高忠爱，祁梦兰，芈振明. 1993. 固体废物的处理与处置. 北京：高等教育出版社：1-68，157-416.

蒋建国. 2012. 固体废物处置与资源化. 2版. 北京：化学工业出版社：1-111.

蒋展鹏. 1992. 环境工程学. 北京：高等教育出版社：402-487.

李国鼎. 1990. 固体废物处理与资源化. 北京：清华大学出版社：10-258.

娄性义. 1996. 固体废物处理与利用. 北京：冶金工业出版社：1-223.

莫祥银. 2009. 环境科学概论. 北京：化学工业出版社：82-98.

孙秀云，王连军，李健生，等. 2009. 固体废物处置及资源化. 2版. 南京：南京大学出版社：210-298.

王琪. 2012. 我国固体废物处理处置产业发展现状及趋势. 环境保护，15：23-26.

杨国清. 2007. 固体废物处理工程. 北京：科学出版社：3-85.

杨国慰，杨震. 1996. 废旧物资回收与固体废物资源化技术. 环境导报，5：8-10.

张颖，张小丹. 1998. 固体废物的资源化和综合利用技术. 环境科学研究，11（3）：49-52.

中国环境保护产业协会固体废物处理利用专业委员会. 2009. 我国固体废物处理利用行业2008年发展综述. 中国环保产业，9：19-23.

中国环境保护产业协会固体废物处理利用专业委员会. 2011. 我国工业固体废物处理利用行业2010年发展综述. 中国环保产业，8：4-7.

中国环境保护产业协会固体废物处理利用专业委员会. 2012. 我国工业固体废物处理利用行业2011年发展综述. 中国环保产业，7：21-25.

朱亦仁. 2002. 环境污染治理技术. 北京：中国环境科学出版社：1-15，330-420.

庄伟强，尤峥. 2009. 固体废物处理与处置. 2版. 北京：化学工业出版社：1-223.